让我们 甲骨文 一起追寻

Empire's Twilight: Northeast Asia under the Mongols

By David M.Robinson

Published by arrangement with Harvard University Asia Center

Through Bardon-Chinese Media Agency.

帝国的暮光

蒙古帝国治下的东北亚

EMPIRE'S TWILIGHT

Northeast Asia Under the Mongols

〔美〕鲁大维 著
李梅花 译
DAVID M.ROBINSON

社会科学文献出版社
SOCIAL SCIENCES ACADEMIC PRESS (CHINA)

谨以此书献给

琼·M. 鲁宾逊（Joan M. Robinson）（1937－2005）

致　谢

如果没有我在美国和东亚的同事、朋友们慷慨无私的帮助，根本无法想象我能够完成本书的写作。感谢韩国安东民俗博物馆的李憙承先生，热心提供安东地区有关恭愍王和他的鲁元王后的地方祠堂资料。感谢金浩东教授在我短暂居留韩国首尔大学期间的热情招待，为我引荐他那些思想活跃的研究生，我们之间的对话极富激情。特别感谢金浩东教授的研究生苏柏万（音译），帮我查找了许多文献资料，这些资料仅凭我自己的力量是无法查找到的。感谢高丽大学闵贤九教授，为我耐心解答恭愍王时期的一些问题。感谢釜庆大学张东翼教授，为我提出关于高丽末期参考文献的宝贵建议。感谢洪成九教授（他目前也在釜庆大学工作），为我提供查阅高丽大学珍藏本的机会。另外，特别感谢弘益大学赵永宪教授和延世大学车惠元教授，为我引荐许多优秀的韩国学者。感谢中国社会科学院历史研究所的阿风研究员，他多年来一直帮助我查找北京的图书资料，这种帮助无法用金钱来衡量。感谢陈高华教授在过去十年里大力支持我的研究工作。感谢中国社会科学院刘晓教授为我慷慨地提供元朝的文献资料。感谢日本森平雅彦教授，尽管我们素未谋面，但他为我提供了非常专业的蒙古高丽资料摘要条目。感谢八木武教授、中砂明德教授、杨龙章教授，为我修正本书翻译的错误。感谢马丁·海德拉教授，多年来一直为我耐心解答相关参考文献问题。最后，衷心感谢夫马进教授，在我居留京都大学期间（1992—1993、1999—2000、2003—2004）给予的教导，包括资料检索、审阅初稿、推介宣传本书的第一版等。

时间和游历是从事研究必不可少的要件，而这两个要素离不开经济方面的支持。感谢科尔盖特大学学术研究委员会，为我提供学习韩国语的机会，以及为我提供两次首尔之行的经费支持。感谢美国学术团体理事会、美国国家人文基金会，为我前往日本京都大学和中国社会科学院从事相关研究提供了慷慨的资助和重要的支持。我的上一个教职让我的研究领域彻底发生改变，而下一个教职则为我完成大部分的研究提供了平台，由此，本书才有幸得以面世。

本书的部分内容曾在一些学术会议上发表。例如，在普林斯顿大学主办的“牟复礼纪念学术大会”、香港中文大学举办的“明太祖和他的时代学术会议”、京都大学举办的“第三届东亚国际秩序和交流国际学术研讨会”、哈佛大学主办的“中国人文学研讨会”等学术会议。另外，我还要感谢批评、指导和鼓励我的各位朋友。感谢托马斯·爱尔森教授、伊丽莎白·恩迪科特西教授、威廉·爱德威教授、约翰·邓肯教授，为本书的第一版提供极富洞见的评论，让我避免了许多尴尬的错误。感谢出版社两位匿名读者提出宝贵意见，修正本书韩国语和蒙古语拼音错误。最后，感谢科尔盖特大学的学生在选修“蒙古帝国”和“中国末代帝国”这两门课的时候，对我反复修改讲稿毫无怨言，乐见其成。

作　者

目　录

蒙古时期的高丽国王及在位时间

高　宗（1213—1259）

元　宗（1259—1274）

忠烈王（1274—1298.1）

忠宣王（1298.1—1298.8）

忠烈王（1298.8—1308.7）

忠宣王（1308—1313）

忠肃王（1313—1330）

忠惠王（1339—1344）

忠穆王（1344—1348）

忠定王（1349—1351）

恭愍王（1351—1374）

禑　王（1374—1388）

昌　王（1388—1389）

恭让王（1389—1392）

（根据朴龙云《高丽时代史》，第794—796页）

蒙元皇帝

蒙古姓名	中文谥号
成吉思汗（铁木真）(1206—1227)	太祖
窝阔台（1229—1241)	太宗
贵由（1246—1248)	定宗
蒙哥（1251—1259)	宪宗
忽必烈（1260—1294)	世祖
铁穆耳（1295—1307)	成宗
海山（1308—1311)	武宗
爱育黎拔力八达（1312—1320)	仁宗
硕德八剌（1321—1323)	英宗
也孙铁木儿（1324—1328)	泰定帝
阿速吉八（1328)	天顺
图帖睦尔（1328—1329)	文宗
和世瑓（1329)	明宗
图帖睦尔（1329—1332)	文宗
懿璘质班（1332)	宁宗
妥懽帖睦尔（1333—1370)	惠宗（顺帝）
爱猷识理达腊（1371—1378)	昭宗
脱古思帖木儿（1379—1388)	

（根据《剑桥中国史》第 6 卷，第 28 页）

绪　论

关于蒙古帝国，即便是处于帝国瓦解六百年后历史学家仍 1
然困惑不已。由于蒙古帝国整合了形形色色的种族及各具特色的区域，而每一个区域都有其独特的地方传统、宗教信仰和组织形式，所以要想对蒙古帝国进行全面而综合的研究，语言能力和历史学的底蕴十分必要，而这一点往往令学者望而生畏，因为从事相关研究至少要扎实地掌握古波斯语和古汉语（当时帝国主要官方语言）。当然，如果能够掌握阿拉伯语、突厥语和蒙古语，那更是锦上添花。但这样一来，从事相关研究就需要掌握至少十几种古典语言或现代语言。另外，能够阅读当时所有的官方文件，并对其句读，是进行深入研究最基本的要求。但最大的挑战还是通过梳理碎片化的文献材料，将一个神秘而又潜隐的帝国形象鲜明地呈示出来。

通常，学者们往往关注帝国某一地区的相关历史，最为常见的是以对应的当代“民族—国家”为研究对象，这一点可以理解。相关研究往往关注某一地区的政治、文化、经济、社会或学术传统，揭示蒙古统治在不同程度上对其产生的影响。另外，学者们还关注蒙古朝廷和地方精英在整个欧亚大陆的互动，尤其关注地方精英（世家或新贵）如何在大蒙古帝国这一社会环境中谋取各自利益，而这种动态调适是构成帝国的基本要素。正如查尔斯·梅尔（Charles Maier）所言，“在帝国政治组织
中，占统治地位的社会诸要素是……国外联盟网络，在这种联 2

盟网络中承认自己在国际事务中的藩属地位，同时反过来也要求自己在这一行政单位中的地位得到保障。”[1]另外，一些研究关注地方精英（从亚美尼亚、卡尔特、罗斯到西藏、中原北部地区和高丽）如何通过加强与蒙古的关系以巩固自己的地位。局部研究在提供细致入微的分析方面能够发挥非常重要的作用，但这只是在掌握错综复杂、晦涩难懂的文献信息，并且能够深入把握特定地区历史文化和政治发展的情况下才可能达成。而糟糕的是，这种方式和视角很容易造成研究内容的“碎片化”，进而造成对蒙古帝国认知的碎片化。

促进联盟地区（或征服地区）的精英与平民之间往来互动的帝国体制和组织是蒙古历史的重要内容，但学界的相关研究却不够深入。蒙古把欧亚大陆的众多人口，特别是帝国各地的能工巧匠，大规模集中到所谓最适合的某一地方。统治家族之间的联姻，年轻的王子作为质子到蒙古出任大汗侍卫，奢华的宫廷宴会，定期朝贡，所有这些举措都在一定程度上促进了蒙古帝国的政治联盟和各地区、各民族之间的大融合。然而，局部或某一方面的研究很难捕捉到蒙古时代共时多维的内容，而后者正是蒙古时代最重要的特点。

历时性视野的失衡，也是困扰蒙古帝国研究的棘手问题之一。有关蒙古征服世界的最初几十年，以及13世纪蒙古帝国鼎盛时期的历史，都得到了细致翔实的研究，前者以跌宕起伏的故事情节取胜，后者以帝国的辉煌成就令人瞩目，而对蒙古衰亡时期的历史研究，相对而言却乏善可陈。世界上很多人听说过成吉思汗的大名，但对妥懽帖睦尔（1320—1370）和不赛因（1304—1335）却知之甚少，这两人分别是统治东亚和西亚的末代大汗。也许是因为在蒙古帝国衰亡的这几十年里没有出现传奇英雄，而且以战争、征服和荣耀为主题的故事情节旁枝末节太多。伴随帝国领土的日益扩大，帝国局势更加纷繁复杂。随着帝国式微，出现了大范围骚乱，皇帝如走马灯般登场，宫廷政变接二连三，地方叛乱此起彼伏，陌生的人名，杂乱的时间 3
和地点，由于缺少流畅的故事情节而杂乱无章地堆积在那里，没能串起引人入胜的故事。但是蒙古统治并没有在 13 世纪结束，要想对蒙古帝国盖棺定论，还需深入了解 14 世纪的历史。

本书尝试解决上述问题，当然其中不可避免地存在妥协和折中。例如，虽然考虑到要把蒙古帝国视为一个整体来阐释，但聚焦于东北亚这一松散的地理区域。在本书中，东北亚是指朝鲜半岛的高丽王朝（918—1392）、辽东南部（南满）、山东和欧亚大陆东部的蒙古首都（即第一首都，今北京）东北部。这样，本书的研究范围虽然远小于整个帝国，但不止一个独立政权。另外，虽然考虑到 13 世纪东北亚地区的蒙古帝国结构，但主要研究对象还是 14 世纪发生的战争及其对蒙古统治的影响。在笔者看来，进一步深入细致地分析在暗潮汹涌中东北亚各方势力变迁的过程，可以为欧亚大陆其他地区出现的类似情形，或者更笼统而言，对蒙古帝国本质的揭示，提供一定的借鉴和参考。

红巾军战争

大蒙古帝国（*Yeke Mongghol ulus*）或大元兀鲁思（*Dai Yuwan ulus*）——这个东亚最富强的帝国爆发了 14 世纪全球最大规模的叛乱。[2]大元兀鲁思疆域包括今中华人民共和国、蒙古国和西伯利亚南部，对西藏和朝鲜半岛产生了深远的影响。这次叛乱的核心，或者更确切地说，这次叛乱的很多起义，多半都与红巾军有关。红巾军的组织非常松散，其理念源自佛教千年末日启示录。在战争中，涌现了数十位杰出军事将领和宗教领袖。14 世纪中叶，这些军事将领与元帝国的官兵、地方汉人武装及基本保持割据独立的汉蒙军阀展开了战斗。14 世纪五六十年代，红巾军还建立了地方政权，其势力范围之广足以影响数百万民众的生活。

红巾军战争给蒙古帝国带来了毁灭性的打击。相关研究最为常见的是在中国史的框架下展开，因为红巾军战争主要
4 在中原地区爆发，几乎所有的将领和随从都是汉人，而且红巾军造成少数民族政权——蒙元的垮台，最后一个汉人王朝——明朝（1368—1644）的崛起。所以，在过去几百年和最近数十年的研究中，大多数学者往往重新结构元末历史，把这一时期看成明朝登上历史舞台的起点。[3]至于东北亚地区，由于远离明初的统治中心即江南地区而常常被边缘化。[4]另外，有关红巾军战争的意义也很少在大蒙古帝国或东亚视野下进行思考。

在元末的东北亚舞台上演了一场举世瞩目的战争剧目。我们很难想象，如果类似剧情在欧洲历史舞台上演出——成千上万的帝国官兵、王室军队、地方武装和叛乱军队，历时五年，纵横 25 万多平方公里（大致相当于法国或得克萨斯州的面积），给席卷之地造成数十年影响——竟会湮灭无闻。在英语学术界，还没有人对蒙古帝国衰亡这一重要内容进行深入细致的研究。事实上，基于东北亚视野思考红巾军战争的意义，有助于深入理解 14 世纪中叶的历史脉络，即军人的重要性再次得到突显，不同身份的利益主体频繁介入外交活动，而国家对地方社会的统治和资源控制则越来越力不从心。

军人的主导性地位日益突出源自红巾军战争，并在红巾军战争中得以体现。在中国史框架下，14 世纪中叶兴起的元代军阀得到了广泛深入的研究。在韩国史研究领域，相关学者也注意到了这些有影响力的军阀，他们中有人终结了高丽王朝，有人创建了朝鲜王朝（1392—1910）。可以肯定的是，如果把他们与辽东地区的蒙古将军纳哈出和高家奴联系起来的话，这一现象应该是整个地区的发展趋势之一。红巾军战争表明，军人在整个东北亚扮演了重要角色，并带来深远影响，这既是共性，也是重要变量。

红巾军战争深化了东北亚的外交活动，在正常情况下，这一时期的外交模式绝对不会出现在王朝正史中。与此同时，变
幻莫测的军事和政治局势也改变了大元兀鲁思皇帝、朝臣和高 5
丽国王的关系，后者虽然是皇帝的朝臣和藩属，却日益独立。至于盘踞辽东的蒙古诸王，他们也发现，来自大都的“钧旨”越来越遥不可及，而周边的盟友地位则日益重要，当然他们对此也很难适应。蒙古将军用各种手段（包括欺瞒、威胁、拉拢）来对付高丽国王、高丽西北面和东北面的将领们。而高丽，则利用红巾军战争的胜利与蒙古朝廷利益博弈，以期获取重要的战略话语权。所有这些，都反映了东北亚政治精英势力盘根错节，日益壮大。14 世纪 50 ~ 70 年代，大元兀鲁思的朝臣、高丽的国王、辽东地区的蒙古将军和中原南部地区的汉人军阀，无一例外，全都卷入了红巾军战争狂潮，他们利用红巾军战争作为谋取各自利益的特殊手段，反映了在结盟和独立之间，在历史关系和未来机会之间，越来越失去平衡。

红巾军战争，有助于进一步洞见东北亚的地方政治和社会经济。红巾军战争之于大元兀鲁思大汗妥懽帖睦尔、高丽国王

恭愍王（1330—1374），具有不同的战略意义，而这种不同则反映在红巾军战争分别对大元兀鲁思和高丽国内政局产生的不同影响之中。在红巾军战争期间，高丽国王竟然无法调度中央贵族，他不仅在首都开京孤立无援，自身难保，而且更无法有效控制地方乡村的物力和人力，甚至于怀疑其将领的忠诚。红巾军曾两次大规模侵扰高丽，并攻陷了西京（今平壤）和开京（今开城，王朝首都、中央政府所在地），迫使高丽朝廷南逃福州（今安东），切断了高丽中央政府对北方大部分地区的控制，高丽王室财政陷入混乱，所有这些，反过来又为朝廷内部的争权夺势、尔虞我诈提供了机会，同时也极大地提高了武将在地区和国家政治中的声望。

上都，妥懽帖睦尔的第二首都，也曾被红巾军劫掠，不过
6 大都即第一首都还算稳固。由于妥懽帖睦尔重视南方（今江苏、浙江、福建）经济，所以无法以更多精力和资源对抗东北亚地区的红巾军战争。不过，山东和辽东地区的红巾军战争已经暴露了元朝政府对地方治理的软弱无能、蒙元社会的日趋军事化、帝国海陆交通网络的瘫痪，所有这些又都促使战争难民以更快的速度逃脱政府控制。在大元兀鲁思统治比较松弛的地方，红巾军的活动异常活跃。

研究主题

本书的四个研究主题——区域视角而非王朝（或政权）视角研究的必要性，蒙古治下的大融合及其影响，个人和家族利益凌驾于王朝、政权或语言认同趋势，高丽是大蒙古帝国组成部分——贯穿于笔者置红巾军战争于更广阔的东北亚地区、大蒙古帝国视野的尝试。

托马斯·爱尔森（Allsen Thomas）和杉山正明（Sugiyama Masaaki）基于全球化视野对蒙古帝国进行了研究。[5]笔者不像他们那样，拥有卓越的语言能力和深厚的历史素养，所以只能进一步缩小研究范围，即聚焦于动荡的14世纪中叶的帝国东北部地区。不过，笔者在研究过程中，尽量避免只是注重其中任一政权。大元兀鲁思的领土，不限于中原本土。事实上，“元朝”这一术语容易让人以为是“汉人王朝”，所以尽可能避免使用。[6]大元兀鲁思，疆域辽阔，直接控制着蒙古大草原、辽东地区及过去汉人王朝断断续续统治过的游牧区和农业区过渡带。元帝国的势力范围，向南一直延伸到汉人王朝从未征服过的地区。在高丽和西藏，元帝国的影响力几乎超过了任何一个汉人政权。鉴于大元兀鲁思疆域的辽阔，我们必须要考虑到，帝国任一局部地区都会对其他地区产生深远的影响，这就如同讲故事一样，如果只关注某一个情节（如中原地区、高丽或草原社会），就会顾此失彼，无法了解整个故事的来龙去脉。

东北亚是蒙古帝国的重要组成部分。东北亚的局势，是理 7
解蒙古帝国及14世纪五六十年代后蒙古世界本质的基础。在东北亚，女真人、蒙古人、汉人、高丽人和日本人的利益，盘根错节，而且这种状况一直持续到蒙古帝国末期。大元兀鲁思的瓦解给东北亚地区造成的影响，远远大于对东亚其他地区的影响。要想了解这种影响究竟达到什么程度，或者这种影响究竟造成何种多米诺效应，我们就不能孤立地考察某一王朝。几乎可以肯定的是，周边政权之间彼此影响是必然的，但在蒙古时期这种互动的程度似乎更强烈一些。

本书研究聚焦于东北亚地区，而不是中原地区、朝鲜半岛或辽东地区，这和本研究的第二个主题——13、14世纪蒙古帝国治下的空前大融合有关。13、14 世纪，蒙古帝国的统治范围，从太平洋沿岸一直延伸到东欧，从西伯利亚的莽莽森林到中原以南的亚热带地区。可以说，蒙古帝国是世界史上陆地连续面积最大的帝国。在蒙古帝国治下，大融合达到了世界性的新水平和新规模，从人员、纺织品和食材到宗教、艺术、珠宝，从科学技术、军事武器和行政管理理念到微生物、香料、服饰等，所有这些都以前所未有的广度和速度在流动。[7]所有的族群都被连根拔起，所有的族群认同都被重塑。[8]

在东亚史的框架下，这是几百年来蒙古人第一次统一“大中国”。中原南部和北部的大一统局面促进了经济交流，推动了文化发展（如戏剧、绘画、思想、地理等）。中原南部地区被纳入蒙古帝国的世界版图中，“颠覆了南宋王朝受制于地缘政治和意识形态而形成的地方主义视角”[9]。同时众多研究表明，在大元兀鲁思，西藏人、突厥人、穆斯林、女真人和契丹人也都扮演了比较重要的角色。[10]在东北亚地区，蒙古人强迫成千上万的高丽降民迁到辽东南部。随后，高丽境内的很多民户主动迁到辽东南部，希望获得经济利益和政治机会。帝国新建立起来
8 的行政结构跨越了旧王朝的藩篱。蒙古人在高丽首都开京开衙设府，在高丽北方设军事辖区，所有这些官衙和辖区，都直接隶属大都，而不是开京的高丽政府。在辽东地区，蒙古建立的多重管辖制度统辖着蒙古贵族、高丽降将、汉人、女真人和高丽人。与过去几百年相比，蒙古海陆交通运输网络的联系空前紧密，这促进了大都与辽东地区、开京乃至更遥远地区之间的人员往来、物资交换和文化交流。[11]

如果基于区域而不是国家（或王朝）的视野来理解当时的经济、政治、军事和社会大融合的新规模和新水平，我们就会

很容易地理解，为什么个人和家族利益往往凌驾于王朝、国家或语言的认同之上。在时代的剧变中，这种现象特别突出。这是笔者将要探讨的第三个主题。如果说蒙古帝国的崛起改变了世界历史和文化，那么14世纪中叶帝国的瓦解也同样具有深远的意义。庞大而松散的帝国大厦轰然倒塌，不仅造成数十年的苦难、死亡和离乱，而且也形成政治的新动力、新机会和新真空。蒙古帝国治下的大融合模式，浓墨重彩地勾勒出这个帝国的末日暮光景象。早在半世纪前，司律思（Henry Serruys）——这位无论以多么严苛的学术标准来衡量都不失为头脑清晰、目光敏锐的学者，在谈到中蒙关系时说："14世纪的中国几乎不存在现代意义的民族国家意识，后者意味着个人归属于明确的民族或国家，或者归属于和其他种族截然不同的特定种族。当时，所谓的效忠是指对某个统治家族、某个王朝、某个领袖、某个将军或某个军官效忠。"[12]事实上，当时的政治、军事和经济关系，已经超越了某一王朝或某一国家。对于身处14世纪数十年动荡局势的人们来说，蒙古帝国的一体化，进一步开阔了他们的视野，而基于这种视野的合作加强和联盟缔结则超越了王朝归属或语言认同。[13]由此，帝国的本质在其瓦解的过程中充分显露出来。

本书的第四个主题是将高丽王朝视为大元兀鲁思一部分的必要性。王氏，不仅是高丽统治家族，也是蒙古治下的欧亚大陆精英。高丽王氏，凭借成吉思汗的驸马（*küregen*）这一身份，深刻融入西藏、吐鲁番、波斯、格鲁吉亚和亚美尼亚的精英体系。许多韩国学者认为，高丽的地位非常独特或反常，蒙古治下的高丽有如下特征：虽然军事落败，但在行政上保持独立；蒙古和高丽之间是征服和被征服关系；高丽虽然独立，但是处于蒙元干涉下。也有人认为，高丽有自己的文化认同和族群认同，所以属于独立国家。在日本殖民统治朝鲜半岛的20世纪前半期和随后的冷战时期，韩国学界在谈到帝国的时候常聚焦于“独立”或“认同”，这一点可以理解，但如果将问题置于这种框架下，就无法阐明问题，甚至会模糊问题。事实上，蒙古帝国无意于强迫被征服地区尊崇它的文化或习俗。[14]

另外，高丽的地位也并不独特。在很多方面，高丽的地位和许多欧亚大陆的小政权类似。譬如，西藏的萨迦派政权、吐鲁番的畏兀儿、亚美尼亚的地方“君主”、罗斯公国的王公、窝阔台汗国的科尔曼和赫拉特的卡尔特等，这些政权或者被蒙古兼并，或者被蒙古缔造。[15]当然，亡于蒙古之手的宋朝、金国（1115—1234）、花剌子模王朝，属于例外。但最重要的是，蒙古和这些政权之间，并非统治和被统治关系。只要有可能，政权、族群也好，游牧社会、农业社会也罢，全部被纳入蒙古帝国。如接下来的章节所述，对于13、14世纪的高丽，我们必须将其置于蒙古帝国的全球视域下去理解。[16]尽管理解的深度和准确度可能会有差异，但是西欧和西亚的观察家认为，在蒙古帝国治下，高丽定期遣使蒙古首都朝贡。[17]当然，他们对高丽的这种认识，源于蒙古帝国治下，欧亚大部分地区的信息传送。

两个男人和一个女人

本研究也是关于两个男人和一个女人的故事。两个男人，是指大元兀鲁思的皇帝妥懽帖睦尔和高丽国王恭愍王；一个女人，是指妥懽帖睦尔的高丽妻子——奇皇后。妥懽帖睦尔虽然不像其祖先成吉思汗（1167—1227）和忽必烈汗（1215—

10 1294）那样声名显赫，但他在位的时间（1333—1370）要比元朝其他任何一个皇帝都长，是 14 世纪其他皇帝在位时间的四倍之多。同样，与 14 世纪其他高丽国王相比，恭愍王的在位时间（1352—1374）异常长久。

这两个男人的名声，可以说毁誉参半。许多研究者注意到，妥懽帖睦尔在位初期曾打算复兴大元兀鲁思，但更多人则大肆渲染他的缺点。时人指责妥懽帖睦尔，说他无意国政，病态地沉溺于藏传佛教、房中术和繁缛仪式。也有人竭力想证明他的才能和智慧并没有达到儒家圣贤的理想标准。后世史家更是指责他心机深沉、擅弄权术，一旦发现其重臣没有利用价值，或者其势力强大到危险地步，就弃而不用。在某种程度上，妥懽帖睦尔是一位奇人。他不像大多数蒙古贵族那样嗜酒，而是从绘画、书法和泛舟中寻找乐趣和慰藉。但无论如何，他最终还是以统治中原的蒙古末代皇帝为世人所知，一手断送了忽必烈打下的基业。

据大多数文献记载，恭愍王在其统治初期，志存高远，锐意进取。据《高丽史》（成书于 15 世纪中叶）记载，恭愍王聪慧过人，宽厚仁慈，在位初期和蒙古博弈，以期为高丽争取更大的独立。从日本殖民统治时代结束之后的五十年，以及冷战中期的研究成果来看，20 世纪的韩国历史学家对于恭愍王的这些特质非常感兴趣。恭愍王和妥懽帖睦尔一样有很高的绘画天分，艺术感觉也很敏锐，虽然不喜欢狩猎，但欣赏猎物的凶残。1365 年，恭愍王的蒙古王后死于难产。恭愍王和蒙古王后伉俪情深，王后之死成为恭愍王人生的转折点。据说，当时恭愍王不胜悲伤，无心国事，将朝政交给肆无忌惮的佛僧，以年轻俊美男子填补亡妻造成的空虚。已故著名学者金庠基认为，恭愍王的这些行为加速了高丽王朝的灭亡。[18]这样看来，恭愍王在某种程度上，是一个非常浪漫的，甚至是悲剧性人物，是开始抓了一手好牌，却因丧妻之痛而没有赢到最后的人。

11 当时，宫廷不断发生血腥清洗，地方社会越来越军事化，而祸不单行的是，天灾不断，洪水、瘟疫和灾荒肆虐横行。面对时代的剧变，这两个男人都致力于维护皇（王）权。但红巾军战争改变了妥懽帖睦尔和恭愍王两人的统治世界，影响了他们对经济资源、社会政策、人事安排和军事战略等方面的决定。红巾军战争的进程也改变了这两个男人的百官和武将的命运，改变了这两个男人和他们的随侍之间的关系。总之，红巾军战争改变了元朝皇帝和高丽国王的关系，也改变了大元兀鲁思和高丽王朝的关系。

那么，女人的命运如何？奇皇后，是 14 世纪中叶欧亚大陆最有影响力的女人之一，她天生丽质，政治老练，有野心，善谋略，在赢得妥懽帖睦尔的宠爱、巩固其皇后地位后，编织了一张上至宫廷下至行省，从蒙古首都大都、上都到高丽首都开京的庞大裙带关系网。奇皇后对她儿子（即元皇太子）寄予很高期望，而这危及了她的皇帝丈夫和高丽恭愍王。据中国和朝鲜史料记载，奇皇后是一个诡计多端、放荡不羁的危险人物。但从奇氏的个案，我们发现女性在蒙古帝国普遍拥有较高地位，女人，甚至非蒙古女人，也能享有较大的政治权利。奇皇后的野心和才能以某种特殊的方式影响了元帝国和东北亚的国际关系。

为了讲好这两个男人和一个女人的故事，笔者大量搜集了不同学科、领域和年代（包括高丽末期、元朝末期和整个蒙古帝国时期）的研究成果，充分借鉴了正史、传记、奏章、书信、随笔、碑铭和汉诗（大元兀鲁思、高丽、明末、朝鲜王朝）。

同时，为了深入了解蒙古帝国治下的东北亚地区，笔者还参考了大量英文、中文、日文和韩文优秀研究成果，这些全面而综合的研究成果，涉及艺术崇拜、宗教实践、政治改革、军事制度、海上贸易和文化交流等方面。在此，谨向这些研究成果的作者表示由衷的谢意。

本书结构

为了更好地把握这一时期的复杂关系，本书不仅使用区域 12
研究方法来考察当时断裂的政治边界，而且试图理解当时更大范围的局势。按照这种思路，本书的内容架构如下：首先，是在 14 世纪中叶蒙古缔结联盟的广阔背景下，阐述东亚地区发生的一些重大事件，然后回顾元末最后数十年帝国面临的各种挑战。在确定属于元朝的问题、方法和资料后，重点考察东北地区的局势（今山东、河北东北部的北京地区、辽东南部地区和高丽）。关于东北地区的地理范围，另外一种表述是：包括渤海湾附近、黄海北部及其内陆地区。

第一章考察了蒙古帝国治下东北亚地区的大融合。主要考察了蒙古治下的政府统治，特别是对辽东地区和高丽的统治。这一统治结构整合了多个主要集团，包括强悍的蒙古贵族、高丽盟友所控制的高丽人群体、高丽北部地区和开京的行政与军事机构（直接隶属大元兀鲁思）。最后，考察了在文化、宗教、经济和军事方面的大融合。

第二章首先提出 14 世纪蒙古统治在中原北部地区，特别是首都圈的崩溃瓦解，而这并不是 1350 年所能预料的结果。接着，描述了当时盗匪横行、饥疫肆虐，红巾军首脑毛贵崛起及其所部攻陷山东、进攻大都，以及元政府派兵镇压首都圈和山东红巾军的情况。最后，简要评述了关先生和其他红巾军首领劫掠上都，威胁辽东地区的情况。

第三章考察了高丽在蒙古帝国的地位。首先回顾了大元兀鲁思和高丽统治家族之间的联姻，接着审视了恭愍王之前的14
13 世纪高丽国王的命运，最后考察了恭愍王如何应对席卷中原的叛乱和如何加强国内王权。

第四章和第五章叙述了东北亚地区的红巾军战争。第四章记录了1357～1360年辽东地区和高丽的红巾军战争。第五章考察了高丽红巾军战争，指出高丽的红巾军战争在1362年初就已经结束，探讨了高丽是如何应对红巾军战争以及红巾军战争对高丽政治的影响，特别指出，大规模的红巾军战争虽然提高了武将的地位，加强了他们的权力，但是在恭愍王的默许下，这些刚刚收复首都的高丽将军却被肃清。

第六章、第七章和第八章探讨了红巾军战争对东北亚地区的影响。第六章简要考察了红巾军战争爆发之际辽东地区和高丽的形势。第七章从蒙古扶持高丽王室成员塔思帖木儿担任高丽国王入手，考察了红巾军战争和丽元外交是如何交织重叠在一起的。第八章探讨了在14世纪60年代跌宕起伏的东亚国际风云中高丽所处的地位，指出红巾军战争改变了国际社会对高丽的认识，而恭愍王则利用高丽的红巾军战争胜利，与蒙古将军纳哈出、扩廓帖木儿和汉人军阀张士诚等势力斡旋谈判，最后简述了对红巾军战争记忆的转变，并期待14世纪末新秩序的出现。

第一章　东北亚与蒙古帝国

14 世纪蒙古帝国

至 14 世纪中叶，蒙古帝国的辉煌岁月已经过去几十年。[1]蒙 15
古政权起初在大草原的时候就具有灵活变通的特点，譬如，强调地方自治，随时调整蒙古贵族之间的利益平衡。[2]即使是在 13 世纪 60 年代蒙古疆域“解体”，出现较大的自治兀鲁思（如罗斯钦察草原上的金帐汗国和西亚的伊尔汗国，中亚的窝阔台和察合台汗国）之后，[3]税收、户籍登记、分封仪式、收入分成等官僚实践为帝国提供了松散的结构性统一体。[4]蒙古在促进欧亚大陆的人员往来、物资交换和信息交流方面，确实是实至名归，因为即便在蒙古统治烟消云散后，许多后续政权（从中原到波斯）仍沿袭了蒙古政权的这一结构和惯习。

至 14 世纪 30 年代，蒙古帝国治下的欧亚大部分地区仍然处于紧张状态。伊尔汗国国王不赛因死后由于没有继承人，旭烈兀系继承权终结了。由此，激烈争夺政治正统以及为获得对今伊朗、伊拉克和阿富汗地区统治权的暴力冲突拉开了序幕。
14 世纪初，蒙古内部的钩心斗角终结了窝阔台家族的统治。13 16
世纪后半叶，海都（1236—1301）的成功令人瞩目，大大改善了窝阔台家族的命运。不过，在 1307 年的时候，窝阔台家族大部分成员归顺了察合台系。至 14 世纪中叶，察合台系家族的势力范围仅仅限于新疆，但即便如此，其统治也日益遭到猛烈攻击。[5]而金帐汗国的权威虽然在 14 世纪遭到挑战，但其对罗斯公国的统治一直持续到 15 世纪。如接下来的章节所述，至 14 世纪 30 年代初，大元兀鲁思遭遇了一连串自然灾害、国内战乱和地方叛乱的打击，但直至元朝末年，蒙古政权在东亚地区的领导地位始终没有被撼动，或者说，始终令人刮目相看，这不能不令人惊叹！

元朝的最后岁月

众所周知，在 13 世纪，蒙古首先征服了女真金国（1115—1234），随后征服了南宋王朝（1127—1279）。对此，本文不再赘述。关于蒙古的政治、经济和军事研究，相关研究成果可谓汗牛充栋。[6]成吉思汗之孙忽必烈在位时期（1260—1293），宋朝的领土全部纳入蒙古帝国的版图。那些在过去从未臣服过汉人统治的周边地区也被纳入大元兀鲁思的版图。与过去相比，除满洲、蒙古、西藏地区外，云南和山西西部绿洲地区也开始与汉人交往，与中原经济中心的关系也越来越密切。蒙哥（1251—1259 年在位）和忽必烈等蒙古大汗都努力加强中央政府对地方收入的控制，[7]但相对而言，蒙古并没有直接统治地方。一般情况下，地方统治者往往通过正式归顺和分封仪式纳入蒙古政体，他们可以留在当地，只需向蒙古朝廷上缴贡物和赋税，承担徭役，就可以享有一定程度的自治权。蒙古大汗并不热衷于将其宗教信仰、社会习俗或文化取向强加给地方百姓。

17 蒙古贵族从中央政府获得相当程度的自治权，他们坚决不把整个帝国和帝国的组成部分即所有的兀鲁思都视为蒙古的共同财产。如彭晓燕（Michal Biran）指出，忽必烈及后来的大汗与蒙古贵族之间的冲突通常被视为意识形态方面的冲突。阿里不哥（卒于 1266）、海都（1235—1301）和乃颜，可能在某种程度上对忽必烈的汉化统治抱有怨言。不过，蒙古贵族之间的武装冲突主要是为了争夺领地、税收和劳动力[8]。忽必烈在战场上虽然征服了其大多数的蒙古政敌（海都是第一个例外），但基本上大汗和贵族之间的冲突是常态。在忽必烈死后的很长一段时间，灵活强大的地方自治仍是蒙古帝国的标志。

协商审议和权力共享的草原模式构建了蒙古对中原的统治模式[9]。元朝皇帝从来没有想过要依赖汉化的统治方法，也从来没有专一支持汉人官员和宗教人士及其文化活动。蒙古人为了解决和满足财政、行政、军事、艺术、技术等问题和需要，往往借鉴汉人、波斯人、畏兀儿人、契丹人、女真人和欧洲人的一些做法。当然，他们在借鉴过程中，不可避免地重新阐释外民族和蒙古族的传统。

凭借蒙古战略视角和全球思维，大元兀鲁思把中原的经济资源和行政基础置于大一统之下[10]。在征服中原初期，蒙古的暴行破坏了农耕文化的根基，造成社会重组和连年内战。但经过一段时间之后，中原地区的社会经济日趋繁荣，这在原南宋地区尤其明显。与中原北部地区相比，南宋较少受到战争硝烟和政治动荡的破坏。西亚地区的伊尔汗国，也是如此。在大元兀鲁思治下，伊尔汗国在出版、绘画和学术方面，呈现出一派繁荣的景象。关于蒙古帝国对中原经济的影响，学界莫衷一是。[11]但可以肯定的是，这一时期的中原地区确实出现了经济繁荣的景象。事实上，正是由于经济上的欣欣向荣，商业性出版、儒学传播和戏剧发展 18
才成为可能。大元兀鲁思治下的繁荣景象，不胜枚举。[12]因此，关于蒙古对中原的影响，罗斯的金帐汗国和西亚的伊尔汗国的社会发展情况，学界有必要重新评价和深入研究。[13]

中原末代大汗

吊诡的是，关于大元兀鲁思的历史研究一直处于失衡状态。至 1368 年，大都仍是蒙古帝国第一首都。数十年来，大元兀鲁思的西南、西北和东北大部分地区一直受制于强悍的蒙古武将，但大多数学者把研究重点放在富有传奇色彩的成吉思汗崛起、蒙古帝国初期和忽必烈时期（所谓“黄金时代”）。事实上，除个别例外，我们对元朝后半期的认识还是懵懂无知，混乱模糊。最近，日本学界有人指出，后忽必烈时代的政治史研究处于“冷清孤寂”的状态。[14]英语学术界的情况也是如此。事实上，直至 14 世纪，大元兀鲁思在政治、经济、军事、文化及社会方面仍继续发展，并没有因为忽必烈之死而停下前进的脚步。因此，如果要客观公正地评价和总结蒙古时代的东亚，就必须密切关注这些情况。

1333 年，妥懽帖睦尔即位。在大多数中文文献中，妥懽帖睦尔以其谥号“顺帝”著称，他被视为统治中原的末代蒙古皇帝。妥懽帖睦尔即位时还只是一个惶恐不安的男孩，并不是想当然的汗位继承人选，他能够登基成为皇帝可以说是各方势力妥协的结果。他的父亲，孛儿只斤和世㻋（1300—1329），由于宫廷阴谋，被发配到遥远的中原西南边陲——云南，后来逃到察合台汗国寻求庇护，在那里，他被再次召回大元兀鲁思。1329 年，孛儿只斤和世㻋在即位几个月之后离奇暴亡（据说可能是被政敌毒死）。正常情况下，妥懽帖睦尔绝对有可能被斩草除根。但从他的父皇经历来看，蒙古朝廷常以流放发配的方式来惩处精英，而不是立即处以极刑。处于皇权边缘的妥懽帖睦尔先是被送到高丽西南海岸的一座孤岛，接着又被流放到中原

南方腹地——静江（今广西桂林），在那里他开始接触汉文经 19
典和书画艺术。1333 年，妥懽帖睦尔被召回大都即位。妥懽帖睦尔即位初期为大权在握的蒙古元老贵族所操纵，是一个傀儡小皇帝。妥懽帖睦尔即位之后，汗位争夺的阴谋就从未停止。直到 1340 年妥懽帖睦尔年满 20 岁，他才获得统治大权。[15]

妥懽帖睦尔的政治谋略和军事才能并不出众，但这不应该成为他数百年来被羞辱和指责的口实。他的可悲之处在于大元兀鲁思的政权在他手上瓦解，由此他被列入德行有亏、荒淫无道、加速王朝灭亡的末代皇帝行列，而这又恰好与儒家根深蒂固的史学传统相吻合。[16]不过，如果想了解统治中原的末代蒙古皇帝、风云变幻的宫廷政治及东北亚地区的局势，这种观念未免太荒唐。

大多数士大夫对妥懽帖睦尔的批评和攻击，主要集中在这位皇帝狂热信仰藏传佛教，德行有亏，政治优柔寡断。当时，一位官员上书，指责他沉溺于密宗仪式，与喇嘛私交，酒池肉林。[17]据《元史》记载，妥懽帖睦尔沉迷酒色，一些记载从更深层次的精神方面来理解这位皇帝和喇嘛仪式也只是强调他空虚无聊，无能愚蠢。一位喇嘛告诉妥懽帖睦尔，世界的本质就是白驹过隙，所以应寄情藏传佛教，“陛下虽尊居万乘，富有四海，不过保有见世而已。人生能几何，当受此秘密大喜乐禅定。”另据《元史》记载，密宗仪式属“房中术”，而妥懽帖睦尔“惟淫戏是乐”[18]。

明朝开国皇帝朱元璋（1328—1398）在位时期下令编撰 20
《元史》，这不仅是为了记录过去一段历史，而且也是向当时的读者传递政治信息。对于羽翼未丰的明朝来说，蒙古朝廷一直是朱元璋统治合法性的政治军事威胁。朱元璋急于编写《元史》是出于政治需要，是想强调元朝已经丧失了“天命正统”，《元史》就是天命转移的证明。[19]这样，败坏妥懽帖睦尔的声誉，和中原史学传统一拍即合，即通过强调末代皇帝的德行有亏来解释王朝灭亡和正统丧失的原因。[20]

妥懽帖睦尔对藏传佛教的深奥思想和丰富的造像艺术感兴趣。几十年前，忽必烈从藏传佛教寻求守护国家和巩固统治的力量，而这一传统被妥懽帖睦尔传承下来。位于北京北部的著名居庸关默默见证了元末妥懽帖睦尔为巩固大汗权威和王朝地位而做出的努力。[21]居庸关，建于 14 世纪 30 年代中期，当时耗费了巨大人力和钱财。“藏式过街塔，既是其特征（其顶部的舍利塔结构，今已遗失），也可能是为了守卫元朝首都北京而设计的四大城门之一。”[22]商旅和军队就是穿过这一雕刻四方守卫的典型藏式石拱门，从北方而来，抵达北京。[23]

也许，居庸关最令人津津乐道的地方是六种文字的石刻经文，这六种文字分别是：汉文、畏兀儿文、西夏文、藏文、梵文和八思巴文（蒙文的通用拼音系统）。虽然每种文字的石刻经文在内容上稍有不同，但都强调了蒙古皇帝作为宇宙主宰的神圣性。在蒙文铭文中有这样一段话：“能者称汗五台境……寿长八十，智慧广。”[24]可见，忽必烈汗被视为文殊菩萨再世。文
21 殊菩萨，传统上被视为庇祐中原的智慧之神。这样，忽必烈不仅成为以天神般的军事力量统治中原的蒙古皇帝，而且也成为庇护中原的佛祖化身，总之是宇宙的主宰。[25]

至于妥懽帖睦尔，他与皇太子的关系受到指摘，皇位岌岌可危，王朝日益衰败。居庸关所反映出来的有关宇宙和政治的复杂信息都在宣告，妥懽帖睦尔与他的光荣祖先一脉相承，他

也是宇宙主宰。皇帝作为宇宙主宰的这种传统是由13世纪西藏智者、朝廷国师——八思巴，以忽必烈的名义最早提出来的，目的是在四面楚歌中，增强首都的超自然防御力。妥懽帖睦尔对忽必烈有浓厚的兴趣。1354年农历十二月，他下令编织忽必烈像挂毯。[26]另外，妥懽帖睦尔经常在北京举行忽必烈时期引入的密宗仪式。对此，1354年，妥懽帖睦尔向脱脱，这位帝国的权相，解释他这么做的理由："朕尝作朵思哥儿好事[27]，迎白伞盖，游皇城，实为天下生灵之故，今命喇嘛选僧一百八人，仍作朵思哥儿好事。"[28]

如果说复兴大元兀鲁思是一项庞大的系统工程，那么居庸关就是这个庞大工程的一部分。14世纪40年代，元朝在政治和文化方面实施了一系列重要措施。如1342年恢复科举考试，编撰金辽两宋正史，更新法律法规并编辑出版，减免赋税。[29]所有这些措施都旨在加强皇帝权威，提高皇帝声望。另外，新政权还恢复了许多重要人物的原来爵位和官职，以消除蒙古贵族内部弥漫的怨愤情绪。[30]对于这场改革的结果，我们很难一概而论，但这也表明元朝在变幻莫测的挑战面前，并没有坐以待毙。事实上，从更大的范围来看，决定大元兀鲁思生存的一个关键地区就是辽东，或广泛地说东北亚。

蒙古帝国治下的辽东

在元代，辽东有"辽河之东"之意，地域辽阔，大致包括 22
今中华人民共和国的辽宁、吉林、黑龙江三省，以及西伯利亚东部大部分地区、库页岛（萨哈林岛）等。在这里，森林苍莽，河流奔腾（东北有黑龙江、西南有辽河），沼泽开阔（主要是沿黑龙江），土壤肥沃，群山连绵。辽东地区以北以渔猎经济为主，以南地区则盛行农耕文化。在辽东半岛，山峦起伏，绵延两百多里，直到渤海湾。[3]

3世纪初，汉朝灭亡。从此，辽东地区摆脱了中原王朝的控制。接下来一千年，汉人、朝鲜人、契丹人和女真人相继掌权。契丹辽（947—1125）和女真金曾定都辽阳。辽阳，位于辽河支流太子河南岸。几百年来，伴随政治军事统治的风云变幻，辽东地区的种族、语言、文化和社会结构日益复杂。方兴未艾的征服者，并没有对当地土著赶尽杀绝。[32]毕竟，后者是值得珍视的劳动力、税收和潜在军事支持的来源。[33]通常情况下，新政权拉拢部落首领及其随从，或更换部落酋长，来统治当地土著人口，都会基本保留部落原有组织结构。

辽阳，作为辽（特别是金）的都城，位于游牧、农耕、林地的交界地带。这一地理位置，有力地推进了当地与如高丽、宋朝（960—1279）之间的经济文化交流，[34]同时也影响到契丹人和女真人。辽初，契丹首领阿保机（872—926）为防止女真部势力壮大，进而威胁自己的统治，把大批女真民户迁到辽阳以南地区。[35]

23 在辽、金之后，蒙古帝国开辟了一个新时代。在辽东南部地区，这个被大都、辽阳和开京三座都城所环绕的地区，其政治、经济、社会和种族经历了近千年的空前大融合。之前划定的高丽和金几代王朝所关切的政治边界已然失去任何意义。蒙古帝国在辽东南部建立了全新的行政、种族、经济、社会和军事秩序，而这一新秩序的建立借鉴了当地的原有模式和结构，而非全盘照搬。

辽东与蒙古帝国治下的东北亚

辽东地区也出现了类似大融合，不过规模更大。在蒙古征服中原之前，中原地区的局势就已经影响到辽东。辽金时期，辽东地区作为具有较强渗透性的边境，为当地士人提供了各种接触中原绘画艺术、儒家思想、文学创作和行政组织的机会。竺沙雅章发现，对这一地区产生影响的中原佛教和绘画，并不是来自同时代的宋朝，而是来自宋朝之前的唐朝（618—907）。[36]伴随蒙古的大统一，以大都为中心，各地出现了行政、教育、宗教和文化机构。辽东也受到大陆文化、草原文化和半岛文化的影响。

托马斯·爱尔森、狄宇宙（Nicola Di Cosmo）二人都认为，在13、14世纪，不同的社会环境中都出现了前所未有的经济、技术、文化和艺术交流，而这种现象的出现绝非偶然。蒙古有意识地通过投资交通和建立商业基础设施促进了这些交流。蒙古的审美和品位在决定特定物品（如金丝织品）、时尚和人员交流方面也发挥了重要作用。当然，事情也并不是偶然的。[37]下文中关于地区大融合的论述并不排除意料之外的后果，不过这些论述会突显蒙古的需求和目标。

早在13世纪初，蒙古的军事扩张就深刻地改变了辽东地区。蒙古大草原统一后不久，成吉思汗就在金国边境开展调查。 24
辽东地区因其“金国之本”的战略地位很早就成为蒙古进攻的目标之一。蒙古的大规模入侵，特别是1212年和1215年攻陷金国东京辽阳，严重削弱了金国对这一地区的统治。饱受统治和压迫的契丹贵族，与金国不断摩擦和冲突，并将投靠蒙古视为摆脱女真，获得更大独立的手段。在辽东地区，一些女真将领虽然兵力不多，孤立隔绝，但是怀有野心，他们有时也背叛金国，他们当中一位有名的女真将领甚至建立了一个王朝，虽然时间不长。随着金国统治进入风雨飘摇的末世，地方汉人豪强纷纷投靠蒙古。这样，蒙古和许多地方集团缔结了临时联盟。1233 年，蒙古结束了这种联盟关系，在辽东地区确立了军事统治。[38]

蒙古断断续续统治辽东地区的情形，也存在于欧亚大陆的其他地区。一般情况下，蒙古不会立即对被征服地区进行铁腕统治。换言之，他们不会破坏当地原有治理结构，而是派政治精英前去统治，由此导致统治真空。在这一过程中，一些人获得了令人艳羡的机会，一些人遭到毁灭性打击。但对所有人而言，他们几乎都要面对未来的不确定性。有时，权力（和权威）中心的模糊不明会带来大范围的社会暴行和社会崩溃。对于波斯花剌子模王朝崩溃后的情形，乔治·莱恩（George Lane）是这样描述的："处于无政府状态的城邦，被交战军队、打家劫舍的盗匪和争权夺利的军阀任意摆布。"[39]在 13 世纪初数十年，蒙古粉碎了金国在中原北部地区的政治军事统治。有人这样描述当时的情形："拥兵者万焉，建侯者万焉，甲者、戈者、骑者、徒者各万焉，鸠民者、保家者、聚而为盗贼者又各万焉，积粟帛、金具、子女以为己有者，断阡陌，占屋宅，跨连州郡以为己业者，又各万焉。"[40]

在这种形势下，新的精英应运而生。在这些精英中，既有出身各异却怀有野心的当地汉人，也有在地方崭露头角且拥有大批武装力量的降蒙契丹人和女真人，另外还有成吉思汗的随侍扈从。直至 13 世纪中叶，蒙古朝廷才把这些中原北部地区的
25 新精英纳入统治轨道。在辽东地区，从金国的有效统治终结到蒙古确立牢固统治约 20 年期间出现了统治真空。如后面的章节所述，在 14 世纪中叶成吉思汗政权衰微后，机会、动荡和冲突也随之出现。[41]

13 世纪，蒙古在辽东地区建立了高效畅通的管理体制，旨在稳定地方社会的同时，也控制地方经济和军事资源。帝国的其他地区情况也是如此。在辽东地区，蒙古建立了复合管理体制，主要内容包括：一是分封土地、人口给蒙古贵族和主要军事将领（特别是在 13 世纪）。其中，成吉思汗的三兄弟及其后裔势力最大。在 13 世纪的大部分时间，帝国诸王及其大批代理人不仅成为蒙古控制辽东最重要的势力，而且在整个帝国扮演了重要角色。二是将迁居的高丽人置于蒙古最重要的高丽同盟者治下，其中洪氏家族和王氏家族最有名。三是设立辽阳行省，负责地方特别是辽东南部地区的行政。下文将阐述蒙古统治辽东地区的上述三方面内容，不过在领土、人口和人员变动方面会重复交叉。

东方三王家

辽东地区最集中居住着蒙古诸王，这其中，最核心人物通常被总称为“东方三王家”。“东方三王家”，分别指成吉思汗的三兄弟，即拙赤合撒儿、哈赤温、铁木哥斡赤斤。按照蒙古“幼子守产”的习俗，最小的儿子——铁木哥斡赤斤——负责掌管和继承父母的财产和领地，而其余的儿子则外出征战。在 13 世纪初成吉思汗征战中亚和西亚的七年时间里，铁木哥斡赤斤以“监国”的身份，掌管蒙古大草原、辽东地区和高丽北方
地区。成吉思汗虽然不满铁木哥斡赤斤时常僭越犯上，但他在 26
把蒙古帝国的辽阔疆土分封给其追随者的时候，还是把蒙古高原东部沿大兴安岭的最好牧场分给了铁木哥斡赤斤及其他两位兄弟。[42]另外，成吉思汗分给他们的民户也最多。铁木哥斡赤斤及其后裔尊贵显赫，对其世系、兄弟世系和“五投下”进行铁

腕统治，当然这也并非绝对。“五投下”，是成吉思汗在中原北部的代理人木华黎国王的军队。总之，“东方三王家”是蒙古帝国最强大的军事集团。[43]

海老泽哲雄（Ebisawa Tetsuo）和杉山正明都强调指出，忽必烈能够夺取汗位，打败其弟——汗位的竞争者阿里不哥，就是依靠“东方三王家”的支持。[44]当时，铁木哥斡赤斤家族的宗主塔察儿发挥了关键作用，他非常坚定地支持忽必烈。[45]塔察儿对另外两个世系及其部族也有强大的影响力。忽必烈在位前半期，塔察儿获得忽必烈的无数赏赐和荣誉。[46]然而，东道诸王作为历史悠久的帝国精英集团，伴随其领地规模日益扩大，民户数量日益增多，军事实力日益强大，最终与蒙古朝廷发生冲突。

东道诸王在其领地拥有相当程度的自治权，拥有自己的军队和行政官员。[47]在13世纪的大部分时间里，东道诸王任命其心腹出任重要的官职来管理地方。有时，诸王国（兀鲁思）从畏兀儿和女真官员中选拔宰相，后者在具有农耕文化传统的封地有自己的份地。[48]东道诸王和其他兀鲁思国王一样，定期派代理人到中原朝廷，以确保自己的利益，确保自己在日益膨胀的蒙古大家产中的份额。[49]忽必烈曾试图通过设立行省这样的行政管理机构来限制蒙古诸王势力，以提高朝廷在帝国的地位。但东道诸王和其他领地诸王一样，捍卫其特权的手段繁多，且无所不用其极。[50] 1287年，诸王和朝廷之间的冲突终于演变成公开的
27 战争（详见下文）。[51]战争结束后，中央政府不断提高辽东行省的地位，以限制诸王权力，但收效不大。

东道诸王的大部分领地位于蒙古高原东部，不过他们在辽东地区也有隶属民户。在这些民户中，一些人甚至出任高丽管理机

构的官员，倚仗权势，贻害地方。1275 年，辽阳官员上奏："辽东境土旷远，诸王营帐，洎诸部种人杂处其间……辽阳亲王近侍五人劫居民资用，且殴击之，有司不敢究。"[52] 1280 年，辽阳官员也反映了类似情况："东藩诸王鹰人纵暴，民大厌苦。"[53]

到 14 世纪中叶时，辽阳诸王的手下用低价强行购买地方百姓的物品，"贵室僮奴、公府隶卒争强买之，仅酬其半直"。当时，朵尔直班（木华黎七世孙）担任辽阳行省平章政事。对此，他发出严厉警告："苟有罪，虽勋旧不贷。"在这里，"勋旧"并不是指文官，而是指效忠成吉思汗及其后裔的家族。据《元史·朵尔直班传》记载："王邸百司，闻风悚惧。"[54]

辽东诸王的势力范围，一直延伸到中原北部和高丽。此外，蒙古大汗还把山东和河北的生利领地分封给诸王，在那里，诸王招纳贤士来管理自己的财产。"东方三王家"和其他蒙古诸王一样，其部分收入源于南宋民户的赋税。在上述两种情况下，朝廷官员会把收缴的赋税重新分配给诸王。[55]与此相反，据高丽编年史记载，早在 13 世纪 70 年代，甚至更早时候，慈悲岭附
近原属高丽国王统治范围的北方处于塔察儿统治之下，他派官 28
员对当地人口登记造册。[56] 1261 年，忽必烈派蒙古王子巴思答儿到鸭绿江西岸考察，并同意王子提出在那里互市的请求。但半年后，互市被取缔，至少是暂时取缔，原因不详。1262 年，忽必烈同意塔察儿提出在那里开设炼铁厂的请求，但驳回互市的请求。[57]忽必烈的上述决定，可能是因为担忧东道诸王的经济和军事势力扩大到高丽。经过 13 世纪 80 年代的叛乱，"东方三王家"的权力和声望可能是受到了永久性重创。[58]不过，直至 1368 年元朝撤回蒙古大草原，"东方三王家"仍然在辽东地区拥有势力。后来，他们又成为新兴明朝的重要军事同盟。

对高丽移民的统治

蒙古帝国的扩张不仅改变了辽东的人口结构，而且在那里确立了行政治理框架。13 世纪 30 年代初，蒙古在辽东地区建立了牢固的统治。当时，他们从高丽西北地区迁移了大量人口到辽东东南部地区。洪福源，作为蒙古重要的高丽同盟者，统辖辽阳和沈阳之间约二三万高丽人。蒙古鼓励高丽人迁居辽东地区，在那里种粮纳税。[59] 13 世纪 30 年代，蒙古任命洪氏家族成员担任高丽军民长官，[60]旋即派洪氏家族去征服坚决抵抗蒙古的高丽人。高丽军民长官属世袭职位，直至 14 世纪初，这一职位都由洪福源后裔担任。[61]

13 世纪末，蒙古朝廷授予辽东洪氏家族和高丽王室统治高丽部民的权力。1263 年，蒙古朝廷置安抚高丽军民总管府，授
29 一位高丽王族“金符总管”，后来这一官职被他的儿子世袭。这位王族曾率军征战日本，并参与镇压蒙古贵族乃颜的叛乱（见下文）。[62] 1292 年，朝廷任命其子统领新高丽女真汉军都万户府，管理约一万名沈阳的高丽民。[63]

13 世纪末、14 世纪初，辽阳行省的最高长官基本上由洪氏家族把持（见下文）。蒙古朝廷为巩固其在辽东地区的统治，在镇压乃颜和哈丹（成吉思汗之弟别里古台的后裔）的武装挑衅之后，派洪氏家族三位成员总管辽阳行省，这三人都曾追随忽必烈及其部将在东北地区作战。洪氏家族作为蒙古朝廷公认的盟友接受蒙古朝廷的委托，在管理高丽移民之外，还负责管理辽东大部分地区。[64]

洪氏家族不仅保障元朝在辽东地区的统治，治理高丽的移民，而且还出任帝国大汗的护卫（怯薛），参加 13 世纪蒙古最

重要的战役。洪福源的势力范围虽然限于高丽和辽东地区，但其兄弟和子孙在征伐日本、灭亡南宋、镇压挑战大汗权威的蒙古贵族叛乱过程中发挥了重要作用。洪氏家族的足迹遍及高丽、辽东地区和江南地区。洪君祥，洪福源第五子，曾供职于元朝集贤院（蒙古皇帝的智囊团），后来在密直司任职达 16 年。[65]洪氏家族凭着不懈努力获得了接近大元兀鲁思精英的特权，得以周旋大都文人雅士之间。揭傒斯（1274—1344）在其一首诗歌中（年代不详）谈到了蒙古帝国治下东北亚的许多重要人物。[66]

> 洪氏起辽海，流章耀八纮。孝友根世学，忠贞自天成。
> 入为帝羽仪，出秉国钧衡。洋洋高门居，济济罗公卿。籍 30
> 甚澄与澜，[67]玉质金为声。拆理贯秋毫，擒藻艳春晴。朝趋承明内，暮进贤友生。衣锦络尚絅，穆然含粹精。灵凤非求知，出为世所惊。奇璞隐崐岫，采充清庙英。尧汤揽群才，圣道日光明。岂惟殷肤敏，祼将在周京。苍天虽云高，乃心此黎氓。君臣两不易，相期底隆平。君德贵并包，臣道戒骄盈。立贤必无方，拔茅思汇征。最哉敬厥终，两贤信国桢。[68]

揭傒斯盛赞帝国的成员——洪氏家族兄弟及其世系。他
在诗中，多次提到洪氏家族的双重身份，指出洪氏家族虽扎
根于辽东地区，却闻名帝国。他们在大都出任皇帝的怯薛，
在行省任高官，虽起家于边缘蛮荒地区，却凭令世人惊叹的 31
才华和对蒙古朝廷的赤胆忠心，淋漓尽致地发挥了自己的
潜能。

揭傒斯并没有聚焦于征服者和被征服者的关系。在他看来，

洪氏家族和蒙古皇帝是唇齿相依、目标一致的君臣关系。所以，皇帝应海纳百川，不拘一格选拔人才，而臣子则要谦虚谨慎，事大以诚。最后，揭傒斯在颂扬洪氏家族功劳的同时，勉励他们戒骄戒傲，继续效忠帝国。

值得注意的是，作者在诗中虽然描述了帝国海纳百川的胸怀，却回避洪氏家族出身高丽的事实，也没有明确指出帝国对辽东或高丽的征服，只是援引了商朝（公元前 1766—前 1122）灭亡后，天下人倾囊相助辅佐征服周朝（公元前 1122—前 1249）的古老事例。揭傒斯并没有渲染外族对邻邦的征服，而是把重点放在王朝更迭带来的政权变迁和效忠对象的转移。他指出，成就大业必须要有天命加持。洪氏家族并非背叛君主，而是顺应上天旨意，择良木而栖。

作者在诗中将皇帝喻为“苍天”，虽至高无上，无所不能，却能心系百姓。在这里，揭傒斯所使用的“氓”字，通常用来指从远方迁移而来的人，在这里特指迁居辽东地区的洪氏家族和高丽民户。总之，这首诗的主旨非常明确，即淡化王朝边界意识，突出中心和边缘概念，强调率土之滨莫非蒙古帝国。

洪氏家族兄弟奉沈王（王璋）之命，游历当时的汉人文化中心——江南，在那里购买书籍，拜见地方官员和文化名流。龚璛（1266—1331）在纪念洪氏家族此次游学的一首短诗中，高度肯定了高丽文化及高丽在蒙古帝国中的地位。

32 舆图沈国东南境，[69]家世辽城尺五天。[70]志士何妨曳裾贵，贤王欲与购书传。文风物色先江左，使指光华下日边。我亦平生小溟渤，要随洪范过朝鲜。[71]

洪氏家族的脱俗气质和高贵相貌，让龚璛赞叹不已。龚璛认为，洪氏家族的文化修养超过了许多江南文人，而江南代表了汉人地区最高文化水平。虽然洪氏家族是高丽人，奉高丽国王旨意行事，但龚璛把洪氏家族的使命和大都联系起来，这一点可以从诗中的“贤王”（因此身份可以使用帝国官府驿站）和“光华下日边”得知。龚璛在诗末表示，自己通过与洪氏家族的交往，改变了过去轻视环渤海地区的态度，现在他倒希望自己能像《洪范》的作者箕子那样，漂洋过海到朝鲜半岛。箕子，是商朝王室的后裔，传统上被认为在逃离中原后（公元前1122年）建立了古朝鲜。不过也有人认为，龚璛只是表达了他重视高丽文化的态度，并不是真心打算像箕子那样把先进文化传播到落后边缘地区。事实上，龚璛的这种心态变化反映了许多汉人士人对高丽的认识。这样，高丽通过更紧密地融入蒙古帝国，不仅和帝国统治家族搭上了关系，而且还得以自由出入文化氛围浓郁的江南地区，而在建立这些关系的过程中辽阳发挥了桥梁作用。

在辽东地区的政治舞台上，高丽沈王扮演了重要角色。1307年（或1308年），高丽忠烈王（1274—1308）被册封为“沈阳
王”。沈阳，指位于辽阳东北部地区的沈阳。至14世纪30年代， 33
约有三万至三万五千名高丽人定居沈阳。[72]不久，“沈王”的封号传给了忽必烈之孙——高丽忠宣王（1308—1313）。[73]忠宣王和帝国的许多人一样，因为辅佐新皇海山（谥号武宗，1308—1311）即位有功而获得晋升和封号。[74]他的封号也从“沈阳王”升格为一字王——“沈王”。忠宣王凭借这一封号，得以跻身蒙古帝国地位最高的诸王行列。按照惯例，这种封号要配备领地、份地、粮仓和民户，以补充皇帝原有的赏赐。沈王得到了江南领

地的税收、懿州（辽东西部）的份地和粮仓、大都周边的税地和民户。另外，这一封号还附加有统治开京和大都之间高丽部民的权力。不过，这一封号在拥有这些权力的同时，也要为高丽国王及其随从往返大都和开京提供各种服务。[75]

在洪氏家族看来，沈王是其统治辽东地区的潜在威胁，因为沈王能够直接接触元朝皇帝。[76]不久，洪氏家族向元朝皇帝表达了这种担忧，指出忠宣王拥有两个“王”印（高丽王和蒙古王），而这严重违反了以往的惯例。元朝皇帝为了安抚洪氏家族这一元朝统治辽东地区的重要后方力量，同时又不冒犯忠宣王，折中处理了此事，即让忠宣王保留大部分财政资源的同时，事实上放弃对辽东地区的实质性统治权。后来的沈王（特别是忠宣王之侄王暠）由于卷入大都和开京的政治阴谋，在辽东地区并没有发挥太大影响。[77]

显然，蒙古倾向于按人口而不是严格划分的土地单位来分配责任和义务。[78]在辽东地区，许多高丽臣民接受蒙古的安排，即接受洪氏家族、王氏家族以及高丽国王的多重分化统治。就
34 蒙古朝廷而言，这种安排既不用承担额外的行政或经济支出，又可以坐视高丽内部的争斗，而不是团结。辽东地区和蒙古帝国的其他地区一样，也拥有很大自治权。[79]

辽阳行省

蒙古治理辽东地区的第三个要素是辽阳行省（下辖七个行政路）。[80]13 世纪三四十年代，蒙古在辽东地区设立办事机构，负责征收赋税和户籍登记。13 世纪中叶，中央朝廷派遣官吏或废弃，或重设行省辖下诸行政路。直至 13 世纪末，辽阳行省的地位才得以巩固，辽东地区的政治格局得以初步形成。[81]但即便如此，行

省的治所一直没有固定下来，至少是在辽东西部的三个城市辗转流离。在14世纪大部分时间里，辽阳行省的治所在懿州。懿州，是辽东地区的战略要地、军事中心、交通枢纽和重要粮仓。在元末，粮食和盐巴从这里运送到帝国的其他地区。另外，懿州还以马市闻名天下，就连高丽的马贩也要到这里贩马。[82]

如果以为辽阳行省只是由职业官僚组成的行政管理机构，那就大错特错了。如前文所述，13世纪末、14世纪初，洪氏家族作为东北亚的精英管辖辽阳行省。1287年，洪茶丘在参加镇压蒙古宗王乃颜和哈丹叛乱的战斗之后总领辽阳行省。乃颜和哈丹之所以反叛，主要是因为他们认为朝廷限制和剥夺了他们的自治权。哈丹重燃叛乱战火、攻打高丽首都开京的时候，“距辽阳二千里皆骚动”。元朝中书省特意启用洪茶丘负责平叛事宜，“起茶丘镇辽左，帝遣阇里台孛罗儿，赐以金字圆符，命茶丘以便宜行事”。[83]在13世纪的最后十年和14世纪的前十年，茶丘之弟、之子都曾出任辽阳总督。也许是因为高丽移民在辽阳行省的行政和人口方面具有重要地位，拉施德丁（Rashīd al-Dīn）称其为“女真（满洲）和高丽之省”[84]。

辽阳行省也有蒙古贵族出任高官，如国王朵儿只[85]。朵儿 35
只，是木华黎第五代孙，他坐拥辽阳领地，长期出任辽阳行省的高官。据《元史·朵儿只传》记载，1329年，朵儿只被册封为国王，获辽阳领地。[86]十年后，即1338年，元朝取消其国王封号，并将国王封号转给木华黎世系的另一成员，任命朵儿只出任辽阳行省左丞。[87]在14世纪40年代大部分时间里，朵儿只辗转数省，担任中央政府官员。有时，他也因“十足的汉化”而招致猛烈抨击。1349年，朝廷恢复了朵儿只的国王身份，他在卸任宰相之职后，返回辽阳领地。[88]葛逻禄部后裔著名诗人迺贤

（1309—1368）也指出，在1349年，朵儿只以国王的身份管辖辽东领地，接受别人对他出任左丞（可能是辽阳行省左丞）的祝贺。[89] 1352年中，朝廷下令朵儿只和某铁木儿驻守大都西北45里的龙庆州。[90]在战火蔓延之际，朵儿只积极响应朝廷的号召，誓死捍卫皇权。1354年，他率军加入脱脱总指挥的高邮战役，并于次年死于这场战役。[91]

关于朵儿只在辽阳拥有的封地规模和民户数目，目前还没有发现确切记录。[92]在《元史》中，也找不到任何相关线索。如果说有线索的话，那可能就是1354年朵儿只率军在辽阳集结准备到南方打仗，或1352年他率部下驻守龙庆州的记载。据元史1331年条记载，朝廷下令，“辽阳行省发粟，赈国王朵儿只及纳忽答兒等六部蒙古军民万五千户。”[93]四个月后，朝廷“以钞万五千锭，赈国王朵儿只等九部蒙古饥民三万三百六十二户”[94]。这些记载表明，朵儿只可能在广阔的辽阳管理受降的蒙古人，而且这里的状况似乎并不佳。同年春，朝廷下令，“辽阳行省发粟，赈孛罗部内蒙古饥民。”[95]一个月后，朝廷“赈辽阳
36 东路蒙古万户府饥民三千五百户粮两月”[96]。这一时期的大范围饥荒可能与政治斗争有关。陈高华认为，接踵而至的危机造成巨大的破坏，随后出现大量游牧民的出逃。1328年两都之战之后，出现了大范围饥荒。[97]

一般情况下，蒙古诸王把赈灾救济粮和皇帝的其他赏赐分配给辽阳的蒙古人，借此控制绝大部分的帝国赏赐，由此发挥上连大汗、下达大元兀鲁思百姓的作用，至少在理论上如此。但在14世纪，随着草原蒙古人口的持续贫困，大元兀鲁思在重新分配帝国财富方面可以说是举步维艰，而前者是维持蒙古社会秩序的关键所在。

利益平衡

对庞大的蒙古帝国而言，在皇室宗族、蒙古贵族和地方精英之间保持利益平衡，是永远需要面对的挑战。元朝常常面对来自成吉思汗封地的蒙古诸王对其权威和权力的挑战。诸王希望保留草原社会的自治传统，不满元朝皇帝加强中央政府权力的做法。在忽必烈的改革过程中，诸王和皇帝之间冲突不断。其间，海都复兴窝阔台世系，并宣称要用武力实现中亚自治。从13世纪60年代到80年代，海都成为元朝最引人注目的，也是最可怕的军事政治威胁之一。[98]

由于要应对来自西方的困扰，忽必烈无暇顾及东道诸王制造的麻烦。在辽东地区，聚居着众多蒙古诸王和贵族。朝廷如果放任这些蒙古精英，那么后者或者残酷压榨地方上的汉人、女真人和高丽人，或者与其首领相互勾结，缔结同盟。但朝廷如果对其严加管控的话，又可能让他们与朝廷疏离，而他们的忠心和支持对蒙古政权的维系又是至关重要的。1274年忽必烈在接到奏报后派廉希宪（1231—1280）赴上都任北京行省平章 37
政事。廉希宪是忽必烈最敬重的元老政治家之一。[99]忽必烈在廉希宪赴任前对他说："辽西辽霫（辽东）户不下数万，诸王、国婿分地所在，彼皆素知卿能，故命卿往镇，体朕此意。"然而，中央政府任命的地方官员根本无法抗衡蒙古诸王，蒙古诸王根本不把地方官员放在眼里。廉希宪虽然深得忽必烈信任，又是朝廷的资深幕僚，比起其他官员，声望更高、影响更大，但是派廉希宪也不过是权宜之计。诸王和皇帝之间的关系，和过去一样，剑拔弩张。

13世纪80年代中叶，忽必烈接连收到奏报，称东道诸王的头目乃颜（别里古台直系）伺机叛乱。1287 年农历二月，忽必烈派名将伯颜到乃颜营地探查动静。伯颜的回奏证实了皇帝的担忧。随后，忽必烈立即剥夺了乃颜的封地统治权。两个月之后，乃颜走上了公开反叛的道路。

几十年的政治阅历让忽必烈的触觉异常敏锐，他迅速做出回应，并最终以绝对优势镇压了这次叛乱。他先是派官员到北京等处宣慰司下令，凡乃颜部民禁止往来和骑马、携带弓和箭。接着，又派伯颜前往哈拉和林（中文为“和林”）与草原诸王结成统一战线，以防乃颜和海都联手。与此同时，他为了分化东道诸王内部的乃颜支持力量，劝宗王纳牙（别里古台世系的另一成员）搬到大都居住。最后，年已古稀的忽必烈集结蒙古骑兵和汉人步兵组成的军队，带着一身的疾病（痛风、风湿、肥胖症等），从上都出发，亲征乃颜。由于忽必烈年事已高，他不得不乘坐“象舆”。“象舆”，是在几头大象的背上搭建的大战车。

38 就这样，在蒙古东部、满洲北部的广袤大地，一场厮杀即将展开。乃颜在被赶出主营后，本打算外逃，但没想到很快就被生擒。考虑到乃颜的皇族身份，忽必烈下令，以不流血的方式处死他，保留其全尸。乃颜被绑进毛毡，死在蒙古马蹄的踩踏之下。[100]忽必烈为了纪念此次出征大捷，敕令在收缴的战利品银锭上镌刻了两个汉字——“辽东”。[101]

不过，乃颜的主要部下哈丹却仍逃脱在外。几年来，哈丹辗转于辽东大部分地区，北至黑龙江省境内，东至女真地区和高丽境内，与元军展开了多次难解难分的战斗。由于哈丹的声望不像海都或乃颜那么高，加之也没有对朝廷构成严重威胁，所以忽必烈没有亲自出征讨伐。[102]此时，忠烈王主动请缨，讨伐哈丹。当时，哈丹的入侵对高丽北方大部地区造成了巨大破坏，忠烈王不得不疏散京城的大部分居民，并迁都江华岛。另外，忠烈王还向忽必烈请求，派军援助高丽。[103]蒙古出兵三万援助高丽。至 1291 年哈丹死前，元朝对帝国东北部地区控制的无能充分暴露出来。

忽必烈试图恢复地区秩序的努力，反映了蒙古治下的东北亚局势之复杂。1288 年末，忽必烈重设辽阳等处尚书省，以加强控制辽东。另外，他还任命洪君祥等效忠蒙古的高丽将领出任辽东行省高官。1290 年，可能是为了争取高丽的支持，忽必烈正式废除了高丽西北面军事行政中心——东宁府。当时，东宁府隶属于元朝皇帝。[104]这样，忽必烈授予高丽国王更大的权力和更高的权威。[105]作为回报，元朝也希望高丽出兵参加在辽东、建州一带进行的战斗，甚至希望高丽派兵参加镇压海都叛乱的
战斗。[106]忽必烈态度强硬地命令高丽为其提供十万担粮食，以弥 39
补镇压乃颜叛乱造成的辽东粮食匮乏。[107]经过慎重考虑，忽必烈决定保留乃颜家族的土地和特权。[108]毕竟，元朝需要整个蒙古贵族的效忠，即便大都遭到个别贵族的攻击。[109]为了平衡高丽国王、地方蒙古贵族、辽东的高丽部民首领和元朝中央朝廷之间的利益，为了恢复帝国东北部地区的秩序，忽必烈可谓煞费苦心！

在 14 世纪，蒙古朝廷和辽东地区诸王之间的关系还没有破裂，也没有出现公开的军事冲突。与过去的几十年相比，中央进一步加强了对辽东行省的地方控制。不过，中央政府仍觉得有必要定期派特使巡视辽东，协助辽东官员，以防蒙古诸王过分剥削地方百姓，进而造成土地抛荒，甚至举兵反叛。[110]朝廷也希望辽东保证向大都上缴贡赋。同时，朝廷也意识到有必要

“回报诸王使其安心”。[111]换言之，蒙古朝廷需要在以中央为核心的地方行政机构和蒙古诸王之间继续保持利益平衡。

14 世纪，辽东地区的蒙古诸王继续在帝国广阔的政治舞台上扮演重要的角色。1328 年 8 月中旬，也孙铁木儿大汗（即泰定帝）驾崩，他的法定继承人阿速吉八（也孙铁木儿之子）在上都夏宫即位。但此时大都正在酝酿一场惊天的大阴谋——在海山之子和世㻋（妥懽帖睦尔之父，当时被流放到中亚）和图帖睦尔（当时在中原南部观望）之间挑选一位大汗。这样，在两个集团之间，爆发了“元朝汗位继承史上最血腥、最毁灭性的冲突”[112]，这场冲突通常被称为“两都之战”。

保皇党在获悉大都沦陷后，几乎倾尽所有的军事资源从四面八方向首都以南进攻。他们计划，首先击溃守卫大都的主要军事要塞，然后全方位攻打首都。但在如期集结部队并包围大
40 都之前，复辟军在雄心勃勃的钦察人燕铁木儿的带领下多次打败了包括辽东人在内的保皇党。[113]如果不是东蒙主帅和诸王统领守卫的上都猝不及防地遭到突袭，这场战争还会继续打下去。[114]

值得注意的是，辽东地区和蒙古高原东部地区的蒙古诸王和重臣全部卷入了“两都之战”的两大对立阵营。[115]与其他宗王和蒙古贵族相比，东道诸王并不见得更传统或更保守。“两都之战”没有浓厚的意识形态色彩，只是一场出于个人和家族利益而展开的政治联盟和武装斗争。在这场战争中，永平郡（位于辽东和首都之间）的大部分地区惨遭浩劫。据《元史》记载，“永平当天历（1328—1329）兵革之余，野无居民。”[116]

燕铁木儿在危机过后开始对其政敌大范围肃清，处死了一百多位蒙古贵族，没收了他们的家产。元朝为了加强对东道诸王的控制，也采取了一些措施，例如，1329 年设立都督府，由

燕铁木儿总领。[117]燕铁木儿意识到，对于蒙古诸王封地上的反叛官员来说，他们的效忠对象是宗王而不是朝廷，于是他肃清了其中的绝大部分人，[118]“以辽阳省蒙古高丽肇州三万户将校从逆，举兵犯京畿，拘其符印制敕。”[119]关于第二个措施的具体内容，细节不详。据《元史》记载，在辽阳行省，既没有蒙古万户，也没有高丽万户。比较接近的内容，可能就是总管高丽、女真、汉军万户府。[120]是否所有的军官都被革职？如果是，由谁来替换？对此，我们并不清楚。在《高丽史》《高丽史节要》 41
等朝鲜半岛的文献记载中，我们也没有找到相关的法令。但这一法令也确实表明，在14世纪中叶以后，辽东地区的利益集团仍然对朝廷的政治产生影响。缔结联盟的需要，使他们无视“蒙古”“高丽”这样的标签。

除了蒙古诸王之外，畏兀儿大臣、洪氏家族和高丽臣民也在辽阳行政管理机构出任官职，尽管官阶不高。在14世纪初恢复科举制度之前，高丽人和帝国其他地区的人一样，主要是借由接近大汗而进入仕途。韩永（1285—1336）通往辽东的主要仕途，始于帝国的怯薛。他的父亲是高丽名门之后，曾经作为质子前往忽必烈朝。韩永在大都出生，长大后没有随父返回高丽，而是一直留在大都。

1303年，18岁的韩永担任皇太子爱育黎拔力八达的怯薛。[121]近二十年，他历任蒙古朝廷的各种官职，其中包括在敏感的兵部任职。1320年，他赴任位于辽东西南地区的大宁路锦州府。两年后，他从大宁调至高州。据一篇汉文行状的记载，韩永“熟谙锦州高州两地风土人情”。至于他为何熟谙这两地的风土人情，或者这两地的风土人情如何，我们不得而知。高丽文献中也没有透露这方面的情况。如果说有什么原因的话，可能是韩永过去与这里有什么渊源。不过，这个行状倒是为我们提供了非常罕见的关于地方社会的描述。下面是关于高州的描述：

> 高古奚契丹地，屡经兵战，民物荡然，边夷杂种所聚，无耕蚕产，常以剽窃为事，公知其然，克自检束，务以德化而诚感之，苟为奸宄不悛者，痛绳以法。[122]

显然，韩永在锦州和高州的政绩非常耀眼，但接下来，他
42 在辽东懿州的仕途就显得极为平淡。懿州，是辽东重镇，后来成为辽阳行省治所。尽管韩永仕途平平，但他仍在中原西部地区的官衙度过了漫长的职业生涯。[123]不过，韩永开创了这样重要的先例，即在接下来的几十年，高丽人出任辽东地区的官职，甚至还有人在韩永曾经赴任的地方任职。

再后来，有些人踏上了通往辽东、为帝国效力的另一条仕途。对高丽文人而言，至高的荣耀莫过于在元朝科举考试及第，他们中只有极少数人获此殊荣，并在中原地区、高丽和辽东出任行政官员。1321 年，崔瀣（1287—1340）通过元朝科举考试，出任辽阳路盖州副判官。崔瀣可能是认为到盖州这样的穷乡僻壤履新有失他的身份，所以在任职五个月后就托词抱恙返回了高丽。[124]

三年后（1324 年），安轴（1287—1348）通过元朝考试，与崔瀣一样，出任盖州副判官。我们不清楚，安轴在这个职位上待了多长时间。但可以肯定的是，他在辽东履新时，参与了大都和高丽的政治活动。安轴曾去信忠肃王表示安慰之情。当时，忠肃王在大都被羁押。安轴还上书元朝皇帝，希望朝廷为

忠肃王在大都安置合适的居所。对于身陷囹圄的忠肃王而言，安轴的来信和上书皇帝是莫大的安慰。后来，忠肃王为了回报安轴的忠心，在高丽的行政机构为他安排了更高级别的官职。[125]可见，安轴在元朝的辽东行政机构任职期间，不仅参与了在大都有关高丽的政治活动，而且还在高丽官僚体系兼任官职。

1345 年，安辅（安轴之弟）通过元朝科举考试，[126]后来出任照磨兼承发架阁库。[127]安辅认为，出任这个事务性的低级官职对他而言是大材小用，但接到任命而不赴任也不恭不敬，所以只好前去赴任，“既受命，不供职是不恭也。照磨惟收掌文书，无他务，吾当赴省。”据说，安辅的出众才干给他的上司留下了深刻的印象，后者给他特殊的礼遇。安辅在辽阳待了一段时间后，就以回国尽孝、赡养双亲为由，弃官返回高丽。[128] 43

忠肃王时期，赵廉（1290—1343）通过元朝考试，出任更高级别的官职——辽阳等路总管知府。[129] 1342 年，李仁复（1308—1374）通过元朝科举考试后出任大宁路锦州府副判官。二十多年前，韩永曾出任这一官职。[130]李仁复似乎没有离开大都前往锦州履新。他想通过向皇帝进献礼物，打通仕途的关节。后来，李仁复凭借良好的政治人脉成为高丽恭愍王朝的大人物，他曾以高丽国王特使的身份出使元朝。

著名的学者型官员李穀（1298—1351）也通过了元朝科举考试，他在元朝拥有广泛的影响。李穀认为，蒙古帝国为他提供了遑论出身就可以获得晋升的好机会。在 14 世纪中期，他为两位高丽籍廉访写了一首诗（具体年代不明）：“声教无南北[131]，遭逢有易难。圣朝来万国，佳士出三韩。”[132]

事实上，对于出仕元朝的高丽文人而言，李穀的描述不仅不具普遍性意义（另见揭傒斯对洪氏家族的描写），而且也与蒙古在辽东地区的人事政策不相符合。在14世纪通过元朝科举考试的十几名高丽文人中，至少有5位曾在辽东的行政机构出任官职，但在大多数情况下，他们似乎并不满意这些官职，认为自己是被大材小用。不过，蒙古朝廷可能认为，高丽人特别适合出仕辽东地区。13世纪末、14世纪初，洪氏家族出任辽阳行省最高长官。洪氏家族出任辽阳行省最高长官，始于13世纪30年代，且持续了一个世纪。蒙古朝廷利用洪氏家族这位高丽
44 盟友来监管辽东地区的高丽移民，虽然这是一个例外，但至少说明，在14世纪50年代的沈阳等路高丽军民总管府，总管高丽、女真、汉军万户府，洪氏家族等高丽人占据一席之地。[133]

在13、14世纪的辽阳行政机构，蒙古人、高丽人、汉人和畏兀儿人也都发挥了重要作用。就这样，军事机构和众多战役把诸多族群统合到帝国大业中。

辽东军事机构

辽东地区的军事机构具有非常广泛的影响，吸纳地方人力资源，也是蒙古统治的主要内容之一。1215年，蒙古剪除辽东西南地区的汉人军阀（又称“黑军”，曾暗中援助12000名敢死队）后，将其编入蒙古军队。[134]13世纪初，伟大的蒙古将军木华黎在历经无数次战役之后，把契丹人、女真人、汉人、渤海人编入自己的军队。[135]在辽东许多地区，投降的金国驻军成为地方防御力量的新核心。[136]

“新附军”还有另外一个身份，就是提供部分军粮的屯田农民。“新附军”主要是指投降的南宋军中的汉人部队。[137]除了上述定居辽东地区的高丽部民之外，许多地方汉人将领和官员也被迫迁到辽东地区。迄今为止，张成的个案是关于当时蒙古

军事经济大融合比较完整的例证。

张成，祖籍湖广省齐州。1275 年，他在投降蒙古军队之后出任新附军总管司。四年后，他北上至蒙古首都大都，出任千户侍卫。蒙古朝廷保留了他对原来 86 名部下的领导权，后者在 45
齐州的时候就一直跟随其左右。1281 年，张成还率部下参加了东征日本。

此后，张成的仕途一直以东北地区为中心。13 世纪 80 年代中期，他和部下被派往蒙古帝国东北角——女真腹地（直到东北端黑龙江），负责组织屯田事宜。屯田，是忽必烈巩固元朝统治的举措之一。[138] 至 1286 年中叶，张成带领部下再次南下满洲，与乃颜交战。不久，他又接受种粮和运粮的任务，先任右翼屯田万户府，后在首都以南大运河沿岸的杨村桃御河、临清任运粮万户府。他在仕途的最后几年（1293—1294），主要负责辽东南部地区的屯田事宜。他的后代一直定居金州。1348 年，张成后人为他立了一座纪念碑。张成的曾孙都起了典型的蒙古名字，如“狗儿”“黑厮歪头”“八速开往”“寨家奴”。[139] 元朝可能在某一时期在辽阳行省设立了万户府，以管辖被征服的军队，但具体情况不详。不过，其名称一直使用到 14 世纪中叶。[140]

辽东地区的汉人可能在帝国的其他地方定居下来。在 13 世纪初蒙古征服时期，邢氏曾“劝当地百姓投降”。在辽东西南地区的义州，有一位族长出任临时千夫长，管理当地百姓。在 14 世纪初，他的儿子（曾出任帝国怯薛）和孙子先后在爱育黎拔力八达朝出仕，主要负责大汗的饮食起居事宜，备受信任。几年后，他们在朝廷出任官职，并在皇帝的许可下，定居大都，开枝散叶。他们认为家族的荣耀源于祖父，于是在首都南部买

了一块墓地，立了一座纪念碑，并请一位著名的汉人官员写了
46 一篇墓志铭，并刻在纪念碑上。14 世纪初，他的儿子还出任大宁路总管（益州也在其辖下）。13 世纪初，他们的父亲曾赴任益州。可见，他们在那里还保留了家族的利益。他的三个孙子也都有蒙古名字（“山而”“海住”“买买”），其中，“买买”做过帝国怯薛。[141]

顺便要提及的是，元朝和明朝一样，也把汉人的犯人发配到东北地区，特别是发配到西伯利亚南部盛产海东青的奴儿干。而对女真人和朝鲜人，可能是因为他们来自东北亚地区，往往将其流放到中原中南部地区的湖广两省。

高丽与蒙古治下的东北亚

13 世纪初，高丽的西北边境以鸭绿江为界。但随着事态的发展，高丽王氏的王权及其统治面临更复杂的局面。[142]首先，在高丽的北方边境地区，野心勃勃的地方家族纷纷投降蒙古，这其中，洪氏家族的势力最大，他们的势力从鸭绿江西岸转到了辽东地区。如前文所述，蒙古朝廷授予他们莫大的权力，让他们管辖辽东地区和鸭绿江之间的高丽移民。

对于高丽地方武将和朝廷之间的紧张关系，蒙古不仅充分加以利用，并且尽可能地将这种利用效果最大化。[143]在高丽，蒙古建立了竞争政治和行政权威。1258 年，高丽东北部地区的几位将军投降蒙古。[144]蒙古皇帝设立了双城总管府，以控制高丽东北部地区及高丽北部的女真部落。蒙古朝廷任命一位赵姓降将及其后裔为双城总管府万户。直至 1356 年，高丽朝廷一直无法有效管辖高丽移民。

1269—1270 年，高丽武将崔坦在西北地区举兵反叛，挑战

朝廷权威。趁此，蒙古设立了东宁总管府。东宁府，是行政和军事中心，势力范围一直延伸至南方慈悲岭，直至1290年被废 47
前，一直隶属于元帝国。当时，乃颜和哈丹在辽东地区叛乱，元朝非常需要高丽出兵援助。在这种情况下，高丽更有理由向元朝提出收回西北地区的请求。[145]蒙哥和忽必烈为了确保中央朝廷掌握更多的帝国资源做了种种努力，而这也许可以解释双城府和东宁府为什么直接受制于元朝朝廷，而不是像辽东一样由洪氏家族自治。[146]

在其他地区，不断有人带领当地人投靠蒙古。而对于那些想要逃避沉重的赋税和徭役，摆脱卑下的“贱民”社会身份，甚至逃避法律惩罚的高丽人来说，凡是那些高丽朝廷鞭长莫及的地方，都具有极强的吸引力。尽管没有掌握确切的数据，但对深陷困境的高丽朝廷而言，领地和人口的大量流失是长期无法解决的财政弊病和社会痼疾。尽管高丽朝廷竭力说服元朝归还高丽臣民，但效果不大。[147]

13世纪末、14世纪初，蒙古倾举国之力征伐日本。由此，征东行中书省应运而生。征东行中书省，主要负责筹集军事征伐所需的人力和物资，[148]它同时也是蒙古对高丽行政控制的工具之一。自13世纪80年代末起，忽必烈为了充分争取高丽的援助以对付乃颜之乱，授予高丽更大的权力，不过，行省仍是监督和控制高丽的重要行政工具。高丽国王以中书省长官的身份利用这一行政机构，来巩固自己在国内和蒙古帝国的地位。行 48
省的官员主要来自高丽，大多由高丽国王任命。行省的权力和地位一方面保证了蒙古对高丽的控制，但另一方面也增强了高丽国王的国内地位。由此，蒙古皇帝和高丽国王的命运在东北亚地区紧密交织在一起。[149]

蒙古时期，高丽国王的理想无非是掌握至高无上的政治权，甚至是保证其统治的合法性。然而，惨烈的竞争、不断的退让甚至妥协，总是如影随形。在蒙古统治初期数十年中，暴行肆虐，满目疮痍，而这为东北亚的地方领袖和群体缔结联盟创造了更多的机会。[150]此时，国家的边界失去任何意义。尹彼得认为，高丽国王常常利用蒙古人、汉人和中亚游民在文学、对外交往和军事方面的才能，来提高自己的国内地位，加强与蒙古其他地区的联系。[151]

蒙古帝国治下的种族融合

日本学者杉山正明提出，从经济角度而言，蒙古打造了“欧亚贸易圈”。在蒙古人的头脑中，通过全球贸易来扩大财富的观念一直根深蒂固。为此，他们致力于交通运输基础设施建设，在帝国境内根据银本位制发行纸币，密切加强与国际商业群体（如突厥、畏兀儿等商人联盟）的联系。[152]这种泛欧亚大陆的发展局面，不仅加强了元朝和高丽的贸易关系，而且让东北亚地区之间的联系空前紧密。在蒙古时期，和过去朝鲜半岛与元朝以前的中原王朝进行的经济文化交流（国家贸易为主）不同，当时的贸易形式更加多样。在蒙古帝国治下，朝贡贸易仍在继续。高丽朝廷向蒙古进献瓷器、干果、毛皮、扇、纸、银、金等物品。和帝国其他地区一样，高丽也向蒙古进献宫女（更多内容见后面的章节）、宦官、佛僧等。通常情况下，蒙古朝廷以赏赐的方式回礼高丽王室。

然而，与此前的中原王朝不同，元朝皇帝赏赐的回礼总价往往只是高丽朝贡品的一小部分。而且正如尹彼得所言，高丽
49 使团向蒙古朝贡的次数，几乎是向辽国和金国朝贡次数的八

倍。[153]蒙古之所以对被征服国家大肆盘剥，增加后者的朝贡次数，主要是因为在帝国皇室和诸王之间，存在广泛的“礼物交换”。礼物交换是蒙古政治文化不可或缺的组成部分，是13、14世纪东北亚经济的显著特征。[154]另外，高丽和元朝的经济关系还包括为大都高丽王室府邸提供各种需要，[155]如保障安全、提供服务以及在储备金短缺时为在元高丽商人贷款。[156]

这些经济往来的后果之一，就是高丽部分加入了“元朝纸币联盟”。元朝的纸币通过帝国的赏赐、物品和服务费用的支付等方式流入高丽。这意味着，在14世纪中叶，元朝的通货膨胀会直接影响高丽大部分地区，特别是开京的王室经济。[157]高丽王室成员、政府官员以及与大都保持密切关系的新兴精英，最有可能得到元朝的纸币。他们在元朝的活动经费可能也是用蒙古的纸币支付。[158]高丽国王在居留大都期间，一方面与蒙古皇室交往，另一方面也积极参与太庙的贸易活动，而这些都有可能影响他们的商业理念，特别是富商代表国家从事海外贸易的理念。[159]尽管辽东地区的商业化水平滞后于以江南地区为首的经济中心，但是考古挖掘资料和文献资料表明，辽东南部地区已经较好地融入元朝的经济活动中。[160]当时，高丽人学习汉语口语的入门教材中有这样一则故事，大致情节是：一名高丽商人在辽东商人的陪同下到大都去做生意，这位辽东的商人对元朝和高丽的市场情况非常熟悉，如数家珍。[61]这也并非巧合。

在蒙古帝国治下，无数族群如洪水般涌入东北亚地区。[162]在13世纪，成千上万民众离开高丽北方地区，他们中大多数人是
在13世纪中叶蒙古军队的破坏性入侵中被劫掠到东北亚地区， 50
有些人是主动投降，而有些人则是被迫迁移到蒙古南部地区和中原地区。不过，他们中的绝大多数人在辽东地区定居下来，

从事农业生产。[163]在元朝中原地区的主要城市（通常是大都或上都），高丽宦官、通事和文人不遗余力地寻找发财和成功的机会。[164]在高丽北部边境地区，普通百姓及其家人则利用朝廷的管控松弛，跑到辽阳和沈阳周边地区，以逃避赋税和劳役，他们在那里形成规模庞大的高丽移民群体。[165]当时，在整个中原地区散居的高丽人大约有 25 万。[166]

辽东地区原本就生活着蒙古人、女真人、契丹人及人口较少的畏兀儿人、钦察人和渤海人等诸多族群，[167]他们中的一些人，早在蒙古帝国建立之前，就已经在这里生活。但是如前文所述，由于蒙古的行政政策和军事政策，许多人被迫迁居到这里。辽阳周边地区的女真部落在生活方式、经济结构和社会组织方面与辽阳北部和东北部地区有很大差异。不过，随着时间的流逝，他们之间的差异可能因为融入蒙古帝国而大大减少。

在蒙古帝国治下，欧亚大陆开始大规模建设交通运输基础设施。依照过去惯例，蒙古要求被征服地区以各种（有形）方式来证明其臣属地位。例如，要求地方统治者到大汗的宫廷（无论身在何处）朝拜，地方统治者的儿子作为质子前往大都担任大汗的护卫，地方统治者要向大汗缴纳赋税和户口登记簿，设立和维持广泛的驿站网络，所有这些措施都旨在把新征服地区及其统治者与蒙古帝国绑在一起。

驿站的主要功能是促进贸易往来、信息传递、官令传达和军队流动。当时，驿站遍布于欧亚大陆（包括东北亚）主要陆路交通线。在辽东地区，蒙古建立了约 200 个陆路驿站，其中有数十个驿站见证了高丽王朝的兴衰沉浮。在公路沿线，坐落着许多政治、军事、经济中心，如大都、上都、辽阳、西京和开京。在连接这些中心城市的公路上，驿站的分布最为密集。

此外，其他的公路分支一直延伸到女真部生活的地区。马匹是 51
陆路交通的首选动物工具，但在驿站以北地区，由于暴雪和漫长的冬季，狗和驯鹿仍然是主要的交通工具。[168]

蒙古人虽然来自大草原，但也知道应该充分利用并扩大横贯欧亚大陆的海上交通线。连接东亚和西亚的海上贸易交通线，构成了元朝这一贸易帝国的基本框架。[169]尽管海路比起陆路更为危险，但在东北亚地区，海上交通线在迅速装运大宗货物（如粮食）和士兵方面仍然发挥着至关重要的作用。至少在 13 世纪 70 年代中期，每逢干旱和饥馑之际，朝廷就会派船定期往返于辽阳和高丽，运送赈灾救济粮。另外，海上交通线把高丽和山东、直沽港（直通大都入口）等地连接起来。1295 年，一名高丽官员把 14000 匹麻布运到山东沿海地区，在那里他把这些物品经由陆路运送到益都。在益都，东道诸王的影响力仍然十分强大，他们通过代理人来保障自己的利益，其中包括益都的部分税收，这是元朝皇帝授予诸王，并且诸王共同持有的蒙古帝国这一大家产的股份之一。在益都，高丽人以纺织品兑换元朝纸币，并将纸币提供给寓居大都的高丽世子。[170]运送山东的高丽物品，沿着大运河运送到大都。[171] 14 世纪中叶，恭愍王的一位密友在从大都返回高丽的途中由于船只失事落水而死。[172]

通过帝国的政治军事统治地位，以及遍布全境的交通运输基础设施，蒙古的习俗也渗透到东北亚大部分地区。在高丽王宫和精英家庭，蒙古的辫发、毡帽、服饰和靴子等极为盛行。通常认为，草原游牧的生活方式，重视畜牧业的蒙古饮食习俗，广泛且持久地影响了高丽的饮食。[173]另外，汉人和高丽人开始起蒙古名。也许是为了仕途顺遂，也许是为了赶个时髦，一些汉
人也起蒙古名字。[174]另外，一些汉人、契丹人、女真人和高丽 52

人也凭借自己在帝国军事、行政、技艺、饮食、医药和文化等领域的杰出贡献，获得了朝廷的嘉奖，获赐蒙古名字。[175]

文化交流，并不是自上而下地向被征服者传播蒙古文化的唯一方式。在蒙古统治者的厨房和宴会厅，摆满了羊肉、马奶酒和奶油等典型的大草原食物。然而，伴随帝国扩张，蒙古的饮食习惯也日益多元，特别是在精英家庭的餐桌上，波斯和突厥的香料和烹饪技巧以及汉人传统饮食越来越频繁地出现。[176]另外，地方的流行时尚在帝国的传播速度也加快了。13 世纪初，蒙古名将木华黎的一个（至少）儿子和他的女真妻子、蒙古妻子头戴西亚头巾，身着西亚服饰。通常，在大都举办的盛大宴会上穿戴的著名服饰——质孙服可能源于西亚。马可·波罗也对质孙服赞叹不已。[177]13 世纪至 14 世纪初，高丽服饰成为大都许多精英追捧的时尚。[178]

高丽物品的流行和传播与高丽女性息息相关。第一批来到蒙古帝国的高丽女，是 13 世纪中叶血腥战场上的战利品，她们或者被卖为奴隶，或者被许配给刚刚投降的南宋士兵，或者作为战利品被赏赐给蒙古勇士。自 13 世纪末起，忽必烈和其他蒙古贵族开始从高丽精英家族女性中物色妻妾人选。起初，高丽朝廷极力回避这些要求，但最后却不得不满足蒙古，通过设立相关部门，来组织和控制高丽女流入蒙古帝国。

起初，高丽女只是战利品，但后来进献高丽女成为高丽王室和蒙古帝国之间官方朝贡的一部分。元朝使节代表皇帝定期到高丽挑选女人，而高丽则把女人作为礼物送给元朝的重臣。驻守高丽的元使和大臣，也经常物色高丽女作为自己的妻妾。[179]

13 世纪末、14 世纪上半叶，大都的高丽女越来越多。据《元史》《高丽史》记载，大都的高丽女约有 1500 名，而事实

上大都的高丽女远远多于这一数目，因为在精英高丽女身边总 53
是跟随一群侍女和随从。很多高丽女默默无闻，鲜为人知，没能在正史中留下痕迹。[180]许多高丽人把他们的女儿嫁到元朝的精英家庭，以此作为升官发财和光耀门楣的捷径。蒙古、穆斯林和畏兀儿的精英们也特别喜欢高丽美女。娶高丽女为妾，成为当时的流行风尚。[181]据 14 世纪一位熟知大都宫廷生活的汉人文人的记述：

> 京师达官贵人必得高丽女，然后为名家。高丽女婉媚善事人，至则多夺宠。自至正以来，宫中给事使令大半为高丽女。以故四方衣服鞋帽器物，皆依高丽样子。[182]

也许是因为帝国的赏赐，高丽的服饰也广为人知，甚至流传到代表中原生活和文化最高水平，文化内容最丰富的地区——江南。[183]自然，这些高丽美女成为收集元朝内部情报的宝贵“线人”，她们通过接近元朝权势家族获得大量可靠情报[184]。

在元末的宫廷，高丽女不仅影响服饰的流行，而且还左右两性政治的走向。在人际关系至关重要的环境里，掌握一定程度的高丽语可能会成为一种优势。在张昱的《辇下曲》中有这样一句诗句：“卫兵学得高丽语。”[185]可见掌握简单的高丽会话，有利于元朝士兵和高丽宦官、高丽贡女以及蒙古精英家庭的高丽侍妾和仆从交流，所以，对大都卫兵而言，即使是略知高丽语，也会让他们兴奋不已。

14 世纪中叶，大都的高丽色彩给诗人迺贤也留下了深刻印
象。[186]他对于中原乡村农民的贫困潦倒和大都高丽女豪华奢侈的 54
生活进行了比较。1355 年，迺贤从家乡即港口城市庆元（今宁

波）出发，北上大都。这首诗的灵感来自他抵达黄河北岸后的第一个地方——新乡。[187]通过描述新乡百姓饥寒交迫、赋役沉重、逼债骚扰不断，他揭示了帝国大都荒淫放纵的生活。

> 蓬头赤脚新乡媪，青裙百结村中老。日间炊黍饷夫耕，夜纺绵花到天晓。绵花织布供军钱，倩人辗谷输公田。县里公人要供给，布衫剥去遭笞鞭。两儿不归又三月，只愁冻饿衣裳裂。大儿运木起官府，小儿担土填河决。茆檐雨雪镫半昏，豪家索债频敲门。囊中无钱瓮无粟，眼前只有
> 55 扶床孙。明朝领孙入城卖，可怜索价旁人怪。骨肉生离岂足论，且图偿却门前债。数来三日当大年，阿婆坟上无纸钱。凉浆浇湿墓前草，低头痛哭声连天。恨身不作三韩女，车载金珠争夺取。银铛烧酒玉杯饮，丝竹高堂夜歌舞。黄金络臂珠满头，翠云绣出鸳鸯裯。醉呼阉奴解罗幔，床前爇火添香篝。[188]

在迺贤的另外一首诗中，他也对中原中部农村生活的惨状和大都朝廷的奢华生活作了比较。如同前诗，他也提醒人们，在乡野平民的苦难和首都精英家庭的富有之间，横亘着一条巨
56 大的鸿沟。如果说新乡老妇真的曾经羡慕过大都的高丽女，那么这也可能正如迺贤诗中所言，表明在普通百姓的想象中高丽女已经成为帝国精英家庭的重要标配。

与此同时，汉文化也通过蒙古帝国传入高丽。高丽文人前往大都和中原其他地方，向新儒学诸派大师学习请教，并购买儒家经典带回高丽。[189]至少有一次（1314年），蒙古皇帝爱育黎拔力八达赠给高丽17000卷南宋帝国的典籍。[190]在大都和江南，

高丽人不仅对元朝朝廷刊行的朱熹经典评注，而且将其作为参加元朝科举考试的必读书目。[191]另外，通过一条更直接的路径，即与元朝政府派往高丽行省的汉人官员的学术交流，高丽学者得以分享他们的学术成就和文学取向（包括新儒学的发展）。新儒学的思想和学术也深刻影响了高丽社会。[192]

在蒙古帝国治下，女真人、汉人、畏兀儿人和高丽人等被征服民族之间，文化交流也得到了加强。早在蒙古入侵以前，一些女真学者就开始深入接触汉人的思想、艺术和文学。在蒙古帝国治下，女真和汉人互动交往的条件更加便利。元朝时期，女真族中涌现出几十位学者、剧作家、诗人、画家和书法家，大大提升了他们的文化形象。在一本 14 世纪的家庭百科全书中，我们发现女真的烹饪传统也影响到汉人的饮食口味。另外，与金国时期相比，女真人和汉人之间的通婚现象也日益普遍。[193]

在蒙古社会，宗教赞助网络也得到拓展。当时，宗教赞助网络横跨东亚大部分。元朝皇帝就极力推崇和赞助藏传佛教，并将其广泛传播到东方和西方。[194]早期波斯伊尔汗国大汗就非常推崇藏传佛教。据说，高丽王宫，特别是高丽王宫的蒙古女性，捐资铸造了许多藏式大钟和铜像。[195]

自忽必烈时期开始，和罗斯、中原以及其他地区一样，高 57
丽的精神资源也受制于蒙古统治。[196]忽必烈及其继承人把高丽的高僧大德召集到大都和上都，让其神圣的才能服务于帝国的皇室。[197]一些高丽僧侣在大都的寺庙寄名。在一些特定的日子（通常是皇帝的生日或闰年的第一天），高丽国王和百官往往前往寺庙，为元朝的皇帝祈福，祈祷元朝的统治永续昌盛。通过初步分析松广寺（禅宗中心之一）收藏的一份破损严重的元代藏文旨令，我们发现高丽佛教机构可能也受到元朝帝师的监管，尽管非常松散。帝师，主要负责监管帝国佛教寺院和人员。[198]一些学者指出，元朝皇帝曾经试图通过（一定程度上）统一佛经制作来促进帝国的政治统一。[199]

宗教赞助和范围也跨越了元朝的边界。很多元朝的宗室成员赐给高丽寺庙免税特权和庇护特惠，以此换取祈福和宗教活动。[200]在元朝宫廷服务或嫁给政治精英的高丽女性，也慷慨地资助大都的佛教机构。在元朝宫廷，高丽宦官或者代表自己，或者代表高丽贡女，出资捐助首都及其周边地区的佛寺。[201]在大都，高丽贡女和宦官还向高丽的佛寺赞助元朝纸币和黄金。[202]

蒙古统治也深刻地影响到高丽的军事体制。蒙古在13世纪末征服高丽之后，为确保对高丽的统治和高丽的国内稳定，进行了一系列政策调整。在很大程度上，蒙古成了高丽的军事保护伞。在高丽北方地区，防御力量遭到严重削弱，常备军也被取缔。高丽在面临军事危机的时候，会根据实际需要随时动员普通百姓替常备军出战。也许更重要的是，元朝驻守在鸭绿江
58 北岸、受制于元朝双城府的军队，成为高丽北方地区的防御堡垒。宿卫军的盛名更多的是来自大量闲职，而非战斗力。结果是，在14世纪中叶，面对国际上的纷争不断和国内的暗潮汹涌，高丽国王束手无策。14世纪，高丽国王为了确保百姓、王氏家族和王宫的安全，建立了一定规模的贴身护卫。显然，这是仿效蒙古的怯薛制度。一些关键的宫廷卫队番号也采用蒙古名字。[203]

高丽还引进了元朝的万户府制度。[204]万户府，通常位于首都附近和南方沿海。一般情况下，万户府配备高丽士兵，录用高丽官员，有一定程度的自治权。但在14世纪中叶，蒙古通过保持对官员的任命权来有效控制万户府，进而控制整个军队。[205]高

丽国王再也不能理所当然地得到军团的政治效忠。为满足蒙古的各种需要（包括发动战争），高丽武装力量和人力资源都任由蒙古朝廷驱使。[206]

就这样，至 14 世纪中叶，东北亚的政治关系、经济关系、文化关系和军事关系空前紧密地联系起来。人员、物资、货币、时尚和理念，轻易地跨越了政治的边界。高丽、辽东南部地区和中原东北地区的命运紧密交织在一起。不过，这并不意味着过去的传统荡然无存。新事物也许会在地方社会得到重新阐释，并在传播过程中常常发生变异。同样，在蒙古时期，原来的政治边界越来越具有渗透性。当然，在危机时刻，昔日的明争暗斗和潜伏的紧张冲突也会死灰复燃。

关于蒙古帝国治下的整合，在高丽朝廷内部引发了较大的争议。金炯秀等学者认为，高丽内部曾就在多大程度上与蒙古帝国的政治、经济、社会和军事结构保持一致展开激烈的争论，而且这一争论贯穿于整个 14 世纪。一些人提议，引进元朝的法 59
典、军事组织形式和新儒学。忠烈王（1298—1308）为了获得忽必烈的认可，同时也为了有效阻止元朝向高丽提出更加贪得无厌的物资和人员要求，穿戴蒙古服饰，头剃蒙古发式，默许蒙古重新命名高丽行政机构的要求，以表明高丽作为帝国藩属的地位。

14 世纪忠宣王王璋（忠烈王之子、忽必烈之外孙）在位时期，这种趋势越来越明显。王璋以世子身份在大都度过了大部分青年时代。在大都，他和蒙汉精英建立了人际关系，切身体验到大元兀鲁思的统治生活。[207]忠宣王和他的幕僚同意引进元朝法典，这意味着，高丽的社会经济基础将发生翻天覆地的变化。其中，关于是否减少高丽奴隶数目的争论，最为激烈。奴隶是高丽社会经济的核心。忠宣王，作为高丽国王和帝国子孙，认为通过改革可以改善高丽和元朝的关系，增加高丽朝廷的收入，进而削弱众多潜在的政敌的经济基础。

但是，这种改革遭到了强烈反对。精英分子担忧这种改革会带来变化，而变化则会造成社会混乱和经济危机。一些官员启奏，高丽和元朝之间的亲密关系意味着高丽主权的终结。他们提醒国王，忽必烈曾下旨称尊重高丽“王朝的习俗”。他们坚称，14 世纪这种高丽社会及司法机构与元朝保持一致的做法违逆了忽必烈的旨意。而那些希望保留高丽传统婚姻、社会身份习俗以及国王与世家贵族权力平衡的人则如履薄冰，这是因为过分坚持高丽的风俗习惯可能会被视为对抗蒙古的权威。这样，在元朝官员、高丽朝廷、部分高丽官员以及“王朝习俗”的捍卫者等各方势力的博弈下，改革高丽传统社会、法律和经济的进程不得不放慢脚步。[208]

金炯秀极具说服力地论证了从高丽对蒙古统治的反应来看过去学界关于高丽末期特点的认识并不尽如人意。通常，学界
60 以二分法来说明高丽末期特征，例如，新兴士人崛起和世家元老贵族、国王和贵族、亲元派和新士人。金炯秀认为，如果重点研究当时的个体对社会问题的反应，相关解释可能会更有说服力。朴仁浩从不同角度分析了高丽“附元派”，他也强调当时个人选择的重要性。[209]在第八章，我们将会继续探讨蒙古时期的高丽问题。

高丽和辽东被纳入大元兀鲁思，这并不意味着彻底的、真正的统一，更不意味着政治、社会、经济、军事和精神生活的同质化。元朝的法律体系与高丽和中原南部被征服地区的法律体系大相径庭。虽然高丽的行政管理模式深受元朝的影响，但

却与大元兀鲁思截然不同。在 13、14 世纪，与中原隔绝的辽东地区被视为“异地”，而这种认识也反映在 14 世纪初帝国命人编写的《大元混一方舆胜览》中。在这本图册中，辽东地区显然位于长城北侧，是中原北部边界的标志。[210]红巾军战争表明蒙古治下的东北亚地区达到了前所未有的大融合，但同时红巾军战争也让东北亚各方势力承受了巨大压力。

第二章　回光返照

改革尝试

61 14世纪中叶，灾难性的流行病、大旱、洪涝以及随之而来的社会动荡，势必摧毁帝国在东亚整合起来的庞大而松散的经济政治基础。现在回过头来看，这一结果似乎不言而喻。在过去的几个世纪，历史学家们发现，正是由于蒙古没有制定更为稳妥的汗位继承制度，才加速了其在中原统治的终结。但在当时，人们并没有意识到大元兀鲁思正在走向崩溃。

14世纪中叶，蒙古为了迎接当时面临的挑战，加强对中原北部地区（特别是首都圈）的控制，实施了一系列雄心勃勃的计划。如果中原北部地区（特别是首都圈）的统治得到加强，那么以此为基地，蒙古朝廷就可以继续统治大元兀鲁思其他地区，尽管这种统治相对松散。这种战略考量可谓明智且符合实际，因为近百年来，这一战略为大元兀鲁思的精英创造了巨大财富，确保了大元兀鲁思的繁荣。所有这一切都表明，以大都为根基而复兴的王朝将会绵延万代。

在积极倡导复兴的人物中，脱脱（1314—1355）是核心代表人物。[1]据记载，脱脱身材高大魁梧，骨气沉雄，步履庄重，精骑术，擅用箭，膂力过人。他曾担任皇太子怯薛十年。1340年，他策划并发动了一场宫廷政变，肃清了伯颜（也是其伯父、
62 养父）的影响。14世纪30年代，伯颜一手遮天，权倾朝野，

引起很多元朝精英（包括年轻皇帝妥懽帖睦尔）的极度不满。脱脱因为在剪除伯颜的过程中立下大功，加上他举措得当，治国有方，不仅博得了年轻皇帝的极大信任，而且也获得了蒙汉官员的广泛支持。[2]接下来的几年，脱脱发起并主导了一系列复兴改革运动，改革的范围非常广泛，包括基础设施建设、财政金融、政治伦理、法律制度、人事安排和文化政策等，以至于一些学者称这一时期为“脱脱复兴”[3]。但也有学者认为，考虑到皇帝在这场改革运动中发挥的重要作用，这一时期应称为“至正复兴”（“至正”是皇帝的年号）。[4]

14 世纪 40 年代中叶，在脱脱领导下，蒙古朝廷启动了一系列庞大的水利工程建设，以提高和改善中原北部地区的经济水平和交通基础设施。1344 年，黄河改道，洪水泛滥，造成了灾难性的社会经济后果。[5]诗人迺贤用“千里尽鱼龟”描述了黄河决堤、洪水恣肆之后的破败景象，他指出，在洪水过后，武装盗匪竟在光天化日下，随意出入山东城镇，大肆抢劫。[6]

脱脱提议，恢复黄河河道，引黄河水东流，并且得到了朝廷的支持，当然也有很多人对此提议表示强烈反对，认为斥资巨大，而且如果这一提议可行，为什么在过去的一百年里竟然无人实施这一计划。这项黄河治理工程一共动员了 13 路 15 万民众，8 翼 2 万士兵。十个月之后，黄河航路重新开通。又过两个月之后，工程全面结束。脱脱凭借这项黄河治理工程，获得了朝廷的慷慨赏赐和一连串的爵位封号。关于黄河治理工程的整个过程和功德也被写进碑文，并刻在纪念碑上。[7]

这一黄河治理工程常常被视为元朝政府规划不当，并在中原地区日益孤立隔绝的例证。[8]当时广泛流传着一首打油诗，其中有这样一句：“挑动黄河天下反”[9]。在黄河治理工程期间，狡

猾的叛军首脑在河工即将挖掘的堤坝埋了一个独眼石人。当时，
63 南方很多地区都流传着这样的预言，即独眼石人现身，世界末日来临。在如此危急时刻，朝廷集结近二十万河工，而且监督松散、薪酬微薄，这无疑是要冒巨大风险的，虽然河工的劳动也可以视为一种徭役。但在黄河工程结束之际，在没有发放薪酬的情况下就宣布解散河工，这无疑是极其草率的举动。当然我们也不掩饰这样的事实，即帝国对于面临的主要问题正在果断地采取行动，予以解决。[10]

类似改造中原北部地区自然环境的大胆尝试，还包括在首都圈引进水稻种植。自 14 世纪 50 年代初，在脱脱的监管下，朝廷在大都附近种植了更多的水稻，以减少对南方地区粮食的依赖。结果，喜忧参半。1352 年，山东水稻种植的尝试由于入不敷出而宣告失败，当地农民不得不放弃水稻种植，以免遭受更多损失。[11]

不过，朝廷并没有放弃改造地方农业经济的努力。14 世纪 50 年代末，朝廷向地方官员发放了钞十万锭，以组织农民和士兵屯田。不久，朝廷收到来自山东西南地区的奏报，称喜获丰收。[12]大约与此同时，大都以南郡县如雄州和霸州的官员也组织屯田，以确保大都粮食供应。这些行动，是针对当时张士诚（1321—1367）的势力范围日益扩大造成南方漕粮中断而做出的直接反应。[13]当时有人认为，这些郡县关系大都的生死存亡。在讨论 14 世纪 50 年代中期的军事形势时，某位作家形容驻守霸州等地的卫戍部队是“帝国军的右臂”，即不能随意调防。[14]由于朝廷失去了对江南等富庶且重要的经济区以及庆元等国际贸易港口的控制权，所以不得不全力以赴巩固首都圈的统治基础。

中原北部

蒙古改变了对中原的认识维度和视角，而且其认识方式一
直持续至今。最明显的例子就是兴建第一首都——大都或“汗 64
八里”（这是突厥语，意为“可汗之城”），即众所周知的北京。在今天，北京是中国的代名词，但事实上它并不是传统意义的中原帝都中心。在此之前，最重要的中原王朝的都城位于中原西北地区，或中原的黄河平原。在 10 世纪初，北京事实上处于中原王朝的控制之外，但即便如此，这里已是当时动荡不安的北方边境之一。

有学者认为，蒙古打造具有中原风格的都城是对其中原臣民的一种妥协，是蒙古日益接受“中原风格”的标志。[15]在今天，北京属于中原地区，但在 13 世纪，大都（北京）属于边境地区。蒙古在营建大都过程中，与其说遵循了中原汉人传统，倒不如说更多遵循了女真传统。女真（金）在这一地区设立了五都之一，其理由和蒙古一样，因为这里是重要的战略区，是联系草原社会和农耕社会的桥梁。[16]

至 14 世纪初，与上都相比，大都在很多方面相形见绌，尚未成为大元兀鲁思重要的政治中心。13 世纪末、14 世纪初，大都的人口成分日益多元化，人口规模迅速膨胀，竟然达到上百万。[17]朝廷把汉人、高丽人和波斯人，甚至罗斯人，迁到大都及周边地区，让其从事贸易、艺术、烹饪、占星、织布和打造银器等活动。[18]魏盟夏（Marsha Weidner）指出，中原和非中原风格的艺术传统汇聚于蒙古朝廷，从而形成了实现创新和互动的环境。[19]正是这些大都的新居民，蒙古才会拥有异彩纷呈的服饰，而即便是世界上最富有的国家也对此艳羡不已。《马可·波

罗游记》等文本的广泛传播，使得有关大都富饶和财富的传奇激发了一代又一代西欧人的想象。15 世纪末，哥伦布起航前往美洲的时候，便随身携带了一本因为多次翻阅以致破损严重的《马可 · 波罗游记》。

如同其他许多帝国，大蒙古兀鲁思的转型是帝国各项事业发展的结果。被征服者及其文化实践活动深刻影响了蒙古首都
65 （大都）的外观和品位。例如，藏传佛教就对元朝产生了惊人的影响，甚至引起了欧洲的关注。《马可 · 波罗游记》一书提到僧侣的奇术表演，如呼风唤雨、悬浮物体。[20]事实上从更广泛的意义上讲，藏传佛教和喇嘛是构成大都宫廷生活和大元兀鲁思政体的关键要素。最近，一位学者指出，“藏传佛教艺术是元朝官方艺术和公共艺术最重要的表现形式，不仅是西藏地区，其在中原地区和蒙古高原也得到蓬勃发展。”[21]西藏的传统甚至改变了蒙古皇帝及百官祭祀和纪念祖先的方式。蒙古皇帝下令把自己的肖像画织进挂毯，而肖像的载体和风格都源自西藏。[22]由于帝国极力推崇藏传佛教，以至在西藏和大都之间出现了喇嘛往来穿梭不停的景象。1306 年，在长达六个月的旅途之后，850 多名喇嘛携八思巴文公文往返于帝国驿站，把几千镑皇家赐礼送到藏传佛教寺院。[23]妥懽帖睦尔不仅继承了忽必烈汗位，而且也传承了忽必烈时期藏传佛教和蒙古帝国互动过程中所形成的理念、意象、结构和礼制。事实上，忽必烈在 13 世纪后半叶推崇藏传佛教的模式对明朝（1368—1644）、清朝（1636—1911）的宫廷习俗都产生了影响。[24]

八思巴这位博学多才的喇嘛，利用密宗佛像大力宣扬忽必烈是宇宙主宰以及“转轮圣王”的理念[25]。在他看来，忽必烈不仅是世俗世界的统治者，也是“转轮圣王”的化身，如同

“转轮圣王”保证众生摆脱轮回之苦，忽必烈也能保障其臣民过上富裕幸福的生活。“转轮圣王”，即是菩萨在凡间的化身。[26]

在大都，忽必烈是“转轮圣王”化身的理念以各种有形方式呈现。1267 年，忽必烈接受八思巴的提议，在崇正门（大都的正门）上方安放了大金轮。大金轮象征忽必烈一统天下的“转轮圣王”的身份。随后，朝廷又制定白伞仪轨，即 66
在忽必烈御座上方悬挂白伞，白伞顶部的素缎写有金色梵文。“白伞”，有镇伏邪魔、护国安邦之功能。在藏传佛教的传统中，白伞象征着忽必烈的守护神——白伞盖佛母。在蒙古传统中，白色是吉祥色。在大都，每年农历二月十五日都会举行白伞盖佛母仪式。在举行这一仪式的整个过程中，崇正门上的大金轮和御座上的白伞是必不可少的道具。随扈、喇嘛，包括忽必烈都参加这一仪式，他们盛装从大明殿（皇宫主殿）御座出发，穿过崇正门，绕过大半个紫禁城后，返回御座前。[27]元朝皇帝即“转轮圣王”这种政教合一的传统，一直持续到元朝末年。如第一章所述，妥懽帖睦尔在位时期，将这一敬奉白伞、绕行帝都的仪式以及慷慨赏赐喇嘛的制度一直保留了下来。

藏传佛教也影响了大都城内和西山附近寺院，这些寺院由此得到帝国的慷慨捐助。1270—1328 年间，帝国敕令修建了十几座喇嘛庙。由于得到皇帝和皇室成员的慷慨资助，这些喇嘛庙极尽豪华之能事，祭坛用玉石搭建，佛像金装，天花板饰有精美的雕刻。至 1331 年，在这些喇嘛庙常驻的喇嘛多达 3150 人，这还不包括他们的随从。[28]通常，喇嘛庙藏有祭拜用的先皇和皇后肖像，这些纪念肖像都是用藏式染料和材料制成。献祭大典，也按藏式之礼进行。北京白塔寺（更正式的名称是妙应寺)，是唯一尚存的、帝国捐资兴建的喇嘛庙，当然，它也深受西藏传统的影响。[29]

14 世纪的大都和首都圈

和其他中华帝国晚期政权相比，蒙古帝国基本上没有对中原地区进行集权统治，而且其行政统治也效率偏低。[30]相对而言，元朝中央政府对大都和首都圈的监督和控制更为严密。[31]在
67 大都和首都圈，居住着蒙古、钦察、畏兀儿、女真、波斯、中原和高丽的帝国精英。大都和首都圈，由帝国卫军驻守，是帝国重要的政治军事机构所在地。

不过，在 14 世纪 40 年代之前，即使是在大都和首都圈，帝国的统治也不断遭遇挑战。在 14 世纪 40 年代以及 50 年代初，盗匪（通常是游骑）势力达到了相当规模，以至于被写进官方正史——《元史》。[32] 1346 年春，几十名骑匪抢劫了三百艘往返于大运河的商船，但却没有受到惩罚和打击。[33]大运河是连接大都和东南沿海诸产粮省和纳税省的生命线。即使是在大都这一最神圣不可侵犯的地方，盗匪也能来去自如，肆意攻袭。当月，还是那批抢劫大运河税粮的盗匪，竟然从大都太庙偷走了先帝的神主牌位，其数目不详。[34]自 14 世纪 50 年代中叶，《元史》中已经很少出现有关首都圈盗贼的记载，这说明在帝国的其他地区可能出现了更迫在眉睫的军事冲突，以至于可以忽略大都日益猖獗的盗贼行为，甚至暂时搁置大都周边的安全问题。

另外，朝廷还要面对的挑战是如何确保大都居民充足的粮食供应。[35]在大都，帝国政府设有 20 到 25 个官方粮栈，其中一些粮栈用于赈灾。[36]在蝗患、旱灾或瘟疫造成粮食短缺的情况下，这些

粮栈要低价出售粮食。1338 年冬，20 多家粮栈收到朝廷旨令，要求每天出售大约 50 担的“济贫”粮。这一状况，一直持续到次年秋收。[37]1345 年春，难民如潮水般涌进大都，朝廷为难民发放了“救济粮”，并令其返回原籍。[38]当时，一位高丽观察家称，朝廷虽然致力于赈灾救济，但还是有一多半人死掉。[39]他还指出，大都已进入穷途末路，甚至出现了奴隶买卖市场，而官府竟袖手旁观，坐视不管。[40]

14 世纪中叶，朝廷担忧大都得不到粮食供应保障，开始另辟蹊径，寻找新的粮食供应渠道。如前文所述，朝廷打算在首都圈推广水稻种植。1354 年，蒙古权相脱脱这位水稻引种工程 68
的主导者被赶下台，但这项雄心勃勃却代价惊人的倡议（或计划）仍在继续。

结果是，所有解决粮食短缺问题的努力都化为泡影。1348 年，“京畿民饥”[41]。1354 年，“京师大饥”[42]。为此，朝廷鼓励产粮区（如江右，今江西）的地方官员把收购的粮食设法运到大都。1354 年，一位官员为大都筹送了百万担粮食，并得到皇帝的嘉奖。[43]在 20 年前，经海路向大都运送三百多万担粮食不过是再平常不过之事。[44]而到 1360 年，朝廷竟然因为区区百万担粮食而对地方官员感激涕零。[45]

粮食与安全之间的关系问题，引起了当时官员的注意。几百年来，粮食和安全之间的关系问题一直是汉人治国理念的核心。朝廷下旨赦免那些受到战乱和灾害农民的赋税，[46]同时要帝国官兵保证自给自足。[47]这一做法可谓一箭双雕，一方面可以减少农民赋税负担，另一方面可以保障士兵获得充足粮食。如果进展顺利的话，农民和士兵这两个重要的群体就不会反叛政府。1355 年末，朝廷在首都圈辖下的四个郡县设立了大兵农司。那些驻守在水稻种植新引进地区的士兵隶属这些分支机构，战时出征，闲时耕种。[48]1357 年春，山东南部地区的红巾军不断威胁大都，地方官员一方面督促朝廷加固大都防线，另一方面让兵士在收复地区屯田。[49]这一战略措施对于风雨飘摇中的元朝是否有效，我们还没有发现相关证据。不过在某些时候，这一战略却适得其反。1359 年春，大都督兵农司因非法侵占土地，引起地方不满。[50]

由于筹粮困难，元朝不得不向方国珍（1320—1374）、张士诚等海上商人或军阀妥协。朝廷不仅赦免这些海盗商人，而且
69 还让他们出任帝国官僚机构的官职，条件是从中原南部地区筹粮，并将粮食运送到大都。对此，一些官员表示强烈反对。迈里古思（西夏裔官员）就质疑这种做法，他说：“国珍本海贼，今既降，为大官，而复来害吾民，可乎?!”迈里古思置朝廷命令于不顾，率军讨伐方国珍。拜住哥这位与方国珍往来密切的官员，以请教为名把迈里古思骗到部将住处。迈里古思一出现，就被铁锤打死，他的脑袋被砍下来扔进茅厕。迈里古思的支持者闻之大怒，杀死了隶属拜住哥的大部分民户。三天后，他们找到迈里古思的首级，将其复位。[51]沿海海盗军阀虽然没有履行筹送粮食的诺言，但朝廷对他们也无可奈何，或许这是最好的结果。另外，朝廷还推行卖官政策，授献粮者以官职。当时，这一政策引起了激烈的争议。[52]

至 14 世纪 50 年代末，中原北部地区和大都的局势异常严峻。瘟疫和饥馑肆虐横行，一些人不得不冒最高禁忌——父子相食之大不韪。[53] 1358 年初，百姓为了逃避中原东北部地区的战乱纷纷逃到大都。严重的饥荒和来历不明的瘟疫，夺走了成千上万人的性命。[54]尽管朝廷殚精竭虑地解决这一问题，但还是出

现了 1361 年“京师大饥”的现象。[55]在大都，很多百姓偏信假道士的偏方，竟然活活饿死。这种悲剧的出现并不难预料。[56]通常，赈灾救济工作由私人出面组织并提供资助。在大都以南约 50 里外的雄州，有位义士出面安葬了许多饿殍，他还为饥民发放肉食，其善举得到人们的交口称赞。[57]

在中原很多地区，这种惨状频频出现。文人见之，无不动容，并将这种苦难诉诸笔端。1355 年，迺贤开始了长达一个月的马上之旅。他从故乡庆元（今中国东南沿海的宁波）出发，向北而行，打算到大都谋得功名。在帝国末年的大部分时间里，对渴望进入仕途的年轻人来说，结交有权势的庇护人至关重要。由于蒙古很少通过科举考试选拔官吏，所以寻找庇护人或者有
影响力的名人，得到他们的资助或引荐，对于才华横溢的文人 70
而言非常重要。许多胸怀大志的江南士人纷纷前往大都，希望获得经济上和政治上的成功。在大都，他们不择手段地巴结文化名人和政治领袖，在这一过程中，时间、金钱和决心，缺一不可。很多年轻人在游历大都、金陵（南京）的时候，千方百计地收集文人大家和政治领袖的推荐信。[58]如果运气好的话，这些“背书”可能会给他们未来的赞助人留下深刻的印象。有些人成功了，而更多的人，像迺贤一样，受挫返乡。[59]

迺贤在他的《颍州老翁歌》中描写了一位贫苦潦倒的老翁命运，后者过去有大量良田，众多佃户。在颍州（迺贤诗中描绘的地区），这种情形绝非偶然。红巾军在颍州异常活跃，颍州几乎成了 14 世纪中叶叛乱的代名词。

> 河南年来数亢旱，赤地千里黄尘飞。麦禾槁死粟不熟，长镵挂壁犁生衣。黄堂太守足宴寝，鞭扑百姓穷膏脂。聒

天丝竹夜酣饮，阳阳不问民啼饥。市中斗粟价十千，饥人
71 煮蕨供晨炊。木皮剥尽草根死，妻子相对愁双眉。鹄形累
累口生焰，脔割饿莩无完肌。奸民乘隙作大盗，腰弓跨马
纷驱驰。啸呼深林聚凶恶，狎弄剑槊摇旌旗。去年三月入
州治，距坐堂上如熊罴。长官邀迎吏再拜，馈进牛酒罗阶
墀。城中豪家尽剽掠，况在村落人烟稀。裂囊剖筐取金帛，
煮杀鸡狗施鞭笞。今年灾虐及陈颍，疫毒四起民流离。连
72 村比屋相枕藉，纵有药石难扶治。一家十口不三日，藁束
席卷埋荒陂。死生谁复顾骨肉，性命喘息县毫厘。大孙十
岁卖五千，小孙三岁投清漪。至今平政桥下水，髑髅白骨
如山崖。绣衣使者肃风纪，下车访察民疮痍。绿章陈辞达
九陛，彻乐减膳心忧危。朝堂杂议会元老，恤荒讨贼劳深
机。山东建节开大府，便宜斩斫扬天威。亲军四出贼奔溃，
73 渠魁枭首乾坤夷。拜官纳粟循旧典，义士踊跃皆欢怡。淮
南私廪久红腐，转输岂惜千金资。遣官巡行勤抚尉，赈粟
给币苏民疲。获存衰朽见今日，病骨尚尔难撑持。乡非圣
人念赤子，填委沟壑应无疑。老翁仰天泪如雨，我亦感激
愁歔欷。安得四海康且阜，五风十雨斯应期，长官廉平县
令好。生民击壤歌清时，愿言观风采诗者，慎勿废我颍州
老翁哀苦辞。[60]

74 迺贤在诗中无情鞭挞了“奸民乘隙作大盗”的社会现象，但他对漠视百姓疾苦的地方官员、身居要职却罔顾国法的狂徒却有所保留。我们不清楚，大都的潜在赞助人是否欣赏迺贤诗中所刻画的那种天壤之别，即颍州和大都的苦难世界和权势世界之间鲜明的反差。

在元末，饥荒、瘟疫和死亡造成巨大的破坏，但大都城内繁华并未完全消失。1368 年秋，当刚刚建立的新朝——明朝的官员攻入大都的时候，他们对大都奢靡无度的场景目瞪口呆。他们认为，财富产生了社会和道德问题（不过这也毕竟是现实），而且将其直接归因于蒙古统治。[61]不过，大都精英的豪华生活并没有缓解因红巾军不断威胁造成的担忧。

红巾军

帝国当局和当时的汉人观察家都认为，这场叛乱的根源在于红巾军。红巾军的理念来源众多，内容丰富，但最重要的思想来源可能是白莲教千年末世思想。千年末世思想宣称，现世秩序即将崩溃，新世界秩序将会冲刷信徒的苦难和压迫，末日世界充满混乱和暴力。当时，一篇有关救世主即将到来的文章中写道：

> 弥勒何神孕祸胎，鼮鼯动地起风埃。烟销郡国民生苦，血染江淮鬼物哀。人世百年遭此厄，天戈万里几时来。石田也有蓝田玉，可惜同成一炬灰。[62]

腐朽的秩序被打烂，而即将到来的时代充满正义，物质丰 75
富，喜悦无限。千年末世思想对于挣扎在缴纳赋税、承担徭役、田间耕作、养家糊口的农民来说，无疑具有强大吸引力。对于身处动荡的 14 世纪中叶，随时要面对旱灾、饥荒、瘟疫和暴乱的人们来说，也很难抵抗这种声音的诱惑。当时，就连反对红巾军的观察家也不得不承认，红巾军擅于迷惑百姓，“假妖术倡甘言，以惑众”[63]。

然而，白莲教教义并不仅仅限于启示性异象，并以此来“蒙骗”绝望中的农民。白莲教信徒还包括政治文化精英、汉人文人和蒙古贵族，甚至还包括高丽世子王璋。白莲教成员也绝不限于身份隐秘、政治地位卑下的群体。一些白莲教信众在寺院聚众集会（元代社会宗教的重要特征），他们信仰阿弥陀佛、弥勒佛等多神。而蒙古帝国也保护这些群体。不过至14世纪初，蒙古朝廷偶尔会改变政策，宣布白莲教信徒的一些活动为非法，并铲除与这些活动保持密切关系的部分寺院（远非全部），同时朝廷也致力于让一部分白莲教信徒还俗。朝廷定期下令禁止信仰弥勒佛，但这种禁令无法熄灭信徒的狂热。事实上，蒙古朝廷继续推崇白莲教。

蒙古执政者最担忧的是，一些白莲教团体活动脱离朝廷的掌控，利用弥勒佛教义从事颠覆王朝的活动。1325年和1337年，元军先后镇压了河南南部地区的宗教团体，罪名是颁发弥勒佛旗、印章、伪造敕令。普度等受到蒙古精英保护的白莲教领袖试图取缔这些“异端”活动，因为正是这些“异端”活动，所有的白莲教信徒遭到朝廷的怀疑和迫害。然而，普度的努力是徒劳的。[64]

红巾军组织比较松散，大多数信徒来自地方小群体，领导分散，成员流动性强。但在14世纪40年代，一些人获得了更
76 大权力，而这种权力部分来自当时盛行的师徒关系，以及作为宗教共同体内部很早就形成的密切关系，而且，这种关系超出了更广阔的地理范围。更确切地说，我们并不清楚这一切是如何发生的。官员和后世史家都认为，这些形式多样、松散联系的群体只是这个庞大组织运动的一部分。

在早期的红巾军首领中，最著名的是韩林儿（卒于1367

年）。[65]韩林儿作为宗教领袖致力于传播民间佛教。韩林儿的祖父，原籍栾城县。栾城县，位于今北京以南，骑马去北京大约要走一天。韩氏因为传教活动，被朝廷流放到大都东北部的郡县，近辽东边境。[66]韩林儿可能具备一些宗教领袖魅力，但他如果没有刘福通等其他红巾军首领的支持，绝对不会在后来成为元末叛乱的代名词。在刘福通等红巾军首领的辅佐下，他建立了一个有能力、野心和胆识，且有军事资源的准军事组织，这一军事组织足以让千年末世思想演变成公然挑战地方精英和帝国朝廷的工具。随着暴乱范围的不断扩大，一些人打着韩林儿的旗号起兵反叛，以合法化自己的反叛行动。他们声称，韩林儿是宋徽宗的第九代后裔。宋徽宗是北宋皇帝，曾经目睹了1126年宋朝北部三分之一领土沦陷于满洲女真人之手。至少在一些地区，复兴宋室的旗号为韩林儿的反叛活动披上了一层神秘外衣。[67]这些信奉千年末世思想的信徒被称为“红巾军”，因为他们穿红衣、戴红巾，喜欢红色。他们在战场厮杀的时候，常常挥舞着红色的战旗。当时，一位观察家心有余悸地指出，千年末世信徒集结打仗的时候，“整个战场成为红色的海洋”“被红旗所覆盖”。[68]著名元史专家陈高华认为，红巾军得名并不仅仅是因为偏爱红色。事实上，所有叛军都偏爱红色。他反对以往学界的做法，即给这些叛军贴上与千年末世信徒有关的“红巾军”的标签。实际上，这些叛军有更准确的名号，即根据叛军首领所效忠的王朝命名。例如，刘福通部队被称为“宋军”，徐寿辉部队被称为“天完红巾军”。[69]

相对而言，地方义兵常用深蓝色、绿色或黄色作为标记色。红巾军为麻痹对手，有时也会在自己身上涂抹这些颜色。1355年，朱元璋久攻亳州城不下，于是下令刚投降的地方义兵，“椎髻、左衽、衣青衣佯为北军”[70]。“椎髻”和“左衽”，是蒙古军队的标记。这一战略立即奏效，巍峨的城门缓缓打开，因为守城士兵误把红巾军当成是为他们运送粮食的元兵。就这样，红巾军迅速击败了守城军队。

尽管传说中的蒙古军队实力强大，但是红巾军的节节获胜确也是不争的事实。面对日益壮大的红巾军，元朝的反应在某种程度上反映了儒家政治和道德训诫的影响。据《元史》记载，妥懽帖睦尔对叛军极为恼怒。起初，他态度强硬，发誓要消灭叛乱，“当时盗贼蜂起，帝闻，恶之，下诏分讨，必尽诛而后已”。一位女真裔元老大臣劝他不要采取极端暴力手段，因为“平贼在收人心，以回天意，多杀非道也”[71]。显然，这位大臣有很深的儒学造诣。于是，皇帝改变主意，宣布大赦以缓和战局。几年后，随着红巾军势力日益强大，妥懽帖睦尔不得不动用军队投入战斗。

元朝军事

在 13 世纪，蒙古军队凭借军纪严明、行动迅速、武艺高超和手段凌厉，威震天下，令敌人闻风丧胆。蒙古在征服敌人后面临的更大挑战是，如何统治分散的被征服领土。在元代，蒙古建立了大都、上都宿卫军和行省镇戍军系统。妥懽帖睦尔希望通过这些军事资源，来恢复帝国在大元兀鲁思的统治秩序。

78 元代宿卫军适合草原社会传统和中原模式政权，主要由两部分组成：

一是怯薛。怯薛制直接源于游牧社会的惯习，即在野心勃勃的部落首领下，聚集一大批随从和同伴，后者效忠部落首领，而不是氏族或部落。随从和同伴，不仅是部落首领的个人护卫和随扈，而且也是部族的官吏和政府的幕僚。成吉思汗在统治初期，依靠随扈和同伴取得了很多胜利。1206 年，成吉思汗扩大随扈和同伴的规模，增至一万人。忽必烈时期，随着中原制度日益引入蒙古朝廷，怯薛的权力和义务相应地被削弱，但怯薛仍然在大元兀鲁思发挥重要作用。[72]怯薛作为蒙古帝国皇室的权力象征，促进了帝国皇室和草原贵族家族之间的关系，在维持蒙古身份认同方面也发挥了重要作用。[73]总之，怯薛制（详见第三章）通过整合被征服的政权和精英，培育了被征服地区和帝国之间的利益共同体和命运共同体意识。怯薛成员主要来自欧亚大陆精英。

怯薛作为军事制度代表了大汗的私人武装力量。怯薛向皇帝负责，而不是向兵部负责，其成员大部分来自帝国的精英家族。一等怯薛由蒙古人和中亚人组成，二等怯薛由女真人、高丽人和汉人等组成。在大元兀鲁思，怯薛拥有政治经济特权。大多数学者认为，早在 13 世纪帝国日渐衰落的数十年，强烈的优越感和特权意识弱化了怯薛的高强武艺和自律精神。[74]事实上，在元末镇压红巾军和其他汉人叛军的过程中，怯薛并没有发挥决定性作用。

二是卫军。卫军的设立，旨在加强中央政府特别是皇帝的权力。卫军成员来自帝国一般特权阶层。早在 13 世纪 60 年代初忽必烈就成立了第一支帝国卫军，成员来自中原军队精锐。后来，卫军数目不断增多，至元末已达 34 个，其中，中亚士兵 79
组成的卫军 12 个，蒙古士兵组成的卫军 5 个，其余是汉人士兵组成的卫军。卫军的主要职责是守卫两都及中原北部的部分地区，以及守护皇室，负责屯田，必要时承担大都营造和修复工程。[75]和下面要讨论的行省镇戍军一样，卫军士兵自行负责武器、马匹和粮食，护卫大汗往返上都时这种负担就显得极为沉重。

在14世纪，王朝的命运日益掌握在卫军之手。这些特殊军队掌握在野心勃勃的卫军统帅手中，成为挟制皇帝的重要工具。妥懽帖睦尔在位初期，权臣伯颜身兼七个卫军的统帅。14世纪中叶，权臣脱脱同时监管四个卫军。就这样，卫军成为权臣壮大自己势力的基础。14世纪50年代前半期，在保卫朝廷、抗击汉人叛军以及镇压刘福通和张士诚红巾军的过程中，卫军发挥了举足轻重的作用。[76]如下文所述，在14世纪50年代的大部分时间里，一些与元朝皇帝没有特殊关系的地区开始自发形成地方武装，以替代卫军和行省卫戍部队。

帝国内部在地理条件、经济意义、政治重要性、是否临近首都、族群构成等方面，迥然不同，所有这些都对蒙古统治提出了巨大挑战。考虑到蒙古军和中亚军数目相对有限，元朝建立了弹性灵活、主次分明的行省卫戍制度。蒙古人和中亚人的军队是在政治军事上最可靠的部队，主要驻防在两都及周边地区、蒙古大草原、满洲和中原北部地区。[77]对帝国而言，这些地区具有重要的战略意义，军事资源的分配也依此进行。另外，
80 地理条件也是考虑因素之一，因为这些地区的地形条件和气候条件相对更适合来自大草原的战士和战术。

在淮河以南地区，蒙古军队并不多见。通常，行省卫戍部队由中原北部地区的汉人士兵和南宋的汉人降兵组成。江南的主要城市和长江流域的交通枢纽由蒙古军队重兵驻守，而战略地位相对不重要的边远地区则不需特别加强防御。再者，元朝也认为，温暖的气候、星罗棋布的河湖以及崎岖地形更适合汉人部队而不是蒙古和中亚部队驻防。

在与中央政府的关系上，蒙古军队和汉人军队也有差别。蒙古卫戍部队，特别是那些驻守中原北部地区、蒙古大草原、东北地区的部队，直接隶属大都兵部；而淮河以南地区的汉人卫戍部队，则向所在地行省负责。元朝希望这种分散的指挥结构能够保持对南方军事的控制，有效防止权力过分集中于某一个指挥官手中，以免造成危险性后果。通常，提高军事控制可靠性的方法之一，是由蒙古人或中亚人出任行省最高长官，且由兵部直接任命。[78]

至14世纪初，元朝的卫戍制度越来越受制于经济制度、公共政策和政治局势。尽管月俸（米盐）微薄的兵士可以从官府获得几亩免税地，至少在理论上如此，且无须承担劳役，但他们要自行负担武器、战马和装备，另外还要调防到遥远的驻地，于是军中普遍出现开小差的现象。为替代军队而设计的卫戍制度，从一开始就问题频发，后来于1345年被废止。[79]在大都和上都，围绕汗位进行的政治阴谋一直是朝廷的关注焦点。这样，卫戍制度日渐萎缩。兵饷微薄、兵力不足、士气消沉的行省卫 81
戍部队，怎能遏制始于14世纪30年代，且在随后的数十年日益猛烈的叛乱和起义大潮呢？[80]

军事化社会

14世纪中叶，肆虐的暴乱让中原许多地区在军事上获得迅猛发展，在这种形势下，涌现出众多能力出众、意志坚定，而且希望通过战争实现自己目标的人物。在许多地区，堡垒和城寨如雨后春笋般出现。这些堡垒大多用木头草草搭建，一般坐落在山顶，备有石砌城墙、烽火台、瞭望塔等防御工事。最大的防御工事可以容纳几万人（包括军人、妇女、儿童和老人）。

遇到叛乱，只要可能，一些在日常生产生活中发挥重要作用的牲畜也会被带进堡垒。在大多数情况下，地方百姓会躲进防御堡垒。遭突袭时，地方百姓也会拿起武器，保卫自己的家园和财产。

14 世纪中叶的暴乱，极大改变了中原地区。通常，上述堡垒由那些在乱世中遭到最大损失的地方精英营造。尽管地方官员也经常出面组织城堡营建，但更常见的是，由地方名绅承担这种任务。地方精英广泛利用其长期积累的社会资源和金融资源，来捍卫自己在其他方面的利益。中原地方豪族为那些不断卷入战争的百姓提供金钱和食物。[81]卷入战争的百姓包括：雇佣兵、盐工、渔民、农民及其他。[82]地方军事武装通常被称为“义军”，顾名思义，是为正义事业、保卫朝廷而加入战斗的武装力量。[83]

不过，这些人加入义军的主要动机并不是为了效忠朝廷。但可以肯定的是，有时候，元朝地方官员（包括蒙古人和汉人）会运用帝国拨付的款项集结武装力量，以狙击叛军。事实上，大都的朝廷也鼓励这种行为，为此，经常颁令全境组织义
82 军。朝廷希望这些新成立的部队能够协助身陷绝境且负担过重的帝国官兵。

事实上，绝大多数义军并不具备处理地方事务的能力，或许这种说法并不正规，更确切地说，地方义军在帝国镇压叛军的行动中并没有做出多大的贡献。[84]县令和地方乡绅担心的是后方安全，而不是保卫“朝廷”。那些地方义兵领导者的墓志铭常常强调他们是如何“保卫家乡”。[85]事实上，大多数人很早就意识到这一点，尽管他们很少公开承认。对于暴乱范围的日益扩大和失序的现实状态，一位作家这样描述道：“官兵众盗互相

往来，剽杀蹂躏，民不聊生……已而乡民假盗威，自相屠戮。”[86]在生存面前，原则毫无任何意义。

当然，也有例外。一些人确实对朝廷忠心耿耿。从伯颜（1295—1358）的经历，我们可以看出，元代身份认同和文化认同的多重性和复杂性。伯颜祖先是突厥人（葛逻禄），参加过13世纪中叶蒙古军攻打南宋的战斗，在蒙古彻底征服中原后被编入蒙古军户，获赐牲畜，定居濮阳（今河南境内）。[87]至14世纪初，伯颜和他的兄弟接受了大部分汉人习俗，例如穿汉服、汉靴。不过，在众多的兄弟中，唯独伯颜对儒学有浓厚的兴趣。伯颜深入研究中原王朝历史和汉人思想史，后来他成为儒学大师。随着追随者越来越多，伯颜设立了书院（据说有一百多间屋子），并修建文庙祭拜孔子。

1353年，叛军攻袭濮阳周边。伯颜及其家人跑到山里避难。1357年，65岁的伯颜离开暴乱肆虐的濮阳，当时有数百名家人和随从紧随左右。伯颜一行抵达彰德（在今河南省北部）后，开始修造城堡。据《伯颜传》记载，营造堡垒，“上可以 83
为国家御寇，下可以自固保家，忠义两得，计无出是者”[88]。伯颜营造堡垒、壮大势力的消息传开后，前来避难的人越来越多，据说有“将万”人。

然而，伯颜作为军事领袖的能力远不如他作为儒学大师的能力。据说，在维持堡垒内部秩序方面，伯颜面临一些问题。祸不单行的是，1358年农历五月，沙刘二率红巾军来袭，并迅速占领了城堡。在不久的将来，沙刘二的部队将进逼辽东和高丽。

在进攻城堡前，叛军首脑警告其部下不要伤害伯颜，“颜先生，河北名儒，慎勿伤也。”次日，叛军沦陷城堡，伯颜和妻子被俘。沙刘二亲自松开绑在他们身上的绳索，和颜悦色地劝降伯颜，“先生知古通今。天下十分，我有太半。尔能屈从，可共图富贵也。”没想到，伯颜反过来劝降沙刘二，“尔本良民，乃以妖言惑乱黔首也。尔能改悔，我当上言朝廷，使汝为王官，不犹于受伪命乎！”

面对伯颜的浩然正气，沙刘二哑口无言。沙刘二嘲笑道，“迂腐！宜可谓不知天命矣！”沙刘二的手下则拔剑威胁伯颜：“见此否？更道一不顺，只消一刀耳！”但伯颜毫不畏惧，反而冲着叛军大喊大叫，称就算被砍头，也不会投降，玷污名节，“不顺！不顺！我受一刀，不受贼污也！”[89]随后，叛军杀害了伯颜和他的妻子（蒙古克烈部人）儿女、族人共 30 多口。后来，元朝嘉奖伯颜的忠心，树其为忠勇典范，授予谥号和封号。

84 伯颜是突厥后裔，但他在政治上却认同蒙古，在学术上倾向于儒学。在元朝的最后岁月，扩廓帖木儿可以说是对元朝最忠心耿耿的将领。扩廓帖木儿出生在中原，不仅认同汉人精英文化，而且也认同其叔父传承给他的蒙古贵族文化。他的叔父察罕帖木儿，以十足蒙古化的乃蛮人自诩，精通汉蒙两种传统。元朝皇帝曾亲自召见扩廓帖木儿，视他一如蒙古人，赐其蒙古名字。起初，扩廓帖木儿在他叔父的军队参战。1362 年，察罕帖木儿被杀。不久，扩廓帖木儿接管了他叔父的军队，继续战斗（详见下文）。[90]扩廓帖木儿，是元朝最重要的将领之一。14 世纪 60 年代，妥懽帖睦尔每到关键时刻就会向他求助。

然而，即使是这样得到元朝嘉奖和厚禄的人，也不得不常常抽调军事力量和经济资源，来对抗似乎也同样为帝国事业而战的蒙古军阀政敌。察罕帖木儿和他的侄子（兼养子）为了对付同样拥护皇帝的其他同僚的攻击，不得不致力于巩固其势力范围，而不是大刀阔斧地对抗叛军。[91]明初的一些观察家认为，这对父子并没有为朝廷的利益而无条件地牺牲自己。不过，如果因执行朝廷命令而遭到某种程度的损耗，那么其后裔就算知道先人们为国殉道是多么伟大实际上也不见得有利于朝廷。元朝的重要将领彼此猜忌，钩心斗角，大都朝廷笼罩在猜忌阴云中。1354 年，大运河畔的战略城市高邮发生的大事充分反映了朝廷阴谋对军事战役的胜败的影响。

高邮之战本来是为了解除来自中原东南部日益严重的叛乱威胁，但后来的结果证明，这是帝国最后一次财政和军事资源总动员。当时，宰相脱脱集结规模庞大的军队（包括蒙古、西亚、西藏、高丽和汉人军队），这其中包括来自沿海城市徐州的盐工至少五千人。起初，战事顺利。脱脱在攻打张士诚等叛军首领的时候，似乎占了上风，但在争取决定性军事胜利的时候，即 1354 年 12 月，朝廷却剥夺了脱脱的军事指挥大权，此举在 85
铲除皇权潜在威胁的同时，也严重削弱了元朝最有效的战斗力量。[92]结果，高邮之役惨败。高邮之役，成为大元兀鲁思的历史转折点。[93]在一百多年后，著名历史学家谈迁（1594—1658）在他的《国榷》（1653 年）一书中说："下建业，定鼎东南，拜元人之赐不浅哉。"[94]

元朝的这一决策，为身处绝境的叛军首领中，供了重整旗鼓的大好时机。这些叛军首领中，朱元璋最终推翻元朝、建立明朝。当时，很多被遣散的元兵投靠叛军，或沦为盗贼。[95]脱脱大权旁落，这对元朝军事力量和王朝财政是一个致命打击。脱脱的失势使其主导的金融改革一蹶不振，甚至出现通货膨胀。[96]高邮惨败的余波也损害了元朝的国际形象。高丽援军在返回故国的时候也带回中原元朝统治摇摇欲坠的故事，其内容充斥着可怕的社会混乱，元朝统治的岌岌可危，朝廷内部钩心斗角及其对军事行动的负面影响。如第三章所述，这些内容都被高丽朝廷充分利用。总之，1354 年的高邮惨败削弱了蒙古在中原北部地区的统治，而此前这里基本上处于元朝的牢牢控制之下，是相对安全的京城所在地、帝国的大本营。本来，元朝可以在这里建立据点（保障后方），以有效组织军事远征，镇压淮河南部和黄河流域的叛军。

当然，这并不是说在 1354 年前中原北部地区没有发生任何骚乱。14 世纪 40 年代，文献中散见山东“盗贼”的记事。（至少）有一次，朝廷派出阿苏特人的部队（今奥塞梯）镇压盗贼[97]。阿苏特人军队由高加索山民组成，在 13 世纪被纳入蒙古帝国，后来驻守东亚。1345 年，朝廷为巩固帝国统治派京官巡视地方。当时，一位巡视山东的汉人官员奏报：“诸处盗贼窃发，始则潜形涂面，犹恐人知，甚则鸣鼓树旗，不畏官捕。”
86 “郡县闻风而避，弓兵望影而逃。生灵遭其荼毒，府库恣其掠夺。”[98]

这位官员发现，尽管叛军造成不安和动荡，但其规模和 14 世纪五六十年代叛军相比，是小巫见大巫。据官方文献记载，这伙盗贼最多不超过 20 人。他建议朝廷，立即补充地方官员空缺，以替换老耆疾病之人；对那些遭受旱灾却还承担国家沉重赋役的百姓提供有效赈济；进一步审察地方悬案，以免让那些无辜受牵连者在狱中煎熬。[99]

1354 年以后，中原北部地区（包括大都、上都）越来越受到叛军的直接威胁。[100]当叛军以破竹之势横渡黄河时，许多人感慨，帝国防线竟然如此不堪一击。一位官员叹道：“今贼北渡河，而官军不御，是大河之险已不能守，河北之民复何所恃乎？河北民心一摇，国势将如之何！”[101]

毛贵与山东中部

红巾军首领毛贵来势汹汹的军事进攻表明，即使是元朝统治最严密的地区，也已陷入四面楚歌的境地。毛贵起初不过是江淮地区著名红巾军首领刘福通的手下，但他很快就以非凡的军事才能脱颖而出。在1356年攻打重要城市淮安的时候，毛贵的军事才干显然发挥了关键作用。[102] 1357年农历二月，元军打败毛贵部队。随后，毛贵率所部乘船离开海州（今江苏省东海），接着在山东半岛的胶州登陆。[103]在这一过程中，毛贵充分利用了元朝完善的海岸交通路线。正是凭借发达的海岸交通线，地方政府得以将粮食和其他物品从富饶的东南部地区运送到大都。毛贵可能是在海州弄到了官船。[104]

在这里，值得注意的是海上交通。后来，红巾军可能就是
从山东出发，由海路抵达高丽西南海岸。1351年，红巾军在山 87
东登州坐船穿过渤海湾，攻占了位于辽东半岛南端的锦州。就在元军集结军队反击的时候，红巾军又穿过渤海湾返回了山东。[105]可见，海上交通线不仅没有阻隔地区之间的往来，反而起到了促进作用。事实上，许多内陆交通线由于战乱而被阻。在这种情况下，海上交通线就显得特别重要。1364年，一位汉人官员指出，由于局势动荡，“中原道闭，使臣之往来，海以为陆”[106]。

1358年，毛贵所部控制了山东大部分地区。起初，毛贵在山东中部地区的重要城市——益都建立了根据地。当时，他和益都守城蒙古王子谈判，条件是只要蒙古王子弃城，毛贵就放他一条生路。[107] 1358年农历二月，毛贵进驻济南。济南，是当时元朝重要的交通商业据点。[108]

在现存的文献中，我们没有找到地方社会对于毛贵态度的

确切记载。地方社会可能对毛贵有不同看法。据《元史》记载，王英，这位在年轻时以善使双剑而闻名遐迩的老兵，顽强抵抗叛军。在毛贵控制益都的时候，王英已经95岁了，但身体依然健朗，他表示，绝不忍辱偷生，接受叛军的统治。他对儿子说：

> 我世受国恩，美官厚禄，备尝享之，今老矣，纵不能事戎马以报天子，尚忍食异姓之粟以求生乎！[109]

随后，王英滴水不沾，粒米不进，几天后离开人世。毛贵听到王英的死讯后，派部下送去棺材和裹尸布，以示由衷的敬意。由此可见，当时效忠元朝的人并不多见，而这也是王英受到朝廷特别嘉奖的原因。山东和中原大部分地区一样，地方武装势力发展迅猛。事实上，早在1357年朝廷就为控制日益壮大
88 的地方武装，下令山东郡县派专人监管地方武装。[110]一些地方武装加入战斗，抗击毛贵和其他红巾军。[111]不过，更多地方武装则向毛贵投降，或者携家带口逃到相对安全的地区。[112]

我们推断，毛贵希望通过公开嘉奖道德典范，以获得地方社会一定程度的支持。同样，元朝也希望通过公开表彰效忠朝廷的忠烈人士（不论卑贱与否），来营造效忠朝廷的社会氛围。[113]然而，这场仗打得异常艰苦。此时，元军，作为朝廷的最直接象征，军纪废弛，军饷短缺，许多士兵食不果腹，其所到之处，百姓无不恐惧，到处在传官兵大肆劫掠的流言。[114]

元朝也充分意识到，官军如此肆无忌惮必将导致严重后果。事实上，元朝赐予地方神灵各种荣誉和封号也是为百姓免遭官军暴行。尽管朝廷千方百计筹措帝国官兵粮饷，但在1359年春

元军统帅洗劫了大都以南的郡县，“掠人为粮”。4 月，大都南部富裕县城——涿州也成为牺牲品。据一家土地庙记载，“民之膏其鼎镬者，日以千计。”[115]这句话中虽然言辞不明，但反映了百姓挣扎在死亡线上，不得不靠吃人维持生命的现象。当元兵离开县衙所在地的时候，百姓大松一口气。毕竟，熬过 15 天后苦难就结束了，“人咸谓非神阴遣之，必靡有孑遗矣。”

一年之后，饥荒还在继续。黎明时分，驻守涿州周边的官军再次攻城，烧杀劫掠了大部分地区。当天，官军撤离涿州，但掠走“男女无算”，以运送装备和物资。当地百姓只好向土地爷求助。在土地爷的斡旋下，官军遣还了 500 多人，不然这些人一定会死于官兵之手。对此，元朝表示“非神力不及此”。特别是在保护帝国臣民免遭官兵伤害方面，元朝更是如此。于
是，朝廷册封土地爷“昭佑之号”“易爵以公命”。[116]换言之， 89
朝廷有时也不得不承认，臣民之所以幸存是因为土地爷的保护，“吾赤子幸存，神赐也”。

另外，元朝为了平息地方动荡，大赦叛军攻占区。通常，蒙古朝廷公开处罚叛军首领以儆效尤，但考虑到大多数人加入叛军实属无奈，所以视其无罪。元朝希望通过这种办法让地方百姓重回帝国的怀抱，而不是因为害怕官府迫害而投靠叛军政权。[117]

关于毛贵政权的政治组织，现有的资料并没有提供过多细节。据载，毛贵在这一地区试图构建政府框架，招募元朝的官员组织屯田，改善交通设施，征收地税，设立益都行省。[118]考虑到红巾军就是利用元朝城墙不佳的弱点取得攻城胜利，毛贵适当加固了城墙。[119]毛贵以“益都行省平章”自诩，这表明他承认自己是叛军首领韩林儿、刘福通建立的大宋政权的臣僚。[120]当

时，大宋政权严格按照元朝做法铸造官印，当然是以“大宋”政权的名义。大宋政权也有自己的年号。[121]

毛贵迅速采取行动，进逼大都。1358 年农历三月，毛贵率部水陆并进，很快就兵临大都城下。朝廷一片哗然。对于当时元朝行政崩溃的情形，汉人高官李士瞻（1313—1367）是这样描述的：“各处居民惊惶四散”“王畿州县悉皆空城”[122]“百姓流离，有司不才”[123]。当朝廷提议加固大都防御，一些高官建议弃都逃跑，或迁都西北。[124]至少一位汉人官员指出，如果山东失守，大都必然难保。[125]随后，一位观察家这样形容当时的局势：“叛军肆虐，无异于唐末之乱”[126]。

90 最终，毛贵的优柔寡断使得元朝避免做出重大抉择。在毛贵举棋不定的时候，元朝加强了大都的军事力量，准备反击。太平（贺惟一）强烈反对弃都逃亡，他主张积极加固大都防御。太平出身汉人世家，其祖先在元朝初年就入仕朝廷。[127]一开始，元朝在大都南部的战斗取得了胜利，这对朝廷主战派而言无疑是一针强心剂。不久，毛贵决定撤回其大本营——山东。[128]

毛贵撤回山东意味着朝廷解除了来自东路红巾军的严重威胁。很快，红巾军的军事力量由于内部领导层的矛盾和冲突被削弱。1359 年农历四月，赵均用诈降毛贵，然后杀死毛贵，原因不明。不到三个月之后，毛贵的主要部将杀死赵均用，为他复仇。1360 年，蒙古名将察罕帖木儿和扩廓帖木儿率精锐官军进逼山东，并于 1361 年宣布恢复元朝对山东的控制。[129]

1361 年末，察罕帖木儿宣称大败叛军，并在曲阜孔庙举行了献祭典礼。清代一位学者指出，察罕帖木儿和蒙古朝廷可能并没有得到地方社会的支持，“察罕帖木儿以田丰据山东久，军民服之，乃遣书谕以逆顺之理。”[130]

未来前景

当时，所有人都以为，元朝从此将转危为安。中原其他地区的胜利消息，也频频传到朝廷。捷报频传，加上大都保卫战的胜利，朝廷内部弥漫着盲目乐观主义情绪，“晋冀关陕之间……有中兴之望矣”[131]。当时的艺术作品中也传递了类似的复兴信息。在一幅题为《富春山居图》（1350 年）的画作中，象 91
征丰收和富饶的画面预示了治国方略的卓越和王朝未来的美好。谢柏柯（Jerome Silbergeld）通过分析赵雍《骏马图》（1352 年）的内容、风格和题注，指出这幅画传递了“大元帝国的传统和正统将万世永昌”[132]的信心。

另外，元朝恢复对山东的控制也提醒我们：即便处于穷途末路，朝廷和官兵也发挥了有效功能。一些汉人官员认为，朝廷对散漫无能的将领过于仁慈。[133]元朝将领由于在镇压山东毛贵叛军方面的不作为和无能，受到猛烈抨击。[134]然而最终元军利用红巾军内部的领导层问题，将毛贵成功赶出首都圈，并击败了山东红巾军。山东地区的控制权收回后，向大都运送官盐税收的线路也部分得到恢复，这是因为交通运输路线的关键节点是穿过山东的西部地区。官盐的收入非常重要，“以其不渔于民，取天地自然之利故也”。失去官盐收入意味着官府地方治理的恶化。当时，扩廓帖木儿“丞相河南王，能继前齐王恢复之志，削平山东，乃复设转运”[135]。

元朝在中原北部的军事胜利引起了南部地区豪强的关注。陈高华认为，在 1359 年察罕帖木儿将大宋政权赶出开封（首都所在地）的时候，朱元璋并没有派兵援助大宋政权，虽然他公开承认后者。不仅如此，朱元璋还遣使察罕帖木儿，向其示好。

察罕帖木儿在山东镇压红巾军的战斗刚刚取得胜利，包括朱元璋在内的红巾军首领就表示了与其结盟的兴趣。趁此，元朝遣使携衣酒及镶嵌贵重珠宝的冠顶，与朱元璋协商投降事宜。可见在元朝灭亡前十年，即便是那些最愤世嫉俗的人也没有料到
92 大元兀鲁思已病入膏肓。不过，因为察罕帖木儿被杀及随之而来的动荡局势，这场交易并没有成交。[136]

当然，这并不意味着时人盲目乐观地看待这些事件。宋濂（1310—1381）背弃元朝，投靠红巾军领袖朱元璋（即未来的皇帝），向朱元璋宣誓效忠，成为其幕僚。他的作品中形象地描绘了当时的末世惨象，其中充斥着腐烂的饿殍、劫掠的叛军和绝望的难民。[137]即便战场捷报频传，人们以为复兴有望，但朝廷的忠臣还是表现了一定程度的绝望。李士瞻在写给在南方重要港口——泉州的蒙古长官的一封信中说：

> 今中原底平，江南欸附。献俘奏凯，无日无之。乾坤再造，日月重明，太平之基，进在目下。[138]

李士瞻在信中试图说服这位蒙古官员，继续把官盐专营的主要收入上缴中央政府。他向对方暗示，皇帝仁慈，太子能干，百官贤能，国策明智，朝廷正处于复兴关键期，背叛皇帝是短视的行为。李士瞻并非闲散不作为之人。1359 年，他被朝廷派往福建，以盐换粮，并把粮食送到大都。他也正因为这一使命，和陈友定（1330？—1368）开始书信往来。陈有定是汉人将领，还算效忠元朝，与朱元璋为敌。[139]

李士瞻盛赞扩廓帖木儿的胜利。虽然他对朝廷的未来非常乐观，认为前途充满了光明，但是对于现实的残酷，他也并非没有

意识到。为了纪念朝廷官兵在山东取得的胜利，他写了一篇祝文。他在文章的一开头，就强调朝廷承自上天恩宠，“盖闻帝王之历数在天，妄干者自戮；国家之版图极地，窃据者必还。”[140] 93

李士瞻在盛赞成吉思汗和忽必烈的辉煌战绩之后，低调地谈起近来扩廓帖木儿在山东的战役，指出扩廓帖木儿[141]在山东打败背叛其父察罕帖木儿的将领后对他们进行了疯狂的报复：

> 初脍剉其童孩、次脤靳其妇女。田丰、王士诚、刳心以侑祭，醢肉以分餐。传首藁街，暴骨高垤。其冯、陈、杨、李等或竿磔于市，或轞送于京。全齐由是而削平，邹鲁由是铲定。方将淬砺铏锷，剿僭伪之根；且复搜索璺瑕，除狂惑之蔓。强梁渎纪之辈，跋扈犯关之徒，毋［弩］[142]怒蛙膺，敢擎螳臂。悉宜播诫[143]，咸使知惩。

他指出，对于红巾军在中原北部地区、辽东南部地区和高丽的烧杀劫掠，有必要采取雷霆手段和铁腕措施，但不应该引起公众的恐惧，这也不是唯一目的。

14 世纪 60 年代初，元朝恢复了对中原北部地区的控制，但考虑到当地农耕遭到战争破坏，朝廷权威受到打击，地方防御无以为继（除极个别危险之外），一些官员认为有必要克服官员的观望骑墙心态。[144]正如当时一些私人信件所言，考虑到很多人弃官归隐，所以说服官员返回荒废破败的农村，对恢复元朝统治而言十分重要。同样，遭遇红巾军入侵的高丽也面临类 94
似问题。

上都和通往高丽之路

1359 年 1 月初，关先生、破头潘（潘诚）和沙刘二（沙刘先生）等人率红巾军侵入高丽境内。[145] 1357 年 8 月，这支在山东西南地区崛起的红巾军曾攻占大名、卫辉等主要城市（位于今河北省南部）。近代学者称这支军队为“中路军”。

元朝立即派蒙古将军答失八都鲁（卒于 1367 年）镇压。在经历了最初的惨败后，答失八都鲁开始避免与红巾军发生正面冲突。朝廷怀疑他的这一举动是为保存自己的军事实力，于是派人前去调查。朝廷派去的使者显然被红巾军所蒙骗。红巾军伪造书信，编造了答失八都鲁和叛军谈判而不是剿灭叛军的内容。在这位蒙古将军去世后不久，位高权重的孛罗帖木儿出任元军统帅，负责围剿“中路军”。

翌年，红巾军在中原北部的大部分地区迅速移动。1357 年初冬，红巾军越过太行山进入山西境内。1358 年春，红巾军攻占了绛州和战略城市大同。另外，他们还占领了其他许多城市，虽然是暂时的。面对红巾军如此近在咫尺的军事威胁，朝廷惶惶不安，于是起用了名将察罕帖木儿来应对这一威胁。察罕帖木儿及其部将把守太行山要塞，以阻止叛军东进。但在 1358 年农历六月，沙刘二率中路军竟然神鬼不知地穿过封锁线，进入河北西北部地区。同年农历九月，关先生进攻位于河北南部地区的保定。[146]

95 陈高华认为，沙刘二和关先生本来是打算在投靠毛贵之后，伙同他一起攻打大都。但是，东路红巾军出现军事危机，所以两人只好返回其根据地——山东西南部。由于察罕帖木儿重兵把守，他们不得不从大同北上，然后向西而走。1359 年 1 月初，关先生和破头潘所部抵达上都。

至 14 世纪中叶，上都一直是蒙古在欧亚大陆东部的主要政治中心，就连大都（第一首都）都在其耀眼光芒下黯然失色。

当然对于大元兀鲁思而言，上都也非常重要。每年农历四月到9月，皇帝、皇族和大多数朝廷官员都会移居上都，进行为期数天甚至数星期的狩猎或旅行。大多数的兀鲁思政权也会跟随大汗进行这种季节性迁徙。大汗的雄师悍兵也不例外。在上都，朝廷为帝国的精英举办各种盛宴，为他们缔结联盟、重申效忠、分配财富、制定政治军事战略提供各种良好机会。尽管上都稍逊色大都，但这里也有宫殿和全年管理人员。上都，是蒙古帝国的重要象征，也是其行政中心，储藏武器粮草的大军营。[147]和大都一样，上都也遭受饥荒。1355 年初，针对上都出现的饥荒，朝廷下令以低价抛售谷物两万担，并禁止酿酒。[148]春天过去了，但饥荒还在继续。

在上都，红巾军只停留了一星期。虽然只是短短的一星期，但足以让他们大肆焚烧帝国的宫殿，并对首都其他地区造成极大破坏。经此一劫，上都元气大伤，再不复昔日辉煌。事实上，当我们回首这段历史时发现，1359 年是结束一个多世纪以来迁居上都这一传统的分水岭。[149]然而，当时又有谁会未卜先知?!1360 年农历五月，皇帝打算修复蒙古政治文化的重要象征——上都，他下令大规模整修帝国宫殿，但立即遭到一些地方官员的反对。对于皇帝迫切希望修复上都宫殿的提议，汉人官员陈
祖仁（1314—1368）虽然表示赞同，承认这种修复工程有助于 96
王朝复兴，振兴先祖荣耀，但他也指出朝廷无法独自承担如此巨大的经费支出，“然今四海未靖，疮痍未瘳，仓库告虚，财用将竭，乃欲驱疲民以供大役，废其耕耨，而荒其田亩，何异扼其吭而夺之食?”[150]所以，当务之急是皇帝应该把王朝的有限资源用在刀刃上。按照陈祖仁这位汉人士大夫的建议，这意味着朝廷的重心要从大草原转到中原。据记载，皇帝欣然纳其谏言。

不过，宫殿重建工程在多大程度上得以完成，具体细节不详。我们也不清楚，陈祖仁的观点在多大程度上具有代表性。

接下来，上都继续在蒙古贵族的政治斗争中发挥重要作用。1360 年，阳翟王阿鲁辉帖木儿（窝阔台系）利用辖区混乱挑战皇帝权威。他从大本营（今新疆维吾尔自治区）向东进发，并在不满皇帝的贵族中寻找盟友。他指责皇帝，背叛先祖遗训。据《元史》记载，虽然妥懽帖睦尔对阿鲁辉帖木儿的指责不以为然，但以实际行动对抗“骚扰北方边境，并进逼上都的几十万”叛军。皇太子令其政敌守卫上都，以期获得渔翁之利。在他看来，上都以北的地区很快就会沦陷，而叛军必然不会放过守城将领，这样一来形势对他极为有利。[151]

元军遏制叛军的最初努力似乎证明了皇太子的判断。元军被叛军打败，而其统帅则逃到相对安全的上都。1361 年，妥懽帖睦尔再次动员帝国“十万”官兵攻打阿鲁辉帖木儿。这一次，朝廷俘获了阿鲁辉帖木儿之弟和他手下的一员大将，后者
97 曾辅佐阿鲁辉帖木儿当上兀鲁思国王。[152]此人的被俘，让皇帝部分地恢复了对北方边境的控制。由此，上都获得喘息之机。

1360 年末，一股红巾军再次攻打上都，击溃了元军统帅忙哥帖木儿的援军。[153]此次红巾军攻打上都的行动表明上都依然具有重要的战略地位，否则红巾军没有必要对其发动进攻，而元军大败则表明红巾军实力确实强大。

让我们再回到 1359 年初。当时，关先生和破头潘率红巾军离开上都，经辽阳进入高丽境内。[154]关先生和破头潘所部红巾军给高丽带来了深刻的影响，可以说，这种影响比起给他们的故乡——中原带来的影响，有过之而无不及。

第三章 高丽与大元兀鲁思

14 世纪 50 年代，高丽朝廷对大元兀鲁思的发展兴致勃勃。 98
高丽敏锐地关注着大元兀鲁思境内发生的日益严重的社会动乱。如第一章所述，在 14 世纪中叶，第一首都——大都居住着上万名高丽人，而元朝境内散居的高丽人可能多达 25 万，这其中包括高丽世子、沈王（有时是世子政敌）、学者、僧侣、商人和数千名服务宫廷和蒙古精英的高丽贡女，这些群体掌握的信息及时准确，发挥了不可估量的作用。

有时，蒙古官员发现高丽的情报信息网络发达到危险地步。1333 年，答里麻（高昌人）出任辽阳行省参知政事。在第一批拜见他的贺客中，有一位从开京出发，途经辽阳赴大都的高丽使者。这位高丽使向辽阳行省官员进献了四匹布和一封外交公文。答里麻怀疑这位高丽使的来访动机和他的情报来源，“国制设印以署公牍、防奸伪，何为封私书？况汝出国时，我尚在京，未为辽阳省官，今何故有书遗我？汝君臣何欺诈如是耶？”[1]也许这位高丽使涉嫌欺瞒（因为封印的外交公文上写了答里麻的名
字），但至少不排除这种可能，即早在答里麻履新辽阳之前，高 99
丽国王就已经获悉有关他的任命。不过，答里麻并没有接受高丽使的献礼和公文。

纽带：婚姻与宿卫

王祺，是极为关心蒙古帝国诸多事件的少数人之一。在历

史上，王祺还有一个更著名的身份——高丽恭愍王（1351—1374 年在位）。[2] 1351 年，22 岁的恭愍王正式即位高丽国王。他在许多方面不像高丽人，至少不像高丽始祖那样被认可。他和高丽王宫的很多人梳蒙古辫[3]，戴蒙古毡帽，穿紧身束腰起褶长袍，这种长袍的衣袖在手腕处收紧以便持弓手臂自由活动。[4] 骑术精湛者，备受崇拜。朝廷经常举行马术展演。在京城，马球比赛非常流行。[5]和蒙古一样，高丽朝廷认为，竞技是集休闲娱乐、军事训练和提高精英凝聚力于一体的活动之一。高丽国王经常出席射箭比赛。射箭比赛还包括边纵马疾驰，边拉弓射靶的项目。恭愍王喜欢观看护卫摔跤，这不仅是为了娱乐消遣，还有考校武艺之意。[6]就连国王的"御座"也效仿蒙古皇帝的"胡床"（即上面能坐好几人的大凳子）。[7]

这位年轻的高丽国王几乎和蒙古时期所有高丽国王一样，根据不同场合分别使用蒙古名字和高丽名字。[8]恭愍王在和蒙古帝国交往的时候（有时是和明朝开国皇帝），使用常见的、地道的蒙古名字——伯颜帖木儿。1349 年，恭愍王以高丽王族身份迎娶了一位年轻蒙古女子为王后（即宝塔失里，又称徽懿鲁国大长公主）。这位蒙古王后，是大元魏王孛罗帖木儿之女。[9]与 13 世纪嫁到高丽王朝的蒙古公主不同，无论是从血统，还是从政治影响力来看，这位王后都来自与皇帝关系比较疏远的皇族。

100 联姻作为草原社会缔结战略联盟的完美策略之一，将元朝皇族和主要蒙古世系联系起来。[10]高丽成为元朝"驸马国"始于 13 世纪 60 年代末，这是元丽关系发生关键性转变的标志。[11] 1269 年，高丽世子（即后来广为人知的忠烈王）向元朝请婚，求娶蒙古公主。这一请婚行为打消了元朝对高丽是否忠心的怀疑，因为直到那时大都朝廷还在争论用何种手段来惩罚高丽王族——王氏，斩草除根是其中的手段之一，毕竟这几十年来，高丽一直没有停止反抗蒙古的征服。1240 年，高丽在抵抗蒙古的一次战斗中杀死了十几位蒙古高官。[12]所以，忠烈王的请婚行为被视为高丽重新效忠元朝的证明。

蒙古对忠烈王的请婚行为如此积极地解读，这在很大程度上源于帝国的地缘政治环境。当时，忽必烈和南宋王朝之间正在展开激烈的战争。汉人官员马亨（1207—1277）向忽必烈建议改善与高丽的关系，以防南宋和高丽结盟，否则后果将不堪设想。汉人官员马希骥也提议把高丽的人力和物力有效投入元朝征服日本的计划之中。此二人都认为元朝应该利用高丽明显的回心转意之机与其结盟，原因如下：一是重新发动对高丽的战争不仅危险，代价大，而且也偏离蒙古的战略目标。[13]二是忽必烈可能也看到高丽王族能够有效制约辽东地区强悍的东道诸王。如果元朝和高丽建立统一战线，高丽国王就会为元朝抵挡来自东道诸王的威胁。[14]三是在忽必烈和阿里不哥（其弟）争夺汗位的战争中，高丽的臣服对忽必烈而言无疑是对其继承汗位的有力支持，而对忽必烈政敌来说，此举则会使他们丧失潜在的人力和物力资源。[15]

那么忠烈王有何好处？答案是：通过联姻，高丽统治家族——王氏的利益会得到保障。10 世纪初，忠烈王先祖王建（918—943 年在位）在建立高丽王朝的时候，就曾试图通过与地方精英（乡吏）结盟来抗衡贵族势力，加强王权。但是直至13 世纪 60 年代，高丽王权还在承受巨大压力。在 13 世纪上半 101
叶的大部分时间里，高丽朝政仍然掌握在武将手中，而王氏则沦为傀儡。若非政治内讧，以及长达几十年抗击蒙古的战争造成惨重伤亡，高丽的武臣独裁还会继续下去。[16]不过，高丽国王的地位始终岌岌可危。随着贵族的权势及其自我意识的不断增强，那些在农村拥有大片土地，在首都占据高官厚禄的贵族世家，开始公然挑衅王权和国王长久以来的最主要的盟友——乡吏。高丽王朝“正是依靠乡吏，才得以维持秩序，征发税赋徭役和接受地方朝贡”[17]。

蒙古作为欧亚大陆最强大的政权，为高丽王氏及其支持者提供了宝贵的机会。1269 年，高丽武臣林衍发动政变，废黜了元宗（1259—1274 年在位）。元宗之子忠烈王在绝望中萌生了与蒙古皇室联姻以复兴家族命运的想法。如上文所述，这一请求与蒙古的战略利益不谋而合。1270 年，蒙古使者抵达高丽。林衍意识到元丽联姻势在必行，且迫在眉睫。与此同时，元朝也派军确保元宗复位。1274 年，高丽王氏暂时恢复了国内的统治秩序，并做好援助蒙古攻打日本的准备工作。这样，在对蒙古公主下嫁和元朝派军的承诺表现出一定的诚意后，第一位蒙古公主抵达高丽。

尽管高丽王氏得到了元朝支持，但还是面临贵族世家的挑衅。高丽贵族世家把持着中央政府的重要职位，拥有尊贵的爵位和封号。随着高丽世家或个人与蒙古统治精英建立各种关系，高丽国王和中央贵族［约翰·邓肯（John Duncan）如是称］之间的矛盾日益复杂。而这也解释了忠烈王为何会在其统治期间，竟然往返开京和大都 12 次之多，尽管往返一次至少需要三个星期。[18]在忠烈王统治初期，高丽精锐部队——“三别抄”拒绝承认其权威（部分原因是他重新与蒙古结盟），在高丽南方沿海的一座岛屿定都，建立政权，继续抗击蒙古。后来，高丽官兵
102 和蒙古军联手镇压了“三别抄”。[19]高丽王氏借助元朝的力量稳定了国内统治，而元朝皇帝也同样需要借助高丽王氏的力量，

双方各取所需，各有所得。[20]联姻则能够巩固这种关系。这种持续近百年的亲密关系，则被年轻的恭愍王传承下来。

如上文所述，恭愍王的这位蒙古新娘并非来自元朝最有影响力的皇族。至14世纪，这种联姻趋势越来越明显。韩国著名学者闵贤九（Min Hyŏn-gu）指出，这种婚配关系是大元兀鲁思衰亡的征兆。他推断，随着元朝衰亡迹象越来越明显，对高丽国王的利益而言，是否迎娶一位和元朝皇帝关系密切的公主并不是一件特别重要的事情。

不过，最近也有研究得出了不同结论。至少就恭愍王而言，其婚姻伴侣的选择取决于高丽和元朝统治家族之间的历史关系。恭愍王的蒙古新娘是阿木哥（死于1324年）的孙女，而阿木哥是元朝皇帝海山和爱育黎拔力八达的兄长。[21] 1324年，阿木哥之女嫁给了恭愍王之父忠肃王（1313—1330年在位）。[22]也许，和元朝皇帝的近亲联姻，对高丽利益而言不再那么重要，但从某种意义来说，这也表明高丽统治家族和忽必烈家族已经紧紧地纠缠在一起，元朝的强大与否并不影响这种婚姻关系的缔结。[23]

在高丽王宫，蒙古女性的影响无处不在。和农耕社会女性相比，游牧社会的女性扮演了更为强势的政治角色。成吉思汗的母亲及其正妻，忽必烈的母亲及其正妻，都是蒙古帝国的权威。嫁到高丽王室的蒙古公主对高丽产生了巨大影响，而她们身边随侍的男女也在开京形成了非官方政治权力集团。[24]

在饮食、服饰、音乐、宗教等方面，蒙古女性的审美品位塑造了高丽朝廷的文化风貌。和许多高丽女一样，恭愍王的蒙古王后喜欢蒙古时装，其中最引人注目的是“孛黑塔”（boqta，汉语“姑姑冠”）。这种精美的蒙古妇女头饰通常戴在已婚妇女

的头上。贵族妇女头戴的“孛黑塔”高一英尺，常常饰以宝石
103 或孔雀羽毛。[25] 1311 年，元朝皇太后赐给忠宣王（1308—1313 年在位）妃嫔一顶“姑姑冠”，这被视为蒙古朝廷恩宠高丽的证明。为此，高丽特设盛宴，邀请朝臣，以示庆祝。[26]不过我们并不清楚，恭愍王的王后是否住在忠烈王于 1296 年在开京寿昌宫的平台上为其蒙古王后搭建的蒙古包（*ger*）。[27]

恭愍王与王后伉俪情深。1365 年蒙古王后死于难产，恭愍王悲痛欲绝。当时，高丽国家财政十分拮据，但恭愍王仍然耗巨资修建了影殿，丧礼上演奏的哀乐也是蒙古哀乐。一些学者认为，蒙古王后之死导致恭愍王长期郁郁寡欢，不理朝政，并青睐年轻俊美的男子。[28]

恭愍王的婚姻是在他旅居大都的十年期间被安排的。由此，高丽王室通过与元朝皇室的联姻跃居欧亚大陆的真正精英行列。许多人（特别是韩国学者）都强调，婚姻给高丽带来了不利后果，但“驸马王”（*küregen*）的身份几乎立刻提升了高丽国王的国内外地位，就连遥远的伊尔汗国都知道忽必烈有一位高丽驸马王。[29]这些好处至少在某种程度上解释了西藏、畏兀儿、汪古惕、克烈部、钦察汗国和其他部族政权与蒙古帝国家族联姻的原因。[30]日本学者森平雅彦（Morihira Masahiko）认为，驸马王的身份让高丽统治家族获得了与蒙古、中亚的王子同样的特权，当然他们要履行的义务和责任也一样。蒙古帝国灭亡后，成吉思汗的“驸马王”这一重要身份仍然保留了很长的一段时间。比阿特丽斯·福布斯·曼兹（Beatrice Forbes Manz）注意到，帖木儿（死于 1405 年）就是利用“驸马王”的身份获得了“后蒙古世界”的正统。[31]

换言之，高丽统治家族被纳入大蒙古帝国的政治结构。在

高丽，我们可以看到蒙古帝国在其他地方的王室机构设置的行政官职。和大汗分封给蒙古王子和其他宠臣的封地一样，高丽国王也得到类似封地。大汗视高丽为其属地，辽东南部地区的民户规模虽然不大，但足以组织起来为高丽国王一行从开京到大都及上都提供各种服务。[32]与此同时，和那些在具有重要战略 104
意义的边境获得封地的忽必烈子孙一样，高丽王室也要保障元朝皇帝的利益。[33]

蒙古的政治制度和军事统治的另一个关键特征深刻影响了高丽统治家族，即帝国境内有影响力的首脑或领袖之子都要前往大都充当质子。这一制度从某种程度上来说旨在确保可能无视或挑衅元朝统治家族的人效忠元朝，与元朝合作。但是，这一制度却发挥了更为重要的功能，即精英人质充当大汗宿卫的怯薛制度，把蒙古帝国的未来领袖与皇室及其利益绑在一起。[34]这些质子担任大汗怯薛，承受大汗恩宠，成为帝国精英，[35]借此进入元朝统治家族的权力世界和关系网络。加入这一体系的欧亚大陆的年轻精英们备受鼓舞，以选中的统治其土地和人民的少数人、大蒙古帝国统治阶层的一员自诩。为此，来自遥远的西藏、中亚的帝国精英长途跋涉，不辞辛苦地前往大都。[36]

自 13 世纪末以来，高丽王室的年轻男子都要前往大都充当质子，以示效忠大汗。[37]在大都，年轻的高丽精英们接触到令人着迷的丰富的文化世界。当时，大都和上都并非斯巴达式的军事哨所，那里有巍峨高耸的城墙、金碧辉煌的宫殿、布局精巧的生活区和娱乐区，以及从事各种服务行业的群体，从厨师、官妓、医生、银匠，到皮匠、木匠、学者、艺人、宗教人士，应有尽有。[38]

大都经常举办为期一周的盛大国宴——“质孙宴”（蒙语

“颜色”的音译）。宾客在“质孙宴”上，品尝丰盛的食物，把玩精美的器皿，享受丰厚的礼物，畅饮醉人的美酒。[39]杉山和爱尔森以及其他一些学者都指出，举办这些豪华宴会旨在让帝国精英之间培育私交，达成政治共识，发展潜在盟友。[40]一些汉人
105 并没有充分理解质孙宴的政治内涵和作用，正如牟复礼（Frederick Mote）所言，“在汉人看来，蒙古的礼仪和汉人的规范礼仪比起来可谓粗俗不堪，他们对蒙古的仪式和典礼的不认可远远大于对游牧生活方式的好奇。在他们看来，这种蒙古盛宴不过是奢华的野蛮展现。”[41]不过，从无数“宫词”中对华丽服饰生动细致的描写以及关注宴客尊贵的政治社会地位来看，隐藏在这一蒙古宴会背后的文化意义并没有彻底消失于14世纪的文人圈。[42]1300年，忠烈王在上都第一次参加质孙宴，与其他大元兀鲁思王子在宴席上并肩而坐的时候，他强烈地意识到自己原来享有何等的特权地位。[43]

忠烈王之后，高丽国王继续周旋于帝国的豪门显贵之间。14世纪30年代，废王忠惠（1330—1332年和1339—1344年在位）在大都质押期间，和他的前庇护人的年轻的蒙古拥护者们饮酒作乐。忠惠王在大都时曾迷恋一位畏兀儿姑娘，以至有时无法宿卫。[44]他在闲暇之余还和当朝权臣狩猎、饮酒和跳舞，这些都是蒙古人最喜爱的休闲活动。忠惠王经常和当时蒙古朝廷最有权势的大臣——钦察人燕帖木儿一起，带猎鹰到大都西南的柳林狩猎。冬末春初之际，蒙古皇室通常会迁到柳林居住。[45]

大都与高丽的宫廷政治

恭愍王在旅居大都期间从高丽王族转变为虔诚的佛教和儒学推崇者。事实上，恭愍王的祖父王璋（1275—1325，谥号忠

宣王）就不乐意离开大都这个花花世界，而到开京履新国王。1984 年，在北京智化寺，工作人员在一尊如来佛像里发现了三
本不同的佛经，经书用精美的木刻雕印在名贵纸张上，纸张上 106
面还印有王璋的高丽国王玉玺和沈王官印。[46]这一发现，反映了 14 世纪初大都佛教的国际化特点和王璋的宗教推崇者形象。[47]

不过王璋拒绝离开大都的最主要原因是，他坚信元大都是亚洲最强大的政治权力核心。[48]即使即位高丽国王，王璋也没有离开大都，而是派其心腹大臣传达旨令，监督高丽日常治理。尽管元朝皇帝和许多高丽官员向王璋施压，让他返回开京，但王璋非但没有返回开京，而且还将王位禅让给其子忠肃王（1313—1330 年和 1332—1339 年在位）。

在大都，王璋继续行使统治高丽的权力，把持重要的人事安排，掌握王室的国库。另外，他还通过册封其侄子暠为沈王来限制忠肃王的权威和统治。由此，沈王成为高丽国王的潜在候选人，进而导致高丽的政治权力关系更加复杂，甚至让整个东北亚陷入巨大的政治阴谋。也许是因为忠宣王诡诈多端、刚愎自用，但更可能是因为他的政治守护神——元朝皇帝爱育黎拔力八达（庙号仁宗，1312—1320 年在位）驾崩。爱育黎拔力八达的母亲（即皇太后答己，卒于 1322 年）和新皇硕德八剌（庙号英宗，1321—1323 年在位）将王璋流放到遥远的吐蕃。[49]另外，他还废黜了恭愍王的父亲忠肃王，将其软禁在大都长达数年。可见，王璋对于 14 世纪权力最终走向的认识还是准确的。

1341 年，12 岁的恭愍王在元朝开始了怯薛生涯。在大都，恭愍王在汲取丰富文化滋养的同时，也体验到政治斗争的残酷。不过，恭愍王在大都的旅居生活并不是那么孤单寂寞，因为有

几十位心腹文官、下级军官、贴身侍从和宦官陪伴着这位年轻的王子。高丽学者教导他阅读典籍、朝鲜半岛的历史和中原王朝的历史。在端本堂，恭愍王可能还接受了汉人儒学大师的教诲，得到“儒学的熏陶”。端本堂是教导元太子爱猷识理达腊
107 的书院。爱猷识理达腊（卒于 1378 年）的生母是高丽畜奇皇后。[50]

事实上，当时年仅十几岁的恭愍王未必会对学术产生兴趣。恭愍王身边有一位力大无比的侍从，单手就能将恭愍王拎起来，恭愍王非常依恋他。[51]恭愍王可能还和蒙古皇族出游狩猎，会见来自蒙古帝国其他地区的中亚人，和那些流亡大都的高丽人交往。

恭愍王交游广阔，朋友来自五湖四海，这是他在返回高丽之前能在蒙古朝廷中生存下来的原因。畏兀儿学者偰逊（1345 年进士）在端本堂教导元太子的时候，就和当时在大都的恭愍王结下交情。在 14 世纪五六十年代红巾军战争时期，偰逊逃到高丽避乱，受到恭愍王的热情款待。[52]韩国学者闵贤九认为，恭愍王即位要归功于当时的元朝权相脱脱，因为在恭愍王旅居大都期间，端本堂的负责人就是脱脱。

在大都，恭愍王熟悉了欧亚大陆的政治生态，结交了后来成为其朝廷高官的高丽人。[53]在那些日子里，恭愍王结识了形形色色的高丽人，这些人和元朝的皇帝、高丽朝廷有着千丝万缕的关系，其中包括高丽学者、通事、宦官、宫女和帝国的姻亲。年轻的恭愍王深刻洞察到蒙古治下高丽政治的复杂性。

以恭愍王兄忠惠王为例。[54]1341 年恭愍王抵达大都的时候，忠惠王正处在其第一段在位时间的第二年。早在 1332 年，元朝就曾废黜忠惠王，让其父忠肃王复位。而两年前，即 1330 年

（忠肃王十七年），蒙古废黜了忠肃王。忠惠王因为两次被废而“声名”大噪，原因何在？恭愍王作为忠惠王的幼弟，和他的幕僚经常在私下探讨这个问题。

忠惠王和恭愍王一样，其政治生涯始于元朝，而这也是高
丽世子的宿命。1330 年，蒙古朝廷不满忠肃王，劝其禅位，让
年轻的忠惠王即位。据记载，有一次，忠惠王在拜见其父忠肃
王的时候，穿蒙古服装，戴蒙古帽，行蒙古礼。忠肃王见后大 108
骂：“汝之父母，皆高丽也，何见我行胡礼？且衣冠太侈，何以
示人？可速更衣。”忠肃王的斥责让当时还是世子的忠惠王瞠目
结舌，含泪告退。[55]

高丽王位的残酷争夺战反映了蒙古帝国治下国际政治的错综复杂。忠肃王为了能够复位，竭力游说元朝皇帝身边的蒙古人、高丽人和汉人，他不仅与沈王结盟，而且还向支持他复位的高丽官员承诺，在事成之后，授予他们征东行省的重要官职。结果，也许是因为忠惠王的突厥靠山燕帖木儿垮台，而燕帖木儿的政敌伯颜上台后正打算肃清燕帖木儿的所有盟友，他不得不把王位还给其父忠肃王。

1339 年，忠肃王驾崩。随即，忠惠王图谋复位，遣使向元朝皇帝奏请继位国王。当时，蒙古朝廷权臣伯颜驳回了忠惠王的恳求。尽管如此，忠惠王没有气馁，又派两名武臣前往大都，行贿元朝重臣。这种策略并非忠惠王独创。14 世纪，为了保证蒙古帝国的领导地位（包括元兀鲁思的王位）有必要付出一定的代价。[56]忠惠王的举动完全符合当时的潜规则。另外，忠惠王还说服高丽重臣，让他们向元朝皇帝奏请恢复其王位。这样，忠肃王去世不到一年，忠惠王得以复位。尽管当时他被弹劾与忠肃王的蒙古妻子伯颜忽都（在《元史》、《高丽史》中被称为

庆华公主）不伦，[57]但元朝政局发生了变化，忠惠王的命运再次发生逆转。在脱脱的精心策划下，脱脱的伯父伯颜被肃清，当时后者已经在朝廷孤掌难鸣。[58]而脱脱显然并不特别讨厌忠惠王。

如果说脱脱等蒙古重臣以为这位高丽新王俯首帖耳的话，
109 那就大错特错了。忠惠王采取了一系列措施加强高丽王权。首先，大力加强私人护卫的规模和实力。在这些护卫（《高丽史》称其为“恶少”）中，一些人曾担任鹰坊总管府护卫。金塘泽认为，对忠惠王的批评，如他对狩猎、马球、摔跤等显然是极之无聊的活动具有浓厚的兴趣，应该从忠惠王致力于招募和训练效忠于他的侍卫，以此来保障自己哪怕是一丝一毫的人身安全来解释。[59]显然，忠惠王的措施受到大汗贴身护卫“怯薛”的启发。

另外，忠惠王还致力于扩大对王室其他方面的控制。例如，提高国库收入，以保障高丽境内基本的社会经济稳定；废除赐给田，将寺院田和功臣田置于更有效的王权控制之下；把拨付给王室的经费投资于和中原的商业贸易；征收职税等。另外，忠惠王还设立行省以安百姓，细节不详。一位韩国学者认为，通过没收精英财产为国王筹集资金，是约束权臣的手段之一。[60]也许是划清权力和责任界限的需要，他还恳请元朝返还辽东南部这一叠加的行政区的汉人、女真人和高丽人，但没有成功。

金塘泽认为忠惠王的行动具有“反蒙”色彩。20世纪，不合时宜的民族主义观念使得蒙古帝国治下的区域史研究常常被扭曲。[61]这一视角以最极端的方式，使所有与元朝有关系的高丽人沦为背信弃义、诡计多端和心胸狭窄之徒，被视为为满足一己私欲而牺牲高丽王朝或高丽民族利益的人，尽管对于高丽和高丽民族的定义含混模糊。但即便是金塘泽这样客观公正的学者也偶尔会出现这种倾向。以忠惠王为例，金塘泽认为，因为忠惠王聪敏过人，所以他深刻地意识到元朝对高丽的压迫。[62]忠 110
惠王的父亲曾被扣留在大都四年，后来又被流放到遥远的吐蕃。金塘泽认为这些是忠惠王“反蒙”的主要原因。忠惠王扩大贴身护卫规模，向官员征税，进一步控制经济资源，营建豪华的新王宫，所有这些都表明他试图减少对蒙古朝廷的依赖，并最终与元朝不可避免地发生冲突。

不过，忠惠王之举更多是为了加强王权，以应对来自国内外的威胁，而不是出于原型民族主义（proto-nationalism）。[63]忠惠王为了稳固其国内地位，和当时欧亚大陆所有野心勃勃的政治家一样，不得不和蒙古朝廷妥协。当然，他的国内政敌也这么做了，后者包括文官体系的贵族成员和通过与蒙古精英联姻崛起的新贵。忠惠王为了达到复位之目的，向蒙古皇帝和重臣退让妥协。另外，忠惠王还重用那些对蒙古朝廷具有特殊影响力的高丽人。蒙古作为在欧亚大陆拥有最强大统治力量的军事和政治政权，奉行家族利益凌驾“民族”利益之上的策略。

结果是，忠惠王的高丽政敌说服蒙古换掉了忠惠王。忠惠王的改革举措对高丽国内精英的政治和经济利益而言也是一种挑衅。在指摘忠惠王的声浪中，奇氏家族发出了最响亮的声音。奇氏家族之所以声名显赫，主要是因为他们和蒙古皇室建立了姻亲关系，但这并不意味着他们会反对忠惠王。不过，与蒙古皇室的姻亲关系，可以解释奇氏家族为何在废黜忠惠王的时候那么得心应手。奇辙作为奇氏家族成员之一，曾经向元朝状告忠惠王“奢侈不公”。当时，高丽国内的主要矛盾是权力分配问题而不是民族主义，这反映在高丽百官听到忠惠王垮台的消息时非常冷漠。当忠惠王被元朝的官员拖下去的时候，竟无一人流泪叹息。[64]后来，朝鲜史学家形容忠惠王是爱慕虚荣、道德沦丧、昏庸无能的统治者，宁愿和行为不端的浪荡子混在一起，而不愿跟有高贵血统的正人君子来往。

111 忠惠王的传奇故事发生在年轻的王祺寓居大都期间，当时王祺只有十几岁，正处在世界观形成的重要时期。政治博弈、国际游说、密谋结盟、拥护还是废黜国王、国王和贵族精英之间的剑拔弩张、忠惠王最终死于流放途中……所有这些都让王祺清楚地意识到，在东北亚编织一张庞大的支持网络是何等的重要！而在潜在支持力量（或者危险敌对势力）中，奇氏家族占据非常重要的地位，这其中奇皇后的影响力最大。奇皇后是元朝皇帝的宠妻，皇太子的生母。在王祺即位之初以及在元末被废过程中，奇皇后扮演了关键角色。

总之，和他的兄弟、父亲、祖父一样，年轻的王祺在大都蒙古朝廷的严密监视下度过了大部分青年时光。这位年轻的高丽王子作为怯薛享有特权，被寄予厚望，效忠蒙古大汗，并视自己为国际化泛欧亚的蒙古帝国精英之一。高丽虽然是大蒙古帝国的“驸马国”、附属国，但高丽国王同时也是这一庞大的蒙古帝国的特权成员。[65]

危机四伏的命运和王权自治

考虑到恭愍王和蒙古帝国之间如此广泛深入的关系，乍一看恭愍王在其统治初期谋求高丽王权的高度自治似乎出人意料。1351 年，恭愍王返回高丽即位。当时，一位元老官员向恭愍王建议：“辫发胡服，非先王之制也，愿殿下勿效”听罢，这位年轻的君主“悦”，“即解辫”。[66]

这位新君之所以在如此细微之处表现出摆脱蒙古主君的意
图，在很大程度上是因为他不断地意识到，昔日伟大的大元兀
鲁思正步入穷途末路。14 世纪初，大都的皇帝如走马灯般频繁
更迭，大元兀鲁思治下的行政管理受阻，派系斗争接连发生，
蔓延到中部和东南行省的叛乱此起彼伏，所有这些都表明蒙古 112
帝国的黄金时代已经一去不复返了。

高丽在暗中记录着更细微但依旧重要的元朝衰落征兆。到 14 世纪，纪年已是东亚地区两千多年来标志政治正统的重要因素。天文之于蒙古的重要性，丝毫不亚于汉人王朝。蒙古朝廷认为，天文学是占卜的一种形式，天文学不仅可以预测天象，而且也可以决定军事战役等重要事件的结果。当代西方观察家罗杰·培根（Roger Bacon）认为，蒙古之所以成功在于拥有天才的占星家。[67]在亚洲，元朝聚集了空前规模的天文技术专家，在其天文发展鼎盛时期，甚至可以精确预测月食和日食。[68]在大元兀鲁思的要求下，所有被征服国家都要在其官方文件和外交公文中奉元朝正朔。

1352 年 4 月，恭愍王即位还不到半年，《高丽史》就指出元朝的官方日食预测有误。[69]一个月后，高丽再次指出类似错误。[70]这种失误不仅代表技术性或科学性失误，而且也代表政治统治和领袖魅力的失误。在大元兀鲁思衰亡之际，高丽静静地观望其变化。

也许，大元兀鲁思的衰落诱导恭愍王及其幕僚提出争取更大程度的自治，但蒙古帝国毕竟还存在，而且由于国内和国际事务之间缺少绝对分界线，所以高丽承受更大的压力。联姻、册封和寓居，将高丽重要家族和中原蒙古统治精英紧密联系在一起。在高丽，这些家族权力之大，影响之广，甚至达到惊人

的程度。最可怕的是，他们选择支持年轻国王最令人生畏的政敌（或者潜在盟友）。1352 年，是否招募高丽军加入元军的讨论结果表明与元朝皇帝保持联系对解决高丽国内事务何等重要！

1352 年农历三月，以崔濡为首的一些居住在大都的高丽
113 人向元朝皇帝妥懽帖睦尔提议，在高丽招募一万名士兵（多么惊人的数字），以援助元军，恢复中原秩序。崔濡绝不是逍遥派，其父曾在高丽出任兵部侍郎，他本人自 14 世纪 30 年代起就在高丽出任一连串的武职。由于在一次镇压叛变未遂的过程中表现突出，[71]他被授予一等爵位，不久又出任元朝御史。尽管他被多次指控犯有强奸罪，[72]但他仍然陪伴高丽世子（即恭愍王之侄，后来的忠定王，1349—1351 年在位）来到大都。1349 年，忠定王即位后，为了回报崔濡的忠心，封他为鹭城君。

尽管拥有新的封号和爵位，或许，也正是因为拥有这些新的封号和爵位，崔濡和他的兄弟对年轻君主的统治日益不满。1350 年，崔濡和高丽国王发生一连串的冲突后，带着他的兄弟离开高丽前往大都，寻求蒙古朝廷的庇护。不过，崔濡和故国的联系并没有完全断绝。事实上，他在元朝的时候就和恭愍王私下往来。我们不清楚崔濡和王祺的交情如何，但是在 1351 年恭愍王返回高丽即位的时候，崔濡加入了护送行列。不过在最后的一刻，崔濡经过深思熟虑放弃了返回高丽。当恭愍王的护送队伍抵达辽阳（元大都和高丽京城开京之间的中点）的时候，崔濡调转马头，返回了大都。是什么原因促使他中途返回大都，我们所知甚少，我们只是据《高丽史》记载知道，崔濡在返回大都后开始“密谋”对付高丽国王。[73]

妥懽帖睦尔使用高丽军的决定遭到大都另外一批高丽人的强烈反对，显然，这些人和高丽国王的关系更紧密。他们上奏皇帝，称高丽“国土狭小，方被倭患，且地远，不可征兵”。[74] 元朝皇帝深以为然，取消了在高丽征兵的旨令，下诏让启程前往高丽的崔濡返回大都。对崔濡而言，这只是暂时的挫折。接下来的 15 年里，中原本土的军事局势为崔濡在元朝和高丽扩大影响力提供了各种机会。

高丽和红巾军的最初交涉

1354 年 6 月末，平康府院君蔡河中（他曾经被红巾军围 114
困）返回开京，他带回有关大都的重要消息。脱脱，这位大元兀鲁思声名显赫的权相，要求高丽国王派精锐部队到帝国的主战场——淮南参加战斗。在淮南，脱脱正在集结部队，准备攻打红巾军。[75]崔濡向脱脱提议让高丽军加入攻打红巾军的战斗，并推荐了英勇善战的高丽将领名单。[76]推荐名单上的很多高丽将领或者曾在元朝任皇帝的怯薛，或者参加过高丽沿海地区抗倭战斗。[77]

如第二章所述，14 世纪 50 年代初，在大元兀鲁思许多地方叛乱蜂起，危及地方统治，中央政府税粮收入锐减。脱脱出兵远征，是蒙古朝廷恢复中原地区军政统治的重要环节。元朝皇帝下令，境内穆斯林和犹太富人（汉语“朮忽”）全部到首都集结，甚至征召远在西北的宁夏弓箭手。[78]一个星期后，元朝使节抵达开京，颁令高丽援军必须在农历八月十日（1354 年 8 月 28 日）之前（即在两个月之内）赶到大都集结。[79]

有学者认为，高丽对元朝的军事援助受制于“那些对政治权力充满渴望的政治家”，后者希望借此推进自己的利益，而恭愍王不得不默许。[80]即便如此，大元兀鲁思和高丽统治家族的军事关系至此已经维系近一百年。恭愍王的祖先曾不断派军队、将领和粮食，援助蒙古的各种战役。1362 年，恭愍王还提议，在辽东和元朝联合镇压红巾军。可见，这种军事合作并非是极特殊的例外，而是惯例。

大元兀鲁思境内中原南部地区的大规模叛乱，无疑关乎帝国所有精英成员（包括高丽国王）的安危，所以，蒙古朝廷尽
115 可能将大元兀鲁思境内的重大事件告知恭愍王这位帝国皇族。在元朝册封爱猷识理达腊为皇太子，并宣布大赦“天下”之际，元朝也遣使高丽开京宣告帝国的这一决定，因为这一决定对大元兀鲁思境内的所有统治精英都具有重要意义。恭愍王按礼制在高丽客馆款待了元使，并宣布大赦高丽全境。[81] 1351 年恭愍王即位不久，就在开京的行省官衙会见了元使。此次元使前来，是向高丽国王通报元朝成功镇压“河南叛军首脑”，帝国大赦，上下为之欢庆的消息。[82]中原地区的叛乱也直接影响到恭愍王家族。在一次中原南部的战斗中，恭愍王的蒙古岳父被红巾军俘虏。[83]另外，元朝也定期向高丽递送有关重要战役和胜利的消息。

高丽立即着手援军赴元。随即，元朝工部官员携六万锭纸币来到高丽，用以发放军饷。[84]恭愍王为激励高丽将领在即将到来的战斗中获得胜利，授予他们各种封号。授予封号和爵位，在集结高丽境内的军事资源、保卫王朝的过程中发挥了重要作用。[85]恭愍王还下令，在京高丽官员和僧职人员应以合理价格为官兵提供马匹。或许是因为马匹价格过高，那些准备前往中原打仗的高丽士兵强迫当地百姓低价卖马，甚至仗势抢夺百姓马匹。[86]

1354 年 7 月 23 日，在高丽援军誓师出征前，柳濯（1311—1371）、廉悌臣（1304—1382）及其他 36 位高丽将军率两千精锐接受了恭愍王检阅。[87]在这些将领中，很多人和元朝有着千丝万缕的关系，或者曾在大都世子府任职，或者与元朝有姻亲关系。[88]1352 年，崔濡招募高丽军并将其纳入元军的计划失败。当时，皇帝妥懽帖睦尔任命他为中书监丞，负责督促征集高丽士兵前往大都事宜。[89]

高丽官兵对前往中原征战颇不情愿。在渡过鸭绿江前，寒冷的天气、恐惧的心理以及挫败的情绪，都让高丽官兵丧失理智，一些人甚至策划派精骑返回开京，杀死以蔡河中为首的那 116
些派他们到遥远的中原地区送死的官员。要不是一名总兵劝他们说这不是解决问题的办法，否则，谁都不能逃脱国王的处决，他们一定不会放弃暗杀计划。[90]

当时，中原地区的叛乱使得高丽国内政治斗争形势更复杂。1354 年 8 月初，考虑到崔濡在高丽—蒙古远征军中发挥的作用，高丽任命他为三司右使，并册封他为龙成府院君。[91]另外，高丽还册封了奇氏家族成员。[92]

同年底，高丽大将印安从大元兀鲁思返回高丽，他带回高邮惨败的消息。高丽朝廷非常清楚，这是元朝针对脱脱的政治阴谋，但他们更关注高邮惨败将对高丽利益造成何种影响。印安奏报，高丽两千精锐援兵和两万名大都的高丽人是脱脱主力部队的先锋。元朝本应担忧脱脱日益强大的势力，但反而嫉妒高丽将领的军事才干。就在高邮行将沦陷之际，鞑靼知院老长竟担心高丽将领抢到头功，故意下令次日攻城，[93]由此，红巾军获得喘息之机，以巩固城防。[94]更可怕的是，元朝竟然剥夺了脱脱的军事指挥大权，[95]从而严重削弱了元朝军事力量。就这样，红巾军获得重整旗鼓的关键时机，而元朝最精锐的部队则四分五裂，屡屡受挫。此后，元朝在东亚的统治江河日下，再也没能恢复元气。

高丽朝廷继续密切关注中原局势。1355 年 1 月末，元朝派人通报恭愍王红巾军首领韩山童、韩咬儿被处死和脱脱被赦免的消息。[96]韩咬儿是红巾军首脑，也是淮南和河南地区流传的“六人”之一（另外五人是刘福通、杜遵道、罗文素、盛文郁
117 和王显忠）。韩山童，是宋朝皇室嫡系，本来应该继承汉室皇位的。[97]

虽然脱脱被弹劾，官职被夺，势力开始瓦解，但高丽援军仍留在中原地区与红巾军交战。1355 年农历五月，参加南方战役的千户权谦（卒于 1356 年）、元颢和印珰等人从中原返回高丽奏报，“南贼日盛”，但所幸“我军陷六合城，又移防淮安路”[98]。这样，就在元朝转攻中原东南部红巾军的时候，高丽援军开始陆续返回高丽，带回了元朝境内大乱的第一手资料。[99]

大元兀鲁思日益严重的混乱局势，也影响到高丽统治家族的其他方面。1354 年，也许是为了争取高丽统治层的支持，元朝皇帝册封了一位新沈王。自 1334 年王暠去世，沈王的封号一直空悬。[100]这次册封的新沈王是王暠之孙脱脱不花，[101]他和过去的沈王一样出身高丽王族，不过是在大都出生和长大，似乎更认同元朝。1350 年脱脱不花出任元太子怯薛（东宫怯薛官）的时候，和皇太子爱猷识理达腊私交甚厚。爱猷识理达腊，是皇帝妥懽帖睦尔和其高丽裔皇后奇氏的儿子。[102]遑论元朝皇帝册封脱脱不花为沈王的根本动机，脱脱不花实际上并没有参与 14 世纪 50 年代或 60 年代的任何军事活动，但毋庸置疑，他在日益混乱的丽元关系中将发挥重要作用（详见第七章）。

国王的雄心

1356 年 1 月初，元朝为嘉奖恭愍王镇压红巾军叛乱的突出贡献，赐予他一连串令人印象深刻的封号。[103]众所周知，授予封号，是维持帝国统一、鼓励效忠皇帝的策略之一。然而，元朝日益衰落的命运却给恭愍王和其他高丽人重申王权的大好机会。 118
1356 年 6 月中旬（恭愍王五年），恭愍王采取了大胆行动。几乎所有的学者都认为，他的这些行动是基于为高丽争取更大独立的“反元”政策或民族主义政策，[104]但事实上，这些措施是恭愍王加强其国内统治的阶段性尝试之一。[105]

恭愍王的首要攻击目标是权势熏天的奇氏家族和通过与元朝皇帝、蒙古贵族的关系而在高丽享有特殊地位的人。1356 年农历五月十八日，恭愍王以设宴款待重臣为名，当场杀死毫无防备的奇辙和另外三名奇氏家族成员，以及与元朝关系密切的高丽名臣权谦（上文曾提到，他曾率军在中原南部与红巾军交战）。随后，又处死了高丽重臣蔡河中。蔡河中曾在 1354 年提议派高丽将领到元朝镇压中原地区的叛乱。在接下来的两天，恭愍王共处死 19 名官员。另外，他还以威胁王朝安全的罪名流放了许多政敌。[106]

但无论如何，这场肃清运动可谓大胆之极，因为许多被处死的人拥有元朝皇帝或高丽国王授予的爵位和封号。其中，卢頙之女是元朝皇帝的妃嫔，权谦是元太子的岳父，奇辙是奇皇后的哥哥。[107]

奇皇后

奇皇后（完者忽都——蒙古名）在高丽长大，后久居元朝深宫，是当时欧亚大陆最有权势的女性。[108]至14世纪30年代初，奇氏开始在皇宫飞黄腾达。起初，她不过是奉茶的宫女，但很快就俘获妥懽帖睦尔的欢心。当时，妥懽帖睦尔年仅15岁，刚刚即位，只是朝中元老大臣的傀儡，并受到其飞扬跋扈的皇后答纳失里（？—1335，燕帖木儿之女）的蔑视。很快，寂寞孤独的皇帝被美丽多情、善解人意的奇氏吸引。

119 与大多数蒙古皇帝不同，妥懽帖睦尔不嗜酒，相反他喜欢绘画、诗歌和天文学，并从中寻找精神慰藉，而天生丽质的奇氏受过良好的教育，且能歌善舞。也许是害怕年轻的高丽宫女对蒙古天子的危险影响力，皇后非常嫉恨奇氏，经常对她施虐。据载，有一次，答纳失里用滚烫的铁棒炙烤奇氏。[109]皇后本该利用权势除掉奇氏，但是上苍眷顾奇氏，元朝的政治风云挽救了她的性命。1335年，元朝重臣伯颜肃清了皇后之父——燕帖木儿，同时被肃清的还有他的大多数亲属。答纳失里也被软禁，后被处死。[110]

答纳失里死后不久，奇氏就被封为妃嫔。对奇氏而言，这是一次身份上的跃升，但皇帝显然并不满意这个结果。1337年，妥懽帖睦尔依惯例，同时也是迫于政治顾问伯颜的压力，在地位尊贵显赫的弘吉剌部挑选了年轻的伯颜忽都（1324—1365）为第一皇后。据当时观察家的叙述和《元史》的记载，伯颜忽都羞涩腼腆，贤良大度，从未对奇氏这位皇帝的宠妃公开表示妒意。[111]然而，整个帝国都认为奇氏的地位还可以进一步提升。1340年，伯颜大势已去。新的机会降临。

恭愍王迅速抓住了这个机会。他在伯颜垮台一个月后，就派奇辙（奇氏之兄）率使团到元朝，庆祝皇帝妥懽帖睦尔的生辰。恭愍王希望凭借元朝皇帝的宠爱和伯颜的离世进一步提升奇氏的地位。[112]不出所料，一个月后，奇氏被封为第二皇后。对此，许多朝臣表示反对。1348 年，一位汉人御史上书指责奇氏在蒙古朝廷的势力过于强大。他在上书中按照传统习惯首先描述了各地“灾异屡起”的现象，以使其批评正当化，“河决地震，盗贼滋蔓，皆阴盛阳微之象”，然后向皇帝提议贬奇皇后为妃，减“阴盛”，“灾异可息”。对此，妥懽帖睦尔置若罔闻。[113]

奇皇后负责大都一个非常重要的机构，这不仅是因为她深得皇帝宠爱，而且也因为她第二皇后的身份。1340 年，朝廷成立了新的行政机构——资政院，这一机构主要负责管理皇后的财政收入。皇后的收入来自帝国的封地，特别是来自土地肥沃、财源充足的集庆路。1359 年，皇帝应奇皇后的请求增加了她的封地，[114]把察罕脑儿宣慰司（今内蒙古）的封地划归其行政控制之下。[115]在 14 世纪大部分时间里，皇后的主要收入来自这些封地。[116]1356 年，集庆路沦为朱元璋所掌控的大宋政权的行政中心。皇后显然还有其他收入来源，否则无法弥补她在集庆封地的损失。[117]和过去的许多皇后一样，在奇皇后的收入来源中也包括海上国际贸易投资。[118] 120

奇氏为了在蒙古朝廷残酷的斗争环境（这是常态）中生存下去，在元朝皇宫积极培植支持势力，这其中最重要的是高丽宦官，这些人通常在资政院任职。[119]朴不花（？—1364），是奇氏的高丽老乡，和她关系密切。朴不花一直是奇皇后的心腹，累迁至荣禄大夫、资政院使。[120]另外，奇皇后还在皇宫内扩大高丽贡女的规模。据当时消息灵通的权衡，奇皇后在皇宫“多蓄高丽美人，大臣有权者，辄以此女送之”[121]。一位熟谙蒙古宫廷事务的诗人赋诗云：“昨朝进得高丽女，太半咸称奇氏亲。最苦女官难派散，总教送作二宫嫔。”[122]奇皇后的这一策略非常成

121 功，因为在这些高丽贡女中至少有一位成为她儿子即元太子爱猷识理达腊的宠妃。[123]

奇皇后将全部的希望和精力倾注在她的儿子爱猷识理达腊（生于1339年）身上。奇皇后为使爱猷识理达腊拥有日后成为皇帝的素质和能力，让他学习畏兀儿文字（当时的书面语是蒙语）。后来，爱猷识理达腊还师从一位大学士学习汉文经典。关于爱猷识理达腊的教育，有一个流传甚广的故事，其中涉及大元兀鲁思大名鼎鼎的喇嘛帝师。据载，帝师非常担心太子学习儒学带来的后果，他对奇皇后说："向者太子学佛法，顿觉开悟。今乃使习孔子之教，恐伤太子真性。"而奇皇后则明确表示，"佛法虽好，乃余事耳"，"治天下者须用孔子之道"。[124]作为帝王教育的一部分，1349年，大学士们模仿真德秀的著作——《大学衍义》（成书于1229年），为爱猷识理达腊编撰了一本集政治史、儒家典籍和传记的入门读物，这本入门读物摆放在太子的书房，供其翻阅。[125]由此可见，元太子不仅通晓汉蒙语言文字，而且在儒学、藏传佛教和汉人帝王术方面奠定了良好基础。

1353年，奇氏为爱猷识理达腊赢得第一个胜利。次年，爱猷识理达腊被封为皇太子。[126]14世纪50年代末、60年代初，奇皇后至少两次迫使她的皇帝丈夫禅位给爱猷识理达腊。脱脱的倒台，也许就是因为他压制了奇皇后对太子的期望。[127]

简而言之，奇氏是元朝的中枢人物，其影响力之大甚至可以左右当时军政事务。当氏这位奇皇后的支持者曾被汉人军阀方国珍俘获，后来在奇皇后的干预下，朝廷特意为方国珍安排了一次大赦，条件是释放当氏。[128]1365年，羞涩腼腆的第一皇后伯颜忽都死亡。奇氏被皇帝立为正宫皇后，赐蒙古姓——肃

良合（意为“高丽的”）。[129]1368 年，明军大举进攻大都。在此 122
之前，奇皇后和她的丈夫和儿子已经逃入茫茫大草原深处。时至今日，奇氏死亡的时间、地点和原因还是一团谜。

奇皇后和许多元朝皇宫的女性一样，崇奉宗教，热心资助寺庙，积极参加宗教仪式、祈祷和艺术活动。[130]奇皇后与众不同之处在于她的资助范围扩大到高丽。奇皇后分别在 1343 年、1344 年、1345 年斥资翻修了位于高丽佛教圣山金刚山的长安寺。[131]作为回报，长安寺僧侣为元朝皇帝和奇皇后之子皇太子祈祷万福。1346 年，奇皇后派人携铜币到高丽（当然是在皇帝授权下），为金刚山的一座庙宇铸钟。[132]

忠肃王蒙古王后（亦怜真班）认为高丽应该对此有所回报。[133]她对高丽百官说：“金刚山在我国境内，现在圣明的天子派他的心腹官员到这里复兴佛教信仰，使其永传，我们是不是应该回报天子啊?”[134]随后，王后批准百官之请，在演福寺重铸庙钟。庙钟的上半部有四个方形板，上刻骈文曰：“法轮常转，皇帝万岁，佛日增辉，国王千秋。”这段话强调了元朝皇帝和高丽国王这两位世俗的君主和永恒佛法之间的关系以及他们的共同点。庙钟上还雕饰着兰札文佛顶尊胜陀罗尼咒、纯藏文真言陀罗尼。[135]日本学者汤山明（Yuyama Akira）指出，大约与此同时，位于大都北部著名的居庸关也刻有同样的佛教经文。从这一时期开始，香炉等佛教器物上刻写的铭文都表达了类似祝愿，即祝愿元朝的皇帝和高丽的国王万寿无疆。[136]王朝的边界没能挡住宗教信仰的传播，至少在精英圈如此。[137]

奇皇后推崇宗教的举动促进了地方经济的繁荣。在 1346 年 123
金刚山周边各县遇到饥荒的时候，铸造庙钟工程的竞标正在激烈进行。以食付薪往往意味着生死之隔。[138]

奇皇后的慷慨布施惠及蒙古首都大都，她是大都佛教仪式和救济措施的主要支持者。1358 年，饥馑和疾病席卷了人口日益膨胀的大都。当时，中原东北部地区的难民为摆脱日益恶化的战乱，纷纷涌入大都。朴不花代表奇皇后出面协调救济和慈善工作，并负责掩埋死者。经皇帝许可，他出资购买墓地。皇帝、两位皇后、皇太子及太子妃也都捐献了金银、现金和各种物品，中央官府亦“捐赠无数”。

我们从救济工程规模可知当时危机达到的严重程度。埋葬尸体的壕沟从大都一直延伸到大都以西几里外的卢沟桥。男女分开埋葬。[139]运尸人获得现金酬劳。在尸体填满壕沟并落葬后，朝廷责成万安寿庆寺（今白塔寺）举办无遮大会。无遮大会强调僧俗贵贱一律平等，为所有参会人员发放救济品，这也是其特征之一。据《元史》记载，从 1358 年到 1364 年春，朝廷一共掩埋二十万具尸体，支付现金 27090 锭、大米 560 担。后来，大悲寺又举办了三天三夜的水陆会，为亡者超度。[140]

奇氏犹如一颗政治明星冉冉升起，这对其家族来说意味着至高无上的荣耀和地位。[141]朱有燉（1379—1439），这位明代才华横溢的皇子，曾赋诗一首：“奇氏家居鸭绿东，盛年才得位中
124 宫。翰林昨日新裁诏，三代蒙恩爵禄崇。”[142]

在高丽，奇皇后的父母享受到无与伦比的尊贵和荣耀，[143]他们不仅得到元朝皇帝授予的贵族封号（奇氏之父已死，获赐谥号），而且从 14 世纪 40 年代起，高丽国王为了表达对奇皇后之母李夫人的敬意，曾数次屈尊拜访奇氏的开京府邸。恭愍王在即位第二年的农历新年就拜访了李夫人府邸。[144]李夫人以大蒙古帝国精英成员的身份，出席元朝使节和高丽国王和王后为她举办的宴会。1353 年 9 月，恭愍王奏请皇帝妥懽帖睦尔，为李夫

人举办“孛儿扎宴”。[145]为此，元朝皇帝特派两名使者到高丽，在李夫人的府邸和王宫（几天后）举办两次“孛儿扎宴”，而恭愍王及其王后则躬逢其盛。[146]

> 窃闻，皇朝之法，有所谓孛儿扎者，合姻亚之欢，为子孙之庆，古既如是，今胡不然，若蒙陛下为大夫人李氏，举盛礼之优优，示殊恩之衎衎，则九族感睦亲之义，誓永世而不忘，一邦殚归美之诚，祝后天而难老。[147]

当时，高丽官员对于“孛儿扎宴”的奢侈无度表示强烈不满。在今天的一些韩国学者看来，恭愍王的谦卑，例如恳请蒙古皇帝，屈膝向蒙古使节敬酒，向奇皇后之母献殷勤，所有这 125
些都令人恼火。但事实上，恭愍王非常清楚自己在做什么。他是在打蒙古宴会这张集个人关系、宣示效忠和炫耀性消费于一体的政治牌。奇皇后之子爱猷识理达腊刚则被册封为皇太子，元朝使节就抵达开京宣告此事。[148]

恭愍王通过主办“孛儿扎宴”，来宣示高丽王室在大蒙古帝国中的地位。[149]“孛儿扎宴”具有浓郁的蒙古风情，宴会上所有的歌曲、舞蹈、吃肉比赛和分发礼物都是蒙古式。[150]出席“孛儿扎宴”（百色宴）等活动的资格意味着在大元兀鲁思拥有特权地位，而为元朝皇后的母亲、太子的外祖母主办这种活动也强有力地证明了自己的地位，以及自己与元朝皇室的关系。恭愍王为表达自己对这份殊荣的感激，同时也提醒妥懽帖睦尔高丽与大元兀鲁思的这种关系，通常在宴会结束后立即遣使到大都，以表感激之情。[151]

奇皇后的兄弟依仗其在元大都的影响力，大肆谋取家族利益。1345 年初，蒙古朝廷任命奇辙（蒙古名奇伯颜不花）出任辽阳行省左丞、平章政事。[152]一年后，又加封其为大司徒。[153] 1353 年，升任他为辽阳行省参知政事。[154]

凡事用力过猛，贪婪过界，自然就会翻船。奇氏族人急于改变家族命运的所作所为就适得其反，引起高丽国王和世家贵族的怨恨。奇皇后作为一名精明世故的政治家也意识到这种危险，于是她告诫族人低调行事，以免遭难。1344 年，忠穆王（1344—1348 年在位）即位。奇皇后颁布懿旨曰："凡吾亲戚，勿倚势夺人田地，如有违异，必罪之；法司知而故纵，亦当罪之。"[155]可惜，她的一番苦心白费。

1351 年，奇皇后的弟弟奇三万被高丽朝廷处死，罪名是仗
126 势夺人田地和其他莫须有罪名。当时，杰出的学者型官员白文宝（卒于 1374 年）出任新成立的整治都监御史。整治都监是为了制约高丽新贵（特别是与元朝有关系的人）设立的，它在起诉奇三万的过程中发挥了重要作用。也许是为了提防元朝向恭愍王复仇，高丽朝廷收押严惩了白文宝。1352 年，恭愍王朝廷的一位元老大臣可能是在国王的默许下，试图暗杀奇氏族人以及与元朝皇帝有关系并威胁到年轻国王的地位的人，结果失败。不过，这场阴谋的策划者抓获并杀死了奇皇后的一位弟弟。[156]

与此同时，恭愍王在与元朝的关系上最大限度地利用奇氏这张筹码。恭愍王每年都向奇皇后进献寿诞之礼。[157]另外，他还任命皇后的兄长奇辙负责管理征东行省。在 14 世纪上半叶的大部分时间里，高丽已经习惯于利用奇氏家族在元朝的影响力。[158] 1347 年末，忠穆王派奇辙出使大都，代表高丽朝廷向皇帝献上新年祝福。为此，忠穆王设宴为奇辙送行。[159]正如前文所述，恭

愍王通过举办官方宴会，向奇皇后的母亲表达敬意，进而修复高丽王族和蒙古统治贵族之间的关系。[160]

奇氏家族还通过和高丽世家的战略婚姻大力提升家族地位和声望。奇辙之女嫁给了王煦之子，王煦是年轻国王最有力的支持者之一。奇辙的外甥娶了李齐贤（1287—1367）的孙女。李齐贤是当时著名的贵族、学者型官员，也是支持恭愍王的重要人物。[161]

这样，在恭愍王寓居大都期间，奇皇后及其家族跻身于大元兀鲁思最重要的人物行列。他们在大都、辽阳、开京的政府机构中担任重要官职。在元期间，恭愍王随侍皇后的儿子爱猷识里达腊（即元皇太子），由此与奇氏搭上关系。[162]起初，奇皇后并不同意推举恭愍王为高丽国王候选人，但在1351年恭愍王即位的过程中，她却提供了关键支持，作为这种支持的条件，奇皇后希望这位年轻的宠儿铭记应尽的义务。显然，奇皇后支 127
持恭愍王即位，希望后者确保奇氏在高丽的地位。然而，恭愍王却处死了奇皇后的兄弟，抓走了奇氏家族的部分奴隶并将其充军，没收了奇氏家族财产并分给其他宦官和大臣。[163]

另外，高丽军队在肃清奇氏的过程中还与元军发生了冲突。当时，刚从镇压中原汉人叛军的战斗中返回高丽的印珰占据鸭绿江西岸八站。[164]高丽军队还控制了双城总管府。双城总管府，位于高丽东北部，与女真部居住地区接壤，直接隶属元帝国皇帝，具有非常重要的战略地位。

双城总管府内部主要军事家族之间的紧张关系为恭愍王伸张国王权威提供了条件。闵贤九指出，在14世纪50年代中叶，双城千户继承问题引发的冲突造成赵氏家族四分五裂。后来，赵小生（？—1362）出任千户，但他和元朝皇帝一直保持联系，既可能是高丽的潜在敌人，也可能是高丽的盟友。这样，东北亚权力分立的局面为恭愍王从帝国的中心获得更大的统治权开辟了道路。[165]

同样，在咸州，围绕千户的继承权问题，李氏家族内讧也给高丽朝廷创造了新机会。咸州千户李子春通过联姻与赵氏一支建立关系，他在争取元朝的支持、出任双城千户的过程中受挫后，开始考虑平衡东北亚的权力结构。1355 年，李子春到开京觐见恭愍王，商讨双城户籍等棘手问题。恭愍王和过去的高丽国王一样，希望进一步控制逃到高丽境内的民户。1355 年末，元朝皇帝的态度有所缓和，下令高丽朝廷、双城总管府、征东行省的官员举行三方会谈。1356 年春，李子春再次觐见恭愍王。通过这次见面，双方确信彼此利益一致。恭愍王向李子春暗示，不久他会与奇氏（1355 年奇辙出任辽阳行省参知政事）发生冲突，届时希望李氏“服从命令”。[166]显然，
128 高丽国王还不能确定他手下将领特别是双城府将领会听命于他。

1356 年农历六月，高丽军不费吹灰之力占领双城，部分原因是双城府内部四分五裂，一些人投靠了高丽国王，而一些人如统帅赵小生则奔北，逃到女真部控制区。在接下来十年中的大部分时间里，赵小生及其部下成为高丽朝廷的眼中钉。考虑到赵暾（1308—1380）在收复双城的过程中立下赫赫大功，高丽朝廷授予他一连串官职。直至丽末鲜初，赵暾的儿子一直身居高位。[167]李子春也和高丽国王保持盟友关系，他的儿子李成桂（1335—1408），继高丽之后建立朝鲜王朝，是朝鲜王朝开国君主，在随后的十年中，在与红巾军的战争中脱颖而出。这样，恭愍王通过插手主要家族继承权的争斗，为其中一方提供支持

并认可其地方统治权，基本上获得了东北主要军事家族的支持。不过，由于恭愍王掌握的政治、经济和军事资源有限，他也不得不常常通过谈判、拉拢等手段，来达到王权在国内外获得更大独立的目的。

当时，恭愍王还在其他方面致力于加强王权控制。他为了进一步加强对高丽军事的控制，要求所有军官上交令牌。在蒙古帝国，指挥范围和效忠对象超越国家或王朝边界是一种普遍现象。很多高丽官员从元朝获得委任状，而不是从高丽朝廷获得委任状。[168]据说，恭愍王只册封效忠于自己的将领。他非常担忧来自国内外的王权威胁。1356 年夏，他宣布重振高丽中央军，提议恢复世系军户的经济基础，以提高战斗力，改善指挥结构。[169]1356 年 7 月末，恭愍王宣布，不再使用元朝的至正年号。这意味着高丽宣布独立，摆脱大元兀鲁思的控制。[170]

元朝对恭愍王的上述举动极为恼火。奇皇后在获悉其家族 129
被清洗的消息后勃然大怒，打算废黜恭愍王，以新沈王取而代之。新沈王即脱脱不花，也是高丽王族。[171]元朝在辽阳的代言人拘押了高丽使节，声称将率“八十万大军”征伐高丽。面对这一局势，高丽西北面兵马使印珰毫不畏缩，力促朝廷增兵西北，以备不测。[172]接下来的六个月，公文穿梭于高丽和元朝之间。[173]结果是，恭愍王为加强王权的鲁莽行动在冷酷的现实中暴露了其局限性。恭愍王为了平息元朝皇帝的愤怒，消除其潜在的政敌，同时也是出于政治权宜，处死了印珰，从而终止了对元朝军事和政治的公开挑衅。[174]元朝也表示宽恕恭愍王“处死奇氏、袭击边境之罪”[175]。这样，高丽和元朝之间虽然猜忌不断，[176]但东北亚的局势让他们明白，双方一荣俱荣，一损俱损。

第四章　红巾军战争

等待

130 14 世纪 50 年代末，红巾军战争的第一轮冲击波及辽东和高丽北部地区。红巾军冲破辽东大部分主要城市和行政中心的防线，攻占了高丽西京（今平壤）。红巾军战争是近一百年来东北亚地区范围最广、破坏力最强的战争。在辽东地区和高丽同时展开的主要战役表明红巾军很可能有极强的战略合作意识，也有可能其首领各自为战，而后者的可能性似乎更大。但无论如何，高丽和元朝将领都未曾与红巾军联军交战。

和大元兀鲁思其他地区一样，红巾军战争给辽东地区和高丽的政治和军事带来了举足轻重的影响。尽管当时的东北亚观察者非常了解中原境内崩溃和混乱的局面，但他们无法准确预测这场叛乱将带来怎样的后果。不过，他们已经准备好迎接即将到来的风暴。

通过在中原境内与红巾军交战的高丽援军以及 1356 年高丽因为进攻鸭绿江地区而遭到元朝报复性威胁等一手资料，恭愍王和他的幕僚清楚地意识到加强高丽北方边境军事防御的必要
131 性。1357 年 8 月末，就在红巾军渡过鸭绿江的 16 个多月前，高丽朝廷任命金得培（1312—1362）为西北面都指挥使，负责抗击红巾军和倭寇入侵。[1]金得培出身高丽世家，虽然通过了科举考试，但他大部分职业生涯是在部队度过的。[2]金得培和恭愍王

关系密切，是王祺寓居大都十年期间的随从。恭愍王即位后，立即任命金得培出任兵部高官。[3] 1357 年 12 月末，金得培升任西北面都巡问使[4]，兼西京尹上万户。另外，恭愍王还任命前户部尚书金元凤（? —1359）为西北面都指挥使兼副万户，负责防御红巾军和倭贼。金元凤曾参加过 1356 年收复双城的战役。[5]

只看《高丽史》等官方记载很难知道恭愍王和他的幕僚对于红巾军在中原北部地区的活动情况究竟了解多少。但可以肯定，随后几个月他们会密切关注事态发展。据《高丽史》记载，1358 年 5 月初，高丽西北边境的静州和西南的全罗官员进京谒见恭愍王。对于他们擅自离开辖区的行为，恭愍王勃然大怒："今国家多难，西忧红贼，东患倭奴，沿边之民，不获宁居，若等何敢擅离所管耶?"随即将两人下狱。[6]当时，高丽朝廷担忧西北和东南的安危，正讨论如何加固京都的城墙。[7]

就在高丽全力以赴应对红巾军入侵的时候，倭寇在沿海地区开始不断侵扰。于是，高丽和大元兀鲁思一样，不得不分散精力和资源来对付来自不同方向的军事和政治威胁。朝鲜舰队曾称霸东亚海域，直至 13 世纪末，高丽的海上军事力量仍然十分强大。高丽保王党和反叛国王的"三别抄"之间的战斗大部
分在朝鲜半岛南部沿海展开。1274 年，蒙古第一次征伐日本。 132
当时，高丽舰队和海军是蒙古远征军的主力。1281 年，蒙古在第一次征伐日本失败后发动第二次征伐日本，高丽再次加入这场灾难性战役。经此，高丽海军力量元气大伤。处于蒙古军事保护之下的高丽国王不得不集中有限资源。

伴随 14 世纪大元兀鲁思军事力量的日益衰弱，倭寇对高丽的侵扰日益猖獗。至 14 世纪 50 年代，倭寇船队规模增至数百艘，他们主要在高丽南部沿海大肆劫掠地方政府向京城运送税

粮的船队，此外还抢劫奴隶。[8]仅恭愍王时期就发生了约 115 次的倭寇劫掠事件。[9]高丽为应对倭寇入侵开始渐渐恢复军事力量，修造更多船只，授予武将更大权力，努力招募训练新军。恭愍王在即位几个月后，宣布奖励措施，以吸引更多的精英和身份卑贱的平民加入军队，同时还提出一些补偿性措施以解决军队粮食不足问题。[10]此外，高丽还密切观望大元兀鲁思的局势。

春去夏来，旱灾席卷东北亚大部分地区。如第二章所述，14 世纪 50 年代末、60 年代初，元大都及周边地区连连遭遇灾荒，饥馑不断。1358 年农历四月，高丽朝廷举行了一系列仪式以缓解旱情，并下令“减膳，撤乐，禁酒”[11]。5 月中旬，恭愍王担心长达 4 个月的旱情而“日夜不遑寝食”。考虑到各地灾异不断，恭愍王宣布赦免二级及二级以下的犯人。[12]两天后，恭愍王前往福宁寺祈雨。[13]几天后，天降大雨，恭愍王的祈祷似乎奏效。[14]但是，大旱以及随之而来的经济混乱仍在继续。[15]

正当高丽朝廷全力以赴应对旱灾和饥馑的时候，来自元朝首都圈、山东和辽东的威胁日益严峻。整个夏天，高丽朝廷都
133 在调整西北地区的人事安排。[16]其中之一，是在泥城（位于鸭绿江沿岸的义州东部）设立千户府以监管四支军队，由副千户长统领。[17]这四支军队，将是第一批与越过鸭绿江来犯的红巾军作战的部队。辽东局势的发展使得高丽北方边境的军事部署到了刻不容缓的程度。

辽东南部的红巾军

从 1358 年末至 1359 年初的数月间，红巾军洗劫了大元兀鲁思东北角最重要的城市。控制这一地区对蒙古朝廷来说至关重要，因为这里是进出高丽和女真的门户，是蒙古重要贵族的

大本营。14 世纪初，虽然辽东地区人口日益减少，[18]但这里仍然是组织大规模屯田的好地方。

14 世纪四五十年代，在农业、商业高度发达的江南等东南沿海地区，许多屯田开始脱离蒙古掌控。由此，大元兀鲁思北部地区就变得日益重要，元朝开始在山东和首都圈组织屯田。1354 年，朝廷可能是为了促进辽阳税粮运送到大都等地区，设立了辽阳漕运庸田使司。辽东地区的屯田虽然在密度和产量方面无法和山东、首都圈甚至山西相提并论，但这里的农业生产也不容小觑。1352 年，辽阳路奉朝廷之命低价抛售了五十万担的粮食和大豆，以补偿因粮价上涨造成的粮食短缺。[19]

如果元朝失去了对辽东地区的控制，那么就会威胁到蒙古的声望、赋税以及有关这一重要战略地区的信息情报，而这种威胁造成的损失将会为野心勃勃的蒙古人、女真人和汉人军阀壮大势力大开方便之门。元朝已经看到这种混乱给中原东南部许多地区带来的严重后果——叛军首脑在此建立了对立政权。

甚至早在红巾军抵达辽东地区以前，大元兀鲁思就已经面 134
临来自这一地区的诸多挑战。[20]14 世纪 50 年代，女真人不断叛乱，元朝皇帝不得不派朝廷高官前去平息。1343 年初，吾者野人和水达达部民举兵“反叛”。[21]虽然《元史》中没有记录相关细节，但指出女真人对于向蒙古皇帝进献白隼非常不满。[22]起初，元朝无法镇压女真人反叛。1347 年，元朝另派蒙古将军赴任辽阳行省的更高级别官职，以恢复对辽阳行省的控制。[23]至 1348 年，至少有两个女真部落挑战元朝权威，其头领自称金国王室后裔。[24]

在辽阳路北部地区（今库页岛和黑龙江北岸地区），吾者野人的活动非常活跃。[25]14 世纪 50 年代初，对于地处遥远的边疆来说，元朝具有极大的吸引力。数十个吾者野人部族做出了与元朝结盟的决定，他们的头领向元朝进献了毛皮等方物。作为回报，元朝授予他们象征权威的银徽章以及管理吾者部的权力。[26]1355 年，在哈儿分（在黑龙江和阿纽伊河交汇处，属今俄罗斯），蒙古设立了千户府，监管吾者野人和其他女真人，以加强对这一地区的控制。这样，在 14 世纪中叶，大元兀鲁思仍然保有对女真地区强有力的控制，尽管这种控制并不均衡。

红巾军对辽东主要农业区和大部分城市的攻袭，给大元兀鲁思带来了更直接的威胁。对地方精英而言，红巾军占据大宁路，意味着他们必须做出艰难的抉择。1215 年设立的大宁路是蒙古在辽东设立的第一个行政路，统辖今内蒙古东南部、河北东北部及辽宁西南部地区。至 14 世纪中叶，大宁路是辽东最富庶的行政路之一，与中原行省有广泛的经济联系。当红巾军进逼的消息传来的时候，一些精英不约而同地选择逃离，这其中就有偰逊。偰逊，畏兀儿人，其家族很早就入仕元廷，拥有良好的政治人脉。当时，他因丁忧寓居大宁，“居父忧寓居大
135 宁”。1358 年，偰逊离开大宁，前往高丽避难。[27]偰逊拥有一流的教育背景，与元大都的精英交情深厚，这些都是他宝贵的人脉资源，所以，他到开京后受到恭愍王的款待。事实上，偰逊和恭愍王有故交，两人都曾在大都担任过怯薛。自 13 世纪初，畏兀儿人凭借深厚的文化底蕴和卓越的行政才能，累仕蒙古帝国。妥懽帖睦尔和他的父亲都曾任命畏兀儿人为老师。[28]恭愍王非常礼遇偰逊，1360 年 9 月中旬册封他为高昌伯。[29]后来，偰逊的儿子也在恭愍王朝做官。恭愍王朝非常重视其教育背景和中亚血统。[30]

偰氏其他成员则投靠了南方汉人军阀。偰斯，偰逊之弟，

曾在中原东南沿海的富庶城镇——嘉定州任职。1366年叛军沦陷嘉定州，偰斯投降朱元璋。1368年末，朱元璋派偰斯出使高丽，昭告高丽明朝成立。朱元璋之所以选中偰斯出使高丽，主要是因为后者拥有东亚社会关系网络，而且在嘉定这一重要港口任职对国际局势了如指掌。[31]1369—1370年期间，偰斯北上，再次出使高丽，向恭愍王递交了明朝正朔及册封诏书。[32]

在红巾军兵临辽东之际，地方精英不得不在避难、投降和抵抗之间做出抉择。一些精英家族妇女到佛寺或尼姑庵避难。也先忽都，钦察突厥人，大宁路达鲁花赤铁木儿不花之妻，和铁木儿不花的汉人侍妾（名玉莲）到尼姑庵避难。结果，被叛军发现。面对叛军刀剑相逼，这位突厥妇女坚决拒绝和其他被俘妇女一样，为叛军做事（如缝补衣物），她怒骂叛军："我达鲁花赤妻也，汝曹贼也，我不能为针工以从贼。"[33]叛军头目恼羞成怒，将其杀害。而玉莲则三次自缢未遂，后来也被叛军杀害。

叛军攻陷辽东地区期间，除也先忽都、玉莲之外，这个家族的其他成员也相继遇难。此前，达鲁花赤和他14岁的儿子完者帖木儿冒险出城，被叛军抓到。当时，完者帖木儿向红巾军恳求放过他的父亲，自己愿意代父加入叛军。结果，交易成交。 136
年轻英俊的完者帖木儿加入了叛军队伍，而他的父亲则被释放。后来，完者帖木儿逃回大宁安葬了他的母亲也先忽都和姨娘玉莲的尸体。[34]《元史》记录了达鲁花赤儿子的孝顺行为，但这个例子也说明当时红巾军有意吸纳帝国的政治精英加入队伍。

1359年，红巾军攻陷辽阳。辽阳是大都和开京之间最重要的城市之一，兼具行政、文化和经济功能。在红巾军进攻辽阳期间，辽阳路儒学提举赵洙及其妻子许氏在资善寺避难。[35]许氏，是著名学者官员许有壬（1267—1364）的侄女。二人被叛军发现后，赵洙因怒斥叛军而遇害。

红巾军为了笼络赵洙之妻许氏，答应分给她一些战利品。许氏嗤之以鼻，“吾诗书冠冕故家，不幸遇难，但知守节而死，他皆不知也。”面对叛军刀刃相逼，许氏毫无惧色。当她听到赵洙遇害的消息时，伤心过度而昏倒。许氏的母亲、女儿和兄弟姐妹，在武昌被红巾军杀害。她大骂叛军：“今吾夫又死焉。使我得报汝，当醢汝矣。”结果，她也被叛军杀害。[36]

1359 年农历一月，红巾军攻陷了广宁（今北镇）、金州（金县）和复州（复县）。在 1358 年前，朝廷曾任命郭嘉为广宁路总管兼诸奥鲁[37]，负责劝农生产和军事防御。郭嘉自 1326 年获进士功名以来，历任地方和中央文武官职。之后，元朝为了应对沿海倭寇侵袭猖獗的局势任命郭嘉为礼部员外郎前往庆元，与江浙行省商议是否有必要在浙东设立水军万户。[38]

137 赴任辽东的郭嘉面临很多挑战，其中包括数次战役给地方百姓带来的沉重负担，加上地方官员肆意妄为，非法盘剥，形势进一步恶化。对此，郭嘉规定，按家庭人口增收户税，以减少地方官员非法征收额外费用的可能性。另外，郭嘉还主持了当地最重要的祭祀活动——北镇庙献祭医巫闾山神。郭嘉以当地主要文官的身份，写下 1357 年祭祀铭文。这项祭祀活动始于 1298 年，在元朝时期共举行十余次。这是最后一次。[39]

1357 年，朝廷下令地方官员组织义兵。于是郭嘉招募数千民众进行军事训练，号令齐一，赏罚严格，军纪严格。郭嘉的一番努力见到成效，据《元史·郭嘉传》记载，“东方诸郡，钱粮之富，甲兵之精，称嘉为最。”[40]

1358 年，叛军劫掠元朝北方之都——上都。[41]郭嘉亲率义兵抵御叛军，“躬率义兵出御”。辽阳沦陷后不久，郭嘉带领义兵在广宁附近巡逻。一天，他在城外 15 里处遇到一支大约百余人的青衣队伍，号称是帝国官军。当时，红巾军经常穿帝国官服掩饰自己的叛军身份。郭嘉出于怀疑上前询问。结果证明，郭嘉的怀疑是对的，因为这些人脱下外面的青衣时露出了里面的红衣。于是，双方立即展开小规模冲突战。一开始，郭嘉所部义兵占据上风。郭嘉下令手下分兵夹攻，而自己则骑马奔出，射杀敌人。据载，郭嘉在战斗中至少杀伤了一名叛军。

叛军并没有被击退。随着元朝在东北亚地区的重要城市——上都和辽阳先后沦陷，广宁城腹背受敌，孤立无援。和宋朝政府相比，元朝一直授予地方政府更大的分权和自治，而元朝末年接连不断的危机则进一步强化了这种倾向，所以地方 138
官员只能利用有限资源来应对危机。辽东南部地区尤其如此，因为这里距离京城更远，人口更少。可以说，广宁这座城市的命运此时就掌握在郭嘉手中。

郭嘉召集同僚商议攻守之计，但是众人皆束手无策。于是，郭嘉只好宣布“吾计决矣！”郭嘉为了激励义兵英勇作战，不惜倾家荡产以犒劳这些主动请缨守卫广宁的“义兵”，并向他们表明自己誓死抵抗的决心，“自我祖宗，有勋王室，今之尽忠，吾分内事也，况身守此土，当生死以之，余不足恤矣！”[42]

很快，叛军兵临城下。攻城的叛军高呼，“辽阳，我得矣！何不出降？”郭嘉挽起弓箭射向喊叫的叛军，射中其脸颊，大呼投降的人当场堕马而死。郭嘉在暂时逼退红巾军后打开西城门追赶叛军。结果，叛军增援不断，而守城将士孤立无援，郭嘉力战而死。四面楚歌中的元朝慷慨地嘉奖了郭嘉，赐予谥号和封号，赞誉他的忠勇之举。[43]

1359 年 1 月中旬，元朝派兵部官员琐住率军收复辽阳。[44]琐住出兵前往辽阳也没能扭转辽东战局。不到一个月，元朝接到奏报说叛军沦陷辽阳行省，辽东西部懿州路指挥官战死沙场。同样，元朝授予懿州路指挥使谥号和封号。[45]几乎与此同时，破头潘和关先生率红巾军攻打全宁（今内蒙古境内），焚毁了鲁王宫府，并进驻辽阳。[46]4 月末，辽东南部的金州和复州相继沦
139 陷。尽管如此，元朝并没有放弃辽东地区。朝廷派兵部元帅佛家奴“调军镇压”叛军。[47]

红巾军可能在辽阳设立了行政管理机构，虽然我们在文献中并没有找到相关机构的记载，但红巾军将领设行省，授官印，在许多被征服地区印纸币，也是事实。毛贵在其大本营——山东益都也推行了类似措施。14 世纪 50 年代末，朱元璋在其辖区也施行了类似政策。邱树森说，韩国史料在提到活跃于东北亚地区的红巾军首脑的时候，常以“平章”这一官职名相称。[48]

至 1359 年中叶，红巾军控制了山东大部分地区、大都东部和高丽边境接壤的地区。[49]在这两个地区，一些叛军的活动特别活跃。1359 年 8 月，毛贵的副将续继祖从辽阳来到益都，杀死了赵均用（据说是杀死毛贵的凶手），为毛贵报了仇。[50]鉴于益都这一地区海上贸易的繁荣，续继祖及其部下可能是乘船从辽阳出发，经渤海湾来到益都的。

尽管遭到军事上的反复失利，但元朝中央政府一直没有放弃控制辽东地区。元朝派许多蒙古能吏和汉人世家官员前往这些战略地区，以期重振帝国昔日权威。[51]元朝还积极介入叛军首领和地方代表（如政府行政官员和交战将领）之间的谈判。虽然现存的大多数史料在记载元末叛乱的时候更注重中原地区，但是辽东地缘政治的重要性使得元朝（和高丽）一直没有放弃

经营这一地区。

1359年7月末，元朝派出最资深，也最能干的帝国官员赴任辽阳行省左丞，并授予他至高独断权。[52]他就是大名鼎鼎的蒙古人——搠思监（？—1364）。搠思监在二十多年的辉煌仕途中，不仅历任帝国中央和地方政府重要官职，[53]而且身经百战，在1354年秋率兵讨伐淮南反元叛军的战斗中身先士卒，尽管被 140
流箭射中脸部，但仍继续战斗。此外，他还曾在大都负责组织屯田。据说有一次，他在大都入宫随侍皇帝。皇帝见到他脸上的箭疤后非常感慨。至1358年，搠思监已经是元朝地位最高的官员之一。

但糟糕的是，当时的搠思监四面受敌，“贪声著闻”。具体而言，1358年冬，一位监察御史弹劾搠思监，指控他犯有贪赃枉法、印制伪钞以及杀人灭口之罪。于是，皇帝不得不暂时罢免搠思监，夺其印绶，不过并没有对他施行严厉惩罚。在辽阳发生的战争对搠思监和皇帝来说不啻为一场及时雨，因为皇帝希望搠思监能够凭借其杰出的才干东山再起。正是在这种情况下，搠思监出任辽阳行省左丞相。

然而，这位帝国的能吏和勇士并没有赴任辽阳，他一直留在大都。次年，搠思监再次晋升，官至中书右丞相。当时朝廷大赦，这让搠思监得以继续享有昔日的荣耀。[54]1359年8月中旬，朝廷命浚都王囊加歹、知枢密院事黑驴、中书平章政事佛家奴以及也先不花统领探马赤军进征辽阳。[55]这些人都是13世纪初的名将木华黎的后裔。木华黎曾在蒙古最初征服辽东的过程中发挥了举足轻重的作用。

在大多数帝国，从军参战是封官加爵、立功赎罪的捷径之一，这也不是什么新鲜事。偶尔，也会有身居高位的父亲为他的儿子策划一场军事行动，以便为其赚得大好前程。1359 年初，红巾军在上都和辽阳之间向东挺进了 360 里。同年冬，皇帝任命也先忽都为兵部平章。也先忽都是著名汉臣贺惟一（又名太平）的儿子。[56]太平对辽阳了如指掌，他曾在 1356 年（或
141 1357 年）出任辽阳行省总管，当时他还把地方粮食船运到大都。[57]也先忽都靠他父亲的人脉得以出任中央政府一系列官职，此时又出任知枢密院事兼太子詹事。后来，也先忽都受命镇压辽阳叛乱。据《元史》记载，太平担忧他的儿子年轻资浅无法担此重任，几次奏请皇帝另选他人，但都没有获准。也先忽都在抵达辽阳路后立即派部将攻打义州（辽阳行省所在地）。叛军并没有和也先忽都所部交战，而是渡过辽河，向东而逃。后来，太平由于朝廷一些人的恶意构陷而被罢免官职，不过也可能是因为他没有成功剿灭叛军。但无论如何，太平后来出任上都摄政，尽管当时的上都惨遭叛军劫掠，基本丧失政治中心的功能。[58]

对此，权衡有不同的看法。对于上述内容，他在元末别史中是这样叙述的：太平奏请皇帝任命其子为将军出兵围剿驻守辽阳的红巾军。他以为，关先生肯定和过去在中原北部地区、陕西和辽东地区作战的时候一样，不会建立长久的据点，会率部立即离开辽阳，如此一来，辽阳就可以收复，其子也可以大功告成，因为皇帝会把叛军撤离的功劳归因于其子的军事才能，由此高官厚禄唾手可得。但出乎意料的是，关先生和破头潘改变了以往的作战方式，不但没有撤离辽阳，反而固守辽阳准备投入战斗。结果，也先忽都不战而逃。也许是因为羞惭，他是在夜深人静的时候潜入大都的。[59]

姑且不论哪一个版本更为可信，至 14 世纪 50 年代末，元

朝在辽东南部地区的统治岌岌可危却也是不争的事实。1360 年 2 月初大宁路沦陷，这表明在红巾军的第一轮进攻下，大宁路全面沦陷，或者说红巾军再次控制了大宁路大部，而后者的可能性更大。[60]但无论如何，红巾军的进攻对元朝地方政府造成了严重的摧残，有时甚至是彻底的破坏，而元朝居然无法设立有效的替代政府。结果便是出现严重混乱，而且无人相信这里将 142
会稳定下来，更不用说道路通畅、邮驿顺达。

在这种形势下，离开是解决问题的最好办法。更确切地说，离开到底有多大程度的普遍性将是今后讨论的重点。前任蒙元平章称，1359 年和 1361 年，约有四万多民户为逃避战火来到高丽。二十多年后，明朝中央政府派官员到高丽希望高丽归还这些民户。[61]高丽朝廷驳斥这一数字不足为信："在 1359 年和 1361 年，叛军进入辽东和沈阳地区，他们抓捕犯人，劫掠财产，导致这一地区荒芜一人，百姓四处流亡，有些人可能逃到高丽定居。不过，数目怎么会多到四万户？"[62]尽管高丽政府拒绝提供这些民户的所在，但这也足以说明，红巾军战争给元朝带来的巨大破坏和社会混乱。

关于这一问题，明朝和高丽的观点不一致，但双方的文献记载都指出，不少逃亡高丽的民户起了汉蒙两种语言混合的名字。《高丽史》中的"李朵里不歹"和《明实录》中的"奈朵里不歹"可能是同一个人，"李"是其汉姓，不过中文文献误录为"奈"。[63]如果情形属实，这些逃亡到高丽的民户应该是高丽人后裔。

当时，元朝任命蒙古人也速收复辽东东部这一具有重要战略意义的地区。也速，是帝国沙场经验最丰富、战斗能力最卓越的指挥官之一。他和大元兀鲁思的其他精英一样，仕途始于怯薛，但很快就以作风顽强、令出如山而崭露头角。1354 年始，他一直与大元兀鲁思的敌人正面交锋。也速曾是脱脱部下，在收复战略城市——徐州的攻城战中，是他向脱脱提议用巨弓向城墙掷石。战斗中，他率先冲向城门。山东和大都南部地区
143 的许多战役中，也都可以看到他的身影。

也速与叛军连续作战。后来，他派别骑绕到叛军背后，叛军腹背受敌，大败。也速收复大宁，捕获了 36 名叛军首领，并在阛市区枭首示众，以震慑与叛军勾结的百姓。皇帝为了给百官树立典范，将也速召回大都慷慨赏赐，并授其高官厚爵。

也速没有来得及享受帝国的荣耀和恩赐。很快，永平沦陷。永平距离大宁路正南约 130 里。朝廷派也速前往永平，以加强对这一地区的控制。永平城内粮草充足，叛军久攻不下。于是，叛军潜入永平城，增筑城墙，因河为堑。永平的沦陷，对元朝控制辽东整个地区而言，不啻为沉重打击。

也速立即采取行动，围攻永平这座粮草充足、防御坚固的城市。他在永平的城墙周边搭建营地，重兵把守，切断了城内樵采粮草供应。[64]在永平城外，也速和叛军数次交战，“获其伪帅二百余人，平山寨数十”[65]。在这里，“平山寨数十”表明在中原很多地区都修建了这种用于防御的避难所——“山寨”，辽东地区也不例外。也速收复了永平周边的两座小城，抓获了叛军首领雷帖木儿不花。一开始，雷帖木儿不花负责攻打永平。“雷”是汉姓，“帖木儿不花”是蒙古名。蒙古时期，许多汉人和高丽人都起这种汉蒙混合名字。不过，采用蒙古名字未必就是认同大元兀鲁思的政治或文化。

对于也速的军事胜利，叛军以拖延术来应对。也速把俘获的叛军首领押送到大都处以死刑的时候，永平城内红巾军残部

转而采取沟通手段而不是继续战斗。据《高丽史》记载，“贼
乞降于参政彻里帖木儿。”彻里帖木儿向朝廷征询处理叛军投降 144
事宜。元朝下诏，接受叛军投降，同时下令也速撤军。[66]另据记载，雷帖木儿不花的被俘坚定了叛军抵抗的决心。元朝派特使月鲁不花（1308—1366）交涉投降谈判事宜。据《月鲁不花传》记载，月鲁不花进入叛军占据的永平城接受其投降的时候，“贼皆感泣，罗拜纳降”[67]。当然，这个记载可能有点夸张。

最后，叛军安排了投降仪式。也速对于叛军这种反常的温顺非常怀疑，认为可能是让元军放松警惕的阴谋，于是传令部队保持高度戒备。结果是，叛军弃城而逃，没有向帝国缴械投降。也速派军追击，叛军被迫向东逃窜。在瑞州，双方展开战斗。也速所部“杀获万计”。叛军残部继续向东逃跑，进入金州、复州境内。也速没有继续追击叛军，因为他接到皇帝的旨令返回了大都。[68]

也速返回大都后出任辽阳行省左丞相和知行枢密院事，除了继续承担军事之责外，还负责“抚安迤东兵农”。辽阳沦陷后，永平成为行省所在地，也速“总兵如故”。不过，他统辖的范围更大，也有更大的自主权。此时，叛军活跃在沿渤海湾、辽东南部海岸大部分地区。据载，叛军乘船沿渤海湾抵达永平。当他们听说威震四方的蒙古统帅也速镇守永平的时候，就放弃了攻打永平的计划，转攻大宁。大宁位于永平以北约 130 里处。在大宁，地方守将击退了红巾军的进攻，砍死了一名叛军首脑。

红巾军被打败后，残部向西而逃。也速担心窜逃的叛军会进攻上都，于是派右丞忽林台率精锐护卫上都。果然不出也速所料，叛军对上都发动了进攻，不过被忽林台击退。如果《元
史》记载属实的话，忽林台在保卫上都的战斗中击溃了叛军， 145

帝国恢复了对永平和大宁的控制。

也速在取得军事胜利后整顿辖区的社会秩序，派官员“安辑其民”，整理户籍，以争取地方百姓的支持。因为在他看来，红巾军至少在一定程度上得到了地方势力支持。另外，他还组织百姓从事耕种，“什伍相保以事耕种”[69]。

家族命运

在《元史》和《高丽史》中，个人的命运在动荡时代只是如蜻蜓点水般，略为一提。不过，高氏家族的个案有助于我们理解 14 世纪中叶辽东地区丰富多彩的文化交融情况。我们的这个故事要从经典的烈女主题说起。刘氏，原籍河南固始县（隶属光州郡），其夫高希凤是应天人，被官府抓壮丁到辽东地区戍边。[70]1358 年秋，高希凤在老鸦寨被红巾军俘虏。[71]高希凤顽强抵抗，被叛军断腕而死。不久，刘氏也被叛军俘虏，被拖行十余里，其间她一直骂不绝口，结果被叛军杀害。

高希凤的弟弟高药师奴也死于战乱。高药师奴的年轻妻子李氏为躲避辽东战祸，带儿子文殊和侄子僧保逃往高丽。李氏在逃难途中思虑良久，觉得一个人实在无法带两个孩子逃难，于是抛下儿子带侄子上路，因为儿子岁数稍长，相对而言更能照顾自己。李氏带着侄子僧保一直在逃难，到大明建立，局势稍安的时候，她打听到儿子的下落后，和儿子一起返乡为丈夫守墓。

高伯颜卜花也是高希凤的弟弟，他被蒙古将军纳哈出杀害。
146 高伯颜卜花之妻郭氏也是高丽人，自缢身亡。[72]后来，高希凤的外甥高塔失丁被他父亲的仇人构陷而死，其妻子和姑母全自缢而亡。[73]

通过高氏家族的经历，我们可以进一步了解当时的辽东社会。

首先是蒙古统治对被征服者的影响。虽然高氏保留了汉姓，但大多数高氏家族的男性成员都起了蒙古名字。可见，除汉人和高丽的精英惯于在正式或非正式场合使用蒙古名字外，百姓也沿用了这种习俗。而且，这种命名习俗具有普遍性，这反映在明朝开国皇帝盛赞高氏女典范行为的内容中。明朝开国皇帝（明太祖）常常下令消除这种被少数民族——蒙古的命名习俗所“玷污”的汉人命名习俗，不过，他并没有诋毁高氏家族男性的名字。

其次，高氏家族成员结构表明辽东居民的多元化。高氏男性成员原籍应天府。应天府位于富庶的沿海中部地区。高氏男子分别迎娶了来自河南中部和高丽的女子为妻。高氏妻子在丈夫死后，带着孩子逃到了辽东边境，其中一人返回丈夫的故乡，另一人则逃到自己的家乡高丽避难。到高丽避难的决定，说明李氏和郭氏可能和娘家保持联系。由于找不到她们的家乡在高丽的具体位置，我们很难判断这些家庭关系网络的广泛程度。

当我们根据家族命运来演绎红巾军战争时期的辽东风貌时，一些群体的面目模糊，踪迹难寻。如第一章讨论的东方三王家，我们就几乎完全看不到他们在红巾军战争中到底发挥了什么作用。考虑到迄今为止他们在辽东仍然声名显赫，而且直到明朝初年还和元朝保持密切往来，所以他们应该是蒙古在这一地区的防御堡垒。红巾军战争时期，陕西西北部地区的蒙古贵族也发挥了类似作用。[74]值得注意的是，这些年来，当地尚未出现在大元兀鲁思其他地区常见的那种由地方精英组织的汉人军阀或义兵武装。如第五章所述，红巾军战争结束的时候，辽东地区出现了一位有影响力的军事将领——蒙古将军纳哈出。14 世纪 60 年代中叶，至少有一位汉人将军在辽东南部地区建立了主要根据地。但无论是从普遍性，还是从重要性来看，上述山寨堡垒似乎和中原地区或高丽南部地区的山寨堡垒都无法相提并论。据现存文献记载，在辽东地区和红巾军交战的最主要将领都是元朝派出的蒙古官员。高丽也以类似方式组织了防御体系，不过高丽将领由高丽国王任命。

红巾军入侵高丽

红巾军在攻占辽阳之后立即将注意力转向高丽。1359 年农历八月，高丽朝廷收到红巾军的公文。直到这时，高丽才意识到红巾军入侵已是迫在眉睫。红巾军的公文内容如下：

> 慨念生民，久陷于胡，倡义举兵，恢复中原。东逾齐鲁，西出函秦，南过闽广，北抵幽燕，悉皆款。如饥者之得膏粱，病者之遇药石。今令诸将戒严士卒，毋得扰民。民之归化者，抚之。执迷旅据者，罪之。[75]

这似乎是目前唯一留存的红巾军正式公文。红巾军在公文中强调，自己拥有强大的军事力量、广泛的百姓支持和严明的军纪，而且他们会采取汉人帝国长期以来惯用的手段来安抚归化之顺民，严惩执迷不悟者。公文在开篇中就指出红巾军不满
148 蒙古对中原地区的统治，致力于“恢复中原”，反蒙论调非常强烈。值得注意的是，接下来十年，朱元璋等汉人军阀并没有提出这种反蒙论调。[76]也许在他们看来，高丽百姓并不像汉人地主精英那样效忠大元兀鲁思。

红巾军在公文中还提到，他们在山东、长安、首都圈、福建和广东取得的胜利。显然，公文所指的红巾军政权是就统一整体而言，因为尚未有红巾军领袖统辖如此广袤的领域。不过，红巾军在此次和高丽交涉的过程中并没有明确地区分汉人和高丽人。这种包容性措辞可以说是儒家政治哲学的合理延伸，也可能反映了大元兀鲁思治下对王朝或族群边界的漠视。也许这不过是权宜之计，甚至也有这样一种可能，即红巾军打算和国外政权建立关系，毕竟在对付共同敌人的时候，没有必要强调双方的差异。但无论如何，红巾军的这份公文以威胁高丽如果负隅顽抗，将会遭到惩罚而结束。

在接下来的九个月中，红巾军之于高丽与其说是迫在眉睫的威胁，不如说是即将引爆的火药桶。红巾军没有立即入侵高丽本土，与其说是因为畏惧高丽的防御体系，倒不如说与鸭绿江西岸局势有关。红巾军即将兵临城下，而帝国军队却束手无策，无法阻挡其入侵的步伐。对此，许多大都人忧心忡忡。一些朝廷官员提议迁都北方。

正如第二章所述，恐怖的阴云笼罩在大都上空，但红巾军毕竟还没有咄咄紧逼，所以元朝在中原的统治又延长了几年。元朝从河南调集了精锐部队，这些新调集的部队曾和毛贵所部红巾军进行过几次不成功的遭遇战。后来，毛贵所部撤回山东。1359 年，毛贵在山东被其部将杀死。[77]

1359 年末，一直高悬在高丽头上的达摩克利斯之剑终于落下。1359 年 12 月，2300 多名辽东民户渡过鸭绿江到高丽避难。高丽朝廷下令将其安置在西北各县，为其提供粮食。如上述李氏、郭氏个案，这些民户原本就是高丽人，后来才定居辽东，因为辽东赋役可能不太苛重。尽管高丽多次努力，元朝也多次 149

下令，但在过去几十年，返乡高丽民户并不多。[78]如今，局势已经严重到他们竟然舍弃辽东相对优越的政治经济条件逃到高丽寻求安全保障，尽管这种安全保障后来被证明只是一场虚幻。[79]

更令人讶异的是，红巾军竟然渡过鸭绿江对高丽发动了第一轮侵袭，而且今后这种侵袭会多次发生。12 月 19 日，3000 多名红巾军在撤到鸭绿江西岸前劫掠了高丽领土。由于情报滞后，高丽朝廷竟然没能及时反应。地方都指挥使企图隐瞒红巾军入侵的消息，也许在他们看来，红巾军攻袭并没有造成严重的安全威胁。另外还有一种可能是他们害怕由于自己戍边无能而遭到朝廷斥责。[80]

那么，红巾军首领——这些过去与辽东或高丽没有任何渊源的汉人——为什么会投入如此巨大的人力和资源入侵高丽呢？在高丽，他们缺少支持基础，语言不通，而且也不熟悉高丽的军事、经济、政治或地理的情况。在过去几百年，也曾有叛乱的契丹人和女真人突袭高丽边境，蒙古军和女真军也曾占据过高丽领土，但如此大规模的汉人叛乱群体入侵高丽却是前所未有。

对此，中国和韩国学界众说纷纭，莫衷一是。一些人从战略角度思考这些问题，强调红巾军是为了巩固其在辽东地区的统治，防止高丽的攻击。[81]另外还有一种解释说入侵高丽是红巾军反元战争的一部分。高丽作为元朝的重要盟友，对红巾军的“政治态度和元朝如出一辙”，由此成为红巾军的主要攻击目标。1354 年，恭愍王派高丽军前往元朝镇压汉人叛乱，这是高丽和元朝政治观点一致的证明。据说，妥懽帖睦尔曾打算逃离大都，前往济州岛。[82]也有学者指出，红巾军认为，控制高丽（及辽东、上都），对孤立大都、攻破大都具有重要意义。[83]

另外，也有观点从机会主义角度而不是战略角度来解释和
回答这一问题，具有一定的说服力。这种观点认为，随着高丽
军事力量的日益薄弱，加上丧失蒙古军队的保护，高丽作为大 150
元兀鲁思的替罪羊很容易成为红巾军的攻击目标。除鸭绿江外，
高丽也没有更安全的地理屏障，这也使高丽很容易成为红巾军
的洗劫目标。[84]最后，至少有一位学者提出，红巾军攻打高丽是
因为高丽对红巾军造成了情感伤害。当时，辽东的高丽人断然
拒绝了红巾军共同抗击元朝的提议，所以红巾军此次入侵完全
是出于报复。[85]

红巾军第一次大规模进攻高丽，最有可能是出于军事压力。1358 年秋，察罕帖木儿的精锐部队把关先生从中原北部地区赶到辽东南部地区。辽东南部地区不仅在地理位置上远离关先生和沙刘二最熟悉的地方，而且这一地区和中原北部地区截然不同，族群成分高度杂糅。尽管红巾军在攻打辽东地区的重要行政中心时取得了巨大胜利，但他们无意于永久占据这些地方，这一方面是因为关先生缺乏政治组织才能，缺少地方社会支持，受到来自元朝的军事压力；另一方面也是因为高丽军事化程度不高，丧失了蒙古的直接军事保护，所以红巾军为了躲避蒙古军的反击，把侵袭的目标锁定在高丽。况且，当时中原北部的许多地区正发生饥荒，如何解决粮食问题也是红巾军首脑一直在思考的问题。

高丽朝廷在获悉红巾军来袭的消息后，重新进行了人事安排，任命庆千兴（其死亡时间不详）为西北面元帅，安祐（卒于 1362 年）为副元帅。[86]庆千兴和安祐都是恭愍王的心腹，前者和恭愍王有姻亲关系。安祐和当时许多高丽大将一样，和蒙古关系密切，他在大都度过了青年时代，在大都时还起了蒙古

名。1348 年，安祐作为元帝国焚香使第一次返回高丽。恭愍王在位时，安祐接连获得升职，先后担任一系列军事要职。1358 年，安祐出任高丽西北边境地区安州千户。[87]后来，又被册封为鹰扬军上将军。鹰扬军上将军，是高丽地位最高的军事官职。[88]

1359 年 12 月 28 日，毛居敬为避免和战斗力惊人的蒙古军
151 作战，率领红巾军渡过冰封的鸭绿江。尽管高丽号称拥兵四万（这一数字并不可靠），但红巾军迅速突破边境防线，攻陷了义州。义州是大都和开京之间的主干道上重要的战略城市。义州府使朱永世率领义州一千多百姓拼死守城，直至阵亡。[89]红巾军继续北进，所到之处，烧杀劫掠，无恶不作。红巾军之所以能够轻易深入高丽境内，是因为高丽缺少坚固的防御工事，一些边境县府甚至连石砌的护城墙都没有。据《新增东国舆地胜览》（16 世纪中叶行政地理著作）记载，红巾军从昌城进入高丽时，昌城竟无城堡可抵挡，“州人犹依险避难”[90]。次日，红巾军铁骑穿过静州和麟州（义州东南）。[91]至 12 月 31 日，红巾军兵临铁州。铁州位于高丽东南沿海。[92]

在铁州，红巾军第一次受挫。安祐和李芳实（卒于 1362 年）暂时逼退了红巾军的入侵。[93]李芳实曾是恭愍王寓居大都时的随从，此时升任护军等系列高级军事要职。1354 年，李芳实在攻打北方边境达鲁花赤（曾反叛恭愍王）的战斗中，以少胜多，显示了非凡的军事才干和政治忠诚。[94]

红巾军撤到静州、麟州后，开始劫掠周边诸县。1360 年 1 月 5 日，红巾军再次进攻铁州。[95]在清江，安祐率领几十骑兵和红巾军交战。据《高丽史》记载，安祐在战斗中发挥了关键作用，他镇定自若，举重若轻，鼓舞了士气，提高了信心。当时谣传可怕的红巾军首领毛贵即将进攻高丽，高丽军队一片哗

然。[96]高丽军在安祐的激励下重整旗鼓，在清江一座主桥顽强阻挡红巾军的前进。[97]关于当时交战双方的规模和幸存人数，文献 152
中没有详细记载。不过，在后来的战斗中高丽军没有那么幸运。安祐部队撤到定州。[98]

安祐的表现激发了高丽朝廷战胜红巾军的信心，[99]相比之下，他的同僚庆千兴却让恭愍王极为恼怒。当恭愍王得知庆千兴竟然无法阻挡红巾军的进攻时，立即下令以懦弱无能之罪处死庆千兴。洪彦博（1309—1363），这位深受恭愍王信任的高级文官，认为这种做法过于鲁莽，而且庆千兴也没有过错，他向恭愍王进言：“复兴公廉谨笃，然不娴将略，是用者过也。”恭愍王接受了洪彦博的委婉批评，饶恕了庆千兴。[100]后来证明，这一决定是多么有先见之明，因为正是在庆千兴的辅佐下，高丽最终解除了红巾军的威胁。

红巾军被迫撤离高丽，还有部分原因是饥饿。14 世纪 50 年代末，在大都、上都、辽东大部和高丽北部，饥馑肆虐。入侵者和守卫者都面临如何获取粮食的挑战。起初，静江战斗结束后，支县（宣州境内）百姓获悉红巾军近在咫尺后四处逃散。红巾军立即派精兵守护百姓丢弃的粮食。安祐和金得培带一千余骑兵追赶红巾军。由于红巾军舍不得扔掉刚获得的宝贵粮草，也可能是被粮草辎重所累，而被高丽军追上，其人员战马辎重损失惨重，被迫撤到清州。[101]

红巾军的节节获胜让朝鲜半岛笼罩在恐惧之中。高丽朝廷紧张地讨论如何防御西京重镇。早在 1359 年 12 月 26 日，兵部官员李嵒（1297—1364）和李春富（卒于 1371 年）就公开表示担忧西京失守。一些官员提议，与其让西京粮仓落入红巾军之手，还不如将其烧毁。李嵒表示反对，认为叛军如果得不到西京粮草，就可能会为获得给养而继续南进。[102]

153 李嵒认为，高丽军还没有做好和红巾军交战的准备，所以建议牺牲领土争取时间。他坚持如果西京防守严密，红巾军就会绕道，直攻开京，所以应该向东疏散西京老弱人口，给红巾军留下粮草。在他看来，这样做会满足红巾军傲慢的心理，减缓其向南推进的步伐，而且西京一旦收复，城内的粮食自然会回到高丽手中。[103]可见，高丽官员已经认识到红巾军最迫切的需要是给养，而且高丽北方防御力量不容乐观。

李嵒对西京命运的担忧传染了西京百姓。当李嵒宣布守军立即撤到黄州时，当然他表面上说是集结高丽军队，西京百姓惶然不安。由于担心西京即将沦陷，他们急于用粮食换取容易携带且分量较轻的物品。一匹布的价钱比过去涨了三倍。在过去，只要 2 斗米就可以换到 1 匹布，此时竟要 6 斗米才能换到一匹布。[104]粮食虽然对红巾军来说异常珍贵，但对逃难的百姓来说，其价值远不如流动资产。

当时因为有类似经验，所以汉人精英完全了解高丽百姓的困境。孔奇在其《至正直记》（写于当时混乱时期的汉文杂记）中说：[105]

> 盖予避地将所在囊中者遍求易米不可，即得且价不及于前者已十倍之上，惟金银为急，绢帛次之。民有谣曰：活银、病金、死珠子，犹不言翠也。盖言银为诸家所尚，金遇主渐少，珠子则无有问及者，犹死物也。[106]

危难时刻，汉人和高丽难民普遍认为有必要用粮食来换取
154 其他东西，不过在交换过程中他们似乎更偏爱金银。这表明在

江南等经济发展水平较高的地区商业化水平达到了一定程度。

高丽西北的领土日益落入红巾军之手。当然，朝廷并没有坐以待毙。1359 年 12 月 31 日，朝廷派六名守门下侍中前往西北、西京出任将军和重要的行政官职。[107]西京是辽阳和开京之间面积最大、防守最严的城市。著名学者李穑（1328—1396）在其随笔中指出，“西京为国根底。”[108]西京号称有高耸的石砌城墙，城墙长约 24000 余尺，高 13 尺。城墙上设有岗楼，守城士兵可以从岗楼向城下敌人放箭掷石。[109]即使被围，西京百姓仍然拥有充足的水源，城内约有 80 多处泉水、井水供给。[110]

红巾军入侵充分暴露了高丽军队堪忧的实力。首先，朝廷正在招募更多的士兵。为了提高军队的战斗力和保家卫国的能力，高丽朝廷计划增加士兵的人数，于是废除了宫廷侍卫在父母死后守孝三年的惯例。[111]1360 年 1 月初，朝廷以政府官员补充西北的军队力量。[112]其次，朝廷为了募集更多的战马，下令承宣以上官员必须提供战马一匹。另外，朝廷还把财力雄厚的禅院僧侣和马匹登记在册，以备可能征募的军役。[113]至迟从 1354 年起，朝廷多次征调战马。这种情形一直持续到 14 世纪 60 年代的大部分时间，这表明当时的骑兵在东北亚地区是何等的重要。通常，精锐铁骑能够决定战役的成败。

尽管做了诸多努力，但不到一个月，西京还是沦陷了。1360 年 1 月 17 日，红巾军攻占西京。[114]高丽朝廷马上做出了务实的反应，而不是无谓的英勇（鲁莽）行动。朝廷派户部尚书朱思忠向红巾军首脑进献了礼物（如细布、马鞍、马缰、好酒、好肉）。据高丽史书记载，当时朝廷进献礼物是为了打探红巾军虚实。[115]无疑，这也是为了争取时间，以更好地组织防御力量，对抗红巾军。

高丽朝廷先是加强了军队实力，接着调整了人事安排。当然，这并没有收到立竿见影的成效。恭愍王解除了李嵒的职务，任命李承庆（卒于 1360 年）为都元帅。李承庆是高丽重臣，在 14 世纪 50 年代出任元朝监察御史和辽阳行省高官。[116]接着，恭愍王任命郑世云（卒于 1362 年）任西北都巡察使。[117]郑世云是当时高丽最杰出的军事政治家之一，曾跟随恭愍王入元侍卫。恭愍王即位后，授予郑世云大护军并录功一等。恭愍王虽然也偶尔斥责郑世云自私自利的放肆行为，但非常信任他。1356 年，郑世云辅佐恭愍王肃清了奇氏家族。1361 年，郑世云任枢密兼鹰扬军上将军。[118]

尽管高丽军的指挥层发生了变化，但郑世云可能仍然沿袭了李嵒的政策，即牺牲北方领土，为开京争取时间。郑世云在考察黄州形势后上书国王，说红巾军进入西京后，加固城墙，并无继续进逼开京的打算，所以不必惊扰他们，以免打草惊蛇，“贼入西京，积柴修城，无进逼计，愿勿惊扰，以安众心”[119]。我们无从得知西京百姓在听到红巾军入侵的消息后的反应。如前文所述，很多人在获悉侵略者逼近的消息后选择了逃离，但也有一部分人组织武装力量，以保护自己和粮食。例如，1360 年 1 月末，一位官员奏报，他在西北部的义州和静州微服暗访时，发现当地百姓杀死了守护粮食补给的红巾军 150 人。[120]不过，并非所有高丽人都抵抗红巾军入侵，很多人或投降侵略军，或与侵略者交易，以期获得升官发财的机会。[121]

156 那么，高丽朝廷又如何打算呢？红巾军并无意取悦恭愍王。1360 年 1 月 29 日，红巾军向恭愍王递送了另外一份公文（原文失传）。从恭愍王的反应看，这份公文的内容应该是极其傲慢无礼，[122]因为恭愍王将所有可能的军事资源都投入了来自西北的挑战。2月2日，判事金蕈、宦官金玄率数百高丽骑兵攻打西京，并在与一小股红巾军的遭遇战中获胜。[123]此前，上将军李芳实在铁化战斗中杀死红巾军数百人。[124]

恭愍王似乎做了最坏打算。他下令京城官员备好武器、仆人、马鞍、坐骑、给养及粮食。显然，这预示着京城即将出现战争。王宫宿卫一连数周在御花园练习打马球，这可能是为了应急逃生而磨炼骑术。夜晚，恭愍王和他的蒙古王后在后苑练习马术。通常，恭愍王并不会如此，因为他不喜欢骑马。[125]

1360年农历一月末，高丽官兵做好收复西京的准备。2月初，两万高丽士兵在生阳驿集结。生阳驿在中和县城外，地理位置十分重要，坐落在通往西京的主要驿路上。[126]战斗前，高丽军队的士气非常低落，“时天寒，士卒手足冻，怨甚”[127]。

显然，红巾军在高丽拥有最基本的情报来源，因为他们掌握了高丽军反攻西京的计划。据《高丽史》记载，红巾军在获悉这一消息后，“杀所据义静州及西京人以万计，积尸如丘。”[128]“以万计”这一数字可能要打折扣，因为在即将投入战斗之际，红巾军不可能有时间或人力屠杀这么多的百姓。

1360年2月6日，高丽军以较少兵力和几次战斗收复了西
京，不过，百姓伤亡十分惨重。据载，高丽士兵在穿过红巾军 157
防线的时候踩死的百姓数以千计。另外，红巾军在撤到龙冈和咸从之前也屠杀了许多高丽百姓。龙冈和咸从位于西京以东，是较小县城，四周群山环绕，距海岸不到十里。[129]

尽管高丽军队收复了西京，但在红巾军最后撤出高丽前，双方之间的战斗持续了近两个月。在西京北部重要的冲突战中，安祐表现非常突出。[130]1360年2月中旬，安祐率领的高丽军在咸

从和红巾军交战。战斗伊始，红巾军显然占据上风。安祐所部摆阵之前，红巾军就猝然发动进攻，以致安祐所部阵脚大乱，溃不成军，许多高丽士兵被红巾军精骑践踏而死。如果不是因为李珣在后方勉力而战，高丽军队肯定会一败涂地。后来，高丽朝廷增派的援兵赶到战场，东北面千户丁臣桂也带千人赶到战场。[131]

在咸从，双方继续展开殊死战斗。在高丽军队的强大攻势下，也可能是因为高丽统帅柳塘的援军对红巾军造成了一定的压力，1360 年 3 月 2 日，红巾军城防很快就被高丽骑兵团团包围。高丽骑兵射出的弓箭如暴雨般落在被围困的红巾军身上，与此同时，高丽步兵强行突破了红巾军城防。据《高丽史》记载，这是一次重要胜利。[132]高丽一共歼敌两万。红巾军元帅沈刺、黄志善带残部退到距离咸从以北约八里的甑山县。[133]

西京收复标志着高丽取得了重大胜利，但这同时也加重了西北其他地区的压力。驻扎在肃山谷地的 400 多红巾军在获悉西京被高丽收复后，返回了义州。当时，柳塘及其部将刚刚修好义州的城墙和城门。[134]保州县治所——静州可能更容易攻破，因为这里很快就被红巾军攻陷。后来，柳塘率军赶走了红巾军。[135]

1360 年 3 月以后，安祐、李芳实所部高丽军迫使红巾军慢
158 慢向北移动，直至鸭绿江两岸。高丽之所以获胜，一部分原因是拥有精锐骑兵队伍。[136]另外，饥寒交迫、疲惫不堪也使红巾军伤亡日益增加，这是高丽获胜的关键因素。[137]3 月 3 日，红巾军被多次击溃后渡过刚刚解冻的鸭绿江。红巾军渡江时，伤亡惨重，在穿过冰冷的鸭绿江时，“几千”人落江而死。[138]

天寒地冻，饥寒交迫，在朝鲜半岛北部的崎岖山地疲于奔命，强渡鸭绿江的心理恐惧，所有这些都让红巾军陷入重重危险。在损失惨痛的渡江行动中幸存下来的红巾军，立即在鸭绿

江西岸列阵以待。高丽将领认为穷寇莫追，因为进一步追击会让处于绝望中的红巾军狗急跳墙，与高丽军开展殊死搏斗。于是，高丽军撤离战场。这样，攻打红巾军的使命就落到辽东的元朝当局头上。

义州的红巾军没有遭遇更大的冲突就得以逃脱。当时，李芳实决定休养疲弱的高丽步兵和骑兵，没有追击红巾军。[139]在朝鲜北部的寒冬天气，红巾军和高丽军都筋疲力尽。战斗结束前的几个星期，双方决胜的欲望几乎消失殆尽。对他们而言，当务之急是生存下去。尽管高丽军队决定休整以补充粮草辎重，但虎视眈眈的辽东红巾军不敢让他们有丝毫的懈怠。

大元帅李成桂负责将红巾军赶出高丽。寒冷、疲敝并没有让他心力交瘁，反而是在生阳驿督战的时候，手下部将的疏懒无为和国王殷殷期待胜利的压力让他心灰意冷，于是他以身体不适为由返回京城。也许是因为羞愤，李成桂一直称病在家，没有接受任何官职。[140]

李成桂意识到，形势已经发展到无法掌控的地步。也许，这也不是他一个人的想法。红巾军给东北亚许多地区带来了一连串破坏，随之而来的必然是社会大动荡。当时，在大元兀鲁思还没有哪一个叛乱会造成如此严重的灾难。地方官员和参战将领不得不自行其是。这场战争改变了朝廷和地方的关系，它们之间再也不是中心辐射边缘，中心牵一发而动局部的关系。在敌人攻袭、战争恐怖和地方阴谋的环境下，情报传递、物资 159
输送、人员往来及赋税运送都变幻莫测，无章可循。虽然高丽军队勉力把红巾军赶至鸭绿江西岸，但没有多少人会幻想永久的安全，而辽东地区甚至没来得及享受这转瞬即逝的喘息之机，东北亚就进入了一场新的动乱之中。

第五章　风口浪尖

160 高丽对红巾军的胜利值得庆祝，更值得反思。1360 年 3 月中旬，高丽元帅庆千兴、安祐和金得培向国王递送捷报。[1]安祐向朝廷呈递了一篇冗长的“庆祝”奏折，详述了红巾军劫掠带来的破坏，并提出了解决财政拮据、社会动乱和军事无能等问题的对策。

红巾军入侵暴露了高丽长期悬而未决的问题，即地方独立性和西北地区对王朝效忠的不确定性。开京中央政府和西北豪强之间的紧张关系贯穿高丽王朝始终。12 世纪，高丽西北地区爆发两次大规模叛乱，公开挑衅中央政府的地方统治。随着蒙古势力的介入，地方社会日益脱离中央政府控制，拥有了更大的自治权。如第一章所述，1232 年，蒙古朝廷为了回报西京官员洪博文（即洪福源）及其后裔的效忠，承认他们在新兴蒙古国际精英圈拥有一席之地，允许他们拥有管理高丽西北地区和辽东南部地区的重要决定权。1258 年，赵晖反叛高丽朝廷。1269 年，崔坦及其治下西北近“五十城”投奔大元兀鲁思。[2]蒙
161 古利用高丽北方豪强和朝廷之间的矛盾分别在高丽西北地区和东北地区设立了东宁府和双城府。[3]

安祐为减轻恭愍王对红巾军进一步突袭的担忧宣称（后来证明是完全错误的）叛军“无东返之意”。不过他也坦诚“红巾军内部有很多精于骑射的高丽人”，必须对这些宣城（今京畿道交河）“余孽”斩草除根，否则今后将再次发生类似事件。

几乎可以肯定的是，安祐这里所说的“余孽”，是指曾经效忠元达鲁花赤鲁连祥（于 1354 年被李芳实杀害）的高丽人。[4]红巾军入侵，为高丽地方豪强创造了从国王那里争取更大自治权的良好机会。

安祐希望朝廷减轻西北地区百姓的重负，他指出西北地区的自杀现象已经发展到严重的、令人绝望的地步。“很多人上吊自杀，他们无疑都非常绝望，另外还有半数以上男子和他们的妻子相互割断对方的喉咙来结束生命。”安祐提议，不要强迫安州、嘉州、定州、随州、郭州等地百姓为往来驿路的官员提供食宿、坐骑，甚至性服务，因为这对百姓来说是难以承受的沉重负担。但许多官员及其随从，以及一些商人常常未经朝廷授权就向地方百姓索取上述服务，这对当地百姓而言无异于雪上加霜。蒙古帝国长期存在着类似“困境”或滥用陆路驿站的问题。[5]

只有消除地方社会的不满，才有可能抵御红巾军，挫败可能挑战高丽国王权威的支持力量。为此，安祐极力反对严惩“那些出于无奈而对匹夫卑躬屈膝的百姓和别无选择只能逃至山上的官员”。安祐担心，过分热衷于调查地方百姓或官员是否效忠朝廷可能会让他们与朝廷离心离德，所以建议朝廷监管返乡 162
难民和战乱中流离失所的人。[6]在地方战斗中，武装义兵和朝廷将领都视被俘的奴隶和自由民为战利品。

最后，安祐提醒国王，蒙古正严密监视高丽北部地区的动态。在安祐军队中，许多元朝官员定期向大都汇报高丽和红巾军交战情况。[7]不过这也说明高丽并非孤军奋战。

高丽的胜利喜悦犹如昙花一现。1360 年 4 月初，在渤海湾的另一条重要交通运输线上，70 艘红巾军战船在西海道丰州海岸和西京附近入口登陆。红巾军烧毁丰州城门，攻占丰州城，洗劫官库的现钞和粮食，并将官库付之一炬。[8]不到一星期，红巾军入侵沿海安州。[9]红巾军虽然以陆战为主，但考虑到他们轻易地从海路进入辽东、山东和高丽，所以对高丽而言，来自海路的攻袭也一直是严重威胁。

也许，新一轮攻击可以解释高丽朝廷为何能够迅速把握胜利时机。4 月中旬，高丽捕获红巾军首领黄芝山，并将其处死，随后朝廷派户部尚书向大都奏报刚刚获胜的消息。然而户部尚书抵达辽阳后发现，通往大都的道路因为局势混乱而隔断，所以只好返回高丽。[10]

在李芳实的努力下，高丽军以微小的伤亡就把红巾军赶出丰州海岸。[11]恭愍王大宴群臣，赐李芳实玉带、玉缨。[12]仁德王后对此表示不满，认为没有必要如此慷慨。恭愍王却不以为然，对王后说："使我宗社不为丘墟，百姓不为鱼肉，皆芳实之功也。予虽割肌肤与之，尚不能报，况此物乎！"[13]几天后，恭愍王"大飨"征北将士。[14]

163 在平息红巾军袭击后不久，高丽境内出现大范围旱灾，从 1360 年春一直持续到 1361 年农历五月。1360 年农历四月，国王大赦在押的二级及以下犯人，以增王朝"和气"。恭愍王意识到"狱囚久在縲或有冤"，以及百姓近来劳于兵戈，困于饥馑。[15]同月稍晚，恭愍王减少就餐次数，一天只吃一顿饭，以示对长期遭受旱灾百姓的悲悯之情。[16]同月，朝廷接到奏报，称开城和全罗南部诸道饥荒非常严重，死者无数。[17]

至 1360 年农历六月，饥馑蔓延到开京。当时许多人为了外逃争先恐后地用粮食换取其他易于携带的东西，"人人皆为走避计，争以米市轻货。"由此，米价大跌，其他货品价格大涨，

“谷贱货重”，例如5斗米才能换到一匹布。恭愍王下令赈米两千石给百姓。[18]1361年农历三月，龙州启奏，当地出现饥荒和吃人现象。[19]在高丽西北，饥荒严重，盗贼横行。[20]至1360年6月末，恭愍王一直在太庙祈雨。[21]

尽管遭遇旱灾、饥荒、吃人和匪患等诸多纷扰，高丽始终没有放松警惕，防备红巾军发动进一步进攻。1360年8月末，高丽派益山君李公遂（1308—1366）、户部尚书朱思忠和宦官方都赤（死亡时间不详）出使元朝，以打探中原境内的叛军动向。高丽使团进入帝国境内通往辽阳的汤站（距鸭绿江西北不到40里）后再也无法前行。[22]他们在汤站获悉，通往大都的驿路再次中断。恭愍王大怒，威胁使团就算有生命危险也要完成出使任务，否则不要返回高丽。于是，高丽使团只好冒险前行。使团一行抵达沈阳后，发现道路早已不通，无法继续前行。高丽使团在沈阳苦等数月，以期路况好转，但始终未能如愿，于是只好返回高丽。[23]恭愍王和高丽百官这才意识到动荡已经波及大元兀鲁思全境，高丽境内的红巾军不过是冰山一角。恭愍王只好寄希望于李公遂，因为后者一直和元朝保持着良好关系 164
（见第七章），他希望通过李公遂让元朝了解高丽的困境。

驿路中断不仅造成交通不便，而且也动摇了大元兀鲁思的根基。从13世纪初成吉思汗在西亚地区开展各项活动以来，蒙古投入了大量精力和财富开发道路、桥梁、驿站、河流和海道等交通网络，以推进欧亚大陆之间人员、物品、信息和公文的交流。这些著名的交通网络虽然松散，但把帝国联系在一起，是蒙古最伟大的成果之一，帝国也由此真正形成。因此在某些地区，交通基础设施恶化可能会让汉人和高丽作家伤感无奈，但蒙古精英深思熟虑后封锁道路，则更让人惴惴不安，因为这表明，帝国的生命线处于危险之中。

也许是为了应对辽东南部和中原北部的动荡局面，1360 年 9 月初，恭愍王驾临白岳（临津县以北五里处），考察这里是否可以作为高丽新都。[24]此前，高丽朝廷曾考虑迁都汉阳（今首尔）。1356 年朝廷肃清奇氏族人不久，僧人普愚（1301—1382）提议迁都汉阳。[25]普愚是恭愍王的密友兼王师，他认为汉阳的风水会让高丽王朝迸发新一轮活力，进入一个新的时代。对恭愍王而言，迁都汉阳不仅可以重启新征程，而且可以远离不久前的血腥清洗。汉阳作为新都的另一个吸引力可能是其地理位置。汉阳在抵御元朝可能发动的军事报复行动方面更具战略优势。事实上，恭愍王曾下令汉阳地方官修复城墙和城门，营建宫殿，并计划率先把首都政治精英迁到汉阳。这项迁都计划因红巾军入侵而被搁置。[26]不过，白岳并没有成为新的权力中心，尽管当时人们确实把白岳尚未竣工的王宫建筑视为“新都”。[27]12 月中旬，恭愍王欲将自己的府邸安置到白岳。[28]不过，这个计划再次因红巾军战争受阻。

基于历史经验，高丽非常清楚，鸭绿江无法阻挡来自西部
165 动荡的冲击。早在 13 世纪辽东政局动荡的时候，就先有契丹军入侵高丽北部，后有女真人和蒙古人对这里加强管控，最后蒙古向高丽国王提出日益严苛的军事、经济和政治要求。[29]在一个半世纪后即 1361 年 3 月中旬，辽东地区的战争难民蜂拥而入高丽境内。[30]

尽管辽阳总管高家奴向高丽示好，但高丽的后方仍然危机四伏。[31] 1361 年 5 月初，高家奴遣使高丽向恭愍王进献猎狗和酒杯。[32]《高丽史》和《高丽史节要》并没有解释高家奴的遣使动机，但我们可以推测，高家奴可能是希望在地区（事实上是王

朝）局势日益动荡之际与高丽加强联系，毕竟和大都比起来开京距离辽阳更近。

开京（高丽首都）和大都（元朝首都）之间的往来虽然不稳定，但没有彻底中断。1361 年 10 月初，利用时局暂稳和路况畅通之际，高丽派户部尚书前往大都向元朝皇帝朝贺（内容不详）。[33]是月末，恭愍王在征东行省安插高丽官员。[34]考虑到 14 世纪 50 年代中期恭愍王致力于为高丽争取更大程度的自治，所以有必要进一步详细讨论他此时重设征东行省的动机。[35]如第三章所述，1356 年，恭愍王在清洗与奇氏关系密切者的过程中下令逮捕并处死了数名征东行省的重要官员。随后几个月，恭愍王废除了法律诉讼机构“理问所”、军务机构“都镇抚司”，不过保留了行省日常行政事务核心机构“左右司”。[36]

1356 年始，发生的最大变化是“左右司”和征东行省开始直接隶属高丽。征东行省的最主要功能是联络元朝政府，而这一功能一般是通过与辽阳行省的公文往来实现的。[37]1361 年 10 月，恭愍王决定任命征东行省官员，他可能是希望在东北亚的
危机中另辟一条与大元兀鲁思保持联络的通道。 166

几天后，恭愍王收到元朝皇帝的大赦诏书，起因是“韩咬儿等匪众聚众作乱”[38]。从诏书内容来看，蒙古已经充分认识到在大元兀鲁思某地发生的事件会影响到其他地区。元朝希望与恭愍王加强联系，这说明恭愍王被视为大元兀鲁思的精英，而这也成为元朝重申对高丽军事和行政监督的手段。[39]

旋即传来韩咬儿起兵反叛的消息。1361 年 11 月，破头潘、沙刘二和朱元帅等率红巾军（据说有十万人）渡过鸭绿江。这些红巾军使用“龙凤”年号，这表明他们效忠韩林儿红巾军的“大宋”政权。[40]这些红巾军进攻的第一个目标是朔州。朔州距

鸭绿江东南约 12 里，是位于通往开京驿路的边境县城[41]，号称有坚固的石筑防御工事，约有 12 口泉水井。[42]至于朔州周边的六个烽燧是否及时发射信号提醒守城官兵做好防守，我们并不清楚。[43]

虽然《高丽史》宣称高丽取得了胜利，但红巾军步步向南推进却是不争的事实。高丽朝臣的手足无措严重弱化了城镇的有效防御能力。1361 年 10 月末，恭愍王接到奏报，称秃鲁江万户在北部边境“叛乱”，具体细节不详。据载，恭愍王处死了几名官员。恭愍王下令刑部开展追究问责渎职官员的行动。[44]两个星期后即 11 月中旬，恭愍王应朝臣之请任命李成桂为东北面上万户，以援助平叛行动。李成桂率 1500 名亲兵追讨叛将。当时，秃鲁江万户所部奔北逃至江界（鸭绿江东岸的战略要地），被李成桂“尽捕诛之”[45]。李成桂在镇压兵变后转攻入侵红巾军，杀死一百多名红巾军，其中包括一名统帅，还将一名俘虏献给恭愍王。[46]

167 尽管李成桂全力抗击红巾军，但在 1361 年 12 月 13 日红巾军（约五千至一万人）还是攻占了高丽朝廷刚刚加固攻防的巴岭（又称慈悲岭）外围。[47]慈悲岭作为战略要塞扼守连接西京和开京的主要驿路，距离京城以北仅 24 里。这座关隘在历史上就与外族入侵有密切关系。在近一个世纪前（即 1269 年），拥兵自重的高丽武将崔坦反叛国王，投靠蒙古皇帝。当时，崔坦控制高丽北方大部分地区，其势力范围的南界就是巴岭。[48]

恭愍王希望通过构筑防御工事、屯兵关隘，以抵挡红巾军入侵。巴岭作为天然防御场得到了高丽朝廷的高度认可。高丽文臣李藏用（1201—1272）在一首诗中强调其战略价值，“慈悲岭路十八折，一剑横当万戈绝。”[49]

由于高丽军和红巾军相比众寡悬殊，李芳实提议，采取守势，而不是主动出击红巾军入侵者。高丽朝廷同意李芳实的提议，投入京城以北八个州县的人力和粮食，以加固慈悲岭的防御力量。[50]在高丽王朝生死存亡之际，恭愍王为激励将士英勇抵抗，晋升安祐为都元帅，授予他更大的军事特权，“外之事将军制之”，“其赏罚用命不用命”。与此同时，恭愍王“秘派”其他官员前往慈悲岭协助防御[51]。恭愍王可能一直试图从前线获得独立的军事情报。

慈悲岭雄踞天险，加之有源源不断的人力增援，寄托了高
丽朝廷的厚望，但在一次黎明攻袭中，红巾军五千“铁骑”攻
破防线，再一次昭告高丽防御力量的溃败。随即，安祐和金得
培等高丽将帅调转马头逃离了战场。[52]考虑到高丽朝廷在慈悲岭
这一关隘投入如此庞大的军事防御工事和人力资源，高丽在这 168
场战斗中可以说是惨败。是役后，开京城门洞开，任外敌长驱
直入。[53]

逃离京城

红巾军铁骑沿着通往兴义驿（距牛峰县衙所在地西南 10 余里）的主干驿路迅速向南推进。[54]在金郊驿，安祐收拢残部，重整旗鼓。金郊驿距京城西北仅 30 里，通常是为往来大元兀鲁思的使团提供休息和补给。[55]在这里，高丽将领向朝廷奏请京兵援助。[56]

恭愍王意识到京城防守已然脆弱不堪，于是开始谋划疏散王族，这也不是开京第一次遇到外敌威胁。早在 11 世纪，契丹辽军就摧毁了京城大部分地区。在契丹辽军的兵马撤离后，当时的高丽国王动员 30 多万百姓，历时近 20 年，重建了开京城

墙。[57]至13世纪中叶，京城高大的城墙、塔楼和城门还是没能阻挡蒙古军队的到来，高丽朝廷不得不再次踏上逃亡之旅。这一次，高丽军能否让开京百姓免遭红巾军铁骑的蹂躏呢？[58]

毋庸置疑，在14世纪，开京是高丽最重要的城市。正如约翰·邓肯所言，开京吸引了所有的高丽精英和贵胄。[59]最近一项研究表明，当时的开京及周边地区大约居住着50万人口。当时的高丽总人口在250万~300万，也就是说，开京聚集了高丽总人口的六分之一至五分之一。[60]当然这一数字未必可靠，但可以肯定的是，开京是当时高丽人口最稠密的城市，也是高丽的经济中心，高丽的主要商业活动都在这里进行。[61]

10世纪初，高丽的开国君主一开始就选择定都开京，这是因为开京与其政治势力范围相邻，且有天然防御优势。开京位于三条主要河流交汇的盆地，四周山脉连绵，其中的最高
169 峰——松岳峰高750多米。1358年农历三月，恭愍王下令修复都城的外墙。[62]当时，都城外墙随地势蜿蜒起伏，有14里长。都城的外墙包括部分石制堡垒和土墙。根据最近的考古资料，都城外墙外侧均高4~5米，内侧高2~3米。外墙和内墙的高度之所以有差别，是因为高丽沿城墙四周挖掘了防御战壕。开京的外墙上窄下宽，呈梯形状，底宽5~7米，顶宽3~4米。[63]

1361年11月中旬，恭愍王动员开京百姓加强防御工事。首先，下令修复并坚固开京城内的25道城门。[64]11月末，恭愍王招募新兵守卫都城，以增强京城防御工事。为此，他发布公告：

> 凡应募者，除私贱外，士人乡吏官之。宫司奴隶良之。或赏钱帛听其所自愿。[65]

其次，他下令公侯以下官员向高丽官军进献战马，随时准备与即将兵临城下的红巾军作战。[66]

当高丽惨败、红巾军大捷的消息从慈悲岭传来，恭愍王震惊之余开始安排京城妇孺老弱病残离开京城，此举无异于发出明确信号，即高丽朝廷要弃城而逃，于是开京城内人心惶惶。[67]

破晓前，撤离京城的最后工作还在继续。安祐、李芳实等高丽将领匆匆赶至开京，表示誓死守城，抗击红巾军。一位军官声泪俱下，希望国王留下来招募士兵，守护宗庙，与开京共存亡，"望愿上少留，募壮丁，守宗社"[68]。洪彦博、金镛（卒于1363年）、安祐和李芳实等恭愍王心腹元老大臣也 170
力劝恭愍王与京城百姓一起守城，至死方休。[69]其他宰相大臣也许是愧于自己因懦弱而提出撤退而非英勇抵抗的倡议，"相顾默然"。

拂晓时分，恭愍王和随从来到京城中部的旻天寺。[70]当时，恭愍王的亲信被派到京城主干大街招募义兵，以期为都城保卫战做最后一搏，但应征者寥寥无几。安祐只好奏报恭愍王，自己已经尽力，但没能招募义兵守卫都城，不过他表示自己愿意留下来守城，"臣等留此御贼，请王行"[71]。翰林学士柳淑（1324—1368）也建议南迁避难。柳淑早在红巾军攻陷光州时就提出如果红巾军进攻都城高丽朝廷应该如何应对的问题，"朝廷所赖，高墙深河粮草也。今时，城墙破碎，仓廪空虚，红巾贼若至西郊，我等除束手待毙，何如也"[72]？

高丽百官在听到恭愍王打算逃离京城的消息时无不惊慌失措，一些人甚至弃官而逃。据说，一位和恭愍王、蒙古朝廷关系密切的官员在逃离京城的时候，"妻子仆人物品推车马匹蔚为可观"，他却弃老母于不顾。[73]而尹侅（死亡时间不详）与此形成鲜明的对比，他和国王的随扈谈笑风生，从容淡定。几年前，尹侅出任福州地方行政长官，不久因护卫恭愍王有功，升任庆尚点军兵马使。[74]

就这样，恭愍王将朝臣、百姓和二十八座宗庙抛在身后，带着他的王后和嫔妃穿过崇仁门，仓皇逃离京城。在南猎，恭愍王一行渡过临津河，然后下榤兜率院。

据《高丽史》和《高丽史节要》记载，当时，随同恭愍王逃离京城的百官和王族只有 24 人左右。另据《高丽史》记载，
171 “未有一人扈驾者”[75]。不过，这场逃难之旅并没有那么仓促草率，似乎颇具戏剧性。据说，恭愍王在临津河岸驻驾，凝视着环绕京城和王宫的风雨山河。也许，他在想为什么他的一生中会出现如此重大变故？五年前，他还意气风发地肃清强大的政敌，令高丽军收复了鸭绿江西岸，雄心勃勃地向大元兀鲁思提出挑战，以期加强高丽王权。而今外敌进逼京城，他不得不连夜狼狈逃离王宫，随扈之少令人痛心。总之，我们无从得知当时恭愍王的万千思绪，只知他淡然地对随行的大臣说道：“如此风景，卿等正宜联句。”[76]

高丽朝臣在河岸吟诗以示风雅之际，京城早已变成人间地狱。恭愍王逃离后，开京陷入混乱，“老幼颠仆，子母相弃，蹦籍诸野，哭声动天地”。[77]

就这样，在荒废凄厉的乡村道路上穿行的王室队伍，开始了颠沛流离的南迁之旅。南逃路上，恭愍王和他的女人狼狈不堪，令观者黯然泪下。恭愍王王后被迫弃辇上骑，其他妃嫔也不得不坐骑瘦马。[78]恭愍王流亡朝廷抵达阴竹的时候，随扈增至 1400 人。到广州时，当地官民都跑到山上避难，只有州官前来迎驾，“吏民皆登山城，惟州官在”[79]。南迁途中，恭愍王照旧

签发军事任命，但来自北方的消息一再令人沮丧。1361 年 12 月 19 日，在距广州以南 50 里的王室驿站，恭愍王接到红巾军攻陷京城的奏报，“贼已入京。临津以北，非我有也”[80]。

高丽末期，丧失北方领土的控制权非同小可，这是蒙古自 13 世纪入侵至最终完全控制高丽的分水岭。当高丽忠臣向恭愍王含泪以告地方官员如何漠视朝廷征讨红巾军的旨令的时候， 172
“请征诸道兵讨之，而宰枢不应”，恭愍王茫然以对，想不通事态怎么会演变到这种地步，“其如仓猝何？”[81]

高丽精英家族对此反应也各有不同。一些人离开京城，以逃避日益逼近的红巾军。刚刚上任的中大夫国子祭酒韩修（1333—1384）则投靠了恭愍王福州朝廷。他在返京前一年出任福州朝廷的典仪典校。[82]而一些人虽然离开京城，但没有追随恭愍王南下。1361 年，朴允文及其夫人金氏逃到密城，直至去世，他们一直没有离开那里。[83]

不少精英加入了恭愍王的南迁之列。当时，李仁复因丁忧辞去检校侍中之职，他和他的兄弟在繁华的忠州觐见了恭愍王。忠州是当时的高丽水路交通枢纽。[84]恭愍王见到李仁复兄弟后非常激动，立即将他们揽入南迁朝廷。李仁复在高丽军收复京城后，出任开京副尹。[85]

李公遂，这位出身累仕朝廷精英家族的官员，在首都陷落之际正在竹田与红巾军交战。李公遂曾“劝恭愍王及随行人员，前往忠州避难”。恭愍王感动于李公遂对朝廷的支持，“非常宠信他”。[86]李公遂在收复开京后的重建大业中名噪一时。他在东北亚红巾军战争结束之际，作为恭愍王特使前往大都为恭愍王陈情，试图阻止蒙古废黜高丽国王（详见第七章）。

据载，恭愍王对朝臣加入其南迁队伍的举动异常欣喜，这似乎也暗示了他内心的恐惧和绝望。恭愍王在被赶出京城后似乎痛苦地意识到自己四面楚歌的境遇。朝臣弃官而逃的消息不断传来，如果事关重臣，恭愍王不得不派心腹确认。在信息如此不对称的情形下，很容易出现诬告和构陷现象，而这反过来又进一步加重了恐怖惶恐的氛围。[87]

173 当然，恭愍王不会天真地以为百官会如众星捧月般紧紧围绕在他周围。事实上，他在许多地方发现前来迎驾的官员并不多，特别是地方官很难按王室礼制迎驾。据一位庆尚地方官的传记，他可能意识到对国王应该盛隆迎驾，并为此安排了仪卫、彩棚和声乐等，“王之南幸也，迎候尽礼，供亿甚盛”[88]。更准确地说，“一如升平巡游盛事”。对此，恭愍王一行非常感动。[89]国王出巡场面本应生出敬畏之心，激动之情，只有这样，百姓才能敬国王如天，畏国王如神，“至于出入之际，必有警之节，徐驱而行，尘不及轨，前导后卫以行人，故百姓但闻其声，不见其面，君位以尊，民心以敬，戴之如天，畏之如神。”[90]但恭愍王的南迁之行不复昔日豪华壮观。

在离京的日子里，恭愍王处境惨淡。恭愍王一行抵达利川县时，他的御衣因为被雨雪浸湿而冰冻坚硬，于是只好生火取暖，烤干衣服，这和他在王宫时的安逸生活相比简直是云泥之别。[91]真正的问题是，流亡朝廷能否得到充足供给？大部分地方百姓因为害怕红巾军南进而纷纷逃离。[92] 1362 年初恭愍王寓居尚州时，牧使崔宰勉力供应，但由于府库拮据，只好作罢，“尽力供应，然不行馈遗，左右短之，遂罢”。[93]

也许对恭愍王而言，南逃途中目睹的骚乱给他带来的精神痛苦要远远多于身体上的不适。著名理学家、元老大臣白文宝记录下恭愍王及其侍从南逃途中所见的骚乱：

> 官吏洎民，临乱苍皇，如惊麋伏兔，罔知措手足。虽令之不能齐。上心忧之。及登岭下视之，苍苍焉，茫茫焉，若天地之横载者。[94]

但是到福州后，情况发生变化。据白文宝记载，福州“山 174
高而水清，俗古而民淳”。在这里，和北方截然不同的是并没有出现混乱局面，也看不到绝望的难民，到处是欣欣向荣的景象，“旗纛交蔽，冠佩相望，清宫引驾，且安以肆”[95]。见此，恭愍王大喜，无疑也松了一口气，于是驻驾福州，停下了继续南逃的脚步。

福州作为一处孤岛，并未深陷混乱政权中。恭愍王毫不犹豫地选择在此驻跸，是因为这里不仅有诸多名胜，地处岛屿盆地的中央，四周群山环绕，是天然堡垒，特别是其腹地地形可以避免倭寇侵袭。福州城墙要塞都是巨石垒就，城内有数十口水井，军备颇具规模，加上与庆尚道的交通便捷，所有这些都让仓皇逃离的恭愍王及其朝臣欣然同意以此为陪都。何况福州百姓向来有效忠国王的传统。同样重要的是，恭愍王的随行人员中半数以上与福州关系密切，或是福州人，或与福州人有姻亲关系，或曾在这里担任官职。[96]其中比较有名的是恭愍王母族洪氏家族，有好几位宰相出自这个家族。

就在恭愍王在福州摩拳擦掌、打算重整山河之际，他的开京臣民则遭到红巾军骇人听闻的暴行。如果《高丽史》记载所言不虚，红巾军无疑对开京百姓犯下了滔天罪恶：

> 杀牛马张皮为城，灌水成冰，人不得缘上。又屠炙男女，或燔孕妇乳为食，以恣残虐。[97]

虽然恭愍王被红巾军赶出京城，开京百姓惨遭蹂躏，但庆幸的是，首都圈其他地方的情况并不严重。

佛僧与红巾军

在开京东南 30 里外有座天宝山，山上有一座著名的禅寺——桧岩寺，这座禅寺因缘际会与蒙古治下的东北亚产生关
175 联。其新任住持是著名禅僧懒翁（即慧勤，1320—1376）。[98] 1348～1358 年，懒翁在中原地区游历十年，先后参访了大都、江南（包括海上军阀方国珍的大本营——明州）的寺庙。懒翁在旅居大都期间，曾经拜提纳薄陀大师（即指空）为师，研习印度禅（Dhyana，静思之意）。提纳薄陀，出身贵族，14 世纪初来到中原从事佛法交流和禅修教导。[99]一般认为，提纳薄陀于 1328 年创建了桧岩寺。

提纳薄陀在中原南部地区游历数年后北上，“拜访皇帝，并宣扬佛法”[100]。这位印度僧北上之旅的一段经历从另一个侧面例证了高丽女性在大元兀鲁思蒙古精英社会的重要地位。在扬州这座繁华的南方都市，知府的高丽籍夫人恭请提纳薄陀为她举行皈依礼。后来，还有一位帝国财政官员的高丽籍夫人也成为提纳薄陀的信徒。[101]这位高丽籍夫人还为提纳薄陀购置一处宅第，将其翻修为佛寺。[102] 1328 年夏，在高丽延福亭，提纳薄陀为虔诚的高丽士女说戒。另外，一位地方官员得提纳薄陀受戒后，禁止辖区百姓在祭祀城隍庙的时候使用肉类，“禁民畜甚严”[103]。1368 年，提纳薄陀圆寂，其头骨在他著名高丽籍弟子懒翁的安排下入葬桧岩寺。[104]两年后，恭愍王驾临王轮寺，“观佛齿和胡僧指空头骨”，将其迎入禁中。[105]

可见至 14 世纪中叶，提纳薄陀在东亚地区名闻遐迩，他和

蒙古精英、高丽精英关系密切。[106]据汉人文人宋濂的记载，提纳薄陀“能前知，号为三百岁，人敬之如神”[107]。当时，有传言说提纳薄陀对皇帝大不敬，但是皇帝对他百般容忍，这足以证明他作为宗教人士的地位显赫到何种程度。据一篇传记记载，提纳薄陀在大都时，“称皇后都听命于他，宫内的妃嫔都是他的仆人……这话传到当时的皇帝妥懽帖睦尔耳中，后者毫不以为意，说提纳薄陀本来就是达摩王子，有资格这么说，而且他这 176
么说也证明没有把我和我的家人视为外人。”[108]

另外，提纳薄陀也和大元兀鲁思的高丽人建立了良好关系。他应奇皇后和她的儿子（即皇太子爱猷识理答腊）的邀请，在大都皇宫的延华阁布道（至少有一次）。[109]如上文所述，一位蒙古官员的高丽籍夫人在京城府邸为他翻盖了一座寺庙。这位印度大师至少有三位高丽籍禅僧弟子，他们分别是：无学自超（1327—1403）、白云景闲（1298—1374）和懒翁。后来，这三人成为高丽末期重要的佛教人物。[110]

懒翁拜师提纳薄陀，这无疑在他的履历上留下了辉煌的一笔。由此，他很快引起元朝皇帝的关注。1355 年，妥懽帖睦尔任命懒翁为京城广济寺住持。据《懒翁传》记载，皇帝赐给他现钞、丝绸和“满绣”（金线刺绣的僧袍，*kāsāya*），皇太子也赏赐了僧袍和象牙掸子。1358 年春，懒翁在获得他的印度师傅的认可后返回高丽。他在归国途中，在东北亚的辽东地区、平壤和东海等地弘传佛法。他使用的语言可能是高丽语，但考虑到他在大都生活了很长一段时间，所以也可能使用了蒙古语或汉语说法。

直至 1361 年末，懒翁才回到高丽京城——开京。在开京，他成为高丽最有名的禅僧。他入京的时候，恭愍王特派一名宦官前去迎接。恭愍王和他的王后都曾邀请懒翁开堂说法。高丽朝廷赐给懒翁的东西之多令人眼花缭乱，包括恭愍王所赐绣袍和水晶掸子、王后所赐玛瑙掸子。另外，恭愍王还任命他为王师。1361 年农历十月，懒翁出任桧岩寺的住持。几周后，红巾军占领了高丽京城。

旋即，这位新住持要面临一场重大危机。据《懒翁传》记载，一小股红巾军铁骑闯入了桧岩寺。面对凶悍的红巾军铁骑，懒翁大义凛然。但令人惊讶的是，红巾军头目只是向懒翁进献了沉香以示敬意，上完香后，他们就离开了寺庙。[111]当时，很多桧岩寺周边寺庙的僧侣纷纷找懒翁商量向南疏散事宜，即便庙里的人不是很了解新来的懒翁。但毕竟懒翁声名显赫，所以他
177 被奉为领头人。懒翁反对众僧向南方疏散的提议，认为“佛陀一声令下，我们就能得到保护，叛军能奈我何?”几天后，形势越发严峻，众僧再次找到懒翁，懒翁被他们的诚意感动，答应次日离开。

当天夜晚，懒翁梦见仙人护佑寺庙，“（懒翁）梦一神人，面有黑志，具衣冠，作礼曰：众散贼必灭寺，愿固师志。明日至，土地神坐视，其皃（貌），则梦所见也”[112]。于是，他令众僧献祭土地神。尽管红巾军骑兵多次进出寺庙，但众僧一直没有离开寺院。[113]据载，尽管有土地神的护佑，但寺庙还是不可避免地遭到破坏，因为在 14 世纪 70 年代懒翁曾翻修过“在战火中被毁的”桧岩寺。[114]

懒翁一直没有离开寺院。但另一位著名禅僧——普愚，则随同恭愍王向南而逃。普愚，曾在中原地区游历参学，于 1346 年春抵达大都，后驻锡大观寺。普愚圆寂前，在元朝皇宫为妥懽帖睦尔讲解《般若经》，为那些崇信佛法的帝国精英主持仪

式。普愚第一次见恭愍王是在大都，当时恭愍王作为高丽世子在大元担任怯薛。据《普愚传》记载，年轻的恭愍王对普愚的印象非常深刻，他向普愚承诺，有朝一日即位国王，一定尊其为禅学至尊。恭愍王回到高丽即位后信守诺言，于 1356 年册封普愚为王师。王师的行政职责，包括监管高丽宗教机构。[115]恭愍王即位初，曾向普愚请教政治问题和宗教问题。[116]王师在高丽行政体系中，颇引人注目。据恭愍王 1358 年谕旨，王师还负责监督京城城墙的修复工程。据普愚一位随从的传记，1358 年，普愚密奏恭愍王，称高丽即将面临入侵的危险。1359 年秋，普愚预感到危险正在逼近高丽，在弥智山顶修建了一处简陋的避难 178
所，他告诉身边的人如果遇到危险，可以逃到这里避难。1361 年农历十一月，红巾军攻破京城，这证明普愚的预言是准确的，至少信徒是这样想的。在福州的流亡朝廷，普愚一直陪伴恭愍王左右。据载，当地百姓曾到普愚在弥智山上搭建的陋所避难。[117]

流亡朝廷

1362 年 1 月 11 日，王家护卫队到达福州，结束了逃亡。福州正式成为高丽陪都。[118]恭愍王可能在这座高丽陪都的四周加固了城墙，搭建了警报用塔楼。

不久，高丽朝廷开始调整人事安排。恭愍王任命郑世云为总兵官。总兵官，权力很大，监管诸道事宜（也就是战争涉及的诸道）。自 14 世纪中叶，在大元兀鲁思的官僚体系中，存在这样一种倾向，即总兵官对战争涉及诸道拥有非常广泛的统调权。[119]郑世云敦促恭愍王拿出国王的果断和统治力，“速下哀痛之教，以慰民心”[120]。接着他又督促恭愍王遣使诸道，以督征兵。在他看来，集结国家的军事武装力量是击退红巾军的前提。

恭愍王接纳了郑世云的提议，以国王之名颁谕旨曰：

> 天下安，注意相。天下危，注意将。惟时与势轻重在人。可不慎哉。恭惟太祖肇创鸿业，列圣相承，休养生民。逮于寡人，狃于宴安，军旅之事废而不讲，以致红贼侵犯，播越而南。每念宗社，痛楚何堪。今分遣诸将合兵攻贼，
> 179 乃授郑世云节钺，往董厥师。赏罚用命不用命。其各处军官军人敢有故违节制，及隔越驰闻者，听以军法从事。于戏。师出以律，有国之所当先国耳。忘家为臣之所当急。惟尔士众体予至怀。[121]

在谕旨中，恭愍王纡尊降贵，至少在言辞上承认了武将的重要性，承认自己不重视军事防御，所以丢掉江山社稷，这意味着其在政治上的失败和对祖先的不孝。值得注意的是，恭愍王在这里公开强调了郑世云在红巾军战争中拥有至高无上的权威。

对于恭愍王的公开悔悟，郑世云非常谦恭地表示，国家不能托付给像他这样出身寒微（非贵族）的人，“如吾为相，国家宜乱”。话虽如此，但他立即以元帅的身份下令高丽军离开福州北上御敌。郑世云质问当时的高丽兵部侍郎兼翰林学士柳淑，能否确保军队立即集结，“吾明日出师，公归签军乎”[122]？当柳淑回答，军队已在竹岭大院集结的时候，“军已到竹岭大院”，郑世云竟然迫他签下生死状，“若军后期，公亦不得辞共责”[123]。

接着，郑世云把攻击的目标转向金镛。金镛也是当时高丽主要政治家，深受恭愍王宠幸。郑世云严厉谴责金镛消极抵抗红巾军的行为。[124]还不到一年，金镛开始越来越畏惧和怨恨郑世云，由此，引发了后来高丽朝廷一系列的暴力死亡事件。而当

时，郑世云手握重兵，意气风发。对于郑世云的重要作用和手握至高无上的权力，守侍中李嵒则期待殷殷： 180

> 今寇贼阑入，君臣播迁，为天下之笑，三韩之耻。而公首倡大义，仗钺行师。社稷之再安，王业之中兴，在此一举。惟公勉之。吾君臣日夜望公之凯还也。[125]

李嵒认可郑世云，是因为作为恭愍王时期的元老大臣，他曾出任统帅，监督高丽北部地区，抵抗第一次的红巾军入侵，其间他的儿子也死在战场上。[126]几天后，恭愍王又任命郑世云为中书平章事。[127]

就在高丽官兵分路北进与红巾军交锋的时候，地方牧守则和红巾军的游兵散勇苦苦周旋，后者虽然规模不大，却有致命的危险。1362 年 1 月中旬，高丽晋升盐州地方官，表彰他英勇抵抗红巾军，“率州人发兵拒贼”，杀死约 140 多名红巾军游骑。[128]原州牧守也被红巾军杀害。安边府的百姓在遇到 29 名红巾军骑兵的时候选择了投降，至少是诈降。当地百姓设宴招待红巾军，酒过三巡，他们趁红巾军沉浸在表面的胜利和安全的时候将其全部杀死。[129]江华府百姓和地方官也用类似手段，在宴请红巾军高官时设下埋伏，然后全歼红巾军。[130]

不过也有不少高丽臣民是真正投降红巾军。1361 年末，一位高丽将军在安州附近被俘。此人曾和安祐、李芳实一起并肩作战，具体细节不详。他投降后摇身一变成为红巾军统帅。他在送给恭愍王的公文中称可能会攻打开京，“将兵百十万而东”，威胁恭愍王“速迎降”。[131]《高丽史》对此公文只字 181
不提。不过，至少有部分官兵和这位高丽将军一起投降了红巾军。需要特别指出的是，《高丽史》中的“麾下兵”，不同于正规官军。当时，许多大臣名下都有“亲兵”或“麾下兵”，这其中以李成桂最为有名。此时，那些与投降红巾军的将军有特殊关系的高丽军，必须要在效忠国王或效忠其上司之间做出抉择。

这时，西京传来消息，希望郑世云负责接应一万多名从叛军控制的城市逃亡而来的难民。对于地方百姓拒绝红巾军统治的现象，郑世云当然是乐见其成，他立即派礼部大臣处理相关事宜。[132]总之，在监督军旅事宜和恢复政治秩序方面，郑世云发挥了积极作用。

就在郑世云在北方率军致力于恢复王朝统治的时候，南方的恭愍王则监管朝廷事务。在福州，恭愍王的突然驾临还是引起了不小的轰动。恭愍王和往常一样，习箭、游玩、泛舟。但在当时形势下，恭愍王的这些日常活动不可避免地遭到非议。1362 年 1 月中旬，恭愍王一行在映湖楼附近泛舟、习箭，随后出席了朝臣安排的宴会。据载，当时观者“如堵”，有人流泪长叹，有人喃喃念诵预言，“牛大吼，龙离海，浅水弄清波，古闻其言，今见其验”[133]。

在陪都福州，还有一件令高丽朝廷比较担心的事。恭愍王把保卫高丽王室安全的大权交给了赵暾。赵暾在朝廷危难之际出现在恭愍王身边，说明恭愍王致力于加强王权的苦心没有白费。如第三章所述，1356 年，恭愍王重新控制了双城总管府。双城总管府，位于高丽东北边境军事战略区，虽然地处高丽境
182 内，但是自 13 世纪以来一直隶属元朝政府。恭愍王巧妙地利用卫戍部队统帅赵氏家族的内部矛盾，说服了赵暾接受高丽统治。赵暾在争取双城府其他同僚时指出，我们本是高丽人，和高丽

有共同的祖先。他在写给族人的信中说：

> 汝本高丽人，尔祖与吾祖皆自汉阳来。今背本国，从逆竖独，何心哉？弃逆从顺，去危就安，功名富贵，此其时也。[134]

鉴于赵暾在收复双城的谈判中表现突出，恭愍王对他大加赏赐，授予他很高的爵位。

恭愍王成功收复了双城，但战役很残烈，因此不少高丽望族对此不满，而且我们可以推测女真精英也同样不满恭愍王。本来，赵暾差一点就要说服赵小生——他的外甥、双城统帅之一投降高丽。但赵小生不信任高丽朝廷的大赦诚意，因为他的副将在投降高丽后不久就被处死了。[135]于是，赵小生奔北而逃至元朝境内的女真人驻地，成为恭愍王的潜在威胁。[136]赵暾，这位久经沙场的老将不仅对战场上的短兵相接之道了如指掌，而且熟知朝堂的军事政治规则，尽管没有实现赵氏家族在东北的未竟事业，但他毕竟选择支持恭愍王，这对后者而言，是一件多么值得宽慰的事情。

在福州，恭愍王和过去在开京的时候一样，继续奉元朝正朔，并“贺正”。在农历新年，恭愍王到地方儒学院去拜祭剩下的祖先神主牌位。他在仓皇逃离京城的时候，丢失了好几个先王神主牌位。在过去，这种祭祀一般是在开京的太庙举行。与此同时，恭愍王也没有忘记自己大元兀鲁思成员的身份，他遣使大都向皇帝妥懽帖睦尔送去新年祝福。[137]这也再次验证了恭愍王的双重身份认同，即他不仅是高丽开国君主的后裔，而且也是泛欧亚蒙古帝国精英。

183 流亡朝廷在抵达福州一个月之后，高丽军做好了收复开京的最后准备工作。1362 年 2 月 12 日，安祐、李芳实、金得培等高丽大将率 20 万高丽大军在开京东郊安营扎寨。郑世云出任总指挥负责收复京城的战斗。天亮前，收复京城的战斗打响。[138]在隆隆的战鼓声中，高丽军训练有素，化整为零，向京城城墙进击。李成桂，这位未来朝鲜王朝的开国君主当时还只是小有名气的将军，他带着两千亲兵冒着雨雪攻城。[139]李成桂的麾下护军（几十名骑兵），也在所部将领指挥下冲锋在前。[140]据《高丽史》记载，红巾军在京城也修筑了防御工事，但黎明前的这场突袭让他们惊慌失措，其头领甚至都不知道高丽官兵发动了攻城战。

高丽官兵利用红巾军仓促应战的混乱时机展开了大规模京城攻坚战。不过他们很小心，避免把红巾军逼上绝路，毕竟，“穷寇不可尽”，攻城目的是收复开京，而不是消灭红巾军，于是他们故意打开两个城门，以便红巾军逃脱。

红巾军在匆匆撤离中“自相蹈藉”。不过，红巾军惨败（高丽号称砍死十万红巾军似乎有夸大之嫌）主要发生在混乱撤退中。[141]高丽官兵夺回了元朝皇帝授予高丽王室的玉玺、金银铜印及兵仗等象征高丽统治权之物。在开京大屠杀中幸存下来的红巾军（约有 11 万人）撤到鸭绿江西岸。[142]几天后，郑世云所部大获全胜的消息传到陪都福州。恭愍王立即派李大豆里（高丽世子潜邸官员）赐郑世云衣酒，以示感激。[143]

权衡这位当时和元朝有密切往来的消息灵通人士，在恭愍王南逃福州后逃到耽罗（今济州岛）。他认为，高丽的获胜在很大程度上是因为施行诡计。

> 其臣纳女请降。将校皆以女子配之，军士遂与高丽如

> 姻娅，恣情往来。高丽人因而各藏其马于林中。一夕，传 184
> 王令，除高丽声音者不杀，其余并杀之。沙刘二、关先生
> 皆死，惟破头潘、神将左李率轻骑万人，从间道走西京降
> 孛罗〔帖木儿〕，已而又降扩廓（帖木儿）。[144]

姑且不论高丽是以战取胜，还是以计取胜，但毕竟开京回到了高丽手中。

阳光照耀之地：大将军郑世云的奏折

郑世云在收复京城后给驻跸福州的恭愍王送去了一份冗长的奏折。他在这份奏折中多次提到中原王朝的历史，自如地引用了汉文经典，几乎可以肯定的是，这份奏折是郑世云找人捉刀代笔的。不过我们也可以假设，这个奏折反映了郑世云的真实想法。下面，全文引用这篇奏折，说明郑世云是如何认识自己在高丽的重要地位以及他如何认识高丽在大蒙古帝国的地位。

> 轸济世之心，旁求俊彦。敬承分阃之命，恐累圣明。
> 窃闻兴衰有数，理乱无穷，安民之要，御寇为难。大王去
> 邠未能防狄人之逼，[145]明皇幸蜀不得制猲猃之侵。[146]扫赤眉，
> 而刘汉重兴。[147]破黄巾，而曹魏继统。[148]悉惟时运，匪独人
> 为当。去岁之仲冬，直滔天之勍敌，论其肆毒，虽豺虎之 185
> 莫如。观其行兵，亦孙吴之难抗。[149]日将自恣，世无谁何。
> 乘胜长驱，既横行于天下，远引直入，遂大振于海东，[150]怒
> 锋不可当，望风皆自溃。百万精甲，奄屯住于都城。亿兆
> 斯民荡流离于道路。嗟哉！黎烝甚于涂炭，况乘舆之远狩，
> 实将相之深忧。肆举云合之兵，遂攻蚁聚之虏，士卒得建

> 瓮之势，赴敌何难？顽罴为破竹之魂迎刃辄解。制天下所不能制，诛一世所不能诛。鱼可息于鼎中，免难脱于网外。田单一奇何足法，[151]葛亮八阵可为师。凌雪入城，李愬取蔡州之地。[152]背水为阵，韩信拔赵壁之旗。[153]事虽不同，义则允合。昔搜兵于己亥，曾扫贼于朝鲜，再克寇侵之强，皆非臣等之绩。兹盖伏遇殿下勇智天锡，圣敬日跻，远播休风，遵礼乐于三代，诞敷文德，[154]舞干羽于两阶。枭獍之所以驯，犬羊之以伏，无不关于圣化，亦皆囿于至仁。理之自然，否则复泰。斯乃重兴之际，实是更始之初。臣等敢不竞奋鹰扬之勇[155]。[156]

186 在奏折中，郑世云竭力向恭愍王证明自己对高丽和大蒙古帝国的重要性。这份奏折以“敬承分阃之命”开头，接着列举了中原王朝历史上发生的诸多事例，旨在说明王朝兴衰实乃天命。[157]但郑世云也毫不讳言，王朝命运掌握在大将之手，而他——郑世云——就是这些大将之一。正是他，在朝廷前途莫测的危难时刻，扭转了高丽的天命轮盘。郑世云为了强调这一点，还列举了中原历史上许多的著名将领和战略家。在他看来，在这些人中，有些人不如他，有些人是他效仿的典范。但是无论如何，他可以与这些大人物比肩。

在谈到当前局势的时候，郑世云首先塑造了叛军势不可挡的形象，“论其肆毒，虽豺虎之莫如。观其行兵，亦孙吴之难抗。日将自恣”。郑世云谨慎地指出，红巾军入侵高丽是大元兀

187 鲁思境内更大战争的一部分，奏折中“世无谁何”“制天下所不能制，诛一世所不能诛”的“世”“一世”和“天下”指的就是大元兀鲁思。

接着，郑世云谈到了红巾军入侵给高丽带来的危险。起初，红巾军横扫高丽，高丽军束手无策，自信心全无，“大振于海东。怒锋不可当，望风皆自溃”。很快，京城沦陷，君臣百姓颠沛流离，“百万精甲，奄屯住于都城，亿兆斯民荡流离于道路。嗟哉！黎烝甚于涂炭。况乘舆之远狩”。所有这些，无不让高丽朝臣“深忧”。由此，自然过渡到郑世云的功劳。

郑世云并非唯一指出红巾军是不可战胜的人。金九容（1338—1384）曾这样描述1361年的红巾军入侵：“豺虎陷京国，群臣总不知。苍黄失妻子，颠倒弃婴儿。烟焰冲云起，山河满目悲。金汤已未守[158]，奔走欲何之？”[159]

在这里，金九容强调了高丽防守之崩溃，京城沦陷之迅速，君王离京之狼狈，王朝命运之绝望。稍后，权近（1352—1409），这位14世纪末、15世纪初杰出的朝鲜学者和文人，在文章中把红巾军比作肆虐的洪水，“红贼亦炽，分兵而南，所向风靡，如决江河，滔滔莫御”[160]。

但是按照郑世云的说法，高丽军在他的指挥下迅速控制了 188
局面，“士卒得建瓮之势，赴敌何难？顽嚚为破竹之魂迎刃辄解”。这样，正如上文所述，郑世云的功劳就被放大到大元兀鲁思的视野。郑世云坦率地指出，元朝的那些蒙人和汉人将军们孱弱无能，正是他力挽狂澜，阻挡了红巾军的挺进，迅速将红巾军赶出高丽境内。是郑世云击退了红巾军，挽救了高丽王朝。放眼帝国，谁能出其右？

那么在这场具有划时代意义的舞台剧目中，恭愍王又扮演了什么角色呢？郑世云对恭愍王的功劳赞不绝口，“兹盖伏遇殿下勇智天锡”。在他看来，国家复兴主要靠国王的仁德，而恭愍王的仁德“圣敬曰跻”“远播休风”“遵礼乐于三代”。红巾军之所以被赶出高丽境内，正是因为恭愍王的仁德，他总结道："枭獍之所以驯，犬羊之所以伏，无不关于圣化，亦皆囿于至仁。"在这里，郑世云没有提到恭愍王杰出的政治领导能力、卓越的军事指挥才干和非凡的战略眼光。至此，虽然没有明说，但谁是高丽王朝的救星，不言自明。

郑世云在奏折的末尾憧憬了高丽的未来，同时希望自己继续为朝廷贡献绵薄之力。他引用了《易经》的一段话："理之自然，否则复泰，斯乃重兴之际，实是更始之初。"意思是说，经过暴风雨洗礼的高丽将迎来一个和平的时代，而他自己在力挽狂澜、挽救王朝于水火之后，也希望为高丽君主竭尽绵薄之力，"敢不竞奋鹰扬之勇"。不过在郑世云谦恭的言辞背后，其野心和欲望昭然欲揭，因为他希望自己在高丽王朝继续扮演主导者的角色。

189 危机四伏的胜利

福州狭窄的街道上笼罩着政治阴谋。就在红巾军战争即将胜利之际，南方陪都正在酝酿一场致命的阴谋。就在北方收复京城之际，南方的金镛正在策划一场对付郑世云等重要将领的阴谋。

金镛担心，如果郑世云、安祐、李芳实和金得培等高丽大将成功收复京城就会在朝廷拥有更大的影响力，赢得更多的支持力量。金镛的担心和恐惧，并非空穴来风。当时，郑世云出任中书平章政事，这一官职"介于二相三宰之间"[161]，特别是在红巾军战争期间，郑世云拥有至高无上的独立指挥权，甚至可以借口"不加邮骑负担"，只向恭愍王提供主要战事消息。[162]由于远离战场，恭愍王对战况鞭长莫及，无从了解每天战事更新，更不用说对战事发布具体的号令。正如上述奏折明确表示的那样，郑世云认为恭愍王将军事指挥大权（可能还包括更多的政治领导大权）托付给朝中大臣是值得称道的事情。可见，在红巾军入侵造成的军事危机中高丽将领的权力和地位得到了极大提升。

据《高丽史》记载，金镛认为，能杀死所有潜在政敌是最好，也是最简单的办法。于是他伪造恭愍王的旨令，派前工部尚书金琳（即他的外甥）向安祐密示伪旨处死郑世云。[163]安祐和其他效忠恭愍王的将领同意暗杀郑世云。后来的名臣李穑指出，郑世云在红巾军战争期间取得的巨大成功引起了同僚的极度嫉恨。[164]不过当时也有人拒绝执行“王命”。金得培就不同意在刚刚平息叛乱之后就自相残杀，“今甫平寇贼，岂宜自相翦灭”[165]？1362年2月17日，在高丽军返回开京后不久，安祐设宴邀请郑世云。当郑世云在宴会现场出现的时候，安祐手下将其杀死。[166]

《高丽史》似乎是在为恭愍王开脱，认为恭愍王和郑世云
之死没有瓜葛。据《高丽史》记载，2月18日，恭愍王接到收 190
复开京的捷报后派世子潜邸官员赐郑世云锦衣玉食，以表谢意。[167]次日，将军睦忠至抵达福州，带来“诸将合谋杀害郑世云”的消息。《高丽史》的记载令人不解：“秘不发（丧）”。[168]这一记录如此简单，既没有明确说明谁是杀害郑世云的凶手，也没有具体指出是谁在保持沉默。是诸将对郑世云之死保持沉默，还是福州朝廷对郑世云之死保持沉默？对此，我们并不清楚。

基于讨论，我们假设恭愍王事先对杀害郑世云的阴谋一无所知，如果是这样的话，他在听到郑世云死亡的消息时应该非

常震惊。因为在过去的一百多年来，高丽从未获得如此重大的军事胜利，而在如此重大的军事胜利后不久，高级将领，而且大部分是恭愍王在位初期的最强有力支持者，竟然合谋杀死了国王最器重宠爱，且精心挑选出来的统帅，而没有任何解释，事先也没有任何预警。这的确令人匪夷所思。那么恭愍王对这一重大事件的反应如何？据《高丽史》记载，次日（即2月20日），恭愍王派一名官员北上颁旨宽宥所有参与这次暗杀的将领，下令所有涉事将领前往他当时驻跸的尚州说明事件的具体经过，并商议善后事宜，“督赴行在，以安其心”[169]。在当时红巾军败局已定的形势下，恭愍王难道不担心这一举动会让将领心生嫌隙吗？他难道不害怕参与兵变的将领接下来对付他吗？

颁布赦令前，高丽朝臣也就此展开了激烈讨论。官阶高的大臣们倾向于宽宥诸将，而福州守朴之英，则强烈反对，认为“（李）芳实独杀世云，（安）祐等亦遇害”。恭愍王听到朴之英的说辞后举棋不定，但他还是立即下令召回宣旨官员，打算调兵征讨叛将。[170]

两天后（即2月22日），恭愍王接到来自诸将的奏报。也许奏报中提到了郑世云，但现存文献中找不到相关内容。不过，奏报内容可能是振奋的好消息，因为恭愍王阅后大悦，并再次
191 遣使赐诸将金银布帛。[171]另外，恭愍王还晋升李芳实为中书平章政事。李芳实就是被朴之英视为暗杀郑世云的主谋。不久前，中书平章政事还是郑世云。[172]不过，李芳实在中书平章政事这个位置并没有坐多久。

金镛开始慢慢收回他为实施阴谋而布下的棋子。他担心自己的外甥——金琳泄露阴谋，派人杀死了他。接着，他向恭愍王诬陷安祐擅作主张杀死了郑世云，“祐等擅杀主将是不有殿下

也，罪不可恕”[173]。被蒙蔽的恭愍王轻信了金镛，颁布了指控安祐的公文。恭愍王在公文中，强调了金镛的说法，谴责安祐等对国王不忠。

也许是害怕报复，或者担心于己不利，恭愍王派柳濯为代表出城迎接安祐。柳濯这位曾参加 1354 年中原战斗的高级将领，深受恭愍王信任。也许是为了试探安祐，柳濯故意跪下来向安祐敬酒。安祐连忙去扶柳濯，但柳濯婉拒与安祐平起平坐，表示“阁下是收复京城的大功臣，是高丽王朝的大功臣”。安祐的谦恭之举，并没有化解恭愍王的担忧。次日即 3 月 25 日，安祐入城前往临时行宫觐见恭愍王。凯旋回师的安祐，非但没有听到恭愍王的赞誉之词，反而被一顿叱骂后，被恭愍王近侍乱棍打死。[174]

安祐的尸体被拖下朝堂。《高丽史》中坚持为恭愍王开脱，说他不知安祐已死，以为只是被打昏，所以传旨宽恕安祐，尽管安祐犯下擅杀郑世云的死罪。恭愍王之所以赦免安祐死罪，是考虑到他为保卫高丽王朝做出了重大贡献。但金镛、柳濯等人向恭愍王进言，说安祐不忠，而且还要拘押金得培和李芳实。恭愍王采纳了他们的建议。

很快，金得培和李芳实这两位在红巾军战争中九死一生的高丽大将被肃清。李芳实的叔父在接到恭愍王的旨令后，在李芳实谒见恭愍王的路上迎住他，说要宣读国王旨令，就在李芳实跪下听旨的时候，其手下拔剑击昏了李芳实。李芳实仆倒在地，苏醒后越墙逃跑，但还是没有逃过死神追赶他的脚步。

李芳实死于被追杀途中。50 多岁的金得培在获悉同僚李芳 192
实的下场后仓皇出逃。恭愍王下令流放其弟，囚禁其妻，并审讯他的女婿。后来金得培被抓，其首级被砍下来悬挂在其老家尚州，以儆效尤。[175]

在短短的几个星期内，就在收复京城、挽救朝廷于水火后不久，高丽朝廷最有权势的四位大将，以国家公敌之罪被处死。金得培，还受到仪式性冒犯和公开羞辱。那些与这四位大将有牵连的下级军官则感到大祸临头。[176]《高丽史》编者严厉谴责金镛的所作所为，[177]但四面楚歌中的恭愍王，至少在铲除其潜在挑战者问题上，采取了默许态度。[178]

那么恭愍王为什么会沦落到如此地步？在这里，我们有必要回顾一下当时的政治军事形势。在恭愍王及其傀儡朝廷南方流亡的时候，上述四位将军控制着身经百战且数目庞大的高丽军队，而这些军队并不绝对效忠恭愍王。也许在不久的将来，恭愍王会对杀死这四位将军感到后悔，因为他们遇害之后高丽战场上再也没有出现像他们那样统御能力卓绝的大将。但这四位将领的威胁如此之大，以至于恭愍王再也无法容忍下去。随着高丽战胜红巾军的大局已定，郑世云、安祐、李芳实和金得培这四人就成为可有可无的人。

特别是郑世云的嚣张跋扈和滔天权势，已经达到危险的地步，朝臣对其傲慢行径无不侧目。当郑世云死去的消息传来，几乎无人为他伤心流泪。元老大臣洪彦博也认为郑世云的言行确实逾越了分寸，“总兵之出师也，言貌甚其及宜矣”[179]。

恭愍王的这种担忧也反映在其指控安祐暗杀郑世云的官方公告中。公告详细描述了红巾军战争中郑世云大权在握的情形：
193 “鹰扬上将军郑世云为总兵官，赐之节越，代予行事。继降敕书，宣示所以委任之意，大将小将，并听约束，俾无敢违。”[180]

公告没有明确指出在军事危机之际，重要将领应该拥有广泛自由的裁断和指挥大权，但毕竟这种倾向对恭愍王和朝臣带来了沉重的心理负担。公文末尾则进一步明确表达了对国王的权力受到挑战的担忧：

> 祐等，恃功骄恣，构衅世云，不畏大法，以快一朝之愤，总兵官代予行事，而居下者敢擅杀之，是不有我也……轻重灼然。[181]

恭愍王承认，安祐在红巾军战争中确实做出了重大贡献，“代予行师，血战好多年”。但他在公文中也指出，安祐虽有平息叛乱之功，但其无视君王的罪行绝对不能容忍姑息，“破敌之功一时之所，或有无君之罪，万世之所不能容”。换言之，郑世云既然是恭愍王的代理人，那么杀死郑世云就是否认恭愍王的权威。可见恭愍王及其心腹罗织罪名的逻辑是：安祐在杀死郑世云之后直接攻击恭愍王，他们表面上看起来犯了叛逆罪，实际上是犯了弑君之罪。

时人对金得培之死的反应表明他们对其不公正结局的不满。他们也揭示出为什么其政敌对其不寒而栗。翰林学士郑梦周（1337—1391），这位金得培的门生，经恭愍王许可，为金得培收尸并安葬。下面，是郑梦周悼念金得培的文章：

> 往者红寇阑入，乘舆播越，国家之命危如悬线。惟公
> 首倡大义，远近向应，身出万死之计，克复三韩之业。凡 194
> 今之人，食于斯，寝于斯，伊谁之功欤？虽有其罪以功掩之可也。罪重于功，必使归服其罪，然后诛之可也。奈何汗马未干，凯歌未罢，使泰山之功转为锋刃之血欤？此吾

> 所以泣血而问于天者也。吾知其忠魂壮魄，千秋万岁，必饮血于九泉之下。呜呼！命也！如之何？如之何？[182]

郑梦周在悼文中，高度评价了金得培的贡献。这一评价，让恭愍王朝歉疚自责，觉得对这些下场凄凉的将军欠下了一笔良心债。郑梦周在悼文中，塑造了这些将军在危难之际激励“远近之人”，一呼百应的魅力型权威形象，而正是这种权威让恭愍王不得不予以反击，以捍卫自己的权威。悼文虽然以“命也！如之何？如之何”结束，但郑梦周显然在指责高丽王室过河拆桥，忘恩负义。

从《高丽史》的只言片语中可以看出，这些遇难被贬的家族幸存者们获得了一定程度的同情。李芳实和安祐两人的十几岁儿子在街头行乞的时候，人们争先恐后地送东西给这些丧父遗孤，他们还记得这几位将军的大恩大德：“令我辈获安寝食，皆三元帅之功也。”[183]

恭愍王听到这些遗孤的命运后心情非常沉重。当他听说安祐的儿子在街头洒酒祭父时，派人把他接到王宫殷殷垂询，[184]“将其召到宫内，殷勤垂询，是打算返回家乡，还是留在福州，
195 是否需要帮助，并派人送其回家”[185]。至于那些惶恐不安打算逃跑的下级军官们，恭愍王也赐酒犒赏，“王召赐酒食劳之”。

恭愍王此举着实令人困惑。也许他是想通过关心安祐的儿子来表达对安祐之死的悔意和遗憾。但考虑到安祐刚被指控谋杀恭愍王的总兵官郑世云，其遗孤就被召到行宫，这一仁慈之举倒颇具戏剧性，而且这一举动是如此的公开，因为恭愍王并不是偷摸派人慰问遗孤或派人护送其返乡，而是公开召见了这些遗孤，整个过程也全没有瞒着那些将军。如果说事有蹊跷的

话，那就是“麾下士惊溃”。但是无论如何，这表明，恭愍王的肃清将领之举在高丽制造了恐怖高压的氛围。不过既然已经杀掉了深受欢迎的将军，那么恭愍王也不妨做出安抚将军遗孤的姿态，安稳“麾下士”。

柳淑的情况可以间接反映恭愍王和这些将领之间的紧张关系以及当时朝廷的混乱局面。元老大臣柳淑曾经冷静地向恭愍王提议放弃京城，因为京城无法抵挡红巾军的进攻。柳淑陪同恭愍王南迁福州，在那里他出任兵部侍郎、翰林院士。据《高丽史》柳淑传和李穑的悼文，安祐及其部将密谋暗杀柳淑，因为这些将领和幕僚认为柳淑是恭愍王的幕后军师，他们“擅杀总兵官郑世云”肯定会遭到恭愍王和柳淑的报复，“今既杀总兵官矣，柳某居中，每出奇谋，可畏也，去之便”[186]。

但柳淑显然对恭愍王非常忠心。他获悉诸将的意图后向恭愍王进言，大表忠心：

> 众怒难犯，今诸将忌臣者，徒以在殿下左右耳。殿下如逐臣，则臣一布衣耳，谁复齿牙间耶。[187] 196

恭愍王感动于柳淑的忠心，任命他为摄政东都。柳淑比那些将军甚至恭愍王都活得长久。

王朝的未来

1362 年 3 月 21 日，恭愍王在收复开京五个星期后离开福州。[188]从福州北上返回京城，恭愍王用了近一年的时间。恭愍王一行在悠闲的北上之旅中临时驻跸的地方多达六处。对于恭愍王驾临之地来说，这既是莫大的荣耀，也是沉重的负担，因为地方官员要在不额外征收赋税的情况下为恭愍王提供符合国王礼制的丰盛膳食和豪华住宿。

福州百姓承担了保障临时朝廷各项供给的任务，这对地方而言无疑是相当沉重的负担。恭愍王为回报福州的供顿，将福州的行政地位从“牧”提升为“安东大都护府”。后来，金守温（1410—1481）对此这样描述：“前朝恭愍王避寇南幸，驻跸是邑，命将出师，克复京城，城舆返正，以其讦谟定命于此，而能复安于大东，故赐号安东。”

按照金守温的说法，通过行政地位的提升和高丽朝廷的认可，福州一跃而居南方最重要的郡县行列，进而福州主要家族得以出任最高官职,[189]白文宝就是其中之一。白文宝意识到在危难之际郡级以下行政单位之于朝廷的重要性，于是向恭愍王提议免除福州百姓的赋税。[190]在基本保障从中央政府那里获得的独
197 立性的情况下，赋予福州这样的地方特殊行政地位，极大地提高了地方精英的地位。[191]

高丽朝廷热衷于公开表彰郡县（如福州）对朝廷的忠诚，这在某种程度上也反映了高丽士兵、百姓和百官甚至王族不断投降红巾军的现实。如上文所述，红巾军战争期间，至少有一位地方官员投降红巾军，成为红巾军首脑。杨广道的许多行政机构被降级，也是因为当地百姓“率先投降，接受叛军”[192]。

1362 年 9 月，御史台宣布，惩处至少 6 名投降红巾军的朝臣和高官，拘押其家人。[193]监察司劾奏某位高丽王孙（忠宣王之孙）“弃国忘亲罪莫大焉”，请求“禁锢子孙籍、没田民以惩后人”[194]，但是我们没有发现没收其田地和部民的证据。不过这位王孙在逃亡元朝前，确实得到了高丽朝廷授予的封号，他到元朝后出任御史。

王室成员“投降”红巾军并不意味着背叛高丽朝廷。[195]考虑到恭愍王仓皇逃离开京，高丽精英落入红巾军之手也是理所当然。不过我们还没有发现高丽王族或大臣投降红巾军的证据。在指责王族或大臣背弃王朝和王室的背后，似乎有这样一种假设，即高丽王族和朝臣应该奋力抵抗，以身殉国，而不是屈膝投降，沦为叛军的俘虏。因为被俘就他们而言才是身份的亵渎。而这也可以解释恭愍王为什么不顾御史激烈反对轻罚其罪。

红巾军战争严重干扰了高丽朝廷和王族的正常生活。不过，恭愍王对于其在（福州）映湖楼附近狩猎泛舟的田园生活充满了怀旧之情。也许是在李穑的怂恿下，恭愍王挥毫写下“映湖楼”，为映湖旁边的楼亭题名。

从李穑（陪同恭愍王南迁福州的大臣）处，恭愍王认识 198
到，“朝廷必须要靠安东，安东是朕的复兴地”。恭愍王的墨宝被刻在匾额上，高悬在映湖楼亭。[196]事实上，为支撑这块威风体面的新匾额，地方官员不得不扩建映湖楼的大厅。[197]

接下来的年月里，恭愍王仍要面对巨大危险。尽管后来恭愍王对福州的生活充满怀旧之情，但在1362年春天，福州的空气中弥漫着不安的气息。虽然高丽军收复了开京，但王朝的未来还是令人忧心忡忡。高丽朝廷混乱的局面，持续了好几年。而对恭愍王那场血腥肃清将军的事件，人们依然记忆犹新。次年，恭愍王险些在心腹大臣策划的一场暗杀中丧命。与此同时，元朝也正计划废黜恭愍王，不惜动用武力将心目中的储君扶上高丽国王宝座。

那么如何解决高丽面临的困境？一些人试图在中原历史中寻找答案。如上文所述，郑世云在呈给恭愍王的奏折中，提到了东亚史上发生的一件大事，即755年安禄山之乱。几百年来，对于安禄山，这位驻守东北边境的强悍的军事将领发动的大规模军事叛乱，以及唐玄宗仓皇出逃首都长安的形象，文人墨客一直在大肆渲染。安史之乱是唐朝走向衰亡的分水岭。从此，唐朝彻底丧失了帝国统治。郑世云之所以提到笼罩王朝的阴影，无非想强调他正在承担艰巨重要的任务，正因为他，高丽才避免落入万丈深渊。

此前，李齐贤也曾援引安史之乱造成的巨大影响。李齐贤这位高丽最有声望的资深大臣之一，在恭愍王逃离京城南迁之际赶到尚州觐见恭愍王。面对恭愍王，他流泪长叹："今日播迁，何异玄宗禄山之乱？"[198]在李齐贤看来，高丽王朝的未来，并不像郑世云所言令人安心。

但无论如何，返回京城毕竟迈出了收复的第一步。

第六章 战后

从红巾军入侵造成的破坏中恢复步履维艰，又遥遥无期。199
在辽阳，连年战火极大地破坏了当地百姓的生活和社会经济。据一份明代文献记载，“元季兵寇残破，居民散亡，辽阳州郡鞠为榛莽，生灵之所生存者，如在焚溺”[1]。《高丽史》的表述向来有某种程度的夸张，但其中描述的“京城宫阙无遗，闾巷为墟，白骨成丘”[2]毕竟也是现实的反映。在京城以北五里开外的岳山脚下有一座王宫，过去这里人流熙攘，而今却在红巾军的劫掠下，部分设施遭到毁坏。[3]延庆宫的破坏情况比较严重。不久前，恭愍王还和王后在这里宴请元朝使节。延庆宫也是京城举行重要佛教仪式的地方，恭愍王在这里曾小住一段时间。延庆宫的破坏再也没有得到修复。[4]在高丽王朝苟延残喘之际，国王一直下榻小西门寿昌宫。[5]不过，从后来的国王仍住毬庭的情况来看，大部分高丽王宫设施似乎幸免于红巾军的摧残。

复苏 200

也许大部分宫殿挺过了红巾军如狂风卷落叶般的摧残，但是战争严重扰乱了王宫生活的许多方面。在典礼方面，最大的损失，可能是恭愍王仓皇出逃之际丢失的高丽先王的神主牌位（供奉在太庙的太祖、忠宣、忠肃、忠穆神主牌位）。神主牌位，是朝廷举行大典的重要道具。通过举行大典、敬拜神主，先王获得尊崇，这也是君王尽孝的重要内容。神主牌位，也是王室为尽孝而举行典礼的重要道具。供奉神主牌位，意味着先王享受到朝廷祭典中供奉的祭品，借由这一仪式先王被朝廷铭记，而君王权力和正统由于来自先王，理所当然也得到尊崇。恭愍王在逃京途中，曾参拜过两座供奉高丽太祖的寺庙。乱世危难之际，恭愍王可能希望得到先王的庇佑和指引。[6]神主牌位，是象征先王的有形标志，其丢失可是一件大事，可能预示着国运衰微，至少预示着恭愍王命衰运坏。恭愍王在返京后，暂时将神主牌位供奉在崇仁门附近的弥陀寺，并立即着手重制丢失的神主牌位。[7]

1363 年 6 月，恭愍王颁旨曰“国之大事，惟祀为重”。可见，恭愍王已经意识到最近的动乱造成大典祭器礼服的亏缺，所以他下令百官马上营造并恢复王室仪礼器具。高丽太祖的神主牌位在象辂的护送下安放在开京太庙，而其他神主牌位则在平辂的护送下返京。朝廷秩序的乱套也反映在颠沛流离中护送国王返京的百官的公服上。当时，随侍恭愍王的朝臣中“具带冠者仅四十余”。[8]恭愍王在返回京城之后，下令有功的王室成员和大臣配享太庙。[9]

当时连移置神主牌位这种简单的事情都有一定的困难。恭愍王还没有抵达京城就已经越来越恼火，因为百官迟迟不能提供以往的祭祀仪制。当时，白文宝主持还安都监。还安都监是为护送神（庙）主牌位回京而特设的机构。白文宝向恭愍王解
201 释，由于缺少参考典籍，所以很难制定合乎礼法的仪式。于是朝廷派史官到海印史库取回《三礼图》和杜佑（735—812）的《通典》。白文宝在翻阅《通典》之余，还向在王陵工作的老人请教，但这位老人目不识丁，很多事情大多“出于臆计”，以至恢复旧典的进程十分缓慢。[10]

对于高丽百姓尤其是开京百姓而言，世事维艰，寸步难行。在开京收复、恭愍王尚未返京的日子里，恭愍王通过摄政府发号施令，安置难民，指挥救济。1362 年 5 月初，朝廷开龙门仓发放粮食万石，以赈贷京畿饥民。[11]6 月，高丽朝廷承认，因政府办事效率低下和司法不公，以致百姓怨愤不满（可能是针对战后重建事宜，但具体细节不详）。白文宝提议，“轻刑固宜放免，重刑亦宜减，等量决速出”[12]。但朝廷依旧保持高姿态，通过增收赋税来筹措战后重建经费。1362 年秋，朝廷“以调度不给增”为由向百姓征收“无端米”。“无端”是方言，有“无妨”之意。[13]

红巾军造成的自然破坏，也需要高丽政府做出一系列回应。1362 年末，高丽朝廷以红巾军沦陷开京时宰杀大量牛马为由设立禁杀都监，“以红贼陷京，杀牛马殆尽”“申严宰杀之禁”。[14]在京城及其周边，到处是暴骸腐尸，令人触目惊心，犹如一道难以磨灭的伤疤时刻提醒人们，在这里，曾经发生过一场惨绝人寰的大屠杀。在 1363 年春天来临前，朝廷下令为掩埋尸体的人提供一日三餐，每隔五日给布一匹，作为薪酬。[15]同年春末，国王下令地方官员，严禁诸道防御军在行军途中践踏农田。[16]不过，我们还没有找到这一旨令是否见效的证据。

关于红巾军战争后的高丽社会，著名汉人诗人高启 202
（1336—1374）为我们提供了一扇可供想象的窗口。他在《朝鲜儿歌》中深刻揭示了两位高丽女性的悲惨命运。

> 朝鲜儿发绿，初剪齐双眉。芳筵夜出对歌舞，木绵裘软铜环垂。轻身回旋细喉转，荡月摇花醉中见。夷语何须问译人，深情知诉离乡怨。曲终拳足拜客前，乌啼井树蜡

> 灯然。共讶玄菟隔云海，儿今到此是何缘？主人为言曾远
> 使，万里好风三日至。鹿走荒宫乱寇过，鸡鸣废馆行人次。
> 四月王城麦熟稀，儿行道路两啼饥。黄金掷买倾装得，白
> 203 饮分餐趁舶归。我忆东藩内臣日，纳女椒房被袆翟。教坊
> 此曲亦应传，特奉宸游乐朝夕。中国年来乱未锄，顿令贡
> 使入朝无。储皇尚说居灵武，丞相方谋卜许都。金水河边
> 几株柳，依旧春风无恙否？小臣抚事忆升平，尊前泪泻多
> 于酒。[17]

高启在诗序中言简意赅地交代了这首诗的来由。这首诗写于他拜访周检校宅第之后。可以肯定的是，周检校的宅第位于南京。陈高华认为，周检校可能曾以汉人军阀张士诚的使者身份出访高丽，并在那里买下两个被遗弃的高丽女。[18]高启还在诗中形象地描绘了红巾军入侵给高丽带来的混乱和萧条局面。

这首诗同时也表明，无论是代表汉人军阀和蒙古将军，还
是代表元朝皇室，使节都从动荡不安的朝鲜半岛源源不断地带
204 回有关时局的最新情报。即便是在14世纪中叶数十年的混乱岁
月里，东北亚的经济、政治、文化和军事联系虽然错综复杂，
但始终没有中断。（见本书第八章）

高丽乡村

关于红巾军入侵给高丽乡村造成的影响，相关资料并不多。高丽著名理学家、户部尚书李达衷（1309—1385）写了一首《农妇叹》的诗，该诗虽没有指明具体时间，但是可以让我们想象红巾军战争给高丽乡村带来的绝望和萧条。

> 霖雨连旬久未炊，门前小麦正离离。待晴欲刈晴还雨，课饱为佣饱易饥。夫死红军子戍边，一身生理正萧然。插竿冠笠雀登顶，拾穟担筐蛾扑肩。[19]

从这首诗中可知，红巾军战争期间，朝廷尽管有中央常备军，但仍然从地方村庄抽调壮丁用于战斗或戍边。

隐士型学者元天锡（1330—?）也写了一首诗，他的诗和李达衷一样，基调阴沉，但元氏的诗歌强调了红巾军战争的另一面向。元天锡和李达衷不同，他突出强调了高丽在面对红巾军入侵时表现出来的坚韧不拔精神。但他接下来比较了高丽在危难之际的强大自信和面对无法回避的危机时的焦虑动荡 205
（“四方骚然”“年末无地”）。他虽然只在诗中顺便提及红巾军入侵给高丽造成的暂时经济混乱，但在一定程度上反映了当时高丽社会的艰难困苦。

> 匝地风尘胜去年，四方何处不骚然？我邦若固盘安业，天使斯民奠安眠。人皆不觉到新年，醉事劬劳几怅然。与世推移男子事，莫忧无地可安眠。[20]

高丽社会在红巾军入侵后将走向何方？元天锡并不是唯一担忧这一问题的人。我们不清楚，白文宝对高丽百姓举步维艰的日常生活有多大程度的了解，但是挥之不去的混乱局面促使他向中原远古圣贤尧舜和汉文经典六经之道求助，他认为，只有借助这些才能保证“上天纯祐，阴阳顺时，国祚延长”[21]。1362 年夏，白文宝用天数来解释高丽近期的动荡局面，指出天数周而复始，七百年为一小元，三千六百年为一大周元，如今高丽正处于理乱兴衰的关键时期。[22]朝鲜半岛自檀君以来历时三千六百载，现在正处于“周元之会”这一关键节点，所以朝廷应“讲究天人道德之说，以明圣学（理学）”。[23]我们不知道高丽朝廷是否采纳了白文宝的建议，但是朝廷推崇佛教的热情似乎一点儿都未减弱。

红巾军战争，进一步加剧了高丽乡村原有的经济和政治问
206 题。战后不久，恭愍王下旨曰：“近因师旅，民不安业，大小朝官避难在外，侵夺土田，剥民自利，民生益艰，其令督赴京师。”[24]恭愍王意识到，高丽的基础设施因红巾军战争遭到比较严重的破坏。1363 年中，恭愍王下旨曰，最近战争造成各道馆驿日益疲敝凋残，特别是“元属土田”，竟以维持馆驿之名巧取豪夺，令人触目惊心，所以下令追究整治，以安生业，减免龙驹以北诸驿三年的赋税。[25]

约翰·邓肯等人指出，高丽朝廷和国王在恢复对国家资源的控制方面取得了成功，但是规模有限。1388 年，高丽禑王再次下令地方严禁非法侵占驿站田地。[26]可见红巾军战争并不是造成国王对京畿百姓失去控制力的根本原因。

高丽国王为恢复和谐稳定的局面所做的另一努力是打算在军队（至少在部分军队）内部争取支持力量。恭愍王暗杀郑世云和肃清其他三位大将的过程，清晰地勾勒出这一问题的演进轨迹。1362 年 4 月中旬，恭愍王在临时行宫举办了盛大宴会，以慰劳抗击红巾军战争的将士。[27]一年后，恭愍王下旨部分减免红巾军战争阵亡军户家人的徭役。[28]

不过，恢复行政秩序并不是一件容易的事。1362 年 9 月中旬，留都监察司上疏称，最近京城百姓因战乱四处逃散，“京都近经兵火，人民离散，里闾空虚，其还者亦因讹言，随合随

散”，以致诸道不能向朝廷上缴赋税。为此，御史台提议，依制将朝贡全部送往京城，“人无所系，狐疑未定，日就残弊，乞贡赋依旧，悉输京都”。御史台并没有解释社会稳定和缴纳赋税的关系，在现存文献中也找不到赋税是否入库的具体内容。另外， 207
留都监察司还建议，除国王扈从百司定额侍卫之外，其他陪驾恭愍王朝官必须返回京都。[29]

由于京都王位虚悬，复建工程进展缓慢。1363 年 1 月末，近臣督促恭愍王尽快回京，“松都宗庙所在，国家根本，宜速还驾，以慰民望”[30]。四个月后即 5 月，仍有许多朝臣拒绝返京。[31] 6 月，国王再次希望朝臣与朝廷同舟共济，共同抵抗红巾军入侵，要求他们务实勿虚，“尚克相余，务求实，毋事虚文”[32]。但祸不单行的是，此时高丽境内出现了旱情。[33]

战胜红巾军并没有从根本上改变高丽内部长期存在的政治倾向。从恭愍王下令朝臣返京时的软弱无力，可以看出其王权的局限性。红巾军战争结束后，高丽朝廷党争还在继续。一些人借口高丽朝廷在红巾军战争中蒙受了奇耻大辱而打击政治对手，实施个人报复。1361 年 9 月，一位官员弹劾元老大臣洪彦博没有提前做好谋划，以致朝廷南迁、国王蒙难，“去岁（1361 年）播迁，宗社陷贼，主上蒙尘，取天下笑，公之不早图也”。另外，这位官员还谴责洪彦博，以权谋私，安排儿子、女婿担任朝廷军政要职，这不能不令朝廷担忧，“何不忧国家”[34]。不过，洪彦博的支持者反驳道，收复京城之功在于洪彦博，“收复京城，制胜方略，多公指画”[35]。

相对而言，其他事宜没有在朝廷引发更大争议。不久，朝廷着手祭祀大典，向神灵谢恩。一直以来，每当高丽陷入骚乱或遭遇入侵，朝廷就向神灵求助。1360 年 1 月初，朝廷百官前往神庙祭祀“中外山川，以求助”。同年 3 月，朝廷祭祀诸道郡城隍庙，以示谢意，“祭诸道州郡城隍于诸神庙，以谢战捷”[36]。1361 年农历十月，朝廷“铸兵捷于群望”[37]。另外，恭
208 愍王还在高丽军出征攻打红巾军时修葺箕子祠，[38]每月农历初一和十五前往箕子祠祭拜供奉祭品的惯例，一直持续到 1377 年。后来，箕子祠因莫须有的贪污指控而被废除。[39]

红巾军的入侵还破坏了高丽行政、司法及历史档案，而且这种影响持续了很长一段时间。1371 年农历十二月，距最后一批红巾军撤离高丽已经过去近十年，恭愍王以离京之际大部分户籍丢失为由下旨重编户籍，“依旧制重编户籍”。[40]我们不清楚，这期间朝廷官员是依据什么标准征收赋税和徭役的。至 1392 年（恭让王时期），仍有官员抱怨红巾军入侵京城造成高丽公私文档全部被毁，“贼犯京城，公私文卷亡失殆尽”[41]。这位官员指出，由于缺少准确合法的土地档案，当时伪造地契的现象非常猖獗，那些在战争中没有丢失地契的人见风使舵，称自己的地契也在乱世中丢失，以便从中牟利。对此，高丽朝廷为了在一定程度上恢复土地秩序规定：“今后告者无传继明文，一皆禁断。”[42]

直到几十年后，红巾军入侵时丢失的户籍档案和奴隶卖身契才被找到。至 15 世纪，朝鲜王朝官员以 1361 年红巾军战争为重要的时间基准，制定了限制奴隶所有权诉讼的各项措施，除非能够提供明确的所有权证明，否则官员一律不得受理索赔诉讼。[43]不过，我们也不能因此就得出这样的结论，即奴隶诉讼问题是在 1361 年出现的新问题，是红巾军战争造成了高丽土地抛荒或农村贫困的问题。奴隶是高丽和朝鲜王朝社会经济基础的必要组成部分。14 世纪，高丽朝廷设立专门机构受理

有关奴隶身份、所有权、买卖、赠送和诉讼等诸多事宜。[44] 1361 年红巾军的入侵为高丽末期和朝鲜王朝初期的政府官员提供了可操作的基准，以制约那些无休无止而且不利于国家的 209
诉讼。

红巾军入侵也给高丽的史料典籍造成了严重破坏。开京沦陷前，史官们在逃离京城之际匆匆将典籍史料（至少一部分）埋到地下。结果，这些典籍被那些挖地三尺搜寻宝藏的红巾军找到。高丽官军在收复京城后也没有重视幸存下来的史籍，弃而不收。[45]

1362 年 10 月末，留都宰枢（中书省一品及二品官员，枢密院二品官员）[46]向恭愍王奏报，红巾军在占领开京期间大肆破坏史库，以致“实录散在露地”。“实录”是按年代顺序记载皇帝或国王在位时期重要史实的编年资料，因为详细记载了朝廷大事要事，通常只有皇帝或国王以及指定的官员才能查阅。于是，高丽朝廷派史官负责收集和保存档案。[47]农历九月，留都监察司向朝廷上奏，称史库收藏的实录史只剩三箱数箧，如果弃之不顾，或继续存放在文庙里，恐怕会遗失毁损，应妥善保存这些史料典籍，对其通风处理，安排侍卫保护。[48]不过，留枢请求将史料典籍移送到海印寺的建议被驳回，因为“今寇乱甫定，不可遽移国史，骇人视听”[49]。

据《高丽史》记载，由红巾军入侵带来的混乱结束后，只有约五分之一的国典被复原。[50]在红巾军入侵前，李齐贤、白文宝、李达衷等著名文臣着手编写的高丽编年史手稿南迁时散佚 210
不见，只留下李齐贤的太祖纪年。[51]

我们不清楚红巾军战争给恭愍王带来了多大冲击，但他自离京以来常感到再也无法返回京城。对于他深爱的妻子——仁德王后在南迁流亡途中经历的艰辛痛苦，他也心知肚明。他在为王后所写的墓志铭中（仁德王后陵位于云岩寺东麓，挨着恭愍王陵），先是回忆了二人在大都“既同甘苦”的甜蜜生活，然后历数两人共同经历的种种劫难，特别是红巾军战争期间经历的苦难。

> 殆及东旋，再定祸乱。辛丑妖贼犯京，播迁于南，赞成克复，癸卯兴王仓猝之变，贼在跬步，横身障蔽，又其凶谋，攘窃国玺，乃能出奇，密令收护，俾我国家，式至今日，比功提甲，亦无忝焉，温恭小心，循蹈妇则，慈祥惠爱，克着母仪，儆戒相成，多所匡救，是宜终始，共守宗祧，乃以弥月之辰，竟殒厥身，兴言及此，痛楚尤深。[52]

恭愍王自福州姗姗返回开京途中，所有活动一如过去。1362年5月，朝廷开龙门仓发放粮食，以赈贷京畿饥民。当时，恭愍王正在尚州西门观看射箭比赛和其他表演活动，并慷慨赏赐演员五十四布。[53]一周后，恭愍王在南楼射箭，其近臣在旁击球助兴。[54]在逃离京城前，射箭和击球是恭愍王日常活动之一。

恭愍王在南迁之旅中还面临经济窘迫的问题。宰相洪彦博劝诫恭愍王，行宫库银捉襟见肘，应厉行节俭，不能像过去那样用度无节，“内帑之储，何如在都时经费？宜加裁省”。据载，恭愍王听罢默然不语。洪彦博是高丽朝廷重臣，出身恭愍王母族，当时他的儿子和女婿都担任朝廷要职。洪彦博对恭愍王如此反应极为不满，但也只能无奈告退，“言不见从，是何也？”当时，李齐贤的地位比洪彦博要高，他和洪彦博一样在议事时领教了恭愍王对此问题的态度，不过他非常同情恭愍王，痛惜恭愍王竟然沦落到如此困境。[55]

在离京的岁月里，恭愍王和朝臣的互动比起在王宫的时候更为亲密，当然这也不是他有意为之。1362 年 10 月中旬，恭愍王骑马微服出游。尚州街头的行人哪里知道骑马者就是高丽国王，还向他（至少两次）搭讪。[56]恭愍王微服出游，并不是新 211
鲜事。早在 8 月末，他就偷偷跑到尚州的西门射箭骑马。[57]事实上，恭愍王在 1362 年还专门设立习射都监。[58]毕竟刚刚经历的战争表明，骑兵之于朝廷或国王是多么重要的军事力量。

9 月初，恭愍王一行离开了相对安全的尚州。随后，返京之旅举步维艰。当恭愍王一行抵达元岩驿的时候，天降暴雨，其扈从、诸司和帐幕都被大水冲走，甚至还有人丧命。[59]几天后，大雨一直没有停歇，河水不断上涨。恭愍王在抵达沃州后只好下令造船 10 艘，打算乘船沿另一条路线继续北上。[60]

也许，是因为恭愍王的扈从臣僚太过嚣张跋扈，当地百姓都希望恭愍王一行赶紧离开，片刻都不要停留。在尚州的时候，恭愍王的扈从臣僚住在当地百姓家。据载，恭愍王的随扈倚仗权势，冒犯房东妻女。1362 年 9 月中旬，恭愍王抵达清州。当地很多百姓举家外逃，尽管恭愍王下令禁止百姓外逃。[61]清州百姓如果得知恭愍王回绝迁都清州的提议，一定会庆幸不已。当时，监察司反对迁都清州的提议，理由是地形狭隘，而且靠近大海，容易成为倭寇侵袭的目标。[62]

1363 年 1 月，恭愍王和幕僚决定在康安殿（恭愍王的寝殿）修缮工程结束前驻跸京城南部的兴王寺。[63]为此，恭愍王特设一个新行政机构——兴王都监，以管理临时行宫事宜。[64]同年 1 月、2 月，恭愍王继续缓缓北上，几乎每隔几天就停下来休息。[65]

1363 年 3 月 3 日，在因红巾军入侵而逃离京城大约 15 个月之后，恭愍王一行回到京城，确切地说是回到京城南郊。[66]高丽朝臣前往临时行宫——兴王寺参拜恭愍王。几天后，恭愍王对留都宰枢蔡洙感慨万分地说，我何曾想过有返京的这一天，这都拜各位的功劳啊，“不图今日得还京城，此皆卿等之功也。”[67]
212 在临时行宫，恭愍王大宴百官，君臣尽欢而散。[68]另外，恭愍王还在临时行宫设置华严三昧道场。[69]在风和日丽的日子里，恭愍王还会兴致勃勃地到兴王寺附近的名胜游玩。[70]不过，恭愍王在京城南部驻跸的日子并非一帆风顺。

1363 年 4 月 15 日，金镛，这位恭愍王的铁杆保王党、野心勃勃的高丽重臣，竟然阴谋策划暗杀恭愍王。[71]金镛密调 50 多名刺客闯入兴王寺（恭愍王临时行宫），行宫宿卫竟然窜逃而散，我们不知道他们这是为刺客做内应，还是确实无能。刺客们杀死了一名宦官和几名官员。[72]幸运的是，恭愍王在一名宦官的掩护下得以脱身。当刺客们冲向恭愍王寝殿的时候，一名宦官情急之下背起恭愍王就向王后寝宫跑去，而另一名相貌酷似恭愍王的宦官则假冒恭愍王躺在床上，结果被刺客当场杀死。[73]恭愍王躲进王后的寝宫，而他的蒙古王后则端坐在寝宫入口，以阻挡刺客的闯入。[74]毕竟刺客即便敢犯弑君之罪，也不敢伤害蒙古贵族。恭愍王在藏身之处偷听到刺客之间的对话，知道有几名重臣都已遇害。[75]

在形势不明的危急情况下，崔莹（1316—1388）等高丽大将从京城率兵赶来护驾。恭愍王死里逃生，免遭不测。[76]恭愍王感激之余立即宣布赏赐护驾功臣（包括参与护驾者），同时以“兴王之变不能卫”之罪，严惩和流放了大批官员，[77]。金镛被逮捕流放，后被处死。[78]金镛的此次政变未遂，正如高丽变幻莫测的局势，与元朝的政治需要密切相关（见本书第七章）。

红巾军入侵后的辽东

尽管高丽打算恢复边境秩序，但来自红巾军、大都高丽人
和地方蒙古将军的威胁，始终挥之不去。1362 年 4 月末，辽阳
行省同知、蒙古将军高家奴与从高丽北上的红巾军残部发生冲
突。[79]据载，高家奴在战斗中歼灭红巾军四千多人，抓获红巾军
头脑破头潘。随后，高家奴向高丽朝廷通报获胜的消息。[80]6 月 213
中旬，高家奴遣使高丽请求派兵追击红巾军。[81]

1362 年 9 月中旬，元朝派侍读学士忻都出使高丽，赐恭愍王锦衣美酒，庆祝高丽打败红巾军，并转达元朝皇帝希望高丽军联手高家奴展开钳形攻势攻打辽东南部盖州和海州的红巾军的旨意。[82]高丽一直在密切追踪红巾军的动向。不久前，恭愍王还遣使辽阳“体探红贼”，搜集有关红巾军实力和动向的最新情报。[83]

也许是因为元朝督促，也许是对出色的信息情报网的自信，1362 年 9 月末，恭愍王下令高丽军，与元军联合攻打红巾军。恭愍王任命他最信任的、官阶最高的大臣之一柳濯监管高丽西北面军。14 世纪 50 年代，柳濯曾总管沿海万户府，后加入脱脱领导的剿灭汉人叛军的战斗。另外，恭愍王还任命 12 名高丽朝臣负责诸道防御事务。[84]但是，恭愍王在高丽军出征前收到元军打败红巾军的消息，于是取消了出征令。[85]

这样，高丽边境得以保住。不过，辽东自身的困扰一直没有停止。1363 年 1 月中旬，红巾军再次攻陷辽东西部地区的大宁路。[86]具体时间不详。不过，据中原史料记载，同年春，关先生率残部离开高丽后再次劫掠上都，但被一名蒙古将军诱降击退。[87]关先生只好率残部穿过辽东地区，抵达上都。我们有理由

假设，关先生残部在穿过辽东的时候造成了一定的骚乱，至少是小骚乱。

此后，上都的宫殿再也没有得到修缮，从而结束了元朝治下长达一个世纪的两都传统。[88]当时，劫掠上都还具有更加深远的意义。当时有人指出，“上都千里皆红寇”。在他看来，帝国
214 北方皇宫的沦丧，是王朝最终崩溃的预兆。[89]

对于后来奔北而逃的妥懽帖睦尔而言，红巾军所到之处留下的刺目废墟都在提醒，他的世界已然发生了翻天覆地的变化。汉人官员刘佶在《北巡私记》（有关妥懽帖睦尔逃离大都长达17 个月的流亡生活回忆录）中指出，1368 年 9 月，元朝皇帝和人数不多的随扈在弃大都北逃上都的过程中穿过了居庸关。居庸关是妥懽帖睦尔在位初期为复兴蒙古统治斥巨资修建的。居庸关的岩石上刻有六种文字的铭文，彰显了帝国统治受佛教统治理念的加持。但不到 30 年，居庸关就证明这个宣言是多么狂妄自大，而不是乐观自信。红巾军造成的破坏景象随处可见，正如刘佶所言，“道路萧条，关无一兵。车驾至，亦无供张。帝太息曰：朕不出京师，安知外事如此？”[90]

在高丽解除了红巾军的威胁之后，高家奴仍然和恭愍王保持友好关系。1362 年末，高家奴遣使高丽向恭愍王进献羊四头，并求娶高丽女。高丽同意高家奴之请，恭愍王将一位朝臣的女儿嫁给了他。[91]1366 年末，辽阳行省同知高家奴遣使向恭愍王进献了鹞（用于狩猎的一种鸟）。[92]几个月后，高家奴又遣使进献猎鸟。[93]接下来几十年里，高家奴继续在东北地区发挥重要作用，他先是元朝的支持者，接着是新兴明朝和高丽之间的牵线人。[94]

据《明实录》记载，元末动荡局势特别是红巾军战争注定

了军阀高家奴的崛起。高家奴召集地方百姓组织军事武装，在山上修建堡垒，所有这些都是 14 世纪中叶大元兀鲁思其他地区军阀崛起的普遍模式。据文献记载，这些地方百姓成为高家奴部队的主力，并抓获了破头潘。[95]我们不清楚，高家奴是否和他 215
在某些时候宣称的那样，因为在攻打红巾军的时候表现卓著，而被授予辽阳行省同知，但是无论如何，他的显赫地位和影响力缘于元朝东北部地区的动荡局势。

1368 年，妥懽帖睦尔逃入大草原。此时，高家奴越来越独立。他利用在辽东和红巾军交战的军事武装力量，来对抗日益强大的明朝的威胁。14 世纪 70 年代初，高家奴在辽阳附近山区避难，拒绝明朝的招降。[96]1372 年，高家奴和纳哈出突袭辽东边境的高丽领土。[97]不过，和元朝东北地区的几十名统帅一样，高家奴最终还是投降明朝。明朝授予他高官之位，保留了他对部下的领导权，允许他定居京城，并慷慨赠给他现金和丝织品。1372 年夏初，高家奴前往南京，承认朱元璋为天命所归的天子。[98]

1376 年，高家奴利用红巾军战争努力修复与高丽的关系。他在回忆和高丽联合攻打红巾军的情形时，说道："与王普颜帖木儿共同策应，杀沙刘二、破头潘，其间王京官人每多信从我来。"[99]高家奴试图利用过去双方军事联合攻打红巾军的历史，来塑造自己作为明朝和高丽中介的新角色。[100]

蒙古将军纳哈出（卒于 1388 年）是辽东地区拥有最高权力的军事人物，他的崛起可以追溯到红巾军战争。《高丽史》甚至认为，基本上他是依靠元朝国运衰弱的机会占据高位，"元季兵焚，胡虏纳哈出据有沈阳之地，称行省丞相"[101]。14 世纪 60 年代末，纳哈出成为辽东地区最重要的蒙古统帅。直至 1387

年纳哈出投降汉人前，他一直在辽东地区的军事和政治发展过程中扮演了重要角色（包括在明朝和高丽王朝关系方面）。[102]

216 对恭愍王朝（后来是明朝）而言，纳哈出比高家奴更危险。1362 年 3 月末，高丽东北面军队和纳哈出多次发生冲突，被后者轻而易举地击败。为此，高丽国王派李成桂（有人推测是派其亲兵）予以反击。[103]1362 年农历七月，高丽朝廷接到奏报，纳哈出率军“几万”驻屯洪原（今咸镜）附近。

当时，赵小生支持纳哈出。赵小生是双城总管府的前任总管，在 1356 年 7 月被逐出双城，当时恭愍王的军队重申双城归属高丽（见第三章）。据《高丽史》记载，后来成为朝鲜太祖的李成桂在战斗中大获全胜，“获银牌铜印等物以献，其余所获不可胜数”[104]。

战斗进行到一半，纳哈出宣称自己是来追击红巾军，而不是入侵高丽，“我之初来，本追沙、刘、关先生、潘诚等耳，非为侵犯贵境也”[105]。对于纳哈出的解释，《高丽史》和《高丽史节要》表示怀疑，指出李成桂深知这种解释是为了让他们投降而使诈，“太祖知其诈，欲令降之”[106]。事实上，几乎与此同时即 7 月末，西北兵马使奏报红巾军即将入侵。[107]不过，纳哈出有时候也向高丽示好。1367 年秋，纳哈出遣使高丽向恭愍王进献马匹。[108]

红巾军战争结束之后的几年里，在东北亚挑战恭愍王的人越来越少，但是纳哈出一直在辽东对高丽构成潜在威胁。1356 年，恭愍王在收复高丽东北的战略重镇双城总管府的时候，赵小生及其支持势力拒不投降，逃到女真人控制区。高丽国王不仅一直无法统治他们，而且还要时刻担心他们在辽东制造麻烦
217 以引起元朝关注。[109]如上文所述，14 世纪 60 年代初，赵小生似

乎打算与纳哈出联手。1362 年夏，女真达鲁花赤所音山和总管不花杀死赵小生及其族人和主要支持者。[110]

赵小生之死并没有让边境局势稳定下来。除高家奴、纳哈出外，1362 年 5 月，一股来历不明的女真势力和高丽朔方道都指挥使部队发生冲突。[111]同年末，恭愍王派官员安抚女真地区，“绥靖女真疆域”，这表明这里始终存在紧张和冲突。[112]随着元朝对这一地区的控制逐渐弱化，在女真部和高丽之间出现了统治真空地带，在这里，小规模的军事冲突、贸易活动、人口迁移和交流往来非常活跃。

红巾军战争没有从根本上改变辽东高丽人的地位。辽沈地区仍有为数众多的高丽人。事实上，直至元朝和高丽灭亡之后，他们一直在那里居住。[113]不过，随着元朝对这一地区的有效控制逐渐减弱，高丽国王在辽东地区的地位似乎日益加强。1366 年 5 月中旬，从大都返回的高丽使团，在辽阳被一伙来路不明的“盗匪”拦截。一名高丽使为恫吓这群“盗匪”，出示了元朝皇帝赐给高丽国王的锦衣美酒，以及元朝皇太子的手令。“盗匪”放行了高丽使团，但表示这是出于对高丽国王的尊重，而不是冲着这些东西，“无以此物为也，但为高丽王”[114]。这件事可以反映出在 14 世纪 60 年代的辽东地区，比起即将登基的元太子，高丽国王的地位更高，或者影响力更大。

辽东南部地区的动乱局势，使得定期往返开京和大都的旅程充满了不确定性。1368 年 11 月中旬，高丽使团在前往元朝京城的途中，由于“道路受阻”而不得不从辽阳返回。[115]我们可以推测这与自 9 月初明军兵临大都、元朝被迫弃都逃跑有关。可见，高丽使团提前回返并非出于地方安全，而是由于交往活动的不确定性。

至少当时有人认为，明初，高丽国王在辽东地区有一定影
218 响力。据《高丽史》1371 年 4 月条记载，“北元辽阳行省”刘益在投降明朝之前联系了高丽国王。据《高丽史》记载，“辽阳本我地，若我国请命，可免迁徙”[116]。这意味着，地方精英和明朝都认可高丽国王对辽东高丽人的利益，恭愍王有权决定哪一个群体可以顺利地整合到明朝。刘益投降明朝后出任新设立的定辽卫指挥官，当时他还遣使高丽庆贺恭愍王寿诞。[117]从1367 年到 1370 年，约有 6 位辽阳行省的重要人物遣使高丽。在大元兀鲁思的其他地方也存在类似辽东的情形，即蒙汉军人和高丽王室之间的人员往来和礼物交流仍在继续。

高丽和元朝的关系

即使是在恭愍王流亡南方之际，元朝和高丽之间仍互派使节。1362 年 6 月初，元太子詹事院下级官员奇田龙出使高丽进献锦衣美酒。[118]6 月末，高丽国王遣使大都进献方物。[119]7 月中旬，李子松（卒于 1388 年）出使大都，奏报高丽打败红巾军的消息，[120]并向蒙古进献玉玺等 20 多枚官印。[121]这些印章是政权和正统的重要象征，在上都和东北亚行政机构沦陷时落入红巾军之手，在收复开京后被高丽军找到。1362 年 10 月初，恭愍王率群臣在清州城外，为出使大都的高丽使送行。高丽此次出使，带去了有关贺正和事大的通牒。恭愍王下令百官赋诗纪念
219 这一盛事。在纪念诗集序文中，白文宝盛赞恭愍王“事大敬命之诚”[122]。

如上文所述，辽东地区的蒙古元帅经常联系恭愍王，随时向恭愍王提供最新军事动态，同时提出与高丽军联手。当然，双方也在边境地区偶尔发生小规模冲突。但是即便在战争结束

后面临国内经济困难、行政机构重建受阻以及派系党争等一系列棘手问题的时候，恭愍王（姑且不论其内心“反元”情绪如何）[123]仍继续履行他对大元兀鲁思的政治和军事义务。不过，尽管（或者更确切地说是因为）恭愍王如此事元，他还是卷入异常残酷且将颠覆整个帝国的宫廷争斗之中。

第七章 高丽新君

220 如果说恭愍王和高丽朝廷指望蒙元这位主君会因为他们奋力抗击红巾军，而向他们表示丝毫的感激之情，那么他们注定会失望。1362 年 12 月中旬，恭愍王获悉元朝正在策划一个耸人听闻的计划，即废黜恭愍王，拥立塔思帖木儿任高丽新君。[1]塔思帖木儿出身高丽王室王氏家族，是忠宣王（与宫女所生）之子、恭愍王之叔。1356 年恭愍王即位时，塔思帖木儿因莫须有的指控，被迫离开高丽定居大都。[2]据记载，他曾剃发出家，不久后还俗。[3]此时，他成为国际大阴谋的一枚棋子。元朝还打算立奇皇后族人奇三宝奴为高丽新世子。金镛和崔濡也被授予高官。[4]

值此危机四伏之际，元朝为什么会把宝贵的资源和精力投入显然并非至关重要的“冒险之旅”？[5]《元史》《高丽史》等后世官方文献都认为，元朝之所以做出如此决定是因为奇皇后要报复恭愍王。[6]在消息灵通人士的记述中也可以发现类似解释。1356 年，恭愍王下令处死奇皇后族人。据说，当时奇皇后大怒，让她的儿子即元皇太子为她报仇，“尔已年长，何不为我报仇？”[7]

221 早在 1356 年，奇皇后就曾考虑让新册封的沈王脱脱不花替代恭愍王。当时，沈王（脱脱不花）表示反对。据《高丽史》记载，此举为脱脱不花“赢得了天下人的认可”。这表明在当时的政治精英心中，脱脱不花是理想的高丽王位继承的候选人。[8]1368年秋蒙古朝廷被赶出大都后，奇皇后逼迫皇太子下令蒙古将军纳哈出攻打高丽，以惩“高丽之罪”。[9]

是简单的报复，还是另有隐情？迄今为止，关于塔思帖木儿事件一直没有得到系统的研究，而是湮没在高丽抵抗红巾军以及和新兴明朝建立外交关系的这段岁月长河中。[10]大多数研究在谈到元朝废黜恭愍王的阴谋破产时都接受了14、15世纪的解释。[11]不过，唯一一篇涉及相关内容的文章，即闵贤九的文章中指出，此次未遂政变是高丽朝廷的一件大事，而且，对这一事件的解读应该放在高丽决心摆脱蒙古、争取独立的背景下。闵贤九认为奇皇后之所以阴谋策划废黜恭愍王，是因为后者推行反元政策，并得到了高丽朝廷的广泛支持。[12]下面，笔者会提到，事实上这一事件和东北亚局势演进密切相关。不过，闵贤九也强调，此次未遂政变造成高丽彻底脱离大元帝国。笔者以为，我们可以通过这一事件了解高丽在日益崩溃的大元兀鲁思中的地位、红巾军入侵对高丽造成的持续影响、大都和开京的政治阴谋以及女性精英在大元兀鲁思的作用等。

恭愍王为了保住王位立即采取行动，他一方面收集相关情报，另一方面积极培植支持势力。首先，他任命密直司事为西北面都兵马使。这一人事安排旨在核实大都奏报的同时，掩饰高丽朝廷的真实意图。[13]几星期后，恭愍王派使团前往大都庆祝元朝皇帝的诞辰。[14]毋庸置疑，此次出使的主要任务是追踪大元的最新局势。1363年1月中旬，恭愍王派权臣金镛“慰问”奇田英之母。如第六章所言，奇田英是隶属元太子詹事院的下级
官员，曾于1362年6月出使高丽向恭愍王献礼，而此时恭愍王 222
竟然赐奇田英之母良田。[15]

也许是出于日益紧迫的返京压力，1363 年 3 月中旬，恭愍王驻跸开京南部临时行宫，旋即派两名使节入元，向元朝皇帝递送几份奏章，其中一份奏章——《平红贼后陈情表》是高丽著名文学家李穑为恭愍王所作。李穑在奏章中强调，高丽王朝一直效忠蒙古帝国，一直向蒙古如实汇报高丽的国内局势，不敢有丝毫差池，也一直向大都进献方物，但是红巾军战争破坏了这种模范关系。

> 岂意遭罹寇贼，俄而，隔绝朝廷。前平壤之蔓延，后开城之燹及，每锋以示弱，故非多算之所为。不旋踵而合攻，竟使只轮之无返。其不避南迁之困，盖欲宽东顾[16]之忧。[17]

李穑在奏章中指出，红巾军入侵是恭愍王忠心事元的最好证明。双方正常的外交关系之所以中断是因为红巾军战争，而不是因为高丽欺骗元朝或对元朝不忠。恭愍王为表明高丽对蒙古的事大和忠心，特别强调红巾军入侵给高丽造成的苦难。红巾军在高丽的胜利，不是因为高丽军队无能，而是因为高丽为缓解红巾军对元朝的威胁而牺牲高丽领土、百姓和京城。从表面上看，恭愍王南迁福州似乎是因为朝廷无能和军队疲弱，但实际上是为效忠大元兀鲁思，“欲宽东顾之忧”。高丽之于元朝的贡献，无异于 1362 年察罕帖木儿之于元帝国的贡献。1362 年，正是因为察罕帖木儿的军事胜利，妥懽帖睦尔才免除“南
223 顾之忧”[18]。就这样，恭愍王稍微换个说辞就把自己塑造成全天下最坚定的元朝捍卫者。

第二份奏章是封贺信，祝贺元朝击败辽阳最南端的红巾军。[19]

> 大人之造，基绪弥隆。妖寇之平，寰区共庆。皇帝陛下仁敦及物，德洽好生。干羽两阶，谓昏迷之可格。耕桑万里，欲黎庶之载安。诛讨不加，猖狂未已。长驱而直低箕壤，再聚而复污松京。自念为寄，维藩不可遗君，以贼发军，尽口与士同心。[20]果仗皇灵，累歼丑类。何枝党之余喘，尚海盖之为栖。听帅指而往，从助兵威而耀示。奸萌销沮，残蘖降投。时升泰平，圣化既敷于率土，境绝陵侮，洪恩偏及于小邦，臣敢不恪修朝聘之仪，益贡康宁之祝。[21]

这两份奏章都强调，高丽在军事危机之际始终效忠和事大元朝皇帝。第二份奏章强调高丽军队英勇杀敌，沉重打击了高丽境内的红巾军，尽管没有得到元军出兵援助。结果，红巾军四散奔逃，其残部逃出高丽到辽阳南部避难。恭愍王谦恭地将 224
高丽军事胜利归功于“元朝皇帝的仁敦”。后来，高丽在递交元朝皇帝的奏章中反复使用类似修辞。不过接下来，恭愍王提醒妥懽帖睦尔，高丽军队在海州、盖州的战斗对争取辽东胜利发挥了重要作用。奏章坦率地指出元朝不应在危难时刻抛弃昔日盟友，“在危机时刻，抛弃旧盟友，注定要招难”。

几个月后，恭愍王就会意识到这一奏章多么具有讽刺意味。正是在恭愍王的默许下，几员高丽大将被处死（而在恭愍王送给元朝的奏章中则盛赞他们的功绩），从而使其复位陷入更加不利的困境。恭愍王不仅丧失了元朝的封号、骁勇善战的高丽将领，随后还将面对来自国内更多、更棘手的挑战，至少金镛这位高丽重臣、恭愍王的心腹就如此认为。我在第六章中已经提到，1363 年 4 月 15 日，金镛在开京南部的临时行宫发动了一场暗杀国王的阴谋。也许，金镛的弑君计划受到国际因素的影响，但已故史学家金庠基和当代史学家闵贤九都认为，金镛策划的这场政变（尽管未遂），是奇皇后和崔濡剥夺恭愍王王位行动的一部分。[22]也许在金镛看来，以恭愍王此时在蒙古帝国的尴尬地位和暧昧身份，如果弑君计划成功，他将得到奇皇后和皇太子的犒赏，而这一犒赏足以抵消他因弑君所付出的代价。金镛政变失败，表明元朝皇帝废黜恭愍王的诏书也不过是一纸空文。

红巾军入侵对高丽和元朝之间的关系造成持续性影响。1363 年 5 月末，恭愍王分别向元朝皇帝、中书省和皇太子辖下詹事院递送了三份奏章。恭愍王决定从三条不同的阵线来追求自己的利益，这说明，他非常准确地把握到东北亚政局的变幻莫测。在许多问题上，元朝皇帝和皇太子观点不一。[23]在出逃大都前十年，奇皇后和皇太子（爱猷识理达腊）几次策划逼迫妥懽帖睦尔禅位，让后者把皇位交给皇太子。[24]对此，妥懽帖睦尔非常不满。据载，他为此疏远奇皇后，几个月不召见她。帝后之间的这种紧张关系造成元朝的几次政治大清洗，并最终波及
225 军队。14 世纪 60 年代中期，元朝皇帝和皇太子分别宠信孛罗帖木儿（卒于 1365 年）和扩廓帖木儿（卒于 1375 年），这两个人都是中原北部地区声名显赫的将军（或军阀），双方一直钩心斗角。军事将领之间这种公开的、激烈的角逐，是元朝迫切需要解决的问题之一。妥懽帖睦尔和他选择的皇位继承人在如此公开的问题上意见相左，这的确考验着高丽朝廷左右逢源的智慧。

高丽在写给皇帝的第一份奏章中首先转达了高丽“百官耆老”的意见，接着质疑元朝为何不遣使高丽？为何不接待高丽的朝贡使团？为何不赐高丽正朔？考虑到恭愍王恪守朝贡之礼，这一奏章认为元朝的立场和态度只能是因为被谣言所迷惑，而

这些谣言应该是那些反对恭愍王的大都高丽人散布的。

高丽朝廷在写给中书省的第二份奏章中首先追溯了红巾军在东北亚烧杀劫掠的暴行，然后指出这些叛军来自中原。

> 迩者，红贼犯上都，污秽宫阙，攻破辽省，焚荡郡邑。山东之贼，航海而来，与之相合，势甚猖獗。己亥之春，小邦贱价，贺正而回，尽为所害。至其年冬，来寇平壤，随即殄灭。至辛丑冬，沙刘、关先生等十余万众，又复奄至。诱以空城，卒以擒获，盖海余党不敢复肆，小邦有力焉。四方贼起，十有余年，尚有未尽平者。东方之寇，四
> 五年间，便致廓清。天子无东顾之忧，朝廷无远讨之劳。 226
> 我王之功，未必在诸将之下也。[25]

接下来奏章指出，即便反对恭愍王的高丽人在大都散布谣言误导元朝，但元朝不应该把高丽这样忠心事元的朝贡之国与叛军等同视之，何况“贼尚见宥，且为大官”“我王之功，未必在诸将之下”[26]。在这里高丽指出，元朝一直和方国珍、张士诚这样的汉人军阀协商谈判，包括赦免其罪来换取“天子无东顾之忧”，但高丽国王绝不与杀人如麻的方国珍、张士诚之流为伍。奏章再次强调恭愍王在高丽国内拥有广泛的支持。

> 我王小心谨慎，畏天之威，德罔有缺，民怀其德，是以红贼之逼，寇之侵，每战每克，不辱厘东之命。若被不逞之徒得行奸计，是朝廷自撤其藩篱而夺我父母也。[27]

高丽被视为大元兀鲁思的“藩篱”或“东篱”，可以追溯

到 13 世纪。当时，在忽必烈镇压乃颜及其支持势力时，曾出现过这种字眼。[28]

至于呈给詹事院的第三份奏章，基本内容和上述奏章相同，即恭愍王恪守事元本分，在高丽国内受到贵族和百姓的拥戴，领导高丽军在红巾军战争中取得了军事胜利。

高丽朝廷向元朝递送的这些奏章，旨在说服元朝不要相信那些反对恭愍王的高丽人在大都散布的无耻谣言。听信谣言本身就愚蠢至极，如果元朝听信谣言，就会失去恭愍王这位亲密
227 的军事盟友，甚至在危难之际，被群起围攻。对元朝而言，放弃高丽国王这个盟友，无疑是“自撤其藩篱”。

恭愍王的努力收效甚微。奏章送到大都一个月后，元使李家奴抵达鸭绿江沿岸的高丽边境。元使的到来，让高丽朝廷忐忑不安。据载，李家奴此次出使，带来元朝皇帝废黜高丽国王恭愍王的诏书。如果元朝皇帝的诏书大白于天下，那么恭愍王就失去了任何回旋余地。当然，孱弱的高丽不会轻易走上公开反蒙之路，特别是在红巾军入侵余波尚未平息，沿海地区倭寇侵扰日益严重的情况下更是如此。恭愍王和朝臣为了争取时间，同时也为了避免陷入僵局，采取推诿搪塞政策，扬言李家奴可能是冒名顶替的元使，并在李家奴入境前派人打探其来意。[29]

一个星期过去了，恭愍王的忧虑日益加深。一位从元朝返回高丽的官员带来消息证实了元朝皇帝确实打算任命塔思帖木儿为高丽新君（下文有时称其封号“德兴君”）。[30]七月中旬，恭愍王一方面加强西北防御，另一方面允许李家奴入境。李家奴一进入高丽境内，就被官府拘押起来审问塔思帖木儿即位事宜。[31]

此前，京城周边百姓因抗议强征兵役暂时闹过事，但高丽

朝廷还是打算向李家奴展示其军事实力。[32]8 月中旬，高丽朝臣在开京宣义门外盛陈兵卫迎接元使李家奴。在开京，李家奴没有滞留很长时间，但是整个朝廷都在为恭愍王向他陈情，先送金带、马鞍、衣物、苎麻布等礼物，接着设宴款待。李家奴离京时，婉拒了高丽朝廷托他向元朝皇帝转呈奏折（内容为抗议废黜恭愍王）的请求，不过他同意将奏章转呈元太子。[33]

> 世祖皇帝嘉我忠敬王先天下朝觐之功厘，降帝女于忠烈王，且许不革国俗，以至于今。德兴君塔思帖木儿是忠
> 宣王出宫人嫁白文举所产者也，而奸臣崔濡诬告朝廷夺我 228
> 王位，至烦天兵，其于“世为甥舅之意”何哉？伏望敷奏天聪，执塔思帖木儿、崔濡等归之小邦，以快国人之愤。[34]

在此次递送的奏章中，高丽朝廷极力诋毁塔思帖木儿，说他不具备高丽国王资格，因为他不是后妃的骨肉，而是卑贱的“出宫人”所生之子。而恭愍王血统纯正高贵，其世系可以追溯到忽必烈。而且奏章强调即便是忽必烈也从未强迫高丽采纳蒙古的继承法。元朝的帝位继承法，是在成吉思汗的所有男性后裔中进行公开的血腥角逐，最后决定谁是兀鲁思领袖；而高丽不同，王位传给国王和出身贵族的妃嫔所生之子，或者由兄传弟。1363 年 8 月 20 日，李家奴在目睹高丽军事实力后携恭愍王的奏章离开开京，返回大都。[35]

恭愍王送礼、设宴和展示军事实力等一系列努力，收效甚微。1364 年 1 月，塔思帖木儿所部驻屯辽东等待护送塔思帖木儿的骑兵，打算双方会合后穿过高丽境内，直抵开京即位。消息传来，高丽朝野惶惶。[36]不过，恭愍王没有束手就缚，而是派

名将安遇庆驻扎鸭绿江东岸第一重镇——义州。不久前，安遇庆曾与红巾军交战，战斗经验丰富。在义州，安遇庆令部下在鸭绿江沿岸严阵以待。[37]农历新年第一天（1364 年 2 月 4 日），天刚破晓，崔濡（又名崔帖木儿、崔帖木儿不花）就率一万元军渡过鸭绿江。[38]

尽管蒙古皇帝下旨让元军护送塔思帖木儿进入高丽，但崔
229 濡认为有必要进一步鼓舞元军士气，于是告诉元兵戍守西北部边境的高丽官兵是被恭愍王胁迫，如果他们知道塔思帖木儿就是元朝皇帝钦点的高丽新君就会不战而散，或弃官而走。接着他向自己的蒙古和中原北部的官兵承诺，只要打赢这场仗（似乎打赢这场仗易如反掌），他们就会得到大量战利品及高丽宰臣的妻妾和家产。[39]

大出元军意料的是，等待他们的是严阵以待的安遇庆军，而不是热烈欢迎的掌声。崔濡立即下令进攻义州。安遇庆和他的 70 多名部下巡守城墙，严密监视崔濡所部攻城情况。高丽官兵顽强抵抗，“分步骑七队，鼓噪而进”，其中有不少蒙古人，但还是因为众寡悬殊，加上缺少外援，最后败走南部州县。崔濡所部继续向东南推进，占领了宣州。[40]恭愍王派崔莹、李成桂等高丽大将火速增援。不久前，崔莹在金镛发动的未遂政变中，挽救了恭愍王的性命。李成桂麾下有一千名精英骑兵。崔莹和李成桂等高丽大将的到来，振奋了守军低迷的士气。[41]

由于天寒地冻，加上粮食短缺，高丽西北军内部一派混乱。据《高丽史》记载，“时士卒冻，不能兴。”[42]“斗米换马，道馑相继亡卒，行乞道路，貌甚羸瘁。”[43]崔莹为防止官兵逃跑下令凡逃兵者一律处死，以整顿军纪。[44]也许是对红巾军战争期间的惨状司空见惯，恭愍王在很多时候似乎意识不到高丽官兵的

悲惨处境，《高丽史》的编者如此控诉：“用事之臣，壅蔽不闻，是以体覆之使虽相望于道，军中虚实，王竟莫之知。”[45]

从这一点来看，形势对高丽极为不利。一位大臣劝恭愍王迁都南方，以争取时间，逃避元军。另一名幕僚则强烈表示反对。于是，南迁之议作罢。反对南迁的幕僚认为，塔思帖木儿之患远不如刚刚被击退的红巾军之祸来得严重，更何况“大驾 230
一南，京城以北，谁从殿下？”他建议恭愍王亲征塔思帖木儿所部。[46]结果，恭愍王既没有离开京城，也没有亲自出征。不过，南迁之争表明红巾军战争已经成为高丽朝廷制定各项决策的重要参照，而恭愍王也开始质疑朝臣的效忠之心。

在定州以东的战斗中，安遇庆将军扭转了高丽败局。[47]元军向东推进的速度过快，以至战线拉得过长，无以为继。在一次战斗中，安遇庆率精骑三百取得胜利，捕获敌将一名。他为了摧毁元军士气，故意在阵前杀死了被俘敌将。[48]

不过，高丽将领之间的钩心斗角，对安遇庆的首次大捷造成了威胁，甚至破坏。李成桂发现诸将打算撤回到北方后，斥责他们懦弱退缩，不愿奋力杀敌。这些将领虽然忌惮李成桂的威名，但表示“明日之战，君独挡之”。李成桂虽然心急如焚，但也无可奈何。次日，李成桂亲自上阵，拼死力战，打败了元军。[49]1364 年 2 月 21 日，崔濡所部烧毁随州营地后渡鸭绿江而逃。[50]

据《元史》和一些高丽文献，崔濡在这次战斗中遭到惨败，一万名元兵只有“十七骑”返回京城。[51]对此，闵贤九认为，元军是自随州之战失利后开始溃散的，大多数元兵平安返回了元朝境内。在这里，“十七骑”应该是指元军中反恭愍王的高丽兵，他们本来人数就不多，幸存者更少。[52]

对高丽而言，这场战斗无疑是一次重大胜利。一百多年来，高丽从未在本土打败过蒙古军队。此次胜利，表明高丽军的作战经验日益丰富，军事技能日益娴熟，而这些都源于他们曾经和红巾军交战积累的经验。虽然在现存文献记载中，相关内容具体细节不多，但是我们可以推测，高丽军的表现使得元朝攻打开京的目标——立塔思帖木儿为高丽新君——发生偏离。尽管高丽在战争初期节节败退，但在最后取得了胜利。元军将领
231 在南征前，可能以为高丽军战斗力不强，获胜的概率高。但事实上，如果安遇庆将军所部有机会重整旗鼓的话，不仅会严重威胁毫无经验的塔思帖木儿的统治，甚至还会切断蒙古军队的返元路线，使其无法渡过鸭绿江。

安遇庆在击退崔濡后立即致信婆娑府长官。这封信的内容激扬大胆。婆娑府位于鸭绿江西岸，在义州的对面，当时属于元朝辖郡。[53]下面，全文引用这封信的内容，从中可知，安遇庆如何为恭愍王的统治合法性辩护，如何劝服元将对付崔濡。当时，元朝皇帝并没有处罚崔濡。

> 本国自太祖神圣大王创业，垂正统嫡承袭四百余年，元王始事朝廷，世祖皇帝命不改土风，元王嫡子忠烈王尚公主，生忠宣王。忠宣王亦尚公主，生忠肃王。义为君臣，亲为甥舅。今我国王忠肃王之嫡子，入侍天庭十有余年，颇着功绩，尚公主为驸马，承正统莅下国，事大之礼，恪谨一心。不幸红贼横行天下，剥残天民，所指火烈，天威难制越。己亥冬，伪名毛平章黄院判等贼十余万阑入东国，至于西京。我军大发，一扫无余。又于辛丑年，沙刘潘平章关先生等贼三十余万深入王京。吾王赫怒，诸将奋勇，

尽歼其众，社稷获安，人民受赐。两度破贼之事，既以具
呈中书省矣。东民以谓上国必厚赏，引颈北望。岂虑本国
人崔濡等挟其仇怨，具锦诬词，簧惑天听，使我主上至于 232
失职，以忠宣弃妾孽子搭思帖木儿为王，三千里外，远劳
天民。夫崔濡等事我先王，阿谀逢迎，陷于不义。癸未年
间，南行不返，崔濡恶辈，实使之也。本国人言及于此，
未尝不痛哭流涕。今濡等又以笙簧之口，掩我大功，废吾
王，而使本土无辜之民不遑宁居，此本国之罪人也。吾王
使宰相李公遂、柳仁雨、许纲、洪淳等贺正矣、谢恩矣、
贺圣节矣、又贺千秋矣，且启禀矣。濡等互相壅蔽，夺其
方物表笺，使不得达，拘留使价，唯己之从。且世祖皇帝
命不改土风，正嫡承袭，其来远矣。濡等冒弄朝廷，立孽
庶为王，改易土风，而使世祖皇帝诏旨坠于空虚，此天下
之罪人也。本国人椎胸切齿曰：乱臣贼子，人得而诛之。
古有常宪，如濡之辈罪不容，诛虽剞心腹，必无朝廷之议，
大小奋愠，雷然一辞，必举大兵，往讨濡等恶辈，食肉寝
皮然后已。物议汹涌，不可止遏。今以精兵百万，往讨高
丽逆党，约已定矣。师之所过，荆棘生焉。大军一举，马 233
首指北，虽加禁厉，人心愤怒。气炎如火，所触必焚。天
下无辜，忍受其祸。本职所管各部人物，即宜收带家口，
早入山寨，远避军锋。又区别崔濡等高丽逆党，毋使诸色
军马滥及于祸，有能捕濡等恶辈，传首纳款，不唯本国释 234
怒，上国亦知濡等欺天乱法，正伏其辜，将有厚赏本职。
参详即便施行，又当飞报行枢密院同知施行。[54]

安遇庆在信中，把崔濡塑造成元朝和高丽的公敌，人人得

而诛之。他首先强调，高丽王室血统纯正和忠心事元，然后叙述了不久前高丽大败红巾军的情况，后者挑战了元朝在鸭绿江两岸的权威。当时，高丽朝廷在写给元朝皇帝的奏章中经常援引高丽大败红巾军的事例。高丽的这一策略旨在提醒蒙古其交战对象是高丽和蒙古的公敌，而高丽国王作为军事盟友值得元朝珍惜，因为即便是在危难时刻，恭愍王也没有放弃效忠和事大元朝。在信的末尾，他以高丽值得蒙古皇帝的感激而结束。

至于崔濡，安遇庆在信中强调，其背主（高丽国王）叛君（蒙古皇帝）的行为不仅辜负了高丽国王和蒙古皇帝的信任并将他们引入歧途，而且也违背了忽必烈大汗的旨令。高丽满朝对他无不愤慨，渴望向他复仇雪恨。安遇庆在写给元朝地方驻防指挥官的信中，言辞大胆，他在信中表示，将立即采取直接军事行动，攻打鸭绿江西岸崔濡部队，并暗示这种军事行动带来的破坏性后果。安遇庆之言，并非空穴来风。几年前即1356年，高丽将军印珰率军横扫元朝驻军，收复了婆娑府和元帝国三个驿站。尽管恭愍王为了表示和蒙古的和解诚意归还了这些驿站，但此时元朝的边境依旧脆弱不堪。[55]

安遇庆在信中还指出，如果婆娑府长官计划缉拿崔濡，那么高丽臣民的复仇之心将会得到满足，也免去了高丽军征讨辽东的军事行动。更重要的是，这一军事行动完全符合元朝的真实意图，事实上，元朝皇帝会因此感激并慷慨赏赐婆娑府长官。

安遇庆的信件是否取得预期效果，由于我们没有找到婆娑府长官的回信，所以只能根据其行动来推测。一方面，婆娑府长官没有缉拿崔濡所部，后者刚从毁灭性的战斗中侥幸逃脱，士气低迷，衣衫褴褛。婆娑府长官也没有把崔濡所部移交给高丽政府，而是任其返回大都。另一方面，崔濡所部撤离高丽后，

婆娑府长官也没有为其提供增援或军事援助。当时，恭愍王的 235
当务之急，是尽快消除崔濡所部的军事威胁以及塔思帖木儿即位带来的政治威胁。在这种情况下，安遇庆的努力可谓有益无害。

言归正传，让我们回到战场。在高丽北方边境地区，高丽将领立即把捷报传给恭愍王。恭愍王“大悦”。的确，对于饱受国事困扰的恭愍王来说，这一捷报无疑令他“大悦”。蒙古废黜恭愍王的决定，严重损害了他在国内的统治合法性和至高无上的权威；在西北地区，来自敌对势力的巨大压力也使原本就有限的军事资源更加稀少，甚至陷入困境；在沿海地区，倭寇侵扰不断，他们抢粮船，捉俘虏，劫村庄。雪上加霜的是，高丽军还要增援元军与女真部的战斗，因为后者在东北的攻击进一步升级。结果，1364 年 2 月中旬，高丽“和州以北皆没”[56]。

恭愍王打败崔濡所部，解除迫在眉睫的危机后，立即下令崔莹、李成桂等高丽大将前往东北边境，以遏制女真入侵。3 月初，高丽失地收复。[57]恭愍王下令百官，到京郊迎接凯旋的将军，“如迎驾仪”。[58]恭愍王晋升诸将，大加赏赐。[59]随后，恭愍王在临时行宫设宴为诸将庆功。[60]

在高丽国内，塔思帖木儿究竟有多少支持势力？这一点，我们从崔濡所部被赶出高丽境土后恭愍王的举措可知。3 月初，在打败崔濡两星期后，恭愍王“以贼臣田宅财产分赐诸将”[61]。具体细节不详。不过，从没收财产的时间和被赏者的身份来看，此时的恭愍王对自己的君主身份非常自信，而且也有足够实力应对来自国内塔思帖木儿的支持势力。当日，恭愍王还下令处死第三护军裴自富，罪名是“与塔思帖木儿交通，伪授密直副使"[62]。

我们应该谨慎看待这些指控。恭愍王还下令处死密直副使
236 朱思忠，罪名是勾结塔思帖木儿，为其做内应。此前，朱思忠还是恭愍王的忠臣，1359 年 12 月红巾军沦陷西京时，代表恭愍王与红巾军谈判。据记载，朱思忠听到指控他的罪名后叹道："我本无罪，但二三执政，无功骤贵，逼人如此。"[63]从朱思忠的个案可知，在恭愍王朝廷，有些人正利用白色恐怖罗织罪名，以达到不可告人之目的。

越是乱世，越会有人浑水摸鱼，捞取好处。以崔濡为例。据《高丽史》记载，崔濡向元朝皇帝上奏，高丽在红巾军入侵的混乱中丢失了国印，而高丽国王竟擅自铸新印。[64]国印丢失，非同小可。国印不仅是君主合法统治的有力象征，也是君主日常行政管理的重要凭证。诏书一旦加盖国印就会有强大的效力。但在危难之际，高丽国印竟不翼而飞。

元大都正在酝酿一场勤王和保王之争。崔濡和大都高丽人为了获得元朝对其伪政权的支持，无所不用其极。据《高丽史》记载，"凡国人在都者，咸署伪官。"[65]在这里，"伪官"，是指塔思帖木儿新政权官职。也许是让高丽新君即位更加名正言顺，塔思帖木儿在大都的支持者向元朝皇帝奏报，称恭愍王被红巾军杀死。考虑到当时高丽之于元朝的重要战略意义，如果传闻属实的话，那么推举高丽新君就成为当务之急。此时，李公遂挺身而出为恭愍王辩护。李公遂是恭愍王的强有力支持者。当时他以高丽使团团长的身份出使大都，为恭愍王复位陈情。他明确告诉元朝皇帝，恭愍王没有死，"吾王破红贼，今尚无恙。"[66]

李公遂在 1364 年的活动表明开京与大都是命运共同体。恭

愍王在获悉元朝要把高丽王位传给塔思帖木儿的计划后，立即派李公遂前往大都向皇帝陈情。李公遂，是出使大都的最佳人选，因为他是奇皇后的堂兄，而且也不避讳自己与奇氏的这种关系。[67]李公遂还没有到达大都，奇皇后和皇太子就派人前去迎接。在李公遂抵达大都的最后几段旅途中，很多人以奇皇后和 237
皇太子之名，宴请李公遂。李公遂刚到大都，奇皇后就在兴庆宫（她的寝宫）设宴款待。奇皇后在宴席上表示，自己非常重视和李公遂的亲族关系，“卿尽心孝吾母，是吾亲兄弟也，敢不以亲兄待之？”[68]

为了给恭愍王辩护，李公遂作为奇皇后的同族站在高丽国王的立场。他在第一次拜见奇皇后的时候，这样开始对话：“今王勤王敌忾，为国树勋当行赏典，昭示四方，以激将帅。”[69]对奇氏族人被恭愍王肃清的下场，他则表示，罪不在国王，而在于奇氏族人贪得无厌，“奈何逞私，憾废公义乎？丙申之祸（1356），实我家不戒盛满，不知止足之致，然耳非王之罪也。不知自咎而欲废有功之主，他日必为天下笑。”[70]

随后，李公遂恳请奇皇后向元朝皇帝为恭愍王说情。奇皇后似乎有所触动，但是怒意仍盛。事实上，奇皇后并没有为恭愍王说情。

奇皇后希望利用李公遂达到个人目的。奇皇后和皇太子爱猷识理达腊迫使李公遂在塔思帖木儿新政权任职。对此，李公遂不像大多数大都的高丽人那样欣然接受，而是宁死不从，“老臣纵不能以颈血德兴之辕，其忍从耶？”

元朝为了笼络李公遂，对他大加赏赐，先是让他出任大常礼仪院院使。大常礼仪院院使，是声望较高的官职，主要负责大都的太庙祭祀等最重要仪式。李公遂以“不惯华语、不习华礼”为由婉言谢绝。不过，他同意在奇皇后辖下徽政院任职。
238 在大都，李公遂还参加了宗庙大享，以“蹈礼不违”赢得了全场人的赞叹和尊敬。后来，恭愍王还册封李公遂的祖父和母族谥号和爵位。[71]显然，李公遂没有接受元朝官职，他只是出于合作的需要采取了友好态度，而不是断然拒绝。

在大都，李公遂也得到了皇太子的礼遇。皇太子曾有一次在皇城万寿山（又称琼华岛）广寒殿召见李公遂。在14世纪，万寿山闻名遐迩，峰峦隐映，草木隆郁，特别是婀娜的柳枝随风摇摆，秀若天成，装饰着小岛上的这座山。广寒殿如同镶嵌在万寿山顶的皇城之珠，俯瞰着沉静的湖水。湖面上盛开着密密的荷花，偶尔会有皇家成员泛舟游玩。广寒殿坐落在万寿山顶，站在殿内向下俯视，整个京城尽收眼底，[72]使人油然而生俯视苍生之感，得以进入广寒殿并见到其居住者，不论以书面意义还是象征意义上来说，都是已经达到大元朝廷的最高规格。

太子爱猷识理达腊一见到李公遂，就向他请教何谓“仁”，何谓“智”？[73]李公遂答曰：“爱民之谓仁，辨物之谓智，帝王用此御世，则可致大平矣。”皇太子可能想以帝国财富诱惑李公遂，于是问李公遂是否见过如此金碧辉煌的“金玉柱”？广寒殿内，12根有名的梁柱，饰以黄金，刻有帝国的能工巧匠精雕细琢的云彩和盘龙。[74]壮观巍峨的广寒殿没有让李公遂动心，他用典型的儒家话语回答皇太子说皇帝或国王只要施行仁政，即便住在木屋也胜过金屋，“帝王法政施仁，则所居屋虽朽木坚于金石，不然金玉反不如朽木矣。”

在召见过程中，皇太子对李公遂非常礼遇，赐他就坐。当时，在场的还有两位蒙古人——王家奴和伯撒里，他们也得到这种礼遇，这两个人声名赫赫，地位尊贵。另外还有一位元朝重臣——秃鲁帖木儿（卒于1364年），也颇受皇帝宠爱，当时他站立弹瑟，为皇太子助兴。皇太子起身从秃鲁帖木儿手中取 239
瑟试弹，却不成曲调，于是自嘲“久不习忘之矣”，李公遂立即屈膝进言，只要有忧民忧国之心，曲不成调又如何，“第不忘忧民之心耳，瑟上一二调忘之何害?”召见结束后，皇太子爱猷识理达腊向其父皇妥懽帖睦尔转述了李公遂的话。当时，妥懽帖睦尔正在附近湖上泛舟游玩，听罢，说了一句：“朕固知此老贤，汝外家唯此一人耳。”[75]

李公遂的言论，可以说是圆滑老到的儒家训诫，但是考虑到李公遂出使大都的背景，他的话应该还有更深的含义。从李公遂和皇太子的对话来看，李公遂认为，君主应该把百姓的福祉置于个人欲望之上，当然，他作为臣子不能把这种观点直接宣之于口，所以这句话的言外之意是：爱猷识理达腊要想成为合格的皇帝，必须放下与恭愍王的个人恩怨。

对李公遂来说，家族一直是无法回避的话题。一次，奇皇后在召见李公遂的时候再次询问其兄奇辙“因何祸败”?李公遂只好再次为恭愍王陈情，说并不是恭愍王有意迫害奇辙，实在是因为奇氏贪财聚怨，“鲜有免者，势激而然，非王之心也”。

李公遂如此卖力地为恭愍王陈情，自然令某些人侧目。朴不花，这位与奇皇后关系密切的高丽籍宦官，对奇皇后说李公遂只知其主，不知其亲，“公遂但为其主，岂念其亲?”奇皇后显然也有同感，后来许久没有召见李公遂。[76]朴不花对李公遂的指责表明，在他看来，家族利益应凌驾于王朝利益之上，效忠家族应该比效忠朝廷更重要。李公遂不顾一切为恭愍王洗脱罪名的举动显然与朴不花的原则背道而驰，但对李公遂和恭愍王而言，家族关系本应该成为推进国家利益的有效策略。

李公遂在奇皇后处碰壁，也没能对皇太子施加影响。尽管
240 如此，李公遂还是被视为威胁到了元朝安插塔思帖木儿为高丽新君的计划。塔思帖木儿在前往高丽的途中曾在辽阳稍作停留。当时，他的代理人崔濡建议将李公遂赶出大都，“公遂在都，其心莫测，事或中变，悔无及矣。”据《高丽史》和崔濡墓志铭记载，崔濡为了把李公遂赶出大都，曾返回高丽重金贿赂秃鲁帖木儿和朴不花。[77]

在这里值得注意的是，李公遂的尴尬地位和暧昧立场。从崔濡的态度可知，一些人认为，李公遂是塔思帖木儿的支持者，所以“如果李公遂转变立场”，即反对塔思帖木儿，那么他将成为关注的对象，至少在当时的高丽朝廷就有人怀疑李公遂。一位高丽译官从大都带回“伪造”奏折，说李公遂出任塔思帖木儿伪政权官职，和他在高丽朝廷的官职差不多，不过官阶更高。于是，高丽罢免李公遂的“左政丞”之职。[78]不过，据《高丽史·李公遂传》和李公遂墓志铭的详细记载，可以排除对李公遂是否效忠恭愍王的怀疑。据《高丽史》记载，李公遂曾强烈表示，宁死不送塔思帖木儿返回高丽即位。另据《高丽史》和李公遂墓志铭中的一篇声明，李公遂坚决反对塔思帖木儿伪政权，宁愿剃发出家、归隐山林，也不和冒牌国王同流合污。

《高丽史·李公遂传》中有一段戏剧性内容表明李公遂对高丽朝廷和国王的忠心。

> 德兴既败，公遂与……等为书纳竹杖中，潜遣傔从郑良宋元衣篮缕为乞人状，从间道报崔濡复谋起大兵而东，愿勿谓德兴已败谨备之，本国始知得春妄。[79]

然而在塔思帖木儿和崔濡的阴谋败露前，高丽朝廷一直认为李公遂是塔思帖木儿阵营的铁杆分子。 241

据《高丽史·李公遂传》记载，崔濡在第一次失利后并没有放弃扶持塔思帖木儿即位高丽国王的努力。他在返回大都后谋划出兵高丽，“又托权势谋起大兵而东”，[80]并向妥懽帖睦尔承诺，如果塔思帖木儿即位高丽新君，高丽将为元朝提供各种援助，“尽发丁壮，以充天子卫兵，又献粮饷及女子，岁以为常，且于庆尚、全罗置倭人万户府，招诱倭人，授金符，使为上国之援。”[81]崔濡还向元朝皇帝表示，除了元朝迫切需要的军事援助外，高丽还会每年向大都进献粮食和美女，永不中断。

1364 年 10 月初，元朝颁诏宣布恢复恭愍王的国王身份。尽管蒙古的复位诏书姗姗来迟，但在 1364 年春夏之交，恭愍王至少接见了四位来自中原汉人军阀政权的使者[82]，并派使团至少回访了一次。[83]元朝也依旧向高丽朝廷派官方使节，通报大都发生的重要政治事件。[84]但是无论如何，复位诏书的到来让恭愍王松了一口气，这一点，从恭愍王大加赏赐送信使臣张子温（恭愍王在大都的代言人）可知。张子温得到的赏赐包括：王室马厩的马匹、金带、银块、米豆五十石和布二百五十匹。[85]元朝不仅确认了恭愍王的高丽国王身份，而且还把令恭愍王度过无数个不眠之夜的宿敌崔濡遣送高丽，交由恭愍王处理。[86]1364 年 11 月 25 日，崔濡这位密谋另立高丽新君的人被高丽朝廷处死。[87]至此，李公遂才被获准从大都返回高丽。[88]

在崔濡被处死前三周，元使带着恭愍王的复位诏书抵达开京。诏书曰： 242

> 我世祖皇帝混一文轨，高丽王瞰向风归，附授以王爵，

> 遂结懿亲，迨兹有年，朝贡不绝。汝伯颜帖木儿，克承先业，世笃勤劳。比者妖贼陆梁，转掠辽霫之境，犯其疆埸，乃能出奇制胜，歼除群丑，玺章宾玉，复归天府，功在我家。允有光于前烈不图崔濡阴萌险谲，妄希进用，倚权臣搠思监为葭孚，构阉官朴不花为媒孽，矇聋奏请，诏旨无辜，易位爰及干戈，一方骚然。朕所深叹。厥今公论昭著重以台评，是用大明黜陟其塔思帖木儿，收还印绶，俾居永平，肆命伯颜帖木儿仍复旧爵，绥辑其民，为朕东藩，尔其益笃，忠孝毋替，厥勋尚钦哉。[89]

在这里，简单解释一下妥懽帖睦尔决定让恭愍王复位的原因。如上文所述，塔思帖木儿在开京有一定的支持势力，显然
243 他在大都的高丽人中间也拥有广泛支持。虽然李公遂多方斡旋，但是奇皇后或皇太子并没有放弃让塔思帖木儿取代恭愍王的打算，而且，崔濡的承诺更直接，即为蒙元帝国提供高丽的军事资源，以及在日本募兵的保证。对妥懽帖睦尔而言，这个条件非常有吸引力。尽管如此，元朝还是放弃支持塔思帖木儿和崔濡。原因何在？

首先，崔濡在鸭绿江畔的军事惨败，无疑让元朝皇帝丧失了对整个计划的兴趣。由于还要面对日益独立的汉人军阀和蒙古将领的严重威胁，妥懽帖睦尔并不希望打一场旷日持久的战争，而且高丽已经通过不懈的努力，塑造了恭愍王成功击退元朝的主要军事敌人——红巾军且忠心耿耿的军事盟友形象。[90]

当然，恭愍王的成功，无法与元朝镇压中原地区的叛乱相提并论，但比起崔濡对付高丽保王派的拙劣努力还是强过许多。高丽文人元天锡在一首诗中（年代不明）庆贺高丽军从红巾军

手中收复京城。他在这首诗的序文中写道："总领诸将帅两界六道之马步兵十万于壬寅正月十八日直至京城，四面合攻，扫荡贼尘，使我三韩复兴王业。"元天锡在诗中全面刻画了高丽背景，如高丽战场、高丽军队和高丽复兴。[91]

> 北寇奸谋未足雄，东韩盛业更无穷。腥膻剑戟风尘静，四海民安一日功。输忠奋义几英雄，振旅京师计莫穷。扫尽顽凶平荡日，各□□[92]戟竟论功。 244

元天锡在诗中庆贺高丽取得的胜利，赞美高丽将领的英勇忠诚、运筹帷幄。值得注意的是，他在诗中根本没有提到大元兀鲁思（高丽之主）的军事援助或政治义务。元天锡在诗中，极力强调高丽在没有元朝援助的情况下打败了红巾军。事实上，元天锡在诗中唯一间接提到蒙古的，似乎就是颇具贬义的"北寇"和"腥膻"。"北寇"，曾用来指 13 世纪入侵高丽的蒙古军队，这种表达方式至少在作者的另一首诗中出现过，[93]"腥膻"，常见于汉人和高丽人对草原的诋毁。换言之，作者简单直接地将红巾军塑造成早些时候的蒙古入侵者。我们不清楚元天锡是否向恭愍王表示高丽有能力战胜元朝，但从中可以发现高丽对自己的军事实力越来越自信。

对于东亚的其他关心政局的人而言，这一教训足以引以为鉴。早在 1363 年春，汉人军阀就曾向高丽示好。1363 年 5 月末，张士诚遣使高丽庆贺高丽打败红巾军。当时，张士诚控制富庶繁华的江苏。张士诚使者向恭愍王进献了丝帛、孔雀等方物（见第八章）。[94]在更早之前，即 1362 年 12 月末或 1363 年 1 月初，辽阳蒙古将领也向恭愍王进献方物，并提出求娶高丽女。[95]

另外，在决定恭愍王复位的过程中，元朝政局也发挥了关键作用。1364 年 8 月 24 日，孛罗帖木儿在京城西北的健德门外驻军，从这里，可以隐约见到京城高耸的城墙。[96]孛罗帖木儿，出身蒙古世家，家族累仕朝廷，他本人熟谙王朝军事和政治，而且作战经验丰富。1358 年初，孛罗帖木儿在中原北部地区出
245 任高官，在东起山东、西至大同和冀宁路（今太原）一带辗转领兵作战。孛罗帖木儿，还是妥懽帖睦尔第一皇后——弘吉剌部伯颜忽都的父亲。1360 年，孛罗帖木儿卷入错综复杂的派系斗争，他和另一位名将扩廓帖木儿及其派系争权夺利。派系斗争，给大元兀鲁思造成的破坏是致命的，这在本书其他章节中都有叙述。[97]下面，主要叙述和孛罗帖木儿、皇太子以及奇皇后有关的内容。

据《高丽史》记载，孛罗帖木儿在大都夺得大权后，着手解决由谁来担任高丽国王这一悬而未决的问题。他在和高级幕僚商讨这一问题的时候，认为“高丽王有功无罪，为小人所陷，宜先申理”[98]，于是，元朝皇帝下诏让恭愍王复位，并将崔濡拷送高丽。[99]孛罗帖木儿的这一建议，只是他致力于解决元朝社会痼疾的众多努力之一，这些努力还包括：处死皇帝心腹，终结非重要宫廷营造，削减朝廷开支，禁止喇嘛主持佛教仪式。[100]

那么，高丽国王对孛罗帖木儿而言到底有多重要呢？对此，我们没有发现确切的相关历史记录。但是似乎有这样一种可能，即孛罗帖木儿之所以竭力促成恭愍王复位，与他和奇皇后及皇太子的争斗不无关系，而后者是塔思帖木儿在元最重要的支持力量。[101]孛罗帖木儿的女儿虽然贵为第一皇后，但是皇帝妥懽帖睦尔却似乎更迷恋奇皇后。孛罗帖木儿与奇皇后之子即皇太子的关系也不过尔尔。1363 年末，由于受到皇太子的威胁，皇帝的两名

主要支持者逃到孛罗帖木儿的军事要塞——冀宁寻求庇护。皇太子几次逼迫孛罗帖木儿交出这两人，但后者都没有答应。[102]

对于孛罗帖木儿窝藏叛臣之举，皇太子爱猷识理达腊极为不满，于是向皇帝暗示，孛罗帖木儿部队是朝廷大患。1364 年 4 月末，皇帝在皇太子的逼迫下颁诏（也许并非皇帝本意）解除孛罗帖木儿的指挥大权，并将其发配四川。孛罗帖木儿宣称这一诏令并非皇帝本意而拒绝领旨。5 月初，朝廷下令扩廓帖 246
木儿攻打孛罗帖木儿。[103]

毕竟，直接攻击皇太子不太可能，所以孛罗帖木儿的目标是爱猷识理达腊的手下。孛罗帖木儿指控皇太子的两名心腹犯有贪污受贿及迷惑皇帝之罪，应处以极刑。5 月中旬，孛罗帖木儿手下的一员大将率军抵达大都以南，做好战斗准备。几天后，朝廷宣布流放皇太子的两个心腹，将其送交孛罗帖木儿所部将领。[104]

使命既已达成，孛罗帖木儿所部立即撤到大同。然而，还不到两星期，可能是在狂怒的皇太子的催促下，朝廷下令扩廓帖木儿攻打孛罗帖木儿的大本营——冀宁。孛罗帖木儿没有束手就缚，而是率军杀到大都。皇太子虽派兵拦阻，却没有成功。1364 年 8 月 24 日，孛罗帖木儿攻陷大都。而在前一天即 8 月 23 日，皇太子逃离大都。据记载，孛罗帖木儿和他的两名部下，即孛罗帖木儿向皇太子力证清白的两个人，与妥懽帖睦尔相见的时候，双方都流下了热泪。皇帝授予孛罗帖木儿及其部下一连串令人印象深刻的文武官职和头衔。至于皇太子，由于太清楚孛罗帖木儿的为人，所以对皇帝令其返回大都的诏令置之不理。[105]

在行省，爱猷识理达腊大力培植对抗孛罗帖木儿的支持势力。在太原，受扩廓帖木儿庇护的皇太子，派人到蒙古（岭北）、甘肃、辽阳和陕西等地军中，合纵连横，督促那里的将领与他联手，攻打孛罗帖木儿。在相对安全的辽阳，汉人官员李思搠广发痛斥孛罗帖木儿的公文：“违积世之先勋，名曰逆子，犯无君之大恶，号为贼臣，仍拘执来使以释群疑，奖励诸军，以图大举。”[106]对此，孛罗帖木儿非常恼怒，他派一员大将攻打
247 上都爱猷识理达腊的支持势力，将皇太子之母——奇皇后赶出皇宫，幽禁百日。[107]

1365 年 4 月末，孛罗帖木儿来到幽禁奇皇后的冷宫，逼迫她给皇太子写信，“逼后还宫取印章，给皇太子写一封信”。后来，孛罗帖木儿还把奇皇后赶出皇宫。[108]直至 7 月初，奇皇后才返回皇宫。[109]关于奇皇后如何能从冷宫放出来，版本众多。有人说，奇皇后能从冷宫中被放出来，是因为她满足了孛罗帖木儿的色欲。[110]奇皇后向孛罗帖木儿进献了一名美女。[111]据说，孛罗帖木儿为了急于与美女进入洞房，甚至连奇皇后答应举办隆重婚礼、进献丰厚嫁妆的承诺都等不及。在大都，孛罗帖木儿还掳获了 40 多位皇宫嫔妃。他入宫时要求妃嫔身穿华衣，列队迎候。几乎同一时期的权衡认为，孛罗帖木儿是被酒色财气磨掉了锐气，“孛罗帖木儿……荒于酒气，锐气消耗矣。”[112]

7 月末，孛罗帖木儿遇害身亡。1365 年 7 月 27 日，刺客在奏报皇帝之后在延春亭的一棵李树下用斧头砍死了孛罗帖木儿。[113]当时，孛罗正走在进宫的路上，打算向皇帝汇报其部将打败皇太子在上都的支持势力。老的沙——皇帝的舅舅——则头部负伤。当年，孛罗帖木儿就是为保护他而对抗皇太子。老的沙骑马逃出，随后召集孛罗帖木儿之母和妻儿仓皇北逃。皇帝下令大都之人可以尽杀孛罗帖木儿所部。次日，皇帝下令皇太

子回京。孛罗帖木儿——这位皇太子的死对头——的首级被砍下来放进盒子里献给了皇帝，再也无法威胁皇太子。[114]1366 年初，在皇帝的旨意下，老的沙、秃忽鲁帖木儿相继被处死。[115]

皇太子和奇皇后的命运，一荣俱荣，一损俱损。1365 年 10 月，扩廓帖木儿的军队护送皇太子返回大都。奇皇后希望借此机会让扩廓帖木儿的军队护驾爱猷识理达腊登上皇位。然而，扩廓帖木儿的军队却在大都郊外止步。[116]这样，妥懽帖睦尔在皇位上又多待了几年。1366 年初，妥懽帖睦尔的蒙古皇后——伯颜忽都去世。很快，奇皇后被册封为第一皇后，获赐蒙古姓 248
“肃良合”（意为“高丽”）。[117]这种身份的正式晋升几乎是三十年来无休止的宫斗结果。这样，奇皇后从卑微的宫廷奉茶侍女，一跃而成为欧亚大陆东部权势最大的女人。自孛罗帖木儿及其支持势力后，再也无人敢于挑战奇皇后的钢铁意志和敏锐头脑。高丽的军备和密集交往攻势也证明恭愍王不会再犯同样错误。

塔思帖木儿的命运始终笼罩着一层神秘面纱，他被关押在距大都东部 125 里的永平郡。但是，只要塔思帖木儿还活着，他就是恭愍王的心腹大患。对此所有人都心照不宣。当时，永平郡在行政上隶属辽阳行省，那里居住着许多和高丽朝廷关系密切的高丽人。1365 年初，恭愍王为了除掉塔思帖木儿这颗眼中钉遣使入元，向元朝皇帝请求让高丽负责关押、处置塔思帖木儿。恭愍王使者抵达辽阳的时候，知枢密院事黑驴告诉他，元朝皇帝已经杖打惩罚了塔思帖木儿并打算遣其回国，只是他背伤未愈，所以等他背伤愈合后再遣回高丽，“帝让臣杖塔思帖木儿，还其本国，今方背疽，待其愈杖而归之。”[118]元朝的地位让高丽使者无法进一步施加压力，只好暂返高丽。[119]由于相关文献的缺乏，我们很难猜测元朝的真实意图，但我们至少可以推测，元朝羁押塔思帖木儿旨在与高丽国王的关系中掌握主动权。

与此同时，蒙古朝廷盛赞恭愍王为帝国做出的贡献。1365年4月，元朝派官员到开京册封恭愍王为太尉，这是蒙古皇帝授予的荣耀。另外，元朝还表彰了高丽在红巾军战争期间的贡献，授予恭愍王五大臣为荣誉官员。恭愍王在行中书省接见了前来颁旨的蒙古使者，设宴款待他们。[120]这样，妥懽帖睦尔一方面授予高丽君臣尊贵的封号，对其公开表彰；另一方面却紧紧
249 抓住塔思帖木儿不放，将其作为威胁恭愍王的潜在砝码。

让我们回到故事一开始提出的问题：元朝皇帝为什么要以恭愍王的族人塔思帖木儿来取代他？当然，奇皇后的复仇欲望，可能在决策时发挥了重要影响。1371年末，高丽朝廷向明朝强调，奇皇后在恭愍王肃清其族人后一心报仇雪恨。[121]然而考虑到奇皇后老练的政治智慧和敏锐的头脑，如果仅仅是出于憎恨恭愍王，还不足以解释元朝罢黜恭愍王的真实意图。考虑到当时的军事形势，特别是在辽东和高丽刚刚发生的红巾军战争，奇皇后可能是出于解除妥懽帖睦尔的“东顾之忧”。既然恭愍王已经证明高丽的军事实力，同时他又渴望与元朝皇帝建立更紧密的关系，那么如果让听命于奇皇后的人取代恭愍王，元朝皇帝就会被进一步孤立，甚至不得不把皇位禅让给奇皇后之子——爱猷识理达腊。要知道，塔思帖木儿的继承人是奇皇后族人。[122]这样，即便将来塔思帖木儿作为代理国王无法令元朝满意，那么奇氏家族成员就可以顺理成章地继承高丽王位。

奇皇后为儿子积极争取政治利益的举动，非常符合蒙古的政治文化传统。在13世纪中叶，在唆鲁禾帖尼——据说是“世界上最聪明的女人”——的运筹帷幄下，她的儿子一步步走上皇帝的宝座。[123]与此同时，蒙古政权也发生了划时代的变化：托

雷系取代窝阔台系成为帝国第一家族。忽必烈之妻察必以及后来的皇太后答己都在元朝握有强权。最近一项研究表明，在东亚几乎每一任蒙古皇帝的妻子和母亲都拥有强大的权力，怀有勃勃的政治野心。这些女性及其追随者之间的争权夺势，影响到 14 世纪的重要政治军事事件。[124]奇皇后虽然是高丽人，但她处于帝国的精英行列。正是在女性可以发出强大的声音，可以决定兀鲁思命运这一蒙古政治文化的背景下，奇皇后萌生了政治野心，并将其付诸实践。

如果说，奇皇后的主要野心是让她的儿子登基帝位而不是 250
报复恭愍王，那么妥懽帖睦尔为什么会默许她的做法？通常，蒙古干涉高丽国王的继承人选，是司空见惯的事情。这一做法，可以追溯到 13 世纪，只不过在 14 世纪越来越肆无忌惮。但我们如果把思考范围聚焦于妥懽帖睦尔，从他对脱脱的态度似乎可以得到启示。据载，脱脱系出名门，身材高大，庄重威严，擅长骑射，曾在 1340 年剪除权相伯颜的政治斗争中扮演了关键角色。妥懽帖睦尔在挣脱伯颜的掌控后，开始行使统治大权。至 1354 年，脱脱充沛的精力、勃勃的野心、强大的领袖魅力和仕途上的不断成功，让妥懽帖睦尔对他心存忌惮。于是，在妥懽帖睦尔的默许下，朝廷剥夺了脱脱的官职，甚至后来将其处死。虽然脱脱只是例外，但是从其他方面我们也可以发现，妥懽帖睦尔势必要根除势力日益壮大并有可能危及自己的人，无论他们对帝国的贡献有多大。[125]高丽军队在抗击红巾军的战斗中取得了瞩目的胜利，加之恭愍王有拂逆元朝意愿的前科，所有这些都可能让妥懽帖睦尔以怀疑的目光重新打量恭愍王。

那么，在恭愍王夸示高丽军事力量的时候，妥懽帖睦尔究竟在想什么？当然，这也许是一种猜测，但是妥懽帖睦尔及其幕僚可能意识到，他们最终还是需要恭愍王的支持。14 世纪 60 年代，由于南方汉人军阀的崛起，大元兀鲁思的统治摇摇欲坠，妥懽帖睦尔可能意识到自己需要在东北地区有一个实力强大的军事盟友。正如接下来的历史事件所显示的那样，在妥懽帖睦尔被逐出中原后相当长的一段时间里，东北地区一直是元朝的大本营。

七十多年前，日本著名历史学家和田清（Wada Sei）曾说过，"当我们通盘考虑整个事件的时候，似乎存在这样一种可能，即元朝忌恨恭愍王的反抗，所以想利用镇压北方边境叛乱的机会废黜恭愍王，但却没有成功。"[126] 和田清的分析基本上是正确的，但他忽视了元朝和高丽关系的几个方面：一是低估了高丽军事能力，进而忽视了恭愍王被妥懽帖睦尔视为潜在威胁的可能性；二是使用了"元"这个词，从而遮盖了当时弥漫在蒙古朝廷派系党争之目的；三是低估了奇皇后的政治野心和影
251 响力。闵贤九近来的研究关注奇皇后的影响力，这是很好的现象，但他夸大了高丽国内的"民族统一"以及在开京或大都的"反元政权"重要性。

奇皇后策划的这场阴谋表明，过分关注家族利益通常会为王朝或国家统治蒙上阴影。元朝和高丽并非大一统国家，很少发出一致的声音。事实上，在大元兀鲁思内部，族群、文化、语言和政治非常复杂，而这也是奇皇后、妥懽帖睦尔、爱猷识理达腊和恭愍王身处其中游刃有余的原因所在。我们作为从事历史研究的学者，当然不应该任意假设这些人的动机或手段，但是可以肯定，他们的动机或手段之复杂，远远超过了我们今天所知道的程度。

第八章　广角镜

如同恭愍王为保住王位而拼死斗争那样，大元兀鲁思的性质使其在追求政治利益的时候不会受到民族、王朝或族群这些类别的严格束缚。一百多年来，蒙古帝国的视野一直延伸到欧亚大陆。尽管大元兀鲁思日薄西山，但其辽阔的视野仍然能够指引那些在衰落中发现机会的人。 252

本章首先简要考察了 14 世纪中叶东亚外交网络发展的情况，其中，特别关注高丽的地位，接着探讨了红巾军战争记忆的影响（包括李成桂崛起的故事），最后从更广阔的东北亚视野思考红巾军战争的意义。

末世外交和贸易

14 世纪 60 年代，尽管恭愍王对元朝皇帝恪尽职守，但是他对后者的所有选择却未置可否。恭愍王几乎向东亚所有的主要首脑遣使并交换礼物，从妥懽帖睦尔、皇太子和奇皇后，到扩廓帖木儿、孛罗帖木儿、纳哈出和高家奴；从张士诚、方国珍和朱元璋到女真首领、足利幕府的将军、九州的地方官员和 253
元朝行省丞相。

从某种意义而言，这种超流动性，反映了 14 世纪五六十年代大元兀鲁思的权力衰退。元朝统治式微之时，正是地方掌权者势力扩张的大好时机。这些新兴掌权者和大元兀鲁思的关系是一个连续变化的过程，从忠诚国王走向公开反叛，不过几乎所有的关系都涉及相当程度的谈判和协商。由于元朝皇帝没有足够的实力摧毁军事上的挑战者，所以只能采取施加军事压力和封官大赦两手并用的方法，来唤醒他们效忠王朝的使命感，或者更狭隘地说，通过慷慨赏赐，或推卸责任，或对滥权者视而不见，来呼吁他们效忠帝国皇室。所有这些努力，都因日益壮大的各阶层掌权者的平衡战略而变得越来越复杂多样。伴随大元兀鲁思式微，在对外交往领域滋生了庞大需求和无数机会。

然而如同野心家愿意相信汉人、女真人、蒙古人和高丽人之间的结盟是出于蒙古政权四海一家的观念，14 世纪中叶持续的争权和结盟非常契合蒙古的政治文化传统。约瑟夫·弗莱彻（Joseph Fletcher）认为，“再次出现的艰难的、常常是拖沓的、暴力的选举过程，使部落社会的政治化沦落到哈兰（*haran*，意为“平民”）的水平。”[1]结盟常常脆弱不堪，而且维持的时间不长。结盟的规模和持续的时间也变幻莫测，毫无规律可循。这样，蒙古人时刻保持着对权力更迭的敏感，考量着潜在盟友和敌人之间的力量强弱。在他们的意识中，唯一不变的东西就是变化。[2]而这种观点，是 14 世纪五六十年代的真实写照。

不仅国家首脑之间往来频繁，就连新兴地方政权也试图和王朝国家以及其他后起之秀建立亲善关系。例如，张士诚，这位最重要的地方首领至少向高丽遣使 17 次。从 1358 年开始，张士诚遣使高丽进献水晶、玉扣、毛皮、香料、丝织物和沉香，试图通过与高丽建立关系，来获取政治经济红利。[3]张士诚使者
254 往往被高丽朝廷授予各种军事头衔，如万户长或千户长，他们从高丽带回弓矢、剑等武器。高丽朝廷为表达对来使的尊敬，费尽心思。恭愍王写给张士诚以表两人友谊的私信，都由高丽著名文人起草撰写。和其他竞争对手相比，张士诚对高丽的示

好更积极，更坚持。当然，其他叛军首领也曾多次向高丽示好。[4]

即使是汉人叛军首领也在与元朝谈判、领封号和官职的同时，积极与国外的王朝建立关系。由此，在中原和东南亚之间贸易交往蓬勃发展的年代，叛军首脑之一陈友谅（1321—1363）甚至和越南的陈朝建立联系也就不足为奇了。1354 年，陈友谅遣使越南陈朝，请求联姻。1361 年，陈友谅在多次败给朱元璋后向陈朝请求军事援助。据说，陈友谅为取悦陈朝，自称陈益稷的儿子。陈益稷是 1286 年忽必烈册封的安南国王，后来在湖北度过余生。[5]"*Chen*"和"*Tran*"分别是汉语和越南语的发音，但其对应的汉字都是"陈"。

在这种情势下，高丽丝毫不敢松懈。如前章所述，14 世纪五六十年代，高丽官方使节定期到大都，庆祝皇帝、皇后、皇太后和皇太子寿诞，并进献礼物。不仅如此，他们还在大都之外拜见声名显赫的政治军事人物。例如，高丽多次派文官田禄生（1318—1375）出使元朝。田禄生曾通过高丽科举考试和元朝设在开京的征东行省初级科考。[6]或许是因为田禄生擅长古汉语（当时区际交往公文的用语），高丽任命其为外交使臣。1362 年，田禄生出使浙东。当时，他可能接触了重要军阀方国珍。[7]1364 年，方国珍派遣一名使者随田禄生到高丽，向高丽国王进献了沉香、弓矢和一些书籍，其中包括中原王朝的政治百科全书《玉海》和《通志》。[8]

另外一次出使是在 1365 年 5 月。当时，恭愍王派田禄生 255
到大都，向元太子、沈王和扩廓帖木儿进献礼物。[9]1366 年 4 月中旬，恭愍王派田禄生出使扩廓帖木儿辖下路指挥所和河南省。[10]就在几个星期前，扩廓帖木儿从大都回到其河南大本营。[11]田禄生的外交活动，自然引起关注。事实上，皇太子厌恶其行，令其返回高丽，“皇太子恶其通信，命东还。”[12]田禄生的部下金齐颜表示愿意留在中原，继续使命，“公大臣，不可留，予且留，必达使命。”[13]由于恭愍王认为此次出使非常重要，所以保证金齐颜有足够的资金供其长途跋涉到扩廓帖木儿的河南据点。[14]

金齐颜独自一人骑马穿过战火连天的中原北部地区去拜见扩廓帖木儿。金齐颜为强调此次出使的重要意义，他告诉扩廓帖木儿，田禄生虽然被“令旨还国”，但是高丽国王的书信不能不送到您的手中，因为您是东亚鼎鼎有名的将帅之一。随后，金齐颜向扩廓帖木儿进献了玉烛，并向他解释说这是点亮明灯的用具，就如同扩廓帖木儿的美德，如果细细打磨定会大放光彩。

接着，金齐颜谈到此行目的——军事合作，共歼叛军。

> 我王聪明仁武，坐歼红贼百万之众，以安帝室，为天下倡。今大王忠义闻天下，欲东西协力，削平僭乱，夹辅帝室。[15]

据《高丽史》记载，恭愍王对于此次出使的结果“大喜”。不过此次出使是否成功缔结军事联盟，现存资料中相关细节并不多。金齐颜提到的军事联盟前提是共同效忠元朝皇帝，所以我们可以想象如果没有共同的效忠对象，恭愍王是否还会考虑结盟。不过，我们姑且搁置这种猜测，显然恭愍王非常热衷于与各方势力的角逐。6 月中旬，他再次遣使拜见扩廓帖木儿。[16]

256 恭愍王的热情得到了一些回应。1366 年 12 月末金齐颜返回高丽的时候，和他同行的还有扩廓帖木儿的使者——中书检校（不知是否就是扩廓帖木儿行省）郭永锡。[17]郭永锡通过了元朝科举考试，他到高丽后最先参观的地方是开京国子监。[18]几天后，郭永锡代表扩廓帖木儿向恭愍王进献价值100锭金的礼物。在招待使者的宴席上，酒过三巡，郭永锡邀请高丽朝臣和他联句对诗。这对高丽朝廷而言是一个相当尴尬的时刻，因为“左右皆武人”。据《高丽史》记载，高丽朝臣相顾默然，恭愍王则羞愤不已，“相顾失色，王甚惭。”1367年1月初，恭愍王宴请郭永锡，而这位扩廓帖木儿的使者、恭愍王的贵客竟然谢绝了恭愍王赏赐的礼物（衣服若干套、金带扣、马鞍等）。[19]

郭永锡的肆无忌惮令高丽朝廷上下感到耻辱。不过，郭永锡在开京也曾盛赞过款待他的君主：

> 尝闻高丽山水之异，尚有箕子之风，愿观地图礼乐官制。［林］朴曰：欲知我国山水灵异，方今上有皇后太子，岂非钟其秀气耶？永锡拊膝高吟曰：遂令天下父母心，不重生男、重生女。左右惭赧。[20]

郭永锡从中原和高丽的文化渊源出发，向高丽朝廷请求能否向他提供详细的高丽地理和行政情况。考虑到信息的敏感性，高丽官员林朴提醒郭永锡，元朝皇后是高丽人，其子即元皇太子也算半个高丽人，所谓一方山水养一方人，这难道不能说明高丽的山水人情吗？郭永锡却不以为然，反而暗讽高丽靠女人得势。高丽朝廷是靠女人对元朝施加政治影响，这是事实，但作为高丽男性，还是非常忌讳被人当面提起这一点。在郭永锡

257 离开高丽京城开京的时候，无人对他表示惜别之情。郭永锡经由西京返回扩廓帖木儿领地。[21]郭永锡是不是最佳出使人选，还真值得怀疑。

姑且不论恭愍王和高丽对郭永锡的印象如何，高丽并没有停止向扩廓帖木儿示好。1367 年 5 月末，恭愍王派张子温出使河南。[22]尽管没有提到扩廓帖木儿的名字，但是当时扩廓帖木儿的军事大本营就在河南，所以张子温很可能拜见了扩廓帖木儿。1376 年，即恭愍王遇害一年、明朝建立八年后，扩廓帖木儿提醒高丽，自己曾和恭愍王“往来甚厚”，希望借此加强其与高丽朝廷的关系。[23]当时，朱元璋也定期遣使扩廓帖木儿等互通消息。[24]

据说，张士诚曾打算与高丽国王建立军事同盟。在 1368 年前的某段时间，有流传说张士诚要到高丽征募士兵，“元张士诚在我朝征募武将”。张士诚政权确实曾经招募过汉人文人，加上脱脱集结高丽军事资源的先例，这一流言的真实性不能轻易否定。

这一时期，不是所有的国家交往都把政治放在第一位。著名禅僧普愚，恭愍王的心腹王师，曾写下许多离别短诗赠送给和他一起在中原江南地区游历、研修佛法的禅僧。虽然这些地点不详，但是至少有两首诗是写给日本僧人的。[25] 1351 年，禅僧迺翁来到中原东南沿海的港口城市——明州（今宁波）。几百年来，明州一直是中原东南部和东亚之间的重要经济枢纽，吸引了来自日本、高丽、占婆等地的商人。[26]同时，明州也常常吸引像迺翁这样的佛僧。宗教游历，也促进了东亚地区的信息互通。在明州，迺翁在走访当地名山古刹的同时，可能也收集和传送了有关方国珍等军阀的情报。[27]稍后，禅僧辛吨，这位恭愍王的心腹、大权在握的幕僚，派同伴禅僧千嬉到张士诚势力范围内的寺庙挂单。千嬉在游历期间也曾和张士诚的兄弟会面。[28]

战火蔓延之际，高丽作为可能的经济和军事盟友，成为各 258
方势力拉拢的对象，并由此彻底卷入东亚风云变幻的舞台，高丽国王、蒙古朝廷、元朝保王派将领以及野心勃勃的汉人叛军，无一例外，全都置身其中。恭愍王时期，一位著名官员在其挽歌中明确谈到高丽获得国际认可的重要性。

> 内诛奇辙，外歼红贼，文德武烈，闻于天下。元季，东南割据若方国珍张士诚辈，皆遣使款献我先祖。中兴之烈，有光于祖宗。[29]

至14世纪60年代，元朝和高丽相互需要，成为相依为命的难兄难弟。元朝出使开京的使者人数远远超过高丽出使大都的使团人数。对于风雨飘摇中的元朝来说，高丽是其硕果仅存的避风港之一。[30]1368年大都失守后，辽东地区的蒙古贵族和扩廓帖木儿（刚被任命为宰相）都遣使高丽。[31]其中一些人试图唤起双方共同效忠元朝以及家族关系的历史，也有一些人则坚持未来必定荣耀，并坚信重新联姻的光明前景。[32]不过，这些使者无一例外，都向高丽请求军事援助、政治支持或物资资助。[33]

随着蒙古日益丧失对行省的控制，情报和外交在整个帝国日益发挥重要作用。在14世纪五六十年代，各方使者穿梭于中原主要掌权者之间，这其中包括朱元璋。[34]后来，朱元璋对于非官方交往活动非常敏感，这是他对14世纪中期东亚在陆路和海路方面的超流动性所做出的反应，并承认这种交往的有效性。这样看来，在明朝刚建立时，皇帝朱元璋大力取缔非官方授权

渠道（国内和国王）的沟通往来绝非偶然，并将国内的政治清洗和国外的势力勾结联系起来。1371 年，朱元璋在写给高丽国
259 王的一封信中表达了他无法掌控边境信息情报的挫败感。

> 姓李的火者并达达回回诸色人部来推做买卖打细。李火者来了两三番也。见达达，说达达话；见一般火者，说高丽话；见汉儿，说汉儿话。这般打细呵，怎中我？[35]

朱元璋工于心计，但他对通晓多种语言、在不同的语言和族群中如鱼得水的高丽宦官不得不表示叹服。在中原北部地区、辽东地区和高丽之间变幻莫测的秩序结构中，这种政治军事关系的流动性和妥协性，为东北亚拓展了更广阔的模式。

日本、大元兀鲁思和东北亚

尽管本书聚焦大陆和朝鲜半岛的局势，但是东北亚也包含海上世界。当时，海船穿梭在从广州、福州、庆元（今宁波），到山东、辽东、高丽和日本西部的海上航道上。相关考古资料为我们提供了中原船只航行于这些水域的事例。1991 年夏，在辽宁省绥中县渤海湾，当地渔民偶然发现了一艘沉船。根据水下考古挖掘，这艘沉船长 20 米至 22 米，载有铁块以及近 600 件元代磁州窑白釉黑彩瓷。据专家推测，这些瓷器来自彭城窑（今河北省磁县），可能是从陆路运送到当时的重要沿海港口——直沽（今天津附近）。确实，开往高丽和日本的中原船只通常从直沽出发，但绥中沉船的地理位置表明沉船时间大概是在 13 世纪中叶，当时船只可能是沿海岸线驶向辽东。[36]

关于海上国际贸易的规模，最有说服力的证据，可能是1976年在朝鲜半岛南部沿海发现的一艘沉船，当时引起世人瞩目。在这艘沉船上，发现了来自中原主要制造中心的两万多件瓷器和28吨铜币。这艘沉船应该是从庆元出发，但沉没的准确时间很难推算。不过根据沉船上的木契和铜币可知，其往返于海上的时间应该是在14世纪上半叶。另外，这艘沉船得到日本足利幕府的航程授权，京都大禅寺和东福寺也为该船的此次冒险出航提供了部分资金。[37] 260

诸多证据清楚表明，在日本、高丽和大元兀鲁思之间，文化交流、商业贸易以及对外交往并没有因为13世纪末蒙古攻打镰仓幕府而终止。以名山幽谷为坐标，日本主要寺庙的僧侣络绎不绝地朝圣元朝著名佛教中心，这表明在14世纪蒙古帝国治下东亚地区仍存在宗教和文化交流。[38]许多日本僧人和13、14世纪中国名流结下了深厚友情。[39]

蒙古征服日本的努力失败后很快恢复了双方贸易活动。忽必烈之后的蒙元大汗继续通过海上贸易追求商业利益。14世纪上半叶，尽管偶尔发生阻挠日本商人到中原沿海做生意的暴力事件，但为数不多，而且只限于庆元。庆元，是元朝官方指定的国际海上贸易港口。[40]暴力和骚乱经常发生，主要是因为元朝地方官员公然索贿和法外行权引起众怒。事实上，如果此类事件确有发生，大都朝廷会派人严加追查，对滥用职权行为采取严厉措施，防止类似事件再次发生。自13世纪蒙古崛起以来，国际贸易是帝国的重要支柱之一。

与此同时，元朝在沿海地区时刻保持警惕，不敢有丝毫懈怠。14世纪50年代，倭寇开始有组织地侵扰高丽沿海。在一般情况下，倭船水手来自对马岛和九州岛。倭寇侵袭元朝海岸

的规模相对而言并不大。不过，由于元朝政府认为与日本进行国际贸易有利可图，所以不会公开、断然地拒绝日本商人进入
261 这一世界上最有利可图的市场。[41]倭寇侵扰的根源在于日本，不过大元兀鲁思动荡的局势也是造成倭寇侵扰向西蔓延的原因之一。

从 14 世纪 50 年代末到 14 世纪 80 年代中叶，环渤海湾地区，成为倭寇侵袭的目标。倭寇劫掠的主要目标，是元朝和高丽地方开往京城大都和开京的运粮船。由于这些运粮船常常靠岸航行，所以沿岸村庄和官衙（特别是米仓）也成为倭寇袭击目标。[42]即使内陆地区，也很容易成为倭寇的攻击目标。1352 年，开京郊外出现一伙倭寇，百姓惶恐不安。在随后的 1357 年、1358 年和 1360 年，类似的侵袭接连发生。[43]面对倭寇的进攻，红巾军无能为力。1360 年，倭寇进攻辽东南部红巾军，攻占了红巾军此前沦陷的富庶城镇——金州和复州。[44]

江南地区的日本僧人的活动也反映了元朝灭亡前最后十年的动荡沉浮。1350 年，方国珍逐渐逼近昌国。昌国，是位于庆元和普陀岛（观音崇拜的著名圣地）附近的一座岛屿。很快，昌国恐慌蔓延开来。即便日僧龙山德见，这种在此定居很长时间的人，也争先恐后逃回日本。据当时一份日本历史资料，“大元彻底陷入风雨飘摇之中，天下大乱，恐无一日安全，所有的外国船只都遭到灾难和不幸。”[45]

然而 14 世纪 50 年代中期方国珍、张士诚巩固自己势力范围的时候，贸易活动和佛僧交往却开始慢慢恢复。据 1365—1367 年的历史文献记载，日本和元朝之间官方往来的次数虽然锐减，但是在 1367—1368 年，日本为筹集经费在京都修建一座医院，打算组织贸易团前往江南。[46]事实上，大元兀鲁思境内日

益增多的暴力事件，反而深化了日本和中原大陆的关系。一些因为战争受到惊吓的汉人文人逃到日本后大多在博多、京都等地定居，他们凭借自己在文学、绘画、医药等方面的突出才干，在日本的精英文化圈站稳了脚跟，甚至有些人担任足利幕府的政治顾问。这些战争难民常常带来有关张士诚、陈友谅等势力 262
范围最新、最详细的形势报告。[47]

可以推测，在 14 世纪中叶到 14 世纪末期，倭寇侵扰造成的破坏背后是一种非常普遍的意识，即没有绝对的国境，是海上劫掠和贸易活动带来的巨大财富和至高权力，是通过谈判和妥协与当局中心保持或远或近的关系。这种变化以及投机者的特点，塑造了东北亚的红巾军战争记忆和形象。

红巾军战争记忆

死亡与破坏、勇敢与美德，是红巾军战争记忆的主题。在地方志收录的哀怨恨的诗文中，大部分内容是关于红巾军战争以及随之而来的大破坏。一些历史文献歌颂了地方武装力量的英勇，而其他文献则将当时的社会问题归咎于红巾军战争。不过新近的记忆或者更遥远的记忆不会超然于现实之外，而是会成为各种政治事业可利用的资源。恭愍王利用红巾军战争的胜利，来谋划高丽王朝的命运；郑世云则利用红巾军的胜利，来规划自己的命运；朝鲜王朝的作家则利用李成桂在红巾军战争中英勇善战的故事，来论证李成桂及其后裔的统治合法性。

这些战争废墟高丽王朝仅修复了一部分。具有重要战略意义的西京东门（大同）和南门（含毬）毁于 1361 年的红巾军战争，它们矗立在那里成为西京在被红巾军沦陷期间饱受蹂躏的见证。据权近的记载，直至 1392 年朝鲜王朝建立后，这两座城门才得以修复，因为“平壤（西京——译者）国家之巨镇也，使命之所涂，师众之所会……强围不固，诚为可虑”[48]。

在一些相关记忆、民俗信仰、散文和诗歌中，也发现了红巾军入侵造成的破坏和苦难。传说，红巾军杀死了黄州道棘城镇的高丽守兵，该镇因此被废。1452 年，高丽朝廷在新址重砌城墙。[49]这样，棘城镇就和红巾军战争带来的破坏性暴行联系起来。许多路过此地的文人墨客，不禁会想起过去在这里发生的死亡和毁灭。崔淑精（1433—1480）在诗中写道：

> 263 昔年怒寇阑塞门，猛焰烈烈如燎原。长驱不日到城下，妖氛漠漠埋乾坤。期门受敌误机会，南军狼狈胡语喧。数十万人一朝歼，余卒四散仍败奔。同将贵贱作枯骨，怨气结作阴云屯。悲风飒飒吹至今，古城廖落苍山根。投诗直欲吊毅魂，笔端千古攄遗冤。[50]

1521 年，金安国（1478—1543）在一篇文章中对昔日繁华的文化县（高丽时期位于首都圈内）遭到红巾军破坏的情形是这样描述的：

> 自经红贼败歼之后，白骨暴野，沴气烦冤，熏为疠疫，转染一道……邑里萧然，非复昔日之殷阜。文化、兴凤山、载宁三邑被染尤甚。前后守宰死病相继。无能数三年安其任者。吏卒仆隶之徒，凋耗渐尽，殆不能官，官民上下，
> 264 忧死不暇，政庸不举，民日困悴，拯救无方。

后来，文化县只好将其官衙转到其他地方，“旧日瘟疫之毒将消殄解散而无留也”[51]。此外，金安国认为，黄海道地区人口总数减少、土地流失和经济萧条，都是源于“丽末”战争和疾病。[52]

约翰·邓肯等指出，“至14世纪后半叶，地方社会基本上处于无序状态。”很多农民，甚至乡吏等地方精英，不堪沉重赋税、地主盘剥以及连年歉收，只好抛荒土地，逃亡他乡。[53]即便是在相对富裕的农业区，村庄凋敝的现象也越来越普遍。邓肯认为，高丽乡村的这种糟糕状况，与其说是因为外族入侵，倒不如说是因为以首都为根基的强大宗族势力对乡村经济的渗透，只不过红巾军战争和沿海倭寇侵扰造成的破坏更激烈、更明显，以至于掩盖了高丽社会经济发展中长期存在的根本问题。

红巾军战争和恭愍王的驾临让福州（今安东）得以沐浴高丽王室的恩泽。据安东民俗博物馆的田野调查报告，在今天安东几个村庄中还保留着木制寺庙，庙内摆放做工简朴的木雕，据说分别代表恭愍王、恭愍王之母和恭愍王之女。[54]另外，在一座神社的壁画中有两位站立者，分别是一名带冠男子和一名年轻女子。据地方传说，画中的女子从红巾军伏兵手中救了恭愍王的性命，当时她挡住了红巾军射向恭愍王的利箭。[55]

在有关红巾军战争的汉语资料中，涉及辽东和高丽局势的内容不多，而且很少提及这场战争对辽东造成的影响。明末学者朱国祯（1557—1632?）在谈到元末起义造成的空前破坏时 265
说：“毛贵等人趁机从四面八方挺进，黄河以北所有的道路，除了通往辽阳的通道，没有一个地方不遭到劫掠。”[56]朱国祯认为，辽阳是红巾军活动范围的极限，或者更准确地说，是其所能考虑的最远范围。迄今为止，朱国祯的看法在很多方面体现了大多数汉人学者的认识。

有关14世纪中期成吉思汗家族和高丽之间关系异常密切的记忆，反映在后来记述蒙古兴衰沉浮的文献里。艾鹜德（Christopher Atwood）指出，成书于17世纪初的蒙古编年史《黄金史》（Atlan Tobchi）记载了一个有关成吉思汗的传说：成吉思汗的第四个妻子——蔑儿乞部（Merkid，旧译蔑里乞）的忽兰是高丽人。有人质疑，这一记录的最初版本，受到妥懽帖睦尔和奇皇后婚姻的启发。艾鹜德进一步指出，蒙古传说中还提到，“诱使成吉思汗逃到东南（高丽）或西南（党项）”[57]。显然，这是把成吉思汗和妥懽帖睦尔的故事弄混了。成吉思汗逃亡朝鲜半岛的形象，可能源自几乎与此同时（14世纪）的权衡的记载。权衡坚称，在大元帝国即将灭亡时，妥懽帖睦尔想逃到耽罗岛（今韩国济州岛）。这两个事例表明，在几十年红巾军战争的动荡和喧嚣中，妥懽帖睦尔、成吉思汗和高丽之间的关系，已经成为不朽的传说。

其他有关红巾军战争记忆的表述则更正面。如上文所述，郑世云夸耀自己在军事危机之际立下赫赫战功。恭愍王为了保住王位也以红巾军战争为筹码。恭愍王朝臣在和蒙古名将打交道的时候，鼓吹高丽军队英勇无敌。朝鲜王朝作家也用抗击红巾军的战功，不厌其烦地歌颂朝鲜王朝开国君主李成桂。[58]权近在朝鲜王朝开国君主的墓志铭中写道：

> 恭愍王时，红贼起，侵犯上都，蹂轹辽沈，天下莫敢
> 266 遏其锋。至正辛丑，来陷王京。恭愍播越，遣使克复。我
> 太祖先登献捷，威声始振。明年壬寅，走胡人纳哈出。[59]又
> 明年癸卯，逐僭王塔帖木［儿］。摧锋却敌，所向必克。

由是，恭愍时倚益重。[60]

权近指出，李成桂凭借抗击红巾军的军事胜利而声名远播，赢得恭愍王的信任。李成桂全力以赴抗击红巾军的战斗，一力承担了保卫高丽王朝的重任。

15 世纪中叶，世宗大王（1418—1450 年在位），这位朝鲜开国君主最有名的后裔下令编写《龙飞御天歌》，为李氏王朝的正统性歌功颂德。《龙飞御天歌》糅合了许多内容，包括：庆贺朝鲜王朝建立、赞美朝鲜王朝的开国君主及其祖先、对李氏即位的预言以及对未来朝鲜王朝的国王委婉的道德训诫。[61]在《龙飞御天歌》第 33 章中，提到李成桂击退红巾军的功绩：

赋围行宫，天子泣涕。赴援设疑，寇虏解退。贼入京都，君王出避。先登献捷，车驾旋至。[62]

可见，正如恭愍王企图把高丽打败红巾军的战绩转化为与蒙古朝廷交涉时的政治资本，几十年后，朝鲜王朝又以开国君王英勇抗击红巾军之举来佐证其贤明和王朝的合法性，而这些形象又通过朝鲜王朝画家和作家的作品（以绘画和诗歌的形式）进一步深入人心。[63]

红巾军战争的意义 267

东北亚的红巾军战争对蒙古帝国的分崩离析负有部分责任。伴随东亚政治动乱以及随之而来的大规模破坏，城镇被洗劫一空，农田被抛荒废弃，大批人死于疾病、饥饿和战争。上都、辽阳、平壤和开京等大多数东北亚重要的政治和文化中心，一度落入红巾军之手。随着地方政府治理的支离破碎，元朝中央政府暂时失去了对辽东南部地区的控制，且此后再也没有对其恢复全面控制。二十多年来，没有一个政权可以控制辽东地区。其间，蒙古人、女真人、汉人和高丽人都在争夺这一具有很强政治军事流动性地区的主权。多方争夺辽东的局面深刻影响了新兴明朝和高丽王权的关系。接下来三四十年，红巾军战争在很大程度上决定了明朝和高丽关系的好坏和走向。

高丽国王发现，自己渐渐失去了对北方大部分领土的控制。1361 年逃离京城后，恭愍王驻跸临时行宫近两年。对国王而言，没有固定居所，意味着无法控制他如散沙般的百官，万事举步维艰。由于红巾军入侵和倭寇侵袭，许多人从北方到中南部避难。当时一位观察家指出，“适国多难，士大夫不能安其居者皆是。”[64]还有一些官员因为其京城府邸被红巾军付之一炬，只好躲到深山密林，“无所寄寓，退处山林者有年矣”。[65]不过，通过 14 世纪末的族谱至少还能追溯一部分难民。[66]在北方，人口凋敝的现象持续了几十年。15 世纪初，朝鲜王朝为充实北方曾试图强迁南部诸道民户。[67]

在地方，一些人利用混乱局面，来巩固自己的政治经济利益。[68]红巾军战争前后颁布的公文指出这些非法强占田地、擅动重要基础设施的行为。不过，即便恭愍王下令制止这种法外剥削和土地掠夺行为，但他无法疏远精英圈，所以这种情况非但没有被制止，相反，自 14 世纪 50 年代中期以来，中央政府对
268 提供人力武器的地方精英赐予封号，为他们提供各种政治、经济、社会和军事利益。[69]许兴植通过分析户籍登记记录和族谱指出，这一时期出现了大量名誉官职。另外，被派去镇压红巾军的高丽将领往往在交战区和地方精英家族缔结婚姻。[70]

红巾军战争激化了恭愍王朝廷的原有矛盾，这一点可以从高丽元老大臣、著名学者李齐贤对红巾军战争几乎是毫不隐晦的评论可知。击退红巾军后，李齐贤和洪彦博之间曾有过交谈。李齐贤在谈话中对高丽局势和 3 世纪中原汉人王国魏国作了比较：

> 古人称，壮哉山河，此魏国之宝也。初若设险守隘，制胜可必。恨不早图也。贼若野战，则我军必败。但因雨雪，乘贼不虞，故胜之。此赖宗社、山河之佑也。[71]

在这里，李齐贤抹杀了所有高丽武将所自诩的挽救王朝于红巾军之手的非凡功绩。李齐贤认为，高丽之所以遭到入侵是因为没有做好充分的战争准备，由此弱化了红巾军的军事实力，而且高丽取得胜利也不是军队或者国王力挽狂澜的结果，而是因为红巾军入侵者战略战术拙劣。另外，高丽的天时地利也发挥了作用。洪彦博是如何回应李齐贤的呢？据说，高丽朝廷也曾有人议论高丽因战备不足而败于红巾军，洪彦博当即对此妄加之词进行了驳斥。[72]也许，洪彦博是顾忌李齐贤德高望重，所以在一定程度上避免与他发生争执。

军事化 269

大元兀鲁思的局势恶化，开启了军事化进程，而这种军事化进程直接影响到整个东北亚地区。如第三章所述，高丽军队及其将领在攻打中原东南部地区汉人叛军的时候，与蒙古人、汉人和西藏人并肩作战，这些战斗虽然是源于元朝统治的岌岌可危，但是刺激了高丽加强军事的决心。1356 年恭愍王加强王权的举措，导致高丽在辽东边境与元朝发生一系列短暂的军事冲突。高丽意识到即将爆发战争的可能性和危险性，紧急增加兵力，提高军户经济基础，改善主动服役士兵的生活，为骑兵配备更多战马。[73]从红巾军战争期间高丽军队士气低迷和勉力参战的情况来看，朝廷非常清楚危急时刻战斗力和经济保障（即土地充足）之间的关系。[74]

面对朝廷高官对军队的控制日益私人化、军队对中央政府的效忠日趋摇摆的趋势，恭愍王和后来的高丽国王都希望通过扩充王室护卫来壮大效忠自己的军事力量，这种努力无疑十分必要，因为高丽王朝末期国王的能力和影响力被严重削弱。[75]至朝鲜王朝初期，私人武装仍然在政治生活中发挥重要作用。

对此，高丽朝廷要么效仿这些强有力的军事人物，要么消灭他们。如第五章所论，虽然动荡的东北亚局势一再表明拥有强大的军事力量是何等必要，但是恭愍王仍然感到来自郑世云和安祐等大将的威胁，必须通过精心策划阴谋予以铲除。1363年，元朝宣布废黜恭愍王，让更听命于元朝的恭愍王的族人来替代他。结果，恭愍王仍然安坐国王宝座。这其中一个很重要的原因是，高丽军队未必是元军所能轻易打败的。事实上，高丽军队经过最初的失利后击溃元军。而元朝皇帝顾虑战争范围可能扩大而取消了废黜恭愍王的计划。

270 14世纪七八十年代，明朝和大元兀鲁思都需要高丽的效忠。高丽国王认为，高丽之所以能够在暗潮汹涌的关系中游刃有余依靠的就是军事力量。[76]随着大元兀鲁思土崩瓦解以及伴随而来的泛东亚军事化进程，高丽王朝的灭亡，李成桂和新兴朝鲜王朝却得以崭露头角，羽翼渐丰。

在大元兀鲁思的京城——大都这一舞台演出的剧目中，将军们扮演了举足轻重的角色。孛罗帖木儿，曾经控制大都，囚禁皇后，把皇太子赶出了京城。扩廓帖木儿，虽然护送皇太子回京，却因拒绝扶持皇太子即位而恼怒了奇皇后。对恭愍王和妥懽帖睦尔而言，不论扩大军事力量会产生什么样的危害，它都是一个必要之恶。[77]

在地方将领日益发挥重要作用之际，帝国的巨头再次夺人眼球。辽东地区也不例外。辽东南部的许多蒙古军阀接到元朝皇帝的委任状。红巾军叛乱为他们提供了独立和壮大的新机会。13 世纪中叶以前，大汗及其幕僚和蒙古贵族之间关系紧张，前者希望扩大皇权，后者希望保持独立，而帝国的成功就在于统治者能够平衡权力。红巾军战争，可以说是帝国的中心与其东北角之间的最后一次冲突和震荡。此后，元朝只能对这一地区进行断断续续的统治。

这种局面由于南京明朝的建立而更加复杂混乱。如果说，红巾军战争促成纳哈出崛起，那么纳哈出能够在辽东这座舞台上扮演重要角色并坚持到剧终，却是因为他没有追随妥懽帖睦尔流亡朝廷逃到大草原深处。换言之，纳哈出的权力，部分来自蒙古流亡朝廷授权的自治。西北的扩廓帖木儿和西南的蒙古辽王（把匝剌瓦尔密，卒于 1382 年）的情形，可能也是如此。

然而对明朝而言，辽东的纳哈出及其军队却是可怕的军事威胁，是元朝权力的延伸。朱元璋投入大量的军事和经济资源，
将其统治范围延伸到辽东（包括女真领土），这表明他害怕蒙 271
古及大元兀鲁思可能复兴。蒙古政权具有那种虽然局部可以碎片化但整体却绝不能肢解的可能性，而这也是纳哈出得以幸存的原因。由此，纳哈出和他的军队成为基本独立的地方领主，也成为大元兀鲁思最后一个堡垒。

也就是说，红巾军战争虽然破坏了地方政府的基础设施，造成经济萧条，地方人口锐减，使元朝在辽东地区的统治岌岌可危，但红巾军战争同时也为明朝的势力扩张铺平了道路。[78]在蒙古帝国许多地方，情形大致如此，变化过程是缓慢、对抗性的，常常是破坏性的。

军事首脑

考虑到这几十年来东北亚军事首脑的重要地位，我们有必要思考他们的异同点。他们的共同点是，相对中央政治权威，享有更大的自治，控制地方人口和作战物资的范围更广，而且，在制定朝廷战略、讨论王朝命运以及进行派系斗争、缔结同盟方面，发挥了重要作用，而大都或开京的朝廷对于他们的效忠和服从，并不敢掉以轻心。

他们的不同点是，其与中央政治权威、与地方社会以及与其他军事人物的关系，常常因地制宜，因人而异。毛贵这个山东红巾军首脑虽然不是山东人，但在山东崛起。1359 年，毛贵被一名反叛的旧部下杀害。毛贵既没有主动联系元朝皇帝，也没有和蒙古朝廷交涉谈判。相反，他一直安然驻守山东中部，隶属红巾军的“大宋”政权，奉其年号，受其册封，并以其名义颁令，来合法化其统治。另外，毛贵还通过建立有效的地方统治，来争取地方社会力量的支持。在文献中，我们找不到毛贵向独立于红巾军之外的叛军首领遣使的文献记录。和其他雄
272 心勃勃的军事首脑不同的地方在于，他没有向高丽示好。毛贵可能计划联合其他红巾军将领攻打大都，但不了了之。毛贵也没有建立更广泛的联盟。考虑到他统治的时间不长，他似乎不可能在山东中部的农民或精英中拥有广泛的支持和虔诚的效忠。

与毛贵不同，纳哈出和高家奴在自己的势力范围内根深蒂固。纳哈出，早年经历不详，据说是木华黎的后裔。木华黎，13 世纪初蒙古第一次征服辽东时候的名人，在辽东，许多显赫的蒙古家族都奉其为先祖。纳哈出曾加入中原战斗，不过他在 14 世纪 60 年代初返回辽东，并在接下来二十多年里一直在辽东担任元朝政府一系列高官。高家奴的背景不详，我们只知道他曾接受过元朝授予的官职和封号。

纳哈出、高家奴和元朝皇帝的关系极其复杂。这两人都从元朝皇帝那里获得一定程度的自治权，也都和高丽王朝建立了独立的往来关系，都向高丽进献礼物，他们有时是高丽的盟友，有时是高丽国王的威胁。他们的独立和自治，一部分仰赖于辽东行省的地理位置，一部分源于当时的战争局势。在当时信息不畅、局势莫测的形势下，迅速做出决策十分必要。以纳哈出为例，他的活动有时会侵犯到蒙古朝廷的利益。他在辽东和高丽的边境与高丽官兵联手攻打红巾军的过程中，曾多次和高丽官兵发生冲突。

也许正是由于这样的自治地位，纳哈出和高家奴都不曾公开挑衅蒙古朝廷。元朝在他们的帮助下，将红巾军赶出了辽东地区。而在明朝的势力范围扩张到辽东地区的时候，他们也进行抵御。在 1368 年蒙古撤回大草原后，他们成为元朝皇帝在高丽的代言人。后来，纳哈出和高家奴投降明朝。纳哈出的军队被拆散到各地，而他本人则定居南京。至于高家奴，考虑到他和高丽的关系，朱元璋让他留守辽东地区，负责出使开京所需坐骑等事务。

和毛贵、纳哈出、高家奴相比，高丽将领在很多方面有所
不同。高丽国王对其将领的控制，要远远强于元大都皇帝。当 273

时，在高丽没有出现像毛贵这样和叛军政权结盟，并保持独立的军事首脑。尽管郑世云等高丽大将手握权柄，以至引起恭愍王的担忧，但没有任何证据表明他们曾阴谋对付国王，或者像纳哈出那样任性地热衷于战争，他们也没有为获得个人统治的合法性而讨好地方社会，他们基本上是在当时的高丽行政框架内、在国王的授权下，行使军事指挥权。

当然，这种情形并非由来如此。12 世纪，崔氏家族把持高丽朝政，妄图颠覆王室权威。13 世纪末，“三别抄”军曾公开挑衅高丽王权。14 世纪中叶，和郑世云大将同时期的人物在东北亚其他地方享有极大的自由，而他们也肯定意识到这一点。几十年后，李成桂将高丽国王从王位上拉下来，建立了新的王朝。

14 世纪 60 年代，恭愍王仍然相对有效地控制军队，这一点，不同于我们常以为的高丽国王四面楚歌的形象。在我们看来，高丽国王常常受到盟友的围攻，后者虽然与其结盟，但和蒙古的关系更密切。[79]恭愍王令人讶异的成功在于：首先是期待值的问题。蒙古的政治文化观念能够容忍其精英保持相当程度的独立，而在动乱时期这种倾向更明显。高丽国王及其朝廷对贵族、军队和地产政权的控制比不上宋王朝，高丽的政治权力和地位都同王室有密不可分的关系，这点跟蒙古政治文化不一样。

其次，几十年来，高丽将领并没有和地方社会确立紧密联系，这一点不同于中原和辽东的许多军事首脑，后者在地方社会确立了稳固的权力和权威基础。高丽也没有发生像红巾军战争那样的大范围叛乱。对恭愍王王权的威胁主要来自高丽朝廷和蒙古朝廷。高丽重臣曾多次策划（未遂）政变，试图通过恐吓或谋杀废黜恭愍王。在奇皇后的策划下，恭愍王一度被废，虽然时间不长。1374 年，恭愍王在一次宫廷政变中被其侍臣杀害。然而，值得注意的是，他们又将另一位王室成员王氏推上 274
王位。

最后，恭愍王之所以拥有令人惊叹的军事统治能力，最根本的原因在于，高丽王室在蒙古帝国的地位。如上文所述，1388 年即恭愍王被弑仅仅十年后，李成桂废黜了当朝高丽国王，并于 1392 年宣布自立新朝，自封为开国君主。对于这次政变，学界从各个角度予以阐释。但在这里值得注意的是，当我们对这次政变进行解释的时候，应该考量时间因素，即当时正处于东北亚地缘政治的重大转折期。高丽三朝被充分整合到蒙古帝国之后，还未曾有将领公开挑衅高丽国王的先例。高丽王权的崩塌发生在蒙古无法将其军事保护力投射到朝鲜半岛后。1387 年，纳哈出向明朝投降。自此，蒙古朝廷在辽东最能发挥作用的军事首脑倒戈。据说，明朝为劝降纳哈出向他提供了最慷慨的筹码。[80]次年，李成桂罔顾高丽国王攻打辽东的命令，调转马头，挥师返京，废黜国王，宣布自己为朝鲜半岛的统治者。由此可见，恭愍王对军事首脑的控制力，一部分是源于他作为元帝国女婿的特权身份所附加的保护功能。

高丽和帝国

红巾军战争有助于我们理解高丽和元朝统治家族之间的关系。危难时刻，高丽朝廷曾多次向元朝请求军事援助，尽管徒劳无功。红巾军撤离高丽后，恭愍王派高丽军队援助元军攻打逃到海州和盖州的红巾军残部。1356 年，恭愍王为争取王权的更大独立采取一系列行动，包括向元朝领地发起军事行动，从而导致红巾军入侵高丽境内，进一步弱化了恭愍王的国内地位。

红巾军叛乱一度是高丽和元朝统治者共同拥有的经历。尽管高丽朝廷强调，红巾军叛乱源自鸭绿江西岸，而不是东岸，
275 但是叛军擅越王朝或国家边界确也是不争的事实。红巾军入侵后，高丽朝廷在呈递元朝的公文中刻意比较了自己驱逐红巾军的成功和元朝镇压红巾军的连连败北。高丽朝廷故意歪曲红巾军入侵对高丽的影响，一味强调高丽的军事胜利，而对其造成的巨大灾难轻描淡写，夸大国王提供的支持及其在国内的统治力。这些公文也指出，高丽保家卫国战争胜利的直接受益者是元朝，由此蒙古避免了来自东方的军事威胁。他们之所以这样做是因为，在恭愍王及其支持者看来，元朝对高丽王朝、对高丽国王、对高丽朝廷采取何种态度依旧至关重要。

许多学者认为，正是红巾军在高丽的烧杀劫掠，让高丽朝廷最终意识到，并确认了元朝的衰落。研究这一段历史的韩国史学家往往强调，正是因为红巾军战争、倭寇侵扰及一些朝廷精英的自私狭隘，才抑制了高丽潜在的独立渴望（即反元情绪）。恭愍王因为代表臣民意愿推行“反元政治”，而大受褒扬。

对此，笔者不敢苟同。正如笔者在前面章节反复强调的那样，高丽深刻融入了大元兀鲁思。13 世纪末以来，元朝和高丽统治家族之间缔结了联姻关系。高丽世子（或未来的世子候选人）代代在帝国任怯薛，在这个培育欧亚大陆精英的训练场度过了青春岁月。高丽统治家族成员在大都和上都的国宴上与蒙古贵族饮酒谈笑，在元大都郊外和元朝重臣策马游猎，获得元朝皇帝赏赐的华服美食、典籍文献等礼物。同时，高丽国王和王后也定期在开京设宴邀请蒙古官员和贵族。高丽国王还多次

派军与大汗的军队联手攻打女真人、高丽叛军、日本武士和蒙古贵族，甚至汉人叛军。许多高丽朝臣穿蒙古长袍，梳蒙古发辫，听蒙古音乐，说蒙古语。总而言之，高丽和欧亚大陆其他政权一样，是蒙古帝国的一部分。

长期以来，韩国的学术研究笼罩在日本殖民统治阴影中。詹姆斯·帕莱（James Palais）和约翰·邓肯等指出，20 世纪 50 年代以来，韩国学者往往强调“内生式发展”观点，直接 276
或间接否定日本早期研究中强调的高丽发展停滞和落后论调。[81]以蒙古帝国研究为例，日本的研究传统具有双重影响：首先，关于蒙古治下的高丽研究，20 世纪初日本学界产出了许多高质量成果，尽管其研究目的是服务于日本的帝国志业。[82]与日本学界以往研究不同，金塘泽（1988）的《元干涉下的高丽政治史》一书中，关于高丽国内政治发展（约 1270—1356），提出了截然不同的观点。他认为，日本学界过分强调蒙古对高丽影响的单向性。[83]因此，他将研究重点放在蒙古和高丽的政治动力及其利益互动机制上。其次，韩国学者也许会下意识地比较蒙古帝国治下的高丽和日本帝国治下的朝鲜。闵贤九，这位以研究恭愍王而闻名的韩国史学家，在其《高丽政治史论》（2004）一书中指出，尽管高丽在“蒙古干涉期”受到相当程度的限制，“独立性被严重削弱”，但是高丽毕竟作为“独立国家”存续下来。[84]当然，闵贤九也强调高丽的自治和独立，并将其作为重要的研究主题，这本书的副标题就是：“统一民族的建立和独立王国的经历”。14 世纪的一些论著也论证了高丽的这种独特性。拉施特在《史集》中，称高丽是“独立王国”（*mulkī ‘ alīhada*）。[85]言外之意，高丽似乎因为其统治家族——王氏的连续统治，而被称为独立国家。

与此相反（当然，并没有直接表述），宋朝和金朝这两个元朝之前的东亚主要政权，因为其领土直接处于大元兀鲁思治下，所以无法称为独立国家。

在这里需要提出的问题是：如何理解“帝国”，特别是“蒙古帝国”？杰克·格林（Jack Greene）在近期一篇关于近代早期跨大西洋语境下的帝国的文章中指出，帝国的标准应因时而异，否则会陷入不合时宜的陷阱，更具体而言，“帝国作为一种组织模式，其强制性和集权性源于 19 世纪末、20 世纪初”。
277 “由此看来，帝国是一种政治实体，它借助于庞大的民族——国家行政资源，对其殖民地强制宣示主权。”[86]尽管单一种族的蒙古朝廷不断加强中央集权，而且在大蒙古传统之下，成吉思汗的政治风格和其他政治类型相比，更注重统一性（或一体化），但是蒙古帝国在其地方统治方面仍然保留了一定程度的弹性和灵活性，容忍地方政权拥有较高程度的自治权，行政效率并没有被视为最应该优先考虑的前提，也很少把蒙古的文化规范强加给农耕世界的被征服者。简而言之，就概念和功能而言，14 世纪的蒙古帝国在很多方面与日本帝国不同，后者在各时期都曾迫使朝鲜人接受自己的语言、宗教、姓名、法典和刑罚。

极少人认为，高丽作为政治、文化和社会实体是消失于蒙古时代，高丽的模式和趋势一直持续了很长一段时间。[87]笔者之所以反复强调高丽在蒙古帝国的融入，绝不是否认当时高丽人民为自己利益不断努力。闵贤九指出，“如何理解这一背景下的国家，如何考察这个时代的历史变迁，这些应该成为我们探讨的主要问题。”[88]对此，笔者深表赞同。

元朝并没有绝对控制过高丽，也从未有此目的。高丽的中央贵族、国王及其心腹和政治新贵，都在追求自己的利益。但是他们无论怎样算计，都无法忽略大元兀鲁思。政治权威的多节点，使东北亚的政治竞争日益复杂，这是因为，缔结联盟往往会超越多地区、多官僚体制、多语言和多族群。20 世纪 90 年代起，张东翼等韩国学者开始在高丽史研究中超越二分法，不再简单地划分为“反元派”和“亲元派”，或新兴改革派（新儒学精英）和世家精英（拥有大量土地的贵族）之间的对立，后者往往被视为叛国者，或“通元卖国贼”。[89]

很多人认为，维系和存续一个帝国，不能仅仅满足单方面的需求，相反，必须通过与地方主体协商、调停和合作来平衡军事权力。[90]闵贤九、白仁浩等韩国学者往往使用“通元卖国者”（Yuan collaborationists）这一术语，来描述以各种方式与大 278
元兀鲁思保持合作关系的人。这种脸谱化的概念，并不合时宜，因为几乎所有的高丽精英，包括世家和新贵，包括一直被闵贤九等人视为反蒙的高丽王室，都不得不与元朝妥协，无丝毫选择余地。不过闵贤九等人也承认，高丽王室正是因为依靠蒙古的支持，才得以保障其在国内的权力。如果把当时的政治社会弊病归咎于那些通过与元朝的关系而获得影响力的“通元卖国者”和“权门势族”，那么就无法准确解释当时的权力、政治动力机制或泛地区联盟本质。[91]

可见，在考察 13、14 世纪高丽的时候，将其置于朝鲜半岛的历史长河中，视其为蒙古帝国的一部分，至关重要。[92]这种双重视角或双重意识对于理解当时欧亚大陆任何地区、文化或政体（包括蒙古本身），对于评价后蒙古世界的出现，同样至关重要。只有明确理解蒙古治下的东北亚在政治、经济、文化和军事方面整合到何种程度，我们才有可能把握帝国 14 世纪末、15 世纪初出现的新秩序的意义。

红巾军战争和新兴明朝秩序

尽管超出本书的写作范围，但是关于14世纪最后数十年渐渐形成的东北亚新秩序，笔者还想做一下简单的说明。本书表述方式可能会加深这样一种印象——动乱时代为野心家提供了各种机会，我无意低估14世纪中叶的苦难，虽然事实上，这数十年的厄运和苦难常常被忽视。当然，各地区之间的情况有所不同，但是歉收、饥馑、战争、土地流失以及地方有效治理的坍塌，使得几百万人处在水深火热之中。

在一些14世纪中叶的文学作品中，经常会看到吃人现象，也许这是当时社会最后崩溃的标志之一。长谷真逸说："大河南北，自至正甲申（即1344年）连年荒旱，盗贼白昼城市行劫，
279 人相食。"[93]李继本也写过类似的文字，"河朔之乱，连岁不熟，民多为饥卒所食，胔骼徧野，腥秽塞天……远近大饥，饿殍满道，则又堰河取鱼，以釜灶置水，次烹鱼，食往来人。"[94]诗人迺贤在其《颍州老翁歌》中，也提到吃人的现象，"脔割饿殍无完肌"。叶子奇曾描写"大宋"政权治下红巾军给中原北部带来的灾难性影响。在他笔下，一位名叫刘太保的将军，"每陷一城，以人为粮食，人既尽，复陷一处。故其所过，赤地千里，大抵山东、河北、山西和两淮悉为残破。"[95]14世纪的另一位作家陶宗仪提到，淮军喜欢吃人肉，并根据口感将人肉分为不同等级，"淮右之军嗜好食人，以小儿为上，妇女次之，男子又次之。"[96]如第二章所述，当时有许多人谴责元兵"夺百姓粮食"，甚至将地方百姓放进油锅里炼油。

最近，历史学家详细研究了14世纪这种灾难性破坏的规模以及这种破坏造成的社会、经济和个人损失，他们认为，彻底

恢复这些破坏需要上百年时间，中原北部地区尤其如此。[97]如果我们忽视这种大范围破坏，就无法理解当时为什么会涌现出像朱元璋、方国珍、张士诚、扩廓帖木儿、孛罗帖木儿、纳哈出和高家奴这些人物。几十年的混乱局面，对理解朱元璋试图建立的新秩序及其实现愿景的手段，至关重要。

军事化的普及，核心权威的缺失，所有这些，都赋予效忠和归顺以新的意义。在陶宗仪看来，“天下之事战争，十有余年于兹矣。为臣辱国，为将辱师，败降奔窜，不可胜计……求其忠义英烈，于千百之中，莫克什一。”[98]汉人文人李士瞻也斥道：“多故以来，四方之人非陷身为寇，必倡义杀贼，非此二者，必 280
阴怀顾望，有幸灾之心，此神明所不容，豪杰所不齿。”[99]

的确，时代的不确定性，可能会让许多人在诸多选择面前权衡利弊。出于个人或家族担忧，往往将献身王朝抛在脑后。[100]蒙古人开创了这样一个时代，即在这个时代，个人的利益和家族的利益可以轻易地超越王朝的边界。大元兀鲁思的衰落，使东北亚的忠诚、归顺和认同异乎寻常地复杂起来。我们可以问类似情况是否标志着蒙古统治在欧亚大陆其他地区的终结？[101]

我们还要考虑到，红巾军战争如何影响高丽王朝对新兴明朝的认识。[102]明朝开国皇帝朱元璋，起初只是红巾军组织的成员之一，但也正是因为这一事实，许多汉人学者在评价他的时候抱有深深的怀疑。[103]红巾军入侵高丽，也就发生在明朝建立前几年，所以高丽可能对朱元璋也持有这种保留态度，尽管我们很少发现记录这种态度的文献。

1373 年，朱元璋在写给恭愍王的一封信中，坦承自己曾经在红巾军队伍混迹三年时间，当时他大概二十多岁。[104]他清楚地记得关先生等红巾军首领攻打高丽的情形。朱元璋，这位明朝的开国皇帝，对高丽的强硬态度非常不满，扬言要严惩高丽，届时他会对高丽造成比关先生那时候更严重的破坏。

> 在先，唐太宗征恁不得，他每不会征，后高宗都天了恁国来。在后，关先生那波男女，不理法度，只要贪淫，以此上，他也坏了，因那上头，恁堤防的是也。我可不那般的，明白征恁去。[105]

对于这位令人敬畏的中原新主来说，调整理想，适应现实
281 并非易事。许多问题源自这样的事实：在整个欧亚大陆，蒙古人几乎对每一件事都确立了各种规制，上至朝堂礼数和外交细节，下至观念、边界乃至服饰，而这些规制保留在这位继任者政权中。著名历史学家村井章介指出，14 世纪末、15 世纪初，朝鲜王朝在解决倭寇问题时，打破了“东亚基本外交原则”，不仅接见了来自“日本天皇”的使者，而且还接待了来自日本西部地方政权的使者。[106]这可能意味着以往东亚外交惯例的失范，这却是效仿了恭愍王与蒙古帝国的交往惯例。如前文所述，恭愍王曾和诸多掌权者建立联系。

新兴明朝也效仿了蒙古许多惯例。例如，朱元璋后宫里有许多高丽籍宦官和宫女，其使团中也有不少高丽宦官（以及女真人、蒙古人）的身影。这位汉人新皇帝下令其御林军穿蒙古“质孙”袍。他还按照蒙古习俗，将重要的但具有潜在危险的政敌流放到高丽。他在写给高丽朝廷的正式外交文书中，不仅称呼恭愍王的高丽名字（王祺），而且还称呼其蒙古名（伯颜帖木儿）。[107]

百姓和军队在朱元璋的崛起之中扮演了至关重要的角色，这也成为其统治的特色。在东北亚地区，朱元璋对辽东的汉蒙军阀（如刘佶、高家奴、纳哈出等）采取了拉拢或剪除的手段。他和元朝一样，利用扩廓帖木儿、高家奴和畏兀儿学者偰逊这些人，去打造与高丽的“美好”关系。在很长一段时间里，蒙古帝国像巨大的阴影笼罩着明朝和高丽。可见，14 世纪中叶的蒙古帝国，是理解其后几十年甚至几百年天下大势的关键。

关于 14 世纪后半期的王朝边境，只有在区域视野下审视红巾军战争及其影响，其重要性才可以得到凸显。1356 年，恭愍王收复了鸭绿江西岸的驿站。当然，这部分源于高丽民族统一主义理念，但是直到 15 世纪，高丽才放弃攻打辽东的计划。[108] 282
在红巾军战争期间，我们可以清晰地看到，东北亚边境的相互渗透程度。几百年前，高丽遭到来自北方强邻（即契丹、女真和蒙古）的袭扰，而在更久前，则遭到中原帝国，即秦（公元前 221—公元前 206）、汉（公元前 206—公元 220）、隋（581—618）、唐（618—907）的进攻。七百多年来，红巾军是第一支大规模武装入侵高丽的汉人军队，而更重要的是，在此之前高丽还未曾遭遇非王朝汉人军队攻打。红巾军这种无视传统政治边界及成功招募部分高丽人的事实证明：元朝和高丽之间的边界具有渗透性和模糊性。

然而对于熟悉东北亚历史的人来说，这种高度的渗透性不足为奇。在蒙古帝国治下的大部分时间里，高丽的政治权威一直是东北亚的争夺焦点。高丽国王在开京代表其蒙古君主进行统治，而其北方大部分地区则受制于军事巨头。辽阳行省的高丽人负责监管辽东高丽人。数千名大都高丽人，与元朝皇帝和高丽国王保持密切往来。除了辽东南部地区的蒙古诸王之外，在大都、辽阳、高丽北部及开京，还存在叠加政治控制的行政机构。

政治权威的高度分离以及大阴谋由此产生。随之而来的另一后果是，族群、政治、文化及领土边界越来越模糊，直至最后辽东南部地区摆脱了高丽政权的控制。在大元兀鲁思治下的辽东地区，形成了以中原为基础，政治、经济、军事、宗教、社会和文化更紧密融合的体系。空前庞大的蒙古帝国，把各种人口、文化和地区全部纳入囊中，尽管这种整合持续时间不长。辽东地区也是卷入其中的地区之一。

不过在蒙古帝国治下，辽东南部地区融入中原，并非理所当然。3 世纪汉朝灭亡后，未曾有汉人中央政府控制辽东。一千多年来，朱元璋是第一个持续控制辽东的汉人皇帝。在大元
283 兀鲁思治下，辽东南部和中原的关系更紧密，但这里只是大元兀鲁思的一部分，始终没有成为中原政权的一部分。

14 世纪中叶，长期悬而未决的辽东问题更加突显。如果蒙古帝国灭亡，辽东命运将会如何？[109]对此，恭愍王用实际行动做出了回答：对一些高丽人而言，蒙古帝国衰亡之时，正是他们收回原属于自己东西的大好时机。[110]然而，随着明朝，这个生机勃勃的新兴汉人王朝的建立，局势日益扑朔迷离。也许，不只是高丽，明朝开国皇帝也在想，如何才能快刀斩乱麻地解决辽东问题？

朱元璋提出的解决方案是：建立新秩序，明确边境界线，尽管他确定的界线非常苛刻。朱元璋认为，在权力中心不断变化的情况下，应该取缔非官方渠道谈判和政治关系，尽管这是他在雄姿勃发的军阀岁月，最热衷、最擅长的伎俩。至此，他

才明白，一个国家，必须也只能有一个至高无上的领导者，国家关系必须基于国家和国家之间的官方关系。当然，可以允许非官方贸易活动，但是要对其严格限制；可以容忍非官方交往活动，但界线一定要明确，必要时，要严密管制边界。明朝开国皇帝希望借此形成稳定的秩序和统治。

但是，实现这一愿景意味着东北亚必将发生巨变。[111]高丽和蒙古帝国的边界显然相互渗透，却只能割断。高丽政治权威之间的相互竞争造成权力的多中心，而这必然要整合到一个人身上，即高丽国王。像高家奴和纳哈出这样基本保持独立的蒙古军阀，必须要以拉拢或消灭手段予以剪除。边境流动人口必须定居下来并登记在册，必须明确其身份，必须在明朝子民和高丽臣民之间二选一。朱元璋的计划需要用数十年才能完成，尽管他本人并没有充分意识到这一点。然而，元明交替以来，东北亚发生了深刻变化。

蒙古统治在东北亚地区的崩溃改变了人们对于辽东的认识和定位。蒙古的许多整合结构，促进了人员往来、物资交换以及文化交流，而且这种交流往往跨越了王朝和语言边界。在蒙古帝国崩溃后，这些交流网络逐渐消失。由此，辽东地区成为 284
许多独立王朝国家接触和交往的边缘地带。在这里，他们的大事年表相互重叠。他们之间这种缺少管制的接触和交往，引起了明朝开国皇帝朱元璋的不安，于是他派大规模军队控制这一遥远的帝国东北角。在辽东，汉人、高丽人、女真人和蒙古人一直保持广泛的互动，但是直至明朝灭亡前，这里始终是明朝派驻武将的军事辖区，而且也被许多汉人知识分子视为危险而苍白的文明外缘。

结　语

285 1368年9月10日，妥懽帖睦尔宣布驾临上都。听到这一消息，百官无言以对。有人反对，称放弃京城无异于宣布王朝灭亡。但在几个时辰后，皇帝一行百余人，包括奇皇后、皇妃、皇太子及其妻妾、高官、年幼的皇室成员，悄悄穿过京城西北的健德门，离开了京城，将高耸屹立的城墙抛在身后。此后，他们中再无一人回到大都。

次日，皇帝一行抵达居庸关。居庸关的石墙上饰有佛教保护神的精美雕像。居庸关作为防御堡垒，不仅控制从北方通往大都的主要驿站，而且其本身也是具有政治宗教意味的纪念碑。这座纪念碑通过全面阐述佛教的宇宙统治愿景（“转轮王”），把妥懽帖睦尔和忽必烈（大元兀鲁思的建立者）联系在一起。在14世纪40年代为庆祝妥懽帖睦尔登基而营建的居庸关，此时却被帝国的逃兵抛在身后，无声地注视着帝国的崩塌。

是月末，妥懽帖睦尔一行顶着雨雪寒风来到上都。上都原本是帝国的权力象征，也是元朝夏都所在，此时却孤零零地矗立在那里，其大部分建筑在红巾军的多次进攻下已化为灰烬。在上都，元朝皇帝一行惨淡地熬过了整个冬天。妥懽帖睦尔和
286 他的幕僚一直在思考：今后是应该收复大都，还是继续逃亡至哈拉和林？是寻求高丽这个表面盟友的援助，还是叫扩廓帖木儿赶来援助？结果是，屡试屡败，屡败屡试。同时，流亡朝廷

陷入绝望的氛围，大臣们或者沉溺于美酒，醉生梦死，或者投入高丽美姬的温柔乡，寻求慰藉，当然，也有人义愤填膺地站出来，斥责他人贪生怕死，碌碌无为。而此时，妥懽帖睦尔在明军日益逼近的强大压力下，缠绵病榻，无法上朝。流亡朝廷继续奔北而逃。1369 年 7 月底，妥懽帖睦尔一行勉强在应昌落脚。在应昌，妥懽帖睦尔继续关注南方局势，同时也在思考如何对付朱元璋这位新天子，但是直到离世，他始终没有找到解围之策。1370 年 5 月 23 日（也有记述说 4 月 28 日），饱受痢疾之苦的妥懽帖睦尔在应昌离世。

至此，妥懽帖睦尔之子爱猷识理达腊终于即位当上了皇帝。过去，他曾几次试图篡位，但都没有成功，而这些加速了大元兀鲁思的崩溃。不过，他的成功即位不过是昙花一现。在妥懽帖睦尔去世两星期后，明军攻陷应昌，捕获了上千头牛羊，赶跑了爱猷识理达腊朝廷。爱猷识理达腊的儿子及其侍妾被明军俘获，被押送到南京，交给朱元璋。直至 1374 年，他们一直“客居”南京。尽管遭遇明朝的不断进攻，儿子被明朝俘虏，自己也丧失了中原这一庞大资源，其部将也越来越如狼似虎地觊觎皇权，但是直至 1378 年去世，大元兀鲁思皇帝爱猷识理达腊，一直是朱元璋最大的威胁之一。也许，爱猷识理达腊还会有一丝的得意，因为他比扩廓帖木儿（卒于 1375 年）长寿。扩廓帖木儿一直效忠妥懽帖睦尔，曾在 1365 年拒绝与奇皇后携手让爱猷识理达腊即位。

我们不清楚，奇皇后是否看到爱猷识理达腊登上皇位。奇皇后是在什么时候，在什么地方离开人世，始终是神秘的不解之谜。在现代蒙古帝国记述中，我们也看不到着墨于奇皇后作用的文献，但是在元朝灭亡后的蒙古记述中，还是可以看到有关她和她的年代的记忆。17 世纪蒙古史资料，也间接证明了奇皇后和高丽的重要性。成吉思汗的蔑儿乞部妻子被塑造成高丽女的形象，而成吉思汗在是否逃往高丽的问题上举棋不定。后
287 者也许是谣言，但是妥懽帖睦尔确实曾计划逃亡高丽沿海地区的耽罗岛（今济州岛）。在蒙古帝国的滚滚历史潮流中，这两个细节只是小小的浪花，翻滚几下，就消失不见，但是对当时的元朝来说，高丽比起突厥具有更重要的地位。与江南等中原南部相比，当时的高丽、辽东地区和中原北部的东边与京城大都的联系更紧密。

朱元璋的崛起，让妥懽帖睦尔、爱猷识理达腊和奇皇后的命运发生了重大转变。同样，恭愍王也被卷入新天子的运行轨道之中。恭愍王一直和元朝及元朝在东北亚的盟友保持着政治的、私人的或家族的关系，但他同时也和朱元璋建立了关系，其速度之快，甚至可以用危险来形容。朱元璋能力出众，精力充沛，专注力强，是优秀的军事指挥家，魅力型的政治领袖，勤奋的开国皇帝，老谋深算的战略家，深谋远虑的谈判高手。对恭愍王而言，朱元璋不是突然进入其视野。1368 年 1 月，朱元璋在南京（其首都）建立明朝的时候，或者在 1368 年 9 月明军将妥懽帖睦尔赶出大都的时候，恭愍王就已经对朱元璋了如指掌，虽然还没有达到他对元朝的了解程度，但是贸易活动、政治往来和人员交流，把很多地区联系起来。由此，在 14 世纪 60 年代，甚至在更早的 50 年代，有关朱元璋的情报已经源源不断传入恭愍王耳中。

正因为如此，当明军最终挥师北上、占领大都的时候，恭愍王及其幕僚能够快速冷静地采取行动。凭着几十年利用蒙古社会的情报和资源来保障自己利益的经验，恭愍王很早

就具备了这样一种能力，即能够区分何种意图和目标有利于元朝或自己。这种能力绝对不容小觑，而且也绝非随手可得。恭愍王在幼时就是蒙古帝国的尊贵成员，在大都的十年生活某种程度上已经把他的利益和妥懽帖睦尔及元朝的利益捆在一起。政治的可能性、必然性，甚至突发性以及戏剧性逆转，不考虑语言、籍贯或文化的差异缔结同盟关系，内外运势的关系，所有这些都是他在大都学到的，而且是在开京统治初期参透的经验和教训，这样，在蒙古帝国崩溃前的最后一次 288
回光返照中，他得以做好谈判准备。

相对而言，恭愍王虽然在规划欧亚大陆东部的地缘政治景观方面获得成功，但他最后却无力应对来自内部的挑战。1374年10月27日夜晚，在一次宫廷政变中恭愍王死于他刚刚组建的“子弟卫”之手。关于这场耸人听闻的政变，相关史料细节语焉不详。恭愍王死后，高丽王位继承人的血统被质疑。一时间，谣言四起。有人说，这位继位人是恭愍王妃和辛旽通奸后生下的儿子。辛旽是恭愍王的政治幕僚，也是一名僧侣。恭愍王之死，让风雨飘摇的高丽更加脆弱不堪。朱元璋一直质疑高丽国内的弑君行动，拒绝承认高丽新王，并向高丽政权挑衅性警告。朱元璋认为，高丽王朝不知妥协，两面三刀，不足为信。这样，高丽和元朝之间的关系开始好转，但此时，蒙古的威望和实力不复往昔，甚至还不如十年前。1389年，高丽大将李成桂篡夺王位，并于1392年正式宣布成立新朝——朝鲜王朝。

自14世纪60年代中期至70年代中期，这十年见证了一个时代的变迁。从某种意义上来说，这一变迁远甚于蒙古丧失中原、明朝建立带来的转变。本书故事中的大多数主人公，例如，妥懽帖睦尔、恭愍王、爱猷识理达腊、奇皇后、孛罗帖木儿和扩廓帖木儿，相继去世，只剩下两位新王朝的开创者——朱元璋和李成桂。李成桂建立的朝鲜王朝一直持续到20世纪，朱元璋则理所当然地成为中国历史上的关键人物。朱元璋决心改变汉人社会，其统治范围延伸到欧亚大陆东部，但其视野和愿景却带有蒙古统治的胎记。这位明朝的开国皇帝，虽然投入了极大精力，去复兴“汉人传统”，但是保留了蒙古帝国统治结构中的很多重要因素，例如，职业和徭役的家户世袭制；大行省的行政规模；为王子们分封广阔的封地，并授其广泛的军事行政权；扩大明驻军的范围，并将其延伸到曾经被纳入蒙古帝国
289 版图的西南和东北地区；蒙古人、女真人、朝鲜人、越南人和畏兀儿人，可以入仕明朝政权；安抚从占婆到吐鲁番的诸多王国，让这些政权继续保持自元朝以来形成和发展的关系；传承蒙古习俗（虽然并非特别重要，但具永久性），几乎在他即位同时，他就让御林军穿蒙古骑服，而这种服饰习俗一直保留到1644年明朝灭亡。

笔者重温蒙古帝国治下的地区融合，是想证明，超越民族—国家的表述方式，在理解东亚历史方面具有一定的好处。但笔者认为，地区大融合，并不是蒙古帝国时期独有的特点，和早前相比，蒙古帝国创造了性质不同的政治关系、经济关系、军事关系、文化关系、技术关系和族群关系。按照叙述逻辑，接下来要思考的问题是：在帝国垮台之际，究竟会发生什么？大多数后蒙古时代的历史研究，聚焦于某一地区或某一政权，例如中原的明朝或莫斯科的罗斯，但很少有人把欧亚大陆视为整体并予以关注，这不能不令人惊讶，而事实上，采取这种视角更有利于历史研究。例如，明朝是泛欧亚

现象的典型个案，明政权在政治结构、统治理念、外交模式和文化交流方面，虽然深深地烙上了蒙古的印记，但在后蒙古时代，却形成了新的认同。由此，明朝不仅成为汉人王朝的继续，而且也成为摆脱蒙古帝国的阴影，渐渐崭露头角的后续政权之一。

注　释

在此引用的作者姓名、文章题目及出版信息只是简略形式，相关完整信息参见参考文献。

注释中有一些简写形式如下：

CHC《剑桥中国史》

KS　郑麟趾，《高丽史》

明治版指 1908 年明治打字版；延世版指 1972 年由延世大学制作、景仁文化社发行的三卷本摹真版。

YS　宋濂等著《元史》

绪论

1. Maier（梅尔），*Among Empires*（《帝国之间》），第 7 页。

2. Kim Ho-dong（金浩东）在 “Mong'gol che'guk kwa Tae Wŏn”，（《蒙古帝国与大元》）中的观点颇具争议性，他认为大元蒙古国在以汉字为书写语言的地方被称为 “大元”。当时的人们认为 “大元” 就是整个蒙古帝国。本书中的 “大元兀鲁思” 范围要更小一些，指忽必烈及其继任者控制的地区，而非整个蒙古帝国。

3. 关于汉文、日文、韩文学界的简要述评，参见 O Kŭmsŏng（吴见成），“Yuanmo dongluanqi de wuzhuang qiyi jituan he xiangcun zhibeiceng”（《元末动乱时期的武装起义集团和乡村统治阶层》）。

4. 与学界对中原南部，特别是东南部的研究量多、成熟相比，有关中原北部这几个世纪的研究并不多见。有人提出，不能仅仅基于江南地区的情况来归纳元代末期的叛乱。Chŏn Sun-dong（全顺东），“Wŏnmal ŭi nongch'on sahoe wa pallan”（《元末农村社会与叛乱》，第 93 页）。近期，有关江南地区崛起的述评，参见 Paul Smith（保罗·史密斯），

"Problematizing the Song-Yuan-Ming Transition"（《宋、元、明之转型问题》），第 11－19 页。至于十三四世纪的辽东，相关研究可谓寥寥无几。

5. 近期代表性著作参见 Allsen（爱尔森），*Commodity and Exchange in the Mongol Empire*（蒙古帝国的商品和交换》）、*Culture and Conquest in the Mongol Eurasia*（《蒙古帝国治下的欧亚文化和征服》）、*Technologies of Governance in the Mongolian Empire*（《蒙古帝国的治理技术》）；Sugiyama（杉山正明），*Mongoru teikoku no kōbō*（《蒙古帝国兴亡》），*Yūbokumin kara mita sekaishi*（《游牧民眼中的世界史》），*Gyakusetsu no Yūrasiashi*（《逆说欧亚大陆》）。另见金浩东的近期研究成果（见注释 6）。金浩东强调应该把蒙古帝国看成一个融合的整体。

6. 近期有关也可兀鲁思和大元的讨论，参见金浩东的"Monggol cheguk ŭi yŏksasang"（《蒙古帝国的历史像》），"*Monggol cheguksa yŏn'gu wa Chipsa*"（《蒙古帝国史研究与〈史集〉》，第 343－346 页），"Mong'gol che'guk kwa Tae Wŏn"。

关于蒙古兀鲁思的多族群、复合性以及大欧亚背景下大元兀鲁思的崛起，参见杉山正明的"Chūō Yūrasia no rekishi kōzu"（《中央欧亚大陆的历史构图》，第 67－72 页）。有关兀鲁思变迁意义的有益探讨，参见 Elverskog（艾宏展）的 *Our Great Qing*（《清朝：帝制中国晚期的蒙古人、佛教、与国家》，第 17－23 页）。公平地分配责任、义务和报酬是蒙古帝国的决定性要素，相关分析参见 Yokkaichi（四日市康博）的"Jarugechi kō"（《札鲁花赤考》）。四日市康博强调，研究蒙古帝国范围内大小不一的兀鲁思之间相互影响具有非常特殊的意义。

有人认为，忽必烈时期大元越来越成为"正常的"王朝，因为其关注的焦点放到了中原及其具体问题和议题上，参见 Dardess（达德斯），*Did the Mongols Matter*（《和蒙古有关吗?》，第 119－120 页）。达德斯认为，"至 14 世纪头几十年，就几乎结束了这种过渡。"有关这一讨论的充分表述，参见达德斯的 *Confucians and Conquerors*（《儒生和征服者》，纽约：哥伦比亚大学出版社，1973 年）。

过分依赖中文资料会歪曲蒙古统治的基本面貌。例如，普遍的观点是，大元兀鲁思的人口分为四个等级，即蒙古人、色目人（意为"所有人种"，通常指中亚人和西亚人）、汉人（原金朝臣民）和南人（原南宋臣民），其中色目人在社会、政治、法律等方面享有比汉人更为优越的地位。这经常视为汉人遭到种族或民族歧视的证明。不过，FunadaYoshiyuki（船田善之）认为，色目人是汉人官员为了区分汉人和其他人口而使用的术语，后来成为汉人的习惯称呼而保留下来，所以这一术语也只出现于汉文文献资料，而在蒙文、波斯文或欧洲语言的文献资料中找不到与之对应的词（“Genchōjikanoshoku-mokujinnitsuite”，《元朝治下的色目人》）。船田的观点非常有说服力。相关结论参见其论文“Semuren yu Yuandai zhidu, shehui”（《色目人与元代制度、社会》）。

7. 最近有关人员流动、物品、技术、审美在欧亚大陆传播过程中蒙古因素影响的研究，参见爱尔森的《蒙古帝国的商品和交换》《蒙古帝国治下的欧亚文化与征服》及其中引用的学术观点。另见爱尔森的“Circulation of Military Technology in the Mongolian Empire”（《蒙古帝国的军事技术传播》），载《蒙古帝国的治理技术》。有关蒙古帝国治下的大融合及其相关学术简评，参见 Biran（彭晓燕），“The Mongol Transformation”（《蒙古变迁》），第 348 – 353 页。

8. 关于蒙古征服及其对突厥的影响，参见 Golden（戈尔登）“I will giveth the people unto thee”（《我要把百姓赐给你》）。特别是关于蒙古征服对钦察的影响，参见 Halperin（霍尔珀林），“The Kipchak Connection”（《钦察联结》）。有关畏兀儿人离散的研究，参见 Brose（布罗泽），“Uyghur Technologists of Writing and Literacy in Mongol China”（《畏兀儿的文字书写技术专家和元代的识字率》）。关于地方豪强被纳入蒙古权力结构的情况，船田善之是这样描述的：“这不仅重新绘制了欧亚的族群地图，而且也改变了与其相关人群的身份认同。”“Mongoru jidai ni okeru minzoku sesshoku”（《关于蒙古时期的民族交往与自我认知的几个面向》），第 19 页。

9. Paul Smith（保罗·史密斯），“Impressions of the Song-Yuan-Ming Transition”（《中国历史上的宋元明变迁》），第 79 页。

10. Rossabi（罗沙比），“Foreigners in China”（《中原的外国人》）；Franke（弗兰克），“Tibetans in Yuan China”（《元代西藏人》）；Rachewiltz（罗意果），“Turks in China Under the Mongols.”（《蒙古治下的中原突厥人》）。Paul Buell（保罗·比尔）指出，契丹人在沟通传统的游牧社会和农耕社会的社会治理方面扮演了重要角色，“Role of the Sino-Mongolian Frontier Zone”（《中蒙边界地区的作用》），第 69 – 70 页。

11. 关于高丽和蒙古帝国之间的人员往来和物品流动，参见 Kim Wi-hyŏn（金渭显）的 *Koryŏ sidae taeoe kwan'gyesa yŏn'gu*（《高丽时期对外关系史研究》），第 363 - 433 页，Chang Tong-ik（张东翼）的 *Koryŏ hugi oeg yosa yŏn'gu*（《高丽后期外交史研究》），第 133 - 197 页。关于高丽“回回”人（作者并没有对“回回”下定义），参见喜蕾的《从高丽文献看元代的回回人》。早在蒙古统治以前，外国人特别是汉人就已经在高丽定居，当然人数并不多。参见 Peter Yun（尹彼得），“Mongols and Western Asians in the Late Koryŏ Ruling Stratum”（《高丽末期统治阶层中的蒙古人和西亚人》），第 51 页。近期，史学界有关蒙古帝国海上世界的大讨论，参见四日市的“Mongoru teikoku to kaiiki Ajia”（《蒙古帝国与亚洲海域》）。关于元朝对海上贸易的热衷，参见 Sen（森）的“The Yuan Khannate and India”（《元代汗国和印度》）。

12. Serruys（司律思），*The Mongols in China During the Hung-wu Period*（《洪武时期在中国的蒙古人》），第 45 页。有关元朝如何灭亡的解释，司律思并不认可民族主义者的解释，在后者看来汉人仇视外族即蒙古的统治是 14 世纪中叶爆发战争的最主要因素（《洪武时期在中国的蒙古人》，第 24 - 46 页）。

13. 众所周知，蒙古按职业和民族对人口分类，这并不是对这一倾向的否定。对此，一位日本学者依据元朝统治结构将其称为“集团主义”。为保障各自利益，确保其在帝国“家产”中的“份额”，中央朝廷、帝国诸王和世家豪强在全帝国范围内派遣“达鲁花赤”（督官），由此形成利益连锁和共享模式，而这也是出现大融合的另外一个因素。参见四日市的《达鲁花赤考》。

14. 在这一普遍性之外，也曾有过一段非常短暂的特殊时期，当时蒙古试图强迫汉人百姓遵循其婚俗（尤其是收继婚），强迫中原穆斯林遵循蒙古屠宰牲畜的习俗。参见 Birge（伯奇），“Levi-rate Marriage and the Revival of Widow Chastity in Yüan China”（《元代中原的收继婚和寡妇守节的复兴》，第 120 - 124 页），“Women and Confucianism from Song to Ming”（《宋明时期的女性和儒学》），第 226 - 229 页。伊儿汗国在国家层面上支持伊斯兰教（以牺牲佛教为代价），大元兀鲁思也支持儒教，这些是帝国发展史上的重要篇章，不过他们没有下令强迫接受蒙古的习俗和价值观。

15. 爱尔森认为很多政权都有共同点，并以畏兀儿为个案进行考察，参见爱尔森的“The Yuan Dynasty and the Uighurs of Turfan in the 13th Century”（13 世纪的元朝和吐鲁番的畏兀儿》)。有关册封、怯薛制、在地方统治者之间挑拨离间以坐收渔利的蒙古统治技巧，参见爱尔森的《蒙古帝国》（第 72 - 75 页)。有关萨迦教派和蒙古关系的讨论，参见 Otosaka Tomoko（乙坂智子)，“Genchō Chibetto sei-saku”（《元朝西藏政策的始动与变迁》)，Petech（佩泰克）的 *Central Tibet and the Mongols*（《西藏中部和蒙古》)。关于 Qutlugh Khanid（忽都鲁汗王朝）和 the Karts of Heart（赫拉特卡尔特斯）的研究，参见 Lane（莱恩)，*Early Mongol Rule in Thirteenth Century Iran*（《13 世纪蒙古在伊朗的初期统治》)，第 96 - 176 页。关于如何在增选精英的身份认同中加入蒙古要素，参见船田在“Mongoru jidai ni okeru”《蒙古时代民族交往与自我认知的几个面向》中的简要评述。在欧亚大陆背景下，蒙古不可能因“汉化”而保留高丽王氏的君主统治，参见 Palais（帕莱）的“A Search for Korean Uniqueness”（《寻找朝鲜的独特性》，第 434 页)。

16. 有几位学者开始对其重新定义。Morihira Masahiko（森平雅彦）发表了一系列文章，详细考察了高丽在蒙古帝国中的地位（在本书后章中将会引用)。Yi Myŏng-mi（李明美）初步比较了高丽和畏兀儿斯坦在蒙古帝国的地位，见“Koryŏ-Wŏn wangsil t'onghon ŭi chŏngch'ijŏk ŭimi”（《丽元王室通婚的政治意义》)。乙坂智子对元朝对待高丽和西藏的异同进行了比较，见“Gencho no taigai seisaku”（《元朝对外政策》)。最后，金浩东基于帝国的视野探讨了高丽之于忽必烈的战略意义。相关初步评论、详细论证及具体文献，参见金浩东的 *Mong'gol che'guk kwa Koryo*（《蒙古帝国与高丽》)。金浩东特别关注忽必烈和他的弟弟阿里不哥为争夺汗位继承权而展开的斗争及其对蒙丽关系的影响。

17. Underdown（昂德当)，“European Knowledge of Korea During the Yuan Dynasty”（《欧洲对元代朝鲜的认识》)。需要指出的是，正如当时人们通常对中原北部（Khitai，Khitay，Cathay）和南部（Machin，Mangi，Manzi）加以区别，Rashid al-Din（拉施特）对朝鲜北部（Solangqa）和朝鲜（Kūlī）也加以区分。参见拉施特，*Jami' al-tavarikh*（《史集》)，2vols.，B. Karīmī eds（B. 卡里米)，德黑兰：埃格巴尔，1959，2：685。相关翻译和转引，取自爱尔森的“Apportioned Lands Under the Mongols”（《蒙古治下的土地分封》，第 174 页)。拉施特在《史集》中叙述蒙古的

时候至少有六次引用了高丽。

18. 参见 Kim Sang-gi（金庠基），*Sinp'yŏn Koryŏ sidaesa*（《新编高丽时代史》），第 585 - 615 页。金庠基认为，正是由于王后的死亡，恭愍王性情大变，心态扭曲，甚至对男人产生“变态的”兴趣。

第一章

1. 有关蒙古（包括蒙古的最初崛起），相关介绍参见 Morgan（摩根），*The Mongols*（《蒙古》）。

2. 关于草原社会的政治组织，特别是蒙古社会的政治组织，参见 Fletcher（弗莱彻），“Turco-Mongolian Monarchic Tradition in the Ottoman Empire”（《奥斯曼帝国的蒙古君主制传统》），“The Mongols: Ecological and Social Perspectives”（《蒙古：生态和社会的视角》）。Atwood（艾骛德）反对用生态决定论的观点对草原甚至蒙古政治结构进行定性，他对“几乎是纯粹的君主政体和专制的成吉思汗政体”和更具共识性的、贵族性的卫拉特（Oirats）政体进行了比较，见“Titles, Appanages, Marriages, and Officials”（《封号、封地、婚姻和官职》），第 231 页。

3. 关于这个问题，相关重要表述参见 Jackson（杰克逊），“Dissolution of the Mongol Empire”（《蒙古帝国的瓦解》）。这四个大“汗国”并不能代表蒙古的所有疆域。至少在 13 世纪前半期，还有数目众多、规模不等的兀鲁思。即便在四个大兀鲁思巩固了各自在利益范围内的权力之后，蒙古贵族仍继续享有相当自治权。参见杰克逊的“From *Ulus* to Khanate”（《从兀鲁思到汗国》）。杰克逊似乎有点过高评价汗国，他认为，即使在 14 世纪汗国权力也大过蒙古皇室。关于成吉思汗兄弟及其后裔在东北亚的持续影响，参见本章的“东方三王家”。

4. 关于这些行政结构和战略在南北大草原的应用之富有洞察力的见解，参见爱尔森的《蒙古帝国的治理技术》。爱尔森认为，与其他地方成吉思汗系诸王分享地方税收（包括战俘、人力资源等）的制度，可能是为了加强日益扩张的帝国的凝聚力（《蒙古治下的土地分封》，第 184 页）。四日市康博强调，税收分配是统治大草原以及对蒙古帝国持续发挥作用的重要因素，见“Mongoru teikoku no kokka kōzō”（《蒙古帝国的国家结构中财富的所有和分配：游牧社会与定居社会》）。

5. Boyle（博伊尔），“The Dynastic and Political History of the Il-khans”

(《伊尔汗国王朝及其政治史》)；摩根，*Medieval Persia*（《中世纪波斯》)，第 83 – 84 页；彭晓燕，《海都》；Adshead（阿谢德），*Central Asia in World History*（《世界史中的中亚》)，第 85 – 86 页。

6. 有关站街的情况，参见 Franke（弗兰克）、Twitchett（崔瑞德）等编著的《剑桥中国史》卷 6。

7. 爱尔森，*Mongol Imperialism*（《蒙古帝国主义》)。

8. 彭晓燕，《海都》。

9. Endicott-West（恩迪科特 · 韦斯特），“Imperial Governance in Yuan Times”（《元朝时期的帝国统治》)，*Mongolian Rule in China*（《蒙古的统治》)。傅海波指出，在契丹、女真和蒙古的政治传统中，即使建立了王朝国家，“审议和协商仍然在决策中占主导地位”，见“The Role of the State”（《国家的作用》)，第 104 – 107、112 页。

10. 关于清朝末年的杂糅现象，参见 Perdue（珀杜），*China Marches West*（《中国远征西方》)。

11. Elizabeth Endicott-West（伊丽莎白 · 恩迪科特 · 韦斯特）认为，后忽必烈时代，政府和皇室的预算没有区分开来，这最终导致元末经济危机，见“Merchant Associations in Yuan China”（《元代的商人行会》)，第 152 页。

12. 关于蒙古帝国治下的文化，参见 Langlois（朗格卢瓦）主编的 *China Under Mongol Rule*（《蒙古帝国治下的中原》）一书中收录的相关文章。在重新评价蒙古对欧亚大陆的影响方面，日本学者杉山正明是权威。Miya Noriko（宫纪子）通过分析大量文献资料论证了蒙古帝国治下中原地理、宗教、出版等学术的勃勃生机。参见宫纪子的 *Mongoru jidai no shuppan bunka*（《蒙古时代的出版文化》)，*Mongoru teikoku ga unda sekaizu*（《蒙古帝国留下的世界版图》)。另见 Frederick Mote（牟复礼）在《剑桥中国史》卷 6，“Chinese Society Under Mongol Rule, 1215 – 1368”（《蒙古治下的汉人社会（1215 – 1368)》）中的评论。

13. 参见 Ostrowski（奥斯特洛夫斯基），*Muscovy and the Mongols*（《莫斯科公国和蒙古》)；Komaroff、Carboni（科马罗夫、卡尔博尼），*The Legacy of Genghis Khan*（《成吉思汗传奇》)；莱恩，*Early Mongol Rule in Thirteenth Century Iran*（《十三世纪蒙古在伊朗的初期统治》)。

14. Morita Kenji（森田宪司），“Kin-Gen”（《金元》)；Tonami（砺波

等）编著，*Chūgoku re-kishi kenkyū nyūmon*（《中国历史研究入门》），第180页。关于中国学界的元代研究综述，参见刘晓《元史研究》。

15. 可利用的传记资料，参见 Herbert Franke（傅海波），引自傅路特、房兆楹的 *Dictionary of Ming Biography*（《明代名人传》），第1290－1293页；Fujishima（藤岛），"Gen no Juntei to sono jidai"（《元顺帝及其时代》）。关于妥懽帖睦尔传记，在诸多语种的版本中，邱树森编写的《妥懽帖睦尔传》可读性最强。邱树森认为，妥懽帖睦尔的早年心灵创伤深刻影响了其人格和世界观的形成。

16. 已故的 Charles Hucker（贺凯）曾写道，"可以毫不夸张地说，他在位时期的所有目标，就是追求个人享乐。"见 *The Ming Dynasty*（《明朝》），第7页。最近，中国非常有影响力的一份历史杂志刊载了有关妥懽帖睦尔的评论文章。文章指出，妥懽帖睦尔朝令夕改、远贤拒谏、宫廷糜烂、剥削严重，这些都使他成为"一个应基本否定的历史人物"（参见于语和、黄昆，《元顺帝简论》）。也有人认为，起初妥懽帖睦尔锐意改革，想做一名好皇帝，但他最终沦为"历史上最昏庸腐朽的帝王"（雷庆，《元顺帝新论》，第25页）。

17. Satō Hiyashi（佐藤）认为，这些仪式属无上瑜伽怛特罗，"Minchō ni okeru Ramakyō"（《明朝藏传佛教崇拜》），第312页。14世纪末的长谷真逸隐晦地提到，藏传佛教的一些服饰在大都和皇宫之外非常流行。据说，汉人军阀张士诚的弟弟张士信拥有一支"金刚驱魔神舞"舞队，其成员均为女性，主要提供娱乐佛教神灵的表演。在大都的皇宫，妥懽帖睦尔公开供养这种舞团。这些舞团与藏传佛教特别是密宗传统关系密切。关于张士信的舞团，参见长谷真逸，《农田余话》，卷上，3a。

18. 《元史》卷205，第4583页，哈麻传。哈麻是康里突厥人，他可能是通过向皇后举荐藏僧而受到宠信。据《元史》1353年条记载，哈麻等人向皇帝"秘献"印度僧，以供其在寝宫修炼无上瑜伽怛特罗中的移气技巧。另外，他们还进献精通密宗大法的藏僧，"帝又习之"。（《元史》卷43，第913页，顺帝本纪六，至正十三年）。当时，很多人认为，藏传佛教对妥懽帖睦尔产生了负面影响。对此，一些中国史学者也表示同意（参见邱树森，《元朝简史》，第457页）。

19. 参见陈高华，《〈元史〉纂修考》，《历史研究》1990（4），后收录到陈高华的《元史研究新论》（第441页）；王慎荣，《元史探源》，第

26 页；达德思，“Shun-ti and the End of Yuan Rule in China”（《顺帝与元统治的终结》中的参考文献，第 717 页）。

20. 关于《元史·顺帝本纪》的编写过程，参见王慎荣的《元史探源》（第 44 – 50 页）。王慎荣认为，明代学者所掌握的真实记录妥懽帖睦尔在位时期的文献档案并不多，帝国政府于是授权翰林院广泛深入地寻找相关文件和证物，从而收集了官方文件（包括非汉文文献）、拓本碑文及熟悉顺帝在位时期情况的相关人士的访谈资料。这样，顺帝本纪虽然与忽必烈本纪相比可能有点相形见绌，但比起 14 世纪其他皇帝本纪内容还算充实。不过，金浩东指出，官方修史是中原史学的独特传统，而这一点在反映蒙古帝国的复杂性方面有所欠缺，通过比较《元史》和拉施特的《史集》，我们发现后者的蒙古参考文献和口述资料要比前者更为丰富（《蒙古帝国史研究与动态》，第 343 – 344 页）。

21. 有关居庸关，最翔实的研究成果是 Murata Jiro（村田治郎）等编著的 *Kyoyokan*（《居庸关》）（两卷本），其中收录了 20 世纪以来居庸关的大量图片和铭文抄本。

22. Berger（伯杰），“Preserving the Nation”（《保护国家》），第 105 页。1354 年农历四月，朝廷下令在卢沟桥（马可波罗桥）另修过街塔，这一过街塔成为帝国公路中通往大都西部的重要交通枢纽（《元史》卷 43，第 915 页，顺帝本纪至正十四年四月是月）。

23. 有关居庸关之塔的进一步讨论，参见宿白的《居庸关过街塔考稿》、《藏传佛教寺院考古》，第 338 – 364 页。

24. Farquhar（法夸尔），“Emperor as Bodhisattva”（《作为菩萨的皇帝》），第 12 页。

25. 傅海波，“From Tribal Chieftain to Universal Emperor and God”（《从部落首领到宇宙的皇帝和神》）。

26. 《元史》卷 43，第 918 页，顺帝本纪至正十四年十二月。

27. 在此，谨向中国人民大学中欧中亚研究所所长沈卫荣先生表示衷心的感谢，他为笔者详细解释了汉文音译的藏文意思（私人通信，2006 年 6 月 5 日）。沈卫荣认为，这里所说的仪式可能是指消除业障的“白伞仪式”。关于这一段落的不同译文，参见 Cleaves（柯立夫），“The ‘Fifteen Palace Poems’ by K’o Chiu-ssu”（《柯九思十五首宫词》），第 455，123 页。柯立夫认为，dösger 即“朵思各儿”。

28.《元史》卷43，第913页，顺帝本纪至正十四年正月丁丑。这一绕行仪式类似于嘉华年游行，在每年农历六月的上都举行，参见叶新民，《元上都研究》（第53－54页）。

29. 妥懽帖睦尔喜欢汉文化，在汉文化方面取得的成就也比较高。关于皇帝擅长汉人的上流文化及其在造船和钟表制作方面的过人能力，参见蓝武的《元顺帝妥懽帖睦尔的文化素养及其心态研究》。

30. Fujishima（藤岛），"Gen no Juntei to sono jidai"（《元顺帝及其时代》），第60－61页；周良宵、顾菊英，《元史》，第601－602页。

31. 关于东北亚之辽东地理情况，参见Janhunen（扬胡宁），*Manchuria*（《满洲》），第3－8页。

32. 11世纪初，辽国把定居辽阳并在地方拥有一定影响力的部分渤海民户迁到中都（今北京）。参见Wittfogel（魏特夫）和冯家升，*A History of Chinese Society*（《中国社会史·辽》），第288页。

33. 11世纪初，辽国禁止渤海降民打马球，因为打马球是军事训练的一种。不过在1038年，辽国皇帝宣称，"东都虽为军事重镇，却连打猎的地方都没有，人们除了打马球，无法进行军事训练。况且四海一家，为什么还要分彼此呢?"于是禁令松弛（魏特夫、冯家升，《中国社会史·辽》，第233－234页）。

34. 例如，1027年，燕地（大致相当于北京周边地区）发生灾荒，有人提议把粮食从辽东船运到燕地。虽然这一提议被驳回，但也说明当时确实存在这一贸易路线（魏特夫、冯家升，《中国社会史·辽》，第165页）。显然，在辽代初年政府还不至于对刚征服的辽东地区提出苛重的经济要求，更确切地说他们担心如此一来将导致叛乱（魏特夫、冯家升，《中国社会史·辽》，第335－336页）。1074年，辽国出于类似担忧，强迫一大批辽东百姓到河堤服徭役（魏特夫、冯家升，《中国社会史·辽》，第373页）。

35. 邱树森，《元代的女真人》，第164页。12世纪初，辽国政府鼓励"辽东人"参军，在他们看来，辽东人值得利用，因为他们敌视女真人、渤海人（魏特夫、冯家升，《中国社会史·辽》，第197页）。

36. Chikusa Masaaki（竺沙雅章），*Seifuku ōchō no jidai*（《征服王朝的时代》），第103－105页。

37. 爱尔森认为，这种交流具有强迫性（《商品与交换》和《文化与征服》)。Di Cosmo（狄宇宙），“Mongols and Merchants on the Black Sea”(《黑海的蒙古人和商人》）也得出了类似结论。

38. 参见爱尔森，“Rise of the Mongolian Empire”（《蒙古帝国的崛起》)，第352－353页；弗兰克，“The Chin Dynasty”（《金朝》)，第257－259页。更多细节参见韩儒林的《元朝史》（1：第122－127页)、丛佩远的《中国东北史》(第12－20页)。1217－1218年，著名蒙古将军木华黎在辽东和中原北部至少拥军十万，其中包括曾为金国军队效劳的蒙古骑兵、汉人步兵、“九军”(混杂不同族群的边境军队单位)、投降的女真军和契丹人。参见黄时鉴的《木华黎国王麾下诸军考》。

39 莱恩，*Early Mongol Rule in Thirteenth Century Iran*（《13世纪蒙古在伊朗的初期统治》)，第60页。莱恩认为，花剌子模王朝是在混乱局势加剧的情况下灭亡的，时间可以追溯到12世纪初。

40. 郝经，《万卷楼记》（1244年)；转自Aubin（奥宾），“The Rebirth of Chinese Rule”(《汉人统治的再生》)，第134页。关于从更大的历史文化背景和个人视角对蒙古胜利造成的混乱局势进行的详细考察，参见韦斯特，“Chilly Seas and East-Flowing Rivers.”(《冰冷的海水和东流的河水》)。

41. 奥宾强调，那些投降蒙古的叛军和豪族的行为都是机会主义(《汉人统治的再生》)。

42. 关于诸王及其领地的大致位置，参见丛佩远的《中国东北史》(第50－94页)。

43. 这段大部分引自Ebisawa（海老泽），“Mongoru teikoku no Tōhō san'ōke”（《蒙古帝国的东方三王家》)，以及Horie（堀江），“Temuge-Occhigin to sono shison”(《铁木哥斡赤斤与其子孙》)。关于元代的木华黎世系，参见Harada（原田）的“Gencho no Mokkari ichizoku”(《元朝的木格—卡里一族》)。

44. Sugiyama（杉山)，“Kubirai seiken to Tōhō san'ōke”(《忽必烈政权与东方三王家》)。海老泽也强调东道诸王的支持非常重要。

45. 他在中文文献中被称为塔察儿。

46. 拉施特认为，塔察儿拥有“庞大的兀鲁思和军队”(引自杰克逊，《从兀鲁思到汗国》，第16页)。对于塔察儿的重要性及其世系地位，杰克逊的评价有点过低（杰克逊，《从兀鲁思到汗国》，第33页)。

47. 关于诸王特权及其管理，相关简述参见程妮娜的《元代对蒙古东道诸王统辖研究》。

48. Horie（堀江），“Mongoru = Gencho jidai”（《蒙元时代》），第 390 - 395 页。

49. 海老泽，《蒙古帝国的东方三王家》，第 33 - 35 页；四日市康博，《札鲁花赤考：基于蒙古帝国多重性国家结构及分配体系》，第 15 页。

50. 恩迪科特·韦斯特，《蒙古的统治》，第 89 - 103 页。

51. 相关文献回顾，参见罗沙比的《忽必烈汗》（第 222 - 224 页）。

52. 王恽，《大元故正议大夫浙西道宣慰使行工部尚书孙公神道碑铭》。引文的前半部，转引自海老泽的《蒙古帝国的东方三王家》（第 40 页）。

53. 孛朮鲁翀（Bozhulu Chong），参知政事王公神道碑，引自苏天爵《国朝文类》卷 68，第 1367，898 页；在海老泽的《蒙古帝国的东方三王家》中，亦有引文（第 40 页）。

54. 《元史》卷 139，第 3358 页，朵尔直班传。

55. 堀江，《蒙古时代的东方三王家研究序说》，第 397 - 400 页。

56. 《高丽史》卷 28，第 441 页，忠烈王四年七月壬辰。参见海老泽，《蒙古帝国的东方三王家》，第 40 页。塔察儿并不是唯一控制高丽财富的蒙古人。1335 年，元廷颁旨：“以燕铁木儿、唐其势、答里所夺高丽田宅，还其王阿剌忒纳失里。”这个旨令是在唐其势倒台后发出的。参见《元史》卷 38，第 829 页，顺帝本纪一，至元元年十一月甲午。

57. 《元史》卷 5，第 81 页，世祖本纪，中统三年正月庚午，引自 Yi Myŏng-mi（李明美），Koryŏ-Wŏn wangsil t'onghan”（《高丽—元王室通婚》），第 31 页。丛佩远认为，元朝之所以限制经济往来，是因为担心高丽的军事实力因此得以强大起来（《中国东北史》，第 373 页）。

58. Horie（堀江），“Temuge-Occhigin to sono shison”（《铁木哥斡赤斤与其子孙》），第 248 - 251 页。海老泽、堀江、杉山等人完全没有考虑 14 世纪五六十年代的局势。

59. Yang Ŭi-suk（梁仪淑），“Wŏn kansŏpgi Yosimjiyŏk Koryŏin ŭi tonghyang”（《元干涉期辽沈地区高丽人的动向》），第 19 - 20 页。

60. 《元史》卷 154，第 3628 页，洪福源传。另见《高丽史》卷 130，第 645 - 647 页，洪福源传。《高丽史》把洪氏家族列入逆臣类，这一点没有如实反映洪氏家族以各种方式为帝国服务的事实。

61.《元史》卷154，第3628、3629、3633、3634页，洪福源传。

62.《元史》卷59，地理二，5：1399。王綧是高丽王室成员，曾以质子身份被高丽送到大都。据《元史·王綧传》记载，早在1260年以前，蒙古朝廷就让王綧监管新迁来的高丽民户。1262年，王綧率领部分高丽民户加入镇压李璮的战役。李璮是山东地方的豪强军阀，曾经反抗蒙古统治（参见《元史·王綧传》卷166，第3891页）。关于李璮叛乱，相关简要讨论参见罗沙比的《忽必烈汗》（第62-67页）。1270年，王綧加入丽蒙联军镇压林衍（未遂）政变。战斗中，王綧所率“部民一千三百户”可能就是上述高丽人。关于王綧儿子的情况，参见《元史》卷166，第3891-3892页，王綧传。

63. Kim Ku-chin（金九镇），“Wŏndae Yodong chibang ŭi Koryŏ kunmin”（《元代辽东地方的高丽军民》），第470-474页。关于13、14世纪高丽人几次被安置和移民到辽东的简单评论，参见杨晓春的《13、14世纪辽阳、沈阳地区高丽移民研究》。关于沈阳行政结构包括对高丽人治理的情况，参见杨晓春的《元代沈阳路的机构设置及其变迁》。

64. 相关最新研究，参见梁仪淑的《元干涉期辽沈地区高丽人的动向》，第30-35页。

65. 本段是依据《元史》卷154，第3627-3634页，洪福源传。

66. 揭傒斯似乎与辽东并无特殊渊源。1314年，他任职于翰林院，这是他第一个任职的地方。在1357年的一次御祭活动中，他的儿子揭汯（1304-1373）凭借出众的才华得以跻身翰林学士行列。揭汯曾替皇帝撰写了北镇庙医巫闾山神祷告文。北镇庙位于今辽宁省北镇。这可能是元代北镇庙接受皇帝御祭的最后一次记录。参见罗福颐，《满洲金石志》卷5，31b-33a，第17350-17351页。Sonoda Kazuki（园田）将“揭汯”误记为“揭法”［“Manshu kinsekishi ko”（《满洲金石志稿》）卷1，第212-213页］。

诗的题目是《赠洪参军兄弟》。这里的“参军”，实际上是“参军事”的略写。贺凯认为，“参军”是王府幕僚官职［*Dictionary of Official Title*（《中国古代官名词典》），第517-518页］。可见，洪氏家族兄弟曾在沈王府邸做过幕僚。在当时的碑铭中也发现用“参军事”或“参事”指代沈王府邸幕僚的依据。王璋曾派参军洪钥、洪瀹到江南的寺庙与方丈们交流，在这里他们的名字出现变化：一个汉字用了金字偏旁，而另一个则用了三点水偏旁，这可能是抄写错误，因为在现代韩国语中二者的发音相同。相关铭文参见 Kitamura Takai（北村高井）的“KōraiōŌShōnosūButsu”（《高丽王王璋的崇佛》），第 130、132 页。据《高丽史》1314 年条，洪钥（名字相同）这一名字出现过两次。第一次是他到南阳任高丽世子幕僚。他向几名高丽官员出借元朝纸币，当时后者被高丽国王派到江南购买书籍，但因沉船事故，这些高丽官员们上岸时身无分文。第二次是应洪钥之请，元朝皇帝把宋朝图书馆的大量汉文书籍赏赐给高丽国王。参见《高丽史》卷 34，第 532 页，忠肃王元年六月庚寅、七月甲寅。如果这首诗的推理没有问题的话，洪氏家族兄弟应是洪福源的后裔，这一点虽然不能肯定，但也不排除可能性。不过在这首诗中，洪氏家族兄弟被视为辽东人。

67. 在现代韩国语中，分别对应“징”和“난”。杨龙章认为，这句诗应该是指出身高贵（私人通信，2007 年 8 月 13 日）。

68. 揭傒斯，《赠洪参军兄弟》，《揭文安公全集》（四部丛刊）卷 77，第 50 页）；收录在 Chang Tong-ik（张东翼），*Wŏndae Yŏsa charyo chipnok*（《元代丽史资料集录》），第 290 页。

69. 在这里，“沈国东南境”是称沈王的辖下范围就在辽阳路东南部（笔者认为是在沈阳），还是由于龚璛对辽东地理不熟悉而泛指，对此我们并不清楚。

70. 有人怀疑，这里的“贤王”是指沈王而不是元朝皇帝。王璋虽然是当时的沈王，但大部分时间寓居大都而不是辽阳。

71. 龚璛，赠洪子濮参军沈王处购书奉旨乘驿，《存悔斋稿》（《四库全书》别集 4，卷 1199）；引自张东翼《元代丽史资料集录》，第 289 页。

72. Kim Hye-wŏn（金惠元），“Koryŏ hugi Sim（yang）wang”（《高丽后期沈王》），第 39 页。

73. 一些人认为，忠宣王是第一个获此封号的高丽国王。参见 Yi Sung-han（李升汉）的“Koryo Ch'ungsonwang ui Simyangwang p'ibong”（《高丽忠宣王的沈阳王被封》）、张岱玉的《元史高丽驸马王封王史料考辨》（第 47 ~48 页）。

74. 海山为了表彰他们的忠心，册封了十几个“一字王”，参见陈得芝等人编著，《中国通史》（卷 13，第 463 页）、萧启庆的“Mid-Yuan Politics”（《元代中期政治》），第 508 页。关于皇帝帖木儿驾崩后，忠宣王在汗位继承权之争中扮演的角色及其在海山和爱育黎拔力八达时期的特权地位，参见 Yi Sŭng-han（李成翰） “Koryŏ Ch'ungsŏnwang ŭi Simyangwang p'ibong”（《高丽忠宣王的沈阳王被封》），第 26 - 42 页。

75. Kim Hye-wŏn（金惠元），“Koryŏ hugi Sim（yang）wang”（《高丽后期沈王》），第 43 页。这一集团约有 400 户和几十名头人。杨晓春也提到这些集团的形成（《13 - 14 世纪辽阳、沈阳地区高丽移民研究》，第 41 页）。

76. 1310 年，应沈王之请，蒙古皇帝海山下令沈阳路官员“不得逾越各自管辖权限（《高丽史节要》卷 23，23a，第 598 页，忠宣王二年五月）。关于其权限之争，无论是针对辽东高丽人还是高丽国内人的安置，忠宣王无疑拥有一定的政治影响力。

77. 韩国学界通常认为王暠是第二代沈阳王。汉字“暠”的发音有两种：“gao” 或 “hao”，为了保持一致，本书取“gao”音（金惠元，《高丽后期沈王》，第 43 - 56 页）。沈王在辽东的政治势力范围并不明确。一些韩国学者认为，沈阳的高丽人是沈王在高丽的政治大舞台发挥影响的基础。金九镇坚持，“自忠宣王以来，沈王与高丽国内政局密不可分，而投靠元朝的沈阳路高丽人无疑是支持沈王的背后势力。”［“Wŏndae Yotong chibang ŭi Koryŏ kunmin”（《元代辽东地区的高丽军民》），第 485 页］不过，金九镇并没有为这种说法提供任何证据。相反，Kim Kyongnae（金京乃）非常有说服力地指出，“除辽东之外，在高丽国内，也存在沈王的支持势力。”［“Simyangwang e tae han ilgoch'al”（《沈阳王考》），第 95 页］李成翰一方面认为沈王“统辖辽阳和沈阳的高丽移民”，但另一方面也表示“我们并不清楚沈王是如何具体管辖辽阳 - 沈阳高丽移民的”（《高丽忠宣王的沈阳王被封》，第 65 页）。李成翰和金九镇都认为，拥立沈王暠为高丽国王，更多是出于高丽内部的政治斗争，而不是蒙古分裂高丽的“分化政策”（上书，第 70 页注 87）。

78. 关于蒙古对土地和人口的控制传统，参见杰克逊的《蒙古帝国的瓦解》，第 191 - 193 页。

79. 韩国学界有很多人强调，蒙古朝廷通过将治理辽东的权威和权力分给若干竞争家族，来进一步有效控制辽东的高丽人和高丽境内的高丽人。近期相关文献，参见梁仪淑《元干涉期辽沈地区高丽人的动向》，第 20 - 35 页。

80. 关于沈阳行政机构的演变，参见杨晓春的《元代沈阳路的机构设置及其变迁》。杨晓春指出，沈阳行政结构与当地高丽移民密切相关。

81. No Ki-sik（卢基植）认为，随着辽阳行省建立，“地方行政机构与中原保持一致”的观点没有说服力，见“Wŏn-Myŏng kyoch'egi ŭi Yodong kwa Yojin”（《元明交替期的辽东与辽金》），第 11 页。高丽移民群体及其统治体系以及这一地区集中存在大量的蒙古贵族，使得辽阳行省不可能和其他地区（例如江南）一样，换言之，其重要性要远远大于其他地区。

82. 在这里，关于辽东行政结构的叙述大部分参考了丛佩远的《中国东北史》（第 32 – 37 页）。

83. 《元史》卷 154，第 3630 页，洪福源传，附洪俊奇传。

84. 拉施特，《史集》，第 445 页。这一段以及其他与高丽有关的段落，有必要根据时人对辽东和高丽的认识进行更深入的研究。

85. “Polity Prince” 这一说法，来自爱尔森（《蒙古帝国治下的欧亚文化与征服》，第 21 页）。Farquhar（法夸尔）将其略为 “prince”，指出其相当于蒙古的 “gui ong”（*The Government of China*，《元朝的治理：文献导读》，第 18 页）。

86. 《元史》卷 139，第 3353 页，朵儿只传。

87. 《元史》卷 39，第 843 – 844 页，顺帝本纪，至元四年三月辛酉；卷 139，第 3353 页，朵儿只传。1338 年，朵儿只的叔叔（乃蛮台）被册封为王（据说受到伯颜的影响）。Harada Rie（原田理衣）在 “Genchō no Mokkari ichizoku”（《元朝木华黎一族》），第 81 页。指出，关于朵儿只丧失国王封号的时间，《元史》记载有些出入据《乃蛮台传》，是 1337 年。但据《朵儿只传》和《顺帝本纪》，是 1338 年。关于木华黎世系表，参见原田的《元朝木华黎一族》（第 66 – 67 页）。

88. 《元史》卷 139，第 3355 页，朵儿只传。乃蛮台之死，让朵儿只重新获得国王的封号成为可能。1342 年，元廷任命乃蛮台出任辽阳行省左丞，考虑到他年事已高，允许他延迟赴任时间。乃蛮台一直在蒙古岭北行省担任左丞（《元史》卷 139，第 3352 页，乃蛮台传）。14 世纪 40 年代，木华黎的六世孙朵尔直班（1314 – 1353）出任辽阳行省平章政事（《元史》卷 139，第 3358 页，朵尔直班传）。

89. 迺贤，《行路难》，《金台集》卷 2，第 7b – 8a 页。

90. 《元史》卷 42，第 900 页，顺帝本纪，至元十二年五月乙酉。在这个条目中，我们找不到更具体的资料。

91. 《元史》卷139，第3355页，朵儿只传；卷44，第926页，顺帝本纪，至正十五年六月是月。他的儿子汉名是“俺木哥失里”，承袭了朵儿只的国王封号。

92. 木华黎系和其他蒙古贵族一样，其收入源于兀鲁思的领地（包括东平和江南），参见《元史》卷95，第2427－2428页，食货志，岁赐勋臣，引自原田的《元朝木华黎一族》（第90页注64）。

93. 《元史》卷35，第778页，文宗本纪，至顺二年二月壬申。

94. 《元史》卷35，第786页，文宗本纪，至顺二年六月壬戌。

95. 《元史》卷35，第784页，文宗本纪，至顺二年四月甲子。农历三月，朝廷下令辽阳行省从附近驻地征收两月的粮食，以供辽阳另外14500民户。这些民户隶属“寓居辽阳”的寿王（脱里出）、阳翟王（帖木儿赤）、西平王（管不八）和昌王（八剌失里）（《元史》卷35，第781页，至顺二年三月癸卯）。

96. 《元史》卷35，第785页，文宗本纪，至顺二年五月戊戌。

97. 陈高华，《元代的流民问题》，第138－139、141－142页。

98. 关于海都，参见彭晓燕的《海都》。

99. 关于廉希宪传记，萧启庆的描写极为详细，参见罗意果等编著的 *In the Service of the Khan*（《为可汗效劳》），第480－499页。

100. 关于乃颜，主要叙述参考了周良霄、顾菊英的《元史》（第318－322页）。另外，参见 Hiroe Miyaaki（广江宫崎）的“Nayan no hanran ni tsuite”（《关于乃颜叛乱（其一）》）、姚大力的《乃颜之乱杂考》、李治安的《马可波罗所记乃颜之乱考释》。

101. 陶宗仪，“银锭字号”，《南村辍耕录》卷30，第377页。

102. 《高丽史》卷30，第469页，忠烈王十四年三月壬寅。

103. 《高丽史》卷30，第469－475页。

104. 金九镇，《元代辽东地区的高丽军民》，第476－477页。金九镇认为，东宁府的废置与当时蒙古贵族挑战中央政府的权威无关。他推测，尽管其领地已经归还高丽朝廷，但大多数高丽人仍被迁到辽东。梁仪淑也持类似观点（《元干涉期辽沈地区高丽人的动向》，第19页）。

105. 《高丽史》卷30，第469页，忠烈王十四年四月乙卯；张东翼，《高丽后期外交史研究》，第37页。

106.《高丽史》卷 30，第 470 - 472 页，忠烈王十四年四月庚午、十五年六月癸卯、十五年八月壬戌。1289 年农历十月，忽必烈取消了讨伐海都的计划（《高丽史》卷 30，第 472 页，忠烈王十五年十月庚申）。

107.《高丽史》卷 30，第 471 页，忠烈王十五年二月丙寅。考虑到提供如此之多的粮食有一定难度，国王从国库拿出粮食以应对这种局面。高丽人将粮食从海路送到盖州。运粮船只一共有 44 艘，其中 9 艘在风暴中沉没，人员和粮食损失惨重（《高丽史》卷 30，第 471 - 472 页，忠烈王十五年三月辛卯、三月己亥、十月乙丑）。

108. 许多乃颜的支持者被迫迁到中原东南沿海的定海县（庆元路，今浙江）。参见杨瑀（1285 - 1361），《山居新话》卷 2，第 216 - 217 页；陶宗仪，"叛党告迁地"，《南村辍耕录》卷 2，第 30 - 31 页。杰克逊认为，"帝国皇室重新瓜分"了乃颜军队，而忽必烈"继续通过镇压诸王代理人（达鲁花赤）对其进行治理"（《从兀鲁思到汗国》，第 34 页）。不过，杰克逊没有提到世系控制权仍掌握在别里古台后裔之手。关于杨瑀及其杂记，相关简评参见弗兰克的"Some Remarks on Yang Yü"（《简论杨瑀》）。

109. Yun Ŭn-suk（尹恩淑）强调，即使在乃颜叛乱之后，东道诸王仍然拥有影响力，忽必烈加强中央朝廷的权力并不意味着结束了诸王自治，"K'ubillai k'an ui chung'ang chipkwonhwa"（《忽必烈汗的中央集权化》）。

110. 参见《元史》卷 35，第 793 页，文宗本纪四，至顺二年十一月癸未。

111. 丛佩远，《中国东北史》，第 31 - 32 页。

112. 萧启庆，"Mid-Yuan Politics"（《元代中期政治》），第 541 页。

113. 关于燕铁木儿（包括他与高丽的关系），参见马娟的《元代钦察人燕铁木儿事迹考论》。

114. 前文来自萧启庆《元代中期政治》，第 541 - 545 页；周良宵、顾菊英，《元史》，第 599 - 602 页；陈得芝，《中国通史》卷 13：第 490 - 495 页；丛佩远，《中国东北史》，第 398 - 400 页。

115. 关于燕铁木儿和辽东、陕西军队发生冲突的情形，参见邱树森的《妥懽帖睦尔传》（第 7 页）。

116.《元史》卷 176，第 4115 页，刘德温传；引自吴松弟的《中国人口史》卷 3，第 390 页。

117. 法夸尔指出，都督府的设置始于 14 世纪 20 年代钦察亲军都督府的设立（《元朝的治理：文献导读》，第 272 页）。在这里，掌握更多关于其大本营、势力范围以及对东道诸王的影响等细节方面的情况十分必要。

118. 《元史》卷 32，第 721 页，文宗本纪，天历元年十一月丙戌。

119. 《元史》卷 33，第 728 页，文宗本纪，天历二年正月癸酉。

120. 辽阳行省的“赵州、蒙古和女真屯田”共有在籍户 650 名。参见《经世大典序录》，引自苏天爵的《国朝文类》（四部丛刊，初编集部，卷 41，第 459 页）；苏天爵的《元文类》与《国朝文类》是同一本书，只不过在清代被改为《元文类》）卷 41，77b，1367：544。关于赵州的地理位置，中日学界众说纷纭。有人说在吉林省扶余附近，也有人坚持说在哈尔滨往西 50 里处。乃颜叛乱后，似乎有军队在赵州派驻。关于赵州可能的地理位置，具体文献参见堀江的《蒙元时代》，第 407 页注 443。

121. Yi Kok（李穀），《韩公行状韩公神道碑铭》，即有元故亚中大夫河南府路总管兼本路诸军奥鲁总管管内劝农事知河防赠集贤直学士轻车都尉高阳侯谥正惠韩公行状韩公神道碑铭），《稼亭集》卷 12，第 9a 页；再版于《韩国文集丛刊》卷 3，第 172 页；苏天爵，元故亚中大夫河南府路总管韩公神道碑铭，《滋溪文稿》卷 17，第 279 – 281 页。

122. 李穀，《稼亭集》卷 12，第 9b – 10a 页；卷 3，第 172 页。

123. 韩永的三个儿子都曾入仕蒙古帝国，都起了高丽名和蒙古名（其蒙古名分别为“铁木尔不花”“观音奴”“承寿”），这种现象在当时的上层社会非常普遍。

124. 《高丽史》卷 109，第 309 页，崔瀣传；李穀，崔君墓志（大元故将侍郎辽阳路盖州判官高丽国正顺大夫检校成均大司成艺文馆提学同知春秋馆事崔君墓志），《稼亭集》卷 12，第 5a 页；再版于《韩国文集丛刊》卷 3，第 164 页。

125. 《高丽史》卷 109，第 307 页，安轴传（明治版本）；李穀，安公墓志铭（大元故将侍郎辽阳路盖州判官高丽国三重大匡兴宁府院君领艺文馆事谥文贞安公墓志铭），《稼亭集》卷 11，第 10a 页；再版于《韩国文集丛刊》卷 3，第 172 页；再版于《韩国文集丛刊》卷 3，第 172 页；卷 3，第 166 页。安轴在何时返回高丽，具体时间不详。起初，安轴以先务在身为由（可能是盖州知府）谢绝了忠肃王的任命。

126. 李穀，《稼亭集》卷 11，第 11b 页；再版于《韩国文集丛刊》

卷 3，第 172 页；卷 3，第 167 页。

127. 关于官职的译文，参考法夸尔的《元朝的治理：文献导读》，第 414 页。

128.《高丽史》卷 109，第 309 页，安轴传。

129.《高丽史》卷 109，第 311 页，赵廉传。

130. Yi Saek（李穑），《李公墓志铭》，《牧谷先生文稿》）；再版于《韩国文集丛刊》卷 5，第 126 - 127 页；《高丽史》卷 112，第 352 页，李仁复传。

131. 稍后，汉人士人、传记作家叶子奇抱怨蒙古人歧视元朝官僚机构中的汉人，他援引了不拘一格选拔人才的词句，“人谋岂能夺天造哉，孰若均平天施。无有南北之分，惟才是任，惟贤是使。”（叶子奇，《杂俎篇》，《草木子》卷 4，下，第 81 页）。

132. 李毂，“寄辽东崔洪两廉访皆乡人”，《稼亭集》卷 16，第 5b 页；再版于《韩国文集丛刊》卷 3，第 198 页。

133. 关于 1352 年沈阳城隍庙碑铭的赞助人名单，参见罗福颐的《满洲金石志》，卷 5，26a - 27b，第 17347 - 17348 页；园田，《满洲金石志稿》卷 1，第 207 - 208 页。《元史》中没有碑铭上面的几个行政机构。参见杨晓春的《沈阳元至正十二年城隍庙记碑阴官员提名的初步分析》。“总管府”，参照法夸尔的《元朝的治理：文献导读》，第 414 页。

134. 丛佩远，《中国东北史》，第 16 页。

135. 关于木华黎简评，参见罗意果等编著《为可汗效劳》，第 3 - 8 页。

136. 丛佩远，《中国东北史》，第 17 - 18 页。

137. 陈高华，《论元代的军户》，第 76 页。

138. 13 世纪末、14 世纪初，元朝竭力扩大和巩固在西伯利亚南部地区的影响（如辽东东北部地区），相关情况参见程妮娜的《元朝对黑龙江下游女真水达达地区统辖研究》。关于元朝和明朝在奴儿干的野心之比较，参见 Nakamura Kazuyuki（中村）的“Mongoru jidai no Tōsei-sensuibu”（《蒙古时代的东征元帅府与明代的奴儿干都司》）。程妮娜和中村都以张成为例说明两者之间的区别。

139. 金州敦武校尉管军上百户张成墓碑，转自园田的《满洲金石志稿》，卷 1，第 203 - 206 页；罗福颐，《满洲金石志》卷 5，第 19b - 25a

页。关于碑文影印本，参见北京图书馆藏《中国历代石刻拓本汇编》（卷50，第163页）。关于这一时期的蒙古姓名，参见司律思，"Some Types of Names Adopted by the Mongols"（《蒙古人采用的几种姓名》）。在此，感谢Thomas Allsen（托马斯·爱尔森）向我推荐这篇文章。

140. 在1349年的碑铭《开元寺三门记》中，我们可以发现这个名字。参见北京图书馆藏《中国历代石刻拓本汇编》，卷50，第55页。

141. 苏天爵，皇元赠太傅开府仪同三司康靖邢公神道碑，收于苏天爵，《滋溪文稿》，卷15，第244－246页。辽阳高氏通过在蒙古军服役也得以出任高官。《元史》卷41，第3614－3615页，高宣传。

142. 关于高丽的政治制度演变，包括国王、地方上层和中央官员的关系，参见邓肯的《朝鲜王朝的起源》。

143. 梁仪淑，《元干涉期辽沈地区高丽人的动向》。

144. 赵晖和卓青最为著名。

145. Pang Tong-in（方东仁），"Tongnyŏngbu ch'ip'e soko"（《东宁府置废小考》）；Kim Wi-hyŏn（金渭显），《高丽时代对外关系史研究》，第364－366页。13、14世纪，高丽国王面对的更大挑战之一是失去对乡村人员和资源的控制。参见邓肯的《朝鲜王朝的起源》，第182－188页。

146. 13世纪中叶，蒙哥汗竭力加强中央集权。相关情况参见爱尔森的《蒙古帝国》。相对而言，集权和自治之间的冲突和矛盾在一定程度上贯穿了忽必烈在位的大部分时间。

147. Pak Ok-gŏl（朴玉杰），"Koryŏmal pukbang yumin kwa ch'uswae"（《高丽末北方流民与推刷》）；金渭显，《高丽时代对外关系史研究》，第368－375页；梁仪淑，《元干涉期辽沈地区高丽人的动向》，第17－19、23页；Kim Sunja（金顺子），"Wŏn kansŏpgi min ŭi tonghyang"（《元干涉期民户的动向》），第376页。梁仪淑等人强调，高丽人之所以被吸引到这里，是因为在高丽控制地区之外他们看到了免于承担较重赋税和徭役的希望。

148. "征东行中书省"的中文或韩文说法更能反映这个机构成立的缘起。法夸尔称其为"高丽中书省"可能会引起误会，造成类似于南宋时期金国境内的其他行省的印象，所以如有可能最好不要采用此种说法。把高丽置于更直接的蒙古行政统治下的努力，还包括上奏，要求建立"高丽中书省"，尽管这一切都是徒劳。

149. Kitamura Hideo（北村秀人），“Kōrai ni okeru seitōgyōsei ni tsuite”（《关于高丽征东行省》）；张东翼，《高丽后期外交史研究》，第 13 – 109 页。张东翼认为，行省是高丽当时最重要的行政机构。当王位空悬或国王缺席的时候，行省长官可以代替国王治理国家（《高丽后期外交史研究》，第 48 – 49 页）。关于北村最近研究成果的中文概要，参见程妮娜的《元代朝鲜半岛征东行省研究》。关于忽必烈和高丽之间的关系如何受到更大范围东亚和中亚局势的影响的建设性分析，参见金浩东的《蒙古帝国与高丽》。

150. 韩国学界通常把凭借与元朝关系掌握权力的人称为“附元派”“亲元派”“拥元派”。Paek In-ho（白仁浩）等学者非常鄙视牺牲民族统一获取个人和家族利益的“民族叛徒”。参见白仁浩，“Koryo hugi puWon seryok ui hyongsong kwa seryokhwa”（《高丽后期附元势力的形成与势力化》）。毋庸置疑，与蒙古合作激化了高丽内部的政治矛盾，但合作的动机和方法千差万别，过分强调不合时宜的民族剥削和压迫，只会模糊合作的复杂性。

151. 相关内容概述，参见 Peter Yun（尹彼得）的“Foreigners in Korea During the Period of Mongol Interference”（《蒙古干涉时期在高丽的外国人》）。关于相关内容的详细描写和记录，参见尹彼得的“Foreigners in Koryŏ Ruling Stratum”（《高丽统治层中的外国人》）。

152. 有关欧亚贸易圈的概括，参见杉山的 *Mongoru teikoku no kobo*（《蒙古帝国的兴亡》），卷 2，第 189 – 194 页，*Dai Mongoru no jidai*（《大蒙古时代》，第 168 – 173 页）。

153. 尹彼得，“Rethinking the Tribute System”（《朝贡制度再思》），第 146 页。

154. 蒙古世袭政治传统下的礼物赠送，参见爱尔森的《蒙古帝国的商品与交流》，第 52 – 57 页。

155. 一直以来，有关沈王府邸的地理位置众说纷纭。早期日本学者和许多韩国学者认为沈王府邸位于辽东地区。参见 Marugame（丸龟）的“Gen-Kōrai kankei no ichikusari”（《元丽关系一则——关于沈王》），Okada（冈田）的“Gen no Shin- ō to Ryōyō gyōshō”（《元沈王与辽阳行省》），金九镇的“Yŏ-Wŏn ŭi yŏngt'o punjaeng”（《丽元的领土纷争》）。另见梁仪淑的《元干涉期辽沈地区高丽人的动向》，第 33 – 36 页。梁氏认为，“沈府”是“沈阳路管府”的简称（第35页）。北村提出了颇有说服力的观点，指出沈王府邸位于北京（《高丽时代沈王一考》）。张东翼也认为沈王府邸在北京（《高丽后期外交史研究》，第144页）。

156. 关于高丽和元朝之间的经济关系，参见张东翼的《高丽后期外交史研究》，第133－149页。Ch'on Hae-jong（全海宗）在其早期文章中强调，高丽和元朝之间的贸易规模有限，且以剥削为主，见“Yo-Won muyok ui song'gyok”（《丽元贸易的性格》）。张雪慧认为，由于贸易商品种类众多，所以弄清谁是朝贡贸易的更大获利者并非易事（《试论元代中国与高丽的贸易》，第65页）。

157. 关于14世纪中叶元代货币政策及14世纪50年代经济动荡，参见Miyazawa（宫泽）的“Gendai kōhanki no heisei to sono hōkai”（《元代后半期的币制及其崩坏》）。

158. Wi Ŭn-suk（魏恩淑），“Wŏn kansŏpgi poch'o ŭi yŭt'ong kwa kŭ ŭimi”（《元干涉期与军民户》）。

159. Pak P'yŏng-sik（朴炳植），“Koryŏ hugi ŭi Kaegyŏng sang'ŏp”（《高丽后期开京商业》），第221、230页。张雪慧在其论文中列举的事例让人联想到“斡脱”（《试论元代中国与高丽的贸易》，第65页）。与中国宋元时期，甚至日本镰仓和室町时期相比，高丽经济规模较小，垄断程度较低，而且也不太重视国际贸易的发展。

160. 丛佩远，《中国东北史》，第371－377页。

161. 陈高华，《从〈老乞大〉、〈朴通事〉看元与高丽的经济文化交流》；张雪慧，《试论元代中国与高丽的贸易》，第67－69页。启蒙读本注释的日译，参见Kin Bunkyō（金文京）“*Rō Kitsudai*”（《老乞大》）。朝鲜王朝时期，启蒙读本的周期性更新反映了白话文的变迁。朝鲜时期的版本和近期发现的元代版本（旧版）在语汇、社会风俗、语法方面存在不少差异。相关简述，参见陈高华的《旧本〈老乞大〉书后》。

162. 元代和明初，高丽和辽东之间的往来是东北亚地区的显著特点之一。参见Pak Song-ju（朴成周）的“Koryomal Han-Chunggan ui yumin”（《高丽末韩中之间的游民》）。

163. 梁仪淑，《元干涉期辽沈地区高丽人的动向》，第22－23页。

164. 张东翼，《高丽后期外交史研究》，第149－193页。

165. 朴玉杰，《高丽末北方游民与推刷》，第121－122、131－134

页；梁仪淑，《元干涉期辽沈地区高丽人的动向》，第 17 – 23 页。

166. 王崇时，《元代入居中国的高丽人》，第 157 页。

167. 相关进一步讨论，参见丛佩远的《中国东北史》，第 188 页。另见姚大力，《元辽阳行省各族的分布》，第 45 – 56 页。

168. 关于辽东驿站和陆路交通，参见丛佩远的《中国东北史》（第 139 – 180 页）。关于高丽驿站和陆路交通，参见 Morihira（森平），"Kōrai ni okeru Gen no tanseki"（《在高丽的元驿站》。同时他还进一步指出，尽管交通路线在整体上仍保持相对的稳定，但随着时局的变化，个别驿站不断设立或撤销。

169. 杉山正明在其所有研究成果中都强调了蒙古帝国的海上情况。

170. 具体细节来自陈高华的《元朝与高丽的海上交通》、丛佩远的《中国东北史》（第 180 – 187 页）。

171. 陈高华、史卫民，《中国经济通史》，第 373 – 374 页。

172. 权近，《司宰少监朴强传》，《阳村集》卷 21，第 17b 页；再版于《韩国文集丛刊》卷 7，第 216 页。

173. 关于蒙古饮食对高丽的影响的初步探讨，参见 Yu Ae-ryŏng, "Monggo ka Koryŏŭi Yukryu sikyong e mich'in yŏnghyang"。

174. Endicott-West（恩迪科特 · 韦斯特），*Mongolian Rule in China*（《蒙古的统治》，第 81 – 86 页；Namujila（那木吉拉），*Yuandai Hanren Menggu xingming kao*（《元代汉人蒙古姓名考》，第 10 – 12 页。

175. 那木吉拉，《元代汉人蒙古姓名考》，第 12 – 13 页。在审美甚至语言方面，蒙古的影响因素并没有随着元朝的灭亡而突然消失。参见司律思的 *Remains of Mongol Customs*（《蒙古习俗遗存》)。14 世纪末，明朝政府仍试图消除蒙古因素在普通民众中的影响。16 世纪初，明朝皇帝仍然穿着蒙古骑服、头戴蒙古帽。参见 Robinson（鲁大维），*The Ming Court and the Legacy of the Yuan Mongols.*（《明朝与蒙古的遗产》)。

176. Buell（比尔）"*Pleasing the Palate of the Qan*"（《味蕾的满足》)；爱尔森，《蒙古帝国治下欧亚大陆的文化与征服》，第 127 – 140 页。

177. 爱尔森，《蒙古帝国的商品和交换》，第 76 – 78 页。

178. 高丽靴在当时非常流行。相关记录参见陶宗仪"处士门前当怯薛"，《南村辍耕录》卷 28，第 346 页。

179. 喜蕾，《元代高丽贡女制度研究》，第 14 – 28 页。

180. 喜蕾，《元代高丽贡女制度研究》，第 51 页。

181. 关于蒙古高官和汉人官员娶高丽女为妻妾的事例，参见金庠基的《新编高丽时代史》（第 575 页）。更为详细的讨论，参见喜蕾的《元代高丽贡女制度研究》（第 136 - 158 页）。关于色目人（包括突厥人、畏兀儿人和印度人）和高丽女之间的通婚，参见马娟的《元代色目高丽通婚举例》。

182. 任崇岳，《庚申外史笺证》，第 96 页；引自史卫民，《都市中的游牧民》，第 106 页。关于蒙古人偏爱高丽侍女，参见明初作家叶子奇，杂制篇，《草木子》卷 3，下，第 63 页。

183. 史卫民，《都市中的游牧民》，第 106 - 117 页。

184. 权衡，《庚申外史》下，第 9b 页；另见《元代笔记小说》卷 3，第 530 页。

185. 张昱，《辇下曲》，收录于柯九思等著《辽金元宫词》，第 13 页。

186. 也许是因为诗名远扬，迺贤出任翰林编修一职，后来出任桑哥失里的军事幕僚。当时的文人对他的汉诗写作技巧无不惊叹。参见陈垣的《元西域人华化考》（第 56 - 57 页）。元末重要人物为他出版了文集——《金台集》（第一版），制作之精湛，水平之高，即使到了明朝仍为人赞叹。参见叶盛的《元金台集刻本》，收于《水东日记》卷 8，第 92 页。

187. 陈高华，《元代诗人迺贤生平事迹考》，第 251 页。

188. 迺贤，新乡媪，《金台集》卷 1，第 33b - 34b 页；收录于《元诗选初集》（《四库珍本》系列 2，第 173 集）；收录于张东翼的《高丽后期外交史研究》，第 180、145 页。在张东翼的书中，只是收录了与高丽直接相关的诗歌，淡化模糊了汉人百姓的悲惨生活和高丽女性在帝国皇宫珠光宝气的生活之间鲜明的对比。这首诗的末尾还有不同的译法。参见陈垣的《蒙古统治下的西亚和中亚人的汉化》（第 122 页）。

189. 通过外交往来、文人游历和非正式交往，高丽和元朝之间得以开展学术交流。相关情况详见张东翼的《高丽后期外交史研究》（第 194 - 234 页）。

190. 毕奥南，《元仁宗赐书高丽杂考》。

191. 学者白颐正以忠宣王随员的身份寓居大都十年，他返回高丽时从大都带回各种程朱全书摹本，回到高丽后在太学宣讲程朱理学，教导学生。参见白文宝的《文宪公彝斋先生行状》，《淡庵逸集》卷 2，第 18b

页；另收录于《韩国历代文集丛书》卷 12，第 135 页；另收录于《韩国文集丛刊》卷 3，第 317 页。另见桂栖鹏的《元代进士研究》（第 153 - 162 页）。14 世纪前半期，道学越来越在科举考试中居主导地位（但并不绝对）。相关简要讨论，参见 Elman（艾尔曼），*A Cultural History of Civil Examinations in Late Imperial China*（《晚清中华帝国科举文化史》），第 29 - 37页。

192. 张东翼，《高丽后期外交史研究》，第 229 - 232 页。张东翼特别指出元朝文人在征东行省出任儒学提举的重要性。

193. 邱树森，《元代的女真人》，第 162 - 163 页。

194. Franke（弗兰克），"Tibetans in Yuan China"（《元朝的西藏人》）。

195. 关于藏传佛教在高丽的证据，参见 Chŏn Chongsŏk（权正锡）的"*Kōrai bukkyō to Gendai Ramakyō to no kankei*"（《高丽佛教与现代藏传佛教的关系》）。据一幅日本天皇穿僧服、手拿佛教器具的画作，杉山正明推测，日本皇帝后醍醐对藏传佛教有浓厚的兴趣，而这可能是受大都蒙古朝廷的影响（《大蒙古时代》，第 273 页）。杉山正明指出，后醍醐天皇有"蒙古时代的孩子"之称，他热衷于推行纸币、日益加强君主权力、改革宫廷组织机构等，而这些都受蒙古的启发。另外，蒙古还对波斯推行藏传佛教提供资助。相关简述，参见摩根的《蒙古》（第 125 页）。

196. 成吉思汗赐予圣人在经济和法律方面的特权，权力之大令人惊叹。在成吉思汗之后的大汗治下，特权和职责（为帝国皇帝和皇室的健康长寿、帝国经营事业的繁荣昌盛提供有效祈祷）日益制度化。参见艾骛德，"Validation by Holiness or Sovereignty"（《神圣或主权的验证》）；杰克森的"The Mongols and the Faith of the Conquered"（《蒙古和被征服者的信仰》）。

197. 例如，大批高丽僧定期到大都为朝廷制作金佛像。参见 1298 年碑文"高丽弘真国尊塔铭"（收录于刘喜海的《海东金石苑》，第 17657 - 17658 页）。关于高丽商人和僧侣的在华活动，参见陈高华，《从〈老乞大〉、〈朴通事〉看元与高丽的经济文化交流》。

198. Morihira（森平），"Dai Gen urusu to Korai bukkyo"（《大元与高丽佛教》）。

199. Ohara（大原），"Korai kokuo Taizokyo kara mita Genchono shukyo

seisaku”（《从高丽国王大藏经所见元朝宗教政策》）。通过考察13世纪后半期、14世纪初高丽国王斥巨资制作佛像，大原指出其文本制作和编写受到元廷影响。

200. 森平，《大元与高丽佛教》，第25－28页。关于罗斯和元朝减免宗教机构赋税的情况，参见艾鹜德的《神圣或主权的验证》。

201. 关于1340年任职徽政院的宦官高龙卜（？－1362）的事例，参见碑铭《华严堂经本记》，收录于北京图书馆藏《中国历代石刻拓本汇编》，卷50，第6页。应寓居房山附近东峰庙（大都南部著名的佛教飞地）的一位高丽僧之请，高龙卜捐资修复了庙中藏刻石板《华严经》，参见贾志道的《重修华严经本记略》、于敏中的《（钦定）日下旧闻考》（卷131，第2116－2117页）。于敏中把“高龙卜”误写为“高龙普”。关于高龙卜的生平简史，参见《韩国佛教人名辞典》（第26页）。

202. Ŭi Ŭn-sok（魏恩锡），“Won kansŏpgi poch'o ui yŭt'ong kwa kŭ ŭimi”（《元干涉期纸币的流通及其意义》），第586－587页。有关这一时期高丽捐助佛教艺术和祈祷蒙古皇帝万寿无疆的分析，参见Chŏng Ŭn-u（郑恩宇），“Koryŏ hugi Pulgyo misul ŭi huwŏnja”（《高丽后期佛教美术的庇护人》）。

203. 高丽末期、朝鲜王朝时期的蒙古术语“aimaq”，相关讨论参见Kim Ch'ang-su（金昌洙）的“Sŏngjung aemago”（《成众爱马考》）。关于王室护卫的蒙古术语，参见Pelliot（伯希和）的“*Les Mots Mongols dans le Korye sa*”（《朝鲜语中的蒙古语》），第261－262页。忠烈王即位后不久，就把曾在蒙古首都跟随自己任怯薛的高丽人编入自己的怯薛（也称忽赤）。“忽赤”一词直接源于蒙古帝国（参见《高丽史》卷82，第651页，兵二，宿卫）。直至14世纪90年代，忽赤军还一直存在，当时的名称更为“近侍”，汉化趋势更加明显。事实上，这可以追溯到欧亚大陆北部征服王朝（参见《高丽史》卷82，第652页，兵二，宿卫；贺凯，《中国古代官名词典》，第167页）。

204. 西藏曾引进万户制度，被称为k'ri skor［Petech（佩泰克），*Central Tibet and the Mongols*（《西藏和蒙古》，第50－64页］。万户制度也曾引入西伯利亚南部即“水达达”，作为军事和行政管理工具之一（程妮娜，《元朝对黑龙江下游女真水达达地区统辖研究》，第72、75－77页）。

205. 十几年前，在韩国首尔发现了一份1334年的帝国圣旨，用蒙古八思巴文书写，内容是高丽万户委任状。关于原本誊写版影印的最早叙述，参见包祥的《汉城发现的八思巴字文献》。

206. 上文主要参考了 Kwŏn Yŏng-guk（权永国）的“Wŏn kansŏpgi Koryŏ kunje ŭi pyŏnhwa”（《元干涉期高丽军界的变化》）。同见 Min Hyŏn-gu（闵贤九）的“Koryŏ hugi kunje ŭi chŏngch'ijŏk kyŏngjejŏk kiban”（《高丽后期军界的政治经济基础》）。

207. 汉人诗人王恽（1227－1304）有一首短诗，题目是《赠高丽太子》：“霞绮红潮鸭绿清，风姿浑是父王英。礼文曲折犹周制，脂泽涵濡见汉甥。衡宇接谈今日款，中堂陪晏向来情。凤凰池上应回忆，惭愧朱弦一再行”。（选自《秋涧先生大全文集》卷22；收录于张东翼的《元代丽史资料集录》，第126页）。

208. 前文大量引自 Kim Hyŏng-su（金炯秀）的“Wŏn kansŏp ŭi kuksokron kwa t'ongjeron”（《元干涉的国俗论与通制论》）。关于蒙元制度的引进造成的冲突，与争夺高丽王权的政治斗争密切交织在一起。关于元朝改革高丽奴隶制的失败尝试，参见张东翼的《高丽后期外交史研究》（第84－87页）。

209. 参见 Paek In-ho（白仁镐）的“Koryŏ hugi puWŏn seryŏk ŭi hyŏngsŏng kwa seryŏkhwa”（《高丽后期附元势力的形成与势力化》），第321页。另见白仁镐的 *Koryo hugi puWon serok yon'gu*（《高丽后期附元势力研究》）。

210. 刘应李等，《大元混一方舆胜览》，第5页，混一诸道之图，和8辽阳。

第二章

1. 关于更贴近《元史》视角的脱脱生平简介，参见 Takahashi Takuj（高桥卓治）的“Ushōshō Datta-tsu”（《右丞相脱脱》）。

2. 这一段基于邱树森的《妥懽帖睦尔传》（第67－74页）、达德思的《顺帝与元统治的终结》（第571－572页）。关于脱脱这个人物最彻底、最翔实的分析（无论是哪一种语言），当属达德思的《征服者与儒家学者》，本章的很多内容都引自这本书。

3. 邱树森，《妥懽帖睦尔传》，第75页。关于妥懽帖睦尔在位时期（1329－1332）“复兴”绘画和诗歌的情况，参见 Weitz（韦茨），“Art and

Politics at the Mongol Court of China”（《蒙古的宫廷艺术与政治》）。

4. 关于改革及其局限性的简要叙述，参见王明军等著的《试论元朝末年的“至正更化”》。

5. 关于当时的破坏情况，参见贡师泰（1298－1362），《河决》，《玩斋集》卷1，9a－10b，第526页。

6. 迺贤，《赠张直言南归》，《金台集》卷2，7b。

7. 孙承泽，《元朝典故编年考》卷8，30a－33b。

8. 邱树森指出，关于黄河治理工程的后果、盗贼滋蔓和治理黄河的大讨论几乎是同时进行的（《妥懽帖睦尔传》，第117－134页）。

9. 参见叶子奇，《谈艺篇》，《草木子》卷4上，第75页。

10. 1351年，朝廷招募一万多人，花费几万锭现金，来疏通淤塞严重的直沽河。直沽河是通往大都的重要水路。不到三个月，这项工程就圆满完成（《元史》卷184，第4243页，崔敬传）。

11. 权衡，《庚申外史》1，9a（收录于《元代笔记小说》，河北，3，529）；任崇岳，《庚申外史笺证》，第71页。

12. 《元史》卷184，第4244页，崔敬传。关于努力招募的进一步细节，参见孟繁清的《元朝末年海运与筹粮》（第229－230页）。

13. 权衡，《庚申外史》卷1，11a，3，533；任崇岳，《庚申外史笺证》，第87页。关于充分保障大都粮食供应的其他措施，参见孟繁清的《元朝末年海运与筹粮》（第229－231页）。

14. 李士瞻，《上中书总兵书》，《经济文集》卷1，5b－6a；另见李修生，《全元文》卷50，第129页。

15. 关于忽必烈渴望“接纳、吸引悲愤中的汉人士人和儒生”，参见罗沙比的《忽必烈汗》（第131－135页）。通常，中国历史学家在解释这一问题的时候，将其归结为忽必烈的“进取性”，参见邱树森的《元朝简史》（第133，136页）。

16. 关于大都作为草原社会、农耕社会、陆路和海路贸易线交汇处的富有洞察力的讨论，参见杉山的《忽必烈与大都》。关于日本和中国学界争论在选择北京作为首都，其背后中原和蒙古传统对大都的空间结构和地缘政治的必要影响的有益回顾，参见 Watanabe Ken’ya（渡边谦也），“Daito kenkyū no genjō to kadai”（《大都研究的现状与课题》）。

17. 吴松弟，《中国人口史》，第587－588页。

18. 关于这些迁移人口的描述，参见爱尔森的《蒙古帝国的商品和交易》、《蒙古帝国治下的欧亚文化与征服》。

19. Weidner（魏盟夏），“Aspects of Painting and Patronage at the Mongol Court”（《关于蒙古宫廷绘画和资助的几个面向》），p. 46。

20. 马可波罗描述了这些异象，相关讨论参见乙坂智子的《马可波罗著作中描述的藏传佛教》。

21. Jing（景安宁），“Financial and Material Aspects of Tibetan Art,”（《元代西藏艺术的材料与资金问题》），p. 213。

22. 景安宁，“Portraits of Khubilai Khan and Chabi by Anige”（《忽必烈汗与察必妃》）；Watt（瓦特），*When Silk Was Gold*（《当丝绸贵重如金》，第 95 – 99 页）。

23. Yamamoto（山本），“Mongoru jidai ni okeru Chibetto-Kanchikan no kōtsū to tanseki”（《蒙古时代藏汉之间的交通与驿站》，特别是第 97 – 109 页）。山本的大部分信息来自 14 世纪早些时候使用邮政系统的记录。

24. 关于 16 世纪初藏传佛教对明朝的意义初探，参见鲁大维的“The Ming Court and the Legacy of the Yuan Mongol”（《明朝与蒙古的遗产题》）。

25. 转轮圣王，是“旋转轮宝（战车）之王，车轮滚动，无处不在，无人能挡”［William Edward Soothill（威廉·爱德华·苏西尔，中文名苏慧廉），*A Dictionary of Chinese Buddhist Terms*（《中国佛教术语词典》），London：K. Paul，Trench，Trubner and Company，1937，p. 469］。特别是，忽必烈与文殊菩萨有关，后者是菩萨中的大智慧象征。关于八思巴的传记资料，参见罗沙比，《忽必烈》，第 143 – 146 页。

26. Ishihara（石原），*Chibetto bukkyō sekai*（《藏传佛教历史变迁研究》），第 8 – 18，33 – 34 页。

27. 石原，《藏传佛教历史变迁研究》，第 26 – 32 页。

28. 陈高华，《元代大都的皇家佛教》，第 2 – 5 页。

29. 关于存放皇帝像的大厅建筑、用于皇帝像的材料及皇室对寺庙的捐助的详细讨论，参见 Nakamura Jun（中村淳），“Gendai Daito no chokukenjiin o megutte”（《元代大都的敕建寺院》）；景安宁，《元代西藏艺术的材料与资金问题》，第 232 – 236 页。

30. Endicott-West（恩迪科特·韦斯特），*Mongolian Rule in China*（《蒙古的统治》）；弗兰克，“The Role of the State”（《国家职能》），第

111 - 112 页；达德思，“From Mongol Empire to Yuan Dynasty”（《从蒙古帝国到元朝》）、“Did the Mongols Matter?”（《事关蒙古吗?》）（第 124 - 125 页）。14 世纪中叶和末期，相当一部分人都批判当时元朝地方政府的腐败、废弛和经常性掠夺，参见 Paul Smith（保罗·史密斯，中文名史乐民），“Impressions of the Song-Yuan-Ming Transition”（《宋元明转型印象》），第 89 - 94 页。

31. Farquhar（法夸尔），“Structure and Function in the Yuan Imperial Government”（《元帝国政府的结构和功能》）。

32. 《元史》卷 40，第 862 页，顺帝本纪，至正元年十二月癸亥；卷 40，864，顺帝本纪，至正二年九月丁丑；卷 41，874，顺帝本纪，至正六年三月戊申；卷 41，877，顺帝本纪，至正七年四月庚寅；卷 42，889，顺帝本纪，至正十年十月是月；卷 43，909，顺帝本纪至正十三年四月戊戌。

33. 《元史》卷 41，874，顺帝本纪，至正六年三月辛未；胡粹中，《元史续编》卷 13，10b。

34. 《元史》卷 41，874，顺帝本纪，至正六年五月丁亥；胡粹中，《元史续编》卷 13，10b。看来，这是一个“内部工作”。

35. 关于大都的谷物供应和消费讨论，参见默书民的《元代大都的粮食与消费》。

36. 《元史》卷 39，838，顺帝本纪，至元三年正月戊申；卷 39，842，顺帝本纪，至元三年九月丙寅；卷 39，846，顺帝本纪，至元四年十二月甲午；卷 40，854，顺帝本纪，至元六年二月己亥。

37. 《元史》卷 39，846，顺帝本纪，至元四年十二月甲午。

38. 《元史》卷 41，872，顺帝本纪，至正五年四月丁卯。

39. 李穀，《小圃记》，《稼亭集》卷 4；引自陈高华，《稼亭集、牧隐稿与元史研究》，第 330 页。

40. 李穀，《市肆说》，《稼亭集》卷 7；引自陈高华，《稼亭集、牧隐稿与元史研究》，第 330 - 331 页。

41. 《元史》卷 41，881，顺帝本纪，至正八年三月壬戌。

42. 《元史》卷 43，918，顺帝本纪，至正十四年是岁。

43. 《元史》卷 187，4295，《贡师泰传》。

44. 《元史》卷 205，4585，《搠思监传》。

45. 《元史》卷 187，4296，《贡师泰传》。

46. 《元史》卷 45，937，顺帝本纪，至正十七年五月丙申；胡粹中，《元史续编》卷 15，2b。1351 年，朝廷“以中原租税不实，将履亩起税”，有官员担心“是驱民为盗也”（《元史》卷 185，4258，《李稷传》）。

47. 1353 年，颇具影响力的大臣乌古孙良桢和悟良哈台提议在首都圈引进屯田。他们被委以负责屯田事宜，以弥补“军粮供应短缺”。起初，大获丰收（《元史》卷 187，4289，《乌古孙良桢传》；卷 138，3346，《脱脱传》）。

48. 胡粹中，《元史续编》14，21b。

49. 《元史》卷 45，936，顺帝本纪，至正十七年四月丙午。李士瞻提议让军中老弱兵士解甲归田，以支撑战场上的精锐部队；参见李士瞻，《上中书总兵书》，《经济文集》卷 1，9a；另收录于李修生，《全元文》卷 50，130 - 131。

50. 《元史》卷 45，946，顺帝本纪，至正十九年二月是月。

51. 《元史》卷 188，4311 - 4312，《迈里古思传》；陶宗仪，《南村辍耕录》卷 10，124 - 126。陶宗仪对这两人的行为极为不满。他批评迈里古思不服从命令，批评拜住哥出于个人的敌意和嫉妒牺牲王朝的利益，虽然这有点吹毛求疵。另外，陶宗仪还指出，迈里古思的垮台与元朝官员在地方竞争控制军队密切相关（造物有报复，《南村辍耕录》卷 23，283 - 284）。关于在地方防御和地方政治情境下对迈里古思的讨论，参见王颋的《西夏人迈里古思与元末两浙地方的守护》。

52. 关于 14 世纪 50 年代中叶山东的事例，参见《元史》卷 184，4244，《崔敬传》。另见胡粹中，《元史续编》卷 13，7b。

53. 《元史》卷 43，918，顺帝本纪，至正十四年是岁。

54. 《元史》卷 204，4552，《朴不花传》；卷 114，2880，后妃一。农历七月条记载了首都的洪水、蝗虫以及大饥荒（《元史》卷 45，944，顺帝本纪，至正十八年七月是月）。

55. 《元史》卷 46，958，顺帝本纪，至正二十一年是岁。

56. 李继本（卒于 1357 年），《备荒杂录序》，《一山文集》卷 4，14b - 15a；另见李修生，《全元文》卷 60，985。

57. 李继本，《刘义士传》，见李修生的《全元文》卷 60，1028。

58. 丁坤建，《从诗话图经看元代的有士之风》。

59. 陈高华，《元代诗人廼贤生平事迹考》，第 250 – 252 页。廼贤的先祖来自伊犁河谷的葛逻禄突厥，他们在 13 世纪初编入蒙古军队，然后东行至河南定居。廼贤生长于富裕的江南地区鄞县。除陈高华的文章，另见张迎胜的《元代回族文学家》（第 193 – 196 页）。

60. 廼贤，《颍州老翁歌》，《金台集》卷 1，39 – 41a。

61. 如，御史高原侃针对大都奢侈的丧葬习俗发出的评论。参见夏燮的《明通鉴》卷 1，1：208，太祖洪武元年十二月辛未。旋即，朱元璋将元朝灭亡归结为“百姓有奢侈的倾向”及缺乏正确的社会区隔（同前）。

62. 李黼的一首诗，收录于叶子奇《谈薮篇》，《草木子》卷 4，上，第 79 页；引自 Suzuki Chūsei（铃木），*Chugokushi ni okeru kaku-mei to shukyo*（《中国史中的革命和宗教》）（东京：东京大学出版会，1974），第 73 – 74 页；收入并翻译自 Shek（石汉椿），“Ethics and Polity”（《族群和政体》），第 98 页。

63. 周闻孙（1307 – 1360），义士罗明远庙碑，转自李修生的《全元文》卷 51，149。

64. 这些段落转自杨讷，《元代白莲教研究》。另见陈学霖的“The White Lotus-Maitreya Doctrine”（《白莲弥勒佛教》）；石汉椿，《族群和政体》；田海，《白莲教》。另见吴晗虽然经典但有些古旧的文章《明教与大明帝国》。围绕元末宗教起义中的千年信仰，学界展开了讨论。早期，学界以吴晗和陈学霖（更近一些的石汉椿）为代表，认为明王反映了摩尼教的传统。而另外一些人（最著名的有田海和杨讷）则反对二者之间的这种联系，认为在谈到明王的时候应该将其放到佛教的语境中去理解。最近，陈学霖纠正了他较早时期的立场，反对受到摩尼教的影响。主要引自杨讷的论著。参见陈学霖的《宋朝遗产》，特别是第 117 – 123 页。

65. 关于约翰·达德思的传记条目，参见《明代名人传》（第485 – 488 页）。关于更详细的讨论，参见杨讷的《元代白莲教研究》（第 157 – 173 页）。

66. 嘉靖时期《广平府志》，卷 15，20b – 21a，收录于《天一阁藏明代方志选刊》，上海古籍书店，1982，卷 5。

67. 陈学霖，《宋王朝的遗产》，第 96 – 102 页。

68. 陈高华，《元末农民起义军名号小订》，第 95 页。

69. 陈高华，《元末农民起义军名号小订》，第 96 页。最近，陈学霖反对过于严格区分这些群体，并认为“天完”这个词是被明朝当局“在事后伪造的”，旨在暗中破坏宋朝复兴的合法性（《宋朝遗产》，第124－29页）。关于以蕲水（今湖南省）为根据地建立的“天完”政权，参见杨讷的《元代白莲教研究》（第135－155页）。关于大宋政权的述评，参见韩儒林的《元朝史》（第111－123页）、邱树森的《元末红巾军的政权建设》（第95－100页）。

70. 夏燮，《明通鉴》，至正十五年正月，1：11。

71. 参见《元史》卷187，4289，《乌古孙良桢传》。

72. 关于怯薛在蒙古与高丽的关系中的作用，参见第三章。

73. 萧启庆，《元代的宿卫制度》（第71－72页）、*The Military Establishment of the Yuan Dynasty*（《元代的军事制度》，第34－38页）。

74. 萧启庆，《元代的宿卫制度》，第83－84页。

75. 萧启庆，《元代的宿卫制度》，第88－90页；萧启庆，《元代的军事制度》，第44－47页。

76. 萧启庆，《元代的宿卫制度》，第89－91页。

77. 河南洛阳和山东临沂（后来被濮州取代）是主要的军事中心。这部分内容大量引自萧启庆的《元代的镇戍制度》（第118－119页）、《元代的军事制度》（第51－53页）。

78. 萧启庆，《元代的镇戍制度》，第126页。正如伊丽莎白·恩迪科特－韦斯特所言，行省长官（达鲁花赤）有时也由汉人出任（《蒙古的统治》，第81－82页）。

79. 关于军户和他们遭遇的腐败的详细描述，参见陈高华的《论元代的军户》（特别是第85－89页）。

80. 萧启庆，《元代的镇戍制度》（第125－131页）、《元代的军事机构》（第62－63页）。几乎是同时代的一些人将元朝的最终垮台归因于世袭军户的颓废和放纵。例如，叶子奇，《克谨篇》，《草木子》卷3，上，第48页；长谷真逸，《农田私话》卷上，3a。

81. 蒙古将领也从地方居民中雇佣士兵。例如，1352年，蒙古指挥官塔思巴特尔在中原集结二万人，这就是著名的“右军”。参见《元史》卷142，3395，《答失八都鲁传》。一些散见的证据表明，蒙古官员非常喜欢利用汉人义兵，要求招募汉人义兵作为增援部队。关于1352年的事例，参见刘孟保，《南台备要》，《剿捕反贼》，第251、254－256页。

82. Teraji Jun（寺地遵）认为，在元朝的地方秩序正在崩溃的时候，戴氏和方国珍建立关系，并以此作为保护自己经济实力的手段之一。戴氏，出身富有的上层家族，其家族主营渔业、林业以及农业（“Hō Kokuchin seiken no seikaku”《方国珍政权的世界》，第 31 页）。

83. Yamane（山根），“Genmatsu no hanran' to Minchō shihai no kakuritsu”（《元末叛乱与明朝统治的确立》），第 24 – 29 页。

84. 至少一位作家抱怨，朝廷没有充分奖赏那些响应元朝政府的号召而挺身相助的人，他指出，最初的叛乱被镇压后，提拔到重要官职的人并不多。见李继本，《书刘禹卿传后》，转自李修生的《全元文》卷 60，990。

85. 参见明初作家官员杨士奇（1365 – 1444）的举例说明，《故怀远将军成都右卫指挥同知赠平江伯陈公神道碑铭》，《东里文集》卷 12，174；《故亚中大夫宁国府知府陈公之碑》，同前，卷 14，201；《故凌雪居士萧安正墓碑铭》，同前，卷 17，245；《欧阳三峰墓志铭》，同前，卷 18，260。

86. 杨淞（14 世纪），《庐州许同知传》，转引自李修生的《全元文》卷 51，60。

87. 许多葛逻禄人、乃蛮人和党项人登记为蒙古军户，定居濮阳，缔结广泛的婚姻、学习和军役纽带。14 世纪，伯颜是濮阳地区对儒教、教育、地方共同体具有强烈兴趣的几个人之一。参见 14 世纪 50 年代潘迪撰写的系列评论文章和墓志，收录于李修生，《全元文》卷 51，5 – 31。关于濮阳地区党项人的简短评论，参见 Funada（船田）的“Mongoru jidai ni okeru minzoku sesshoku”（《蒙古时代的民族交往与自我认知的几个面向》），第 24 页。

88. 《伯颜宗道传》，收录于正德版本的《大名府志》卷 10，80b；引自陈高华的《读〈伯颜宗道传〉》（第 451 页）。

89. 陈高华，《读〈伯颜宗道传〉》，第 451 页。

90. 关于约翰·达德思的传记条目，参见《明代名人传》，第724 – 728 页。另见牟复礼，“Rise of the Ming Dynasty”（《明朝崛起》），《剑桥中国史》卷 7，第一部分，第 21 – 22 页。

91. 李士瞻等汉人官员试图劝说察罕帖木儿放弃在中国西北部的个人竞争，把精力放到镇压山东的叛乱。见李士瞻，《与察罕平章书》，收录于《经济文集》卷 1，11a－12b；也收录于李修生的《全元文》卷 50，第 139－141 页。

92. 关于脱脱及其罢黜的简要讨论，参见运德思的《顺帝与元统治的终结》（第 572－580 页）。

93. 1366 年脱脱获得政治平反后，三位蒙古监察御史上书皇帝，恳请为脱脱册封谥号："奸邪构害大臣，以致临敌易将，我国家兵机不振从此始，钱粮之耗从此始，盗贼纵横从此始，生民之涂炭从此始，设使脱脱不死，安得天下有今日之乱哉？"（《元史》卷 138，3349，《脱脱传》）。汉人学者李继本差不多持同样的观点，也请求册封脱脱谥号。参见其《代乞封故太师中书右丞相脱脱文》，收录于《一山文集》，转引自李修生的《全元文》卷 1880，60：1054－1055。叶子奇在元朝的中原统治崩溃后不久，认为"元朝的灭亡"归因于脱脱的罢免（《克谨篇》，《草木子》卷 3 上，第 43 页）。

94. 谈迁，《国榷》卷 1，266。杉山正明认为，简而言之，"朱元璋的好运就在于他当时正处于妥懽帖睦尔在位期间即蒙古帝国衰弱期"（《蒙古帝国的兴亡》，第 222 页）。他总结说，要不是皇帝的决定，明朝可能就不再存在。在这里，杉山可以说重复了几个世纪之久的观点。

95. 陶宗仪，《纪隆平》，《南村辍耕录》卷 29，357；叶子奇，《谈薮篇》，《草木子》卷 4，上，第 72 页。叶子奇认为，脱脱的政敌出于嫉妒劝说皇帝发布了让他返回和流放的旨令。

96. 见李则芬，《元代末期存亡关键人物脱脱》，第 751－752 页。

97. 《元史》卷 40，868，顺帝本纪，至正三年八月戊戌；卷 41，874，顺帝本纪，至正六年三月戊申；卷 41，876，顺帝本纪，至正六年十二月壬寅；卷 41，877，顺帝本纪，至正七年二月己卯；胡粹中，《元史续编》卷 13，5a，7b，10b。

98. 苏天爵，《山东建言三事》，《滋溪文稿》卷 27，453。后来，14 世纪末的作家陶宗仪认为，帝国军队镇压小股盗匪的不力直接导致河南等地更大的盗匪群体的繁衍（《花山贼》，《南村辍耕录》卷 28，351）。

99. 苏天爵，《山东建言三事》，收录于《滋溪文稿》卷 27，453－456。在这一时期之前的几十年所写的一个关于治理的指南中，王结（1275－1336）倡议，要更早做好预防措施以消灭盗匪，包括进行早期学校教育、灌输正确的社会地位观、地方元老负责训诫误入歧途者，只有对于那些执迷不悟的人，才需要政府官员出面予以惩罚（《善俗要义》，第362页）。

100. 下面的段落，节自陈高华的《说元末红巾军》，第24-25页。

101. 《元史》卷186，4281，《成遵传》。成遵又称，对于那些在黄河北岸享有相对安全的人来说，“所以剥肤椎髓，以供军储，而无深怨者。”1356年，董抟霄坚持主张，元朝的当务之急是控制黄河和淮河，而这一任务只有在黄河南北两岸建立有影响力的军事基地才有可能（《元史》卷188，4304，《董抟霄传》）。

102. 关于元朝重要官员对淮安战略重要性的评论，参见《元史》卷187，4304，《董抟霄传》。

103. 《元史》卷45，935，顺帝本纪，至正十七年二月壬申。

104. 邱树森，《毛贵事迹考略》，第33-34页。

105. 毕恭等，《辽东志》卷8，7a，《杂志三·辽长编》；《全辽志》卷6，41，《外志史考》。

106. 张翥，《方公神道碑铭》，《台州金石录》卷13，收录于李修生的《全元文》卷48，607。

107. 蒙古王是指驻守益都的买奴（《元史》卷45，936，顺帝本纪，至正十七年三月甲午）。

108. 1357年，在董抟霄的军事指挥下，济南成功击退了红巾军的进攻。董抟霄向北挺进后不久，济南沦陷（《元史》卷187，4305-4306，《董抟霄传》）。

109. 《元史》卷188，4309，《王英传》。关于这一内容的叙述也见于1565年编撰的《青州府志》，15，9a。

110. 《元史》卷45，935，顺帝本纪，至正十七年正月辛卯；胡粹中，《元史续编》卷15，1a。据《元史》1357条，“命山东分省团结义兵，每州添设判官一员，每县添设主簿一员，专率义兵以事守御”（《元史》卷45，940，顺帝本纪，至正十七年是岁）。1358年3月，朝廷“议团结西山寨大小十一处以为保障，命中书右丞塔失帖木儿、左丞乌古孙良桢等总行提调，设万夫长、千夫长、百夫长，编立牌甲，分守要害，互相策应”（《元史》卷45，941，顺帝本纪，至正十八年二月己巳）。

111. 举一例说明，见李继本，《房氏家传》，《一山文集》卷173，5，6a；李修生的《全元文》卷60，1031。

112. 例如，义兵千户余宝杀死了他的直接上司，投靠了毛贵的部队（《元史》卷 45，940，顺帝本纪，至正十七年是岁）。农历八月，义兵万户头领投靠毛贵（《元史》卷 45，944，顺帝本纪，至正十八年八月辛巳）。在提及主要军事首领田丰的背叛时，明初历史学家胡粹中（《元史续编》卷 15，1a）毫不客气地指出，义兵“抵挡叛军不足，援助敌人有余”。另见权衡，《庚申外史》下，1a，《元代笔记小说》卷 3，535；任崇岳，《庚申外史笺证》，第 91 页。中国境内几乎所有的义兵武装都投降了叛军。其他事例，参见胡粹中的《元史续编》卷 15，1b，3a，4b。关于迁移到河间附近的几个家族事例，参见李继本，《房氏家传》，卷 173，5，6a；收录于李修生，《全元文》卷 60，1031。1357 年，山东东平“乡绅”组织地方百姓加入义兵。不过次年，许多人携家眷逃到河间。

113. 《元史》卷 140，3370，《太平传》。“凡死节之臣，虽布衣亦加赠谥，有官者就官其子孙。”

114. 李士瞻，《上中书总兵书》，《经济文集》卷 1，10b。

115. 夏以忠，《昭佑灵惠公庙碑记》，于敏中，《（钦定）日下旧闻考》卷 129，4：2076。

116. 同上。

117. 苏天爵，《论河南胁从诖误》，《滋溪文稿》卷 27，460－462。

118. 《元史》卷 45，941，顺帝本纪，至正十八年二月癸酉；邱树森《毛贵事迹考略》，第 34－35 页。

119. 1357 年，以临朐为根据地，毛贵的部下李华僭越官衔，加固城墙，修建了两座城门（参见 1565 年《青州府志》卷 11，31a）。叛军的进攻激起全省很多地区加固城墙的热潮。关于安丘和日照的进展情况，参见 1565 年的《青州府志》卷 11，31b，33b。《青州府志》的编者将高原成功抵御红巾军归于郡守积极鼓励组织地方武装，深挖壕沟，修筑堡垒（同上，13，36b）。一位作者痛斥道，叛军的住所、行车、护卫、官符和服饰“僭越了帝国的官制”（周闻孙，《省委官掾吏陈君纪功序》，李修生，《全元文》卷 51，142）。

120. 邱树森，《有关毛贵的一些事迹》，第 22 页。

121. 在济南市博物馆存有一枚 1359 年的“礼部”造“管军总管府”铜印，使用了大宋政权龙凤年号（李晓峰、杨冬梅，《济南市博物馆藏古代铜印选释》，第 49 页）。益都行中书省还发行了“津宁县（今河北宁津）印”（邱树森，《元末农民政权几方铜印的初步研究》，第 80 页）。中国的其他地区也发现了其他同期政权的军印。一枚印有“太平年间礼部造”“管军万户府”的铜圆印，被认为是 14 世纪 50 年代中叶由徐寿辉的天完政权制造，参见史树青，《元末徐寿辉农民政权的铜印》，第 9 – 11 页。在安徽亳州韩林儿的首都，除了发现刻有“元帅之印”“礼部造龙凤六年十一月”的铜印之外，至少还发现了两张印有“龙凤”年号的地契（卢茂村，《介绍韩林儿宋政权的一组文物》）。所有这些情况都清楚地表明元朝的官制具有普遍的影响。关于叛军政权的铜币、行政和军事印章彩图，参见国家历史博物馆，*A Journey into China's Antiquity*（《中国古代之旅》，4：50 – 51）。

122. 李士瞻，《上中书总兵书》，收录于《经济文集》卷 1，6a – b；另外，收录于李修生，《全元文》卷 50，129；载陈国华，《说元末红巾军》，第 24 页。

123. 这种逃亡不仅限于首都圈。根据江西临川的情况，胡行简（卒于 1342 年）称，地方政府的崩溃，包括受惊的文武官员的逃离，通常意味着地方人口不得不组织自己的抵抗力量，见李士瞻，《晦园记》，《樗隐集》，《四库全书珍本》卷 344，4，2a – b；李修生，《全元文》卷 56，45。

124. 《元史》卷 188，4307，《刘哈球不花传》。

125. 李士瞻，《上中书总兵书》1，7b – 8a；李修生，《全元文》卷 50，129 – 130。

126. 陶宗仪，《旗联》，《南村辍耕录》卷 27，342。陶宗仪指出，在红巾军初期的公文中可以发现毛贵进攻大都的征兆，如“直捣幽燕地区（大都周边）”，复兴宋室。

127. 《元史》卷 140，3370，《太平传》。贺氏将自己长期以来的成功归因于怯薛出仕、蒙古化（包括语言、习俗、通婚）程度高、汉文化素养深厚。贺惟一的儿子是少数娶元宗室女的汉人之一，由此获得蒙古合法身份。参见吴海涛，《贺氏兴盛与元代政治文化的若干特点》。

128. 《元史》卷 188，第 4307 页，《刘哈剌不花传》；《元史》卷 45，第 942 页，至正十八年三月乙卯。

129. 《元史》卷 46，第 956 – 957 页，至正二十一年六月乙未至八月。关于察罕帖木儿成功收复重要城市——济南和捕获叛军首领的消息，导致李士瞻（《经济文集》卷1，第14b－15a页）得出这样的结论，即不费吹灰之力就可以占领益都。但他似乎敏锐地意识到察罕帖木儿对朝廷的重要性，于是（在诗中）告诫他，要小心谨慎，切勿虚张声势，以免给自身和朝廷带来危机。

130. 《察罕帖木儿祭孔庙碑》，见《山左金石志》卷24；国家图书馆善本金石组编《辽金元石刻文献全编》卷1，第746页。

131. 《元史》卷140，第3370页，《太平传》。

132. Silbergeld（谢柏柯），"In Praise of Government"《歌颂统治》，第186页。

133. 李士瞻，《上中书丞相书》，《经济文集》卷1，2a－b；李修生，《全元文》卷50，第126－127页。另外，参见之后不久叶子奇的评论，《克谨篇》，《草木子》卷3，上，第49页。

134. 《元史》卷186，第4267－4268页，《张桢传》。

135. 张翥，《运司题名记》，第1840页，《济南府志》卷65，收录于李修生的《全元文》卷48，第598页。扩廓帖木儿重设都转运司和盐垄断机构，并在机构所在地的建筑内为他的已故父亲设立了一个神龛。

136. 陈高华，《论朱元璋和元朝的关系》，特别是第321页。

137. Langlois（朗格卢瓦），"Song Lian and Liu Jin on the Eve of Joining Zhu Yuan-zhang."（《宋濂和刘基投靠朱元璋前夕》）。

138. 李士瞻，《与泉南左丞书》，《经济文集》卷1，第13b页；李修生，《全元文》卷50，第142页。李士瞻对国际贸易的评论非常明确，他认为，国际贸易为港口带来了巨大财富。李士瞻偶尔也发出完全相反的论调，强调大元兀鲁思陷入悲惨的境地。他之所以采取如此策略，旨在催促朝廷采取行动。例如，在孛罗帖木儿当政之时，他声称，"如今朝廷有末日降临之觉，朝廷没有光荣复兴的庄严，越来越乐意接受灭亡，而丧失了从灾难中挽救自己的决定。"引自陈祖仁（1314－1368），《翰林承旨楚国李公行状》，收录于李士瞻的《经济文集》卷6，35b。在元末年和明初，李士瞻的儿子李继本在中原北部一带非常活跃，他的论调并不乐观。他留下的祈祷文（强烈祈祷未来和平的到来）并不多（李继本，《送陈都事使还浙东序》，李修生的《全元文》卷60，第968页）。

139. 孟繁庆，《元朝末年海运与筹粮》，第237页。

140. 李士瞻，《平山东露布》，《经济文集》卷5，4a－b；李修生的

《全元文》卷 50，第 135 页。

141. 同前，《经济文集》卷 5，8a－b；李修生的《全元文》卷 50，第 137 页。

142. 在 1444 年的版本中，此处加了汉字“弩”。

143. 在 1444 年的版本中，有“诫”字而不是“诫”字。这里的译文使用了“诫”，而不是“诫”。

144. 参见李继本《送内使签院董公景宁赴河间路总管序》，李修生，《全元文》卷 60，第 966－967 页。14 世纪 50 年代中叶，刘尚质（卒于 1327 年）称，即便在十年前，在山东中部和山西之间的三千里之地，“只有两位县令”。看来，他所说的这两个人值得关注。参见刘尚质，《大元绛州知州彭侯去思之碑》，引自李修生的《全元文》卷 51，第 72 页。

145. 下面的段落引自陈国华的《说元末红巾军》（第 23－25 页）。

146. 《元史》卷 45，第 945 页，顺帝本纪，至正十八年十二月癸酉。

147. 作为军事部署和目标的王室狩猎处，相关评论参见 Allsen（爱尔森）“*The Roya Hunt in Eurasian History*”（《欧亚历史上的皇家狩猎》），第 220－221 页。

148. 《元史》卷 44，921－922，顺帝本纪，至正十五年正月丙子、闰月是月。

149. 《元史》卷 45，第 949 页，顺帝本纪，至正十九年是岁。

150. 《元史》卷 186，第 4273－4274 页，陈祖仁传。纪念文引自孙承泽的《元朝典故编年考》（卷 8，41a－b）。据顺帝本纪，1362 年农历五月，陈祖仁启奏，结束修建上都皇宫（《元史》卷 46，959，顺帝本纪，至正二十二年五月己未）。

151. 《元史》卷 140，第 3371 页，《太平传》。

152. 《元史》卷 206，第 4596－4597 页，《阿鲁辉帖木儿传》；卷 45，952－53，顺帝本纪，至正二十年是岁。

153. 《元史》卷 45，第 952 页，顺帝本纪，二十年九月癸未。

154. 《元史》卷 45，第 945 页，顺帝本纪，十八年十二月癸酉。

第三章

1. 《元史》卷 144，第 3433 页，《答里麻传》；引自张东翼《高丽后期外交史研究》，第 51、66 页。张东翼认为，这一段落是高丽使节在使用高丽中书行省的印章时候受到羞辱的证据。

2. 恭愍的谥号在1374年被弑后由明朝赐予。为了方便讨论，本书以谥号称呼高丽国王。有关恭愍王及其面临的挑战，相关述评参见Clark（克拉克）的“Autonomy，Legitimacy，and Tributary Politics”（《自主、正统、从属性的政治》），第18－32页。

3. 关于13世纪中叶蒙古男子发型的详细描述，参见Rubruck（卢布鲁克），“Report to King Loius IX of France”（《给法国国王路易九世的报告》），第88页。

4. 金庠基，《新编高丽时代史》，第562页。关于元朝时期“辫线袄”的相关描述，参见党宝海的《辫线袍》；杨玲的《元代的辫线袄》。

5. 参见《高丽史》卷30，471，忠烈王十五年五月癸未。当时，忠烈王和他的蒙古公主观看了一场马球比赛。马球比赛是春季端午节活动的一部分。

6. 权近，《司宰少监朴强传》，《阳村集》卷21，18a；《韩国文集丛刊》卷7，第216页。

7. 关于胡床的简要描述，参见史卫民的《都市中的游牧民》，第33页。在高丽朝廷取缔蒙古发式后，胡床还在被使用。恭愍和他的心腹顾问（佛僧辛吨）曾斜倚胡床挑选未来的王妃（《高丽史》卷132，675，叛逆传六，辛吨传）。在某些情况下，蒙古风格的王座引发了对身份和等级的质疑，如辛吨就被指责违反了传统的社会等级之分，他根本不该和国王并肩坐在胡床上（《高丽史》卷113，355，李存吾传）。

8. 这几十年，大多数的高丽国王同时使用蒙古名和朝鲜名（金庠基，《新编高丽时代史》，第560页）。

9. 关于她的父亲孛罗帖木儿的活动，知者甚少。参见《元史》卷107，第2728页，宗室世系表，魏王阿木哥；Hambie（韩百诗）译，*Le chapitre cvii du Yuan che*（《元史》），第133－135、139。孛罗帖木儿这个名字相对而言非常普通。她的父亲并不是第七章讨论的妥懽帖睦尔第一位皇后的父亲。

10. 关于联姻在蒙古帝国（特别是在欧亚大陆东部）发挥的作用，Geoge Zhao（赵乔治）的文章最为翔实“Marriage as Political Strategy and Cultural Expression”（《婚姻：作为政治策略和文化表达》）。

11. 下面的段落大量引自Morihira（森平），“Fuma Kōrai kokuō no

seiritsu"（《驸马高丽国王的确立》）。关于蒙古皇室家族和高丽王室家族之间的联姻，参见萧启庆，《元丽关系中的王室皇婚》、王崇时的《元与高丽统治集团的联姻》。关于《元史》中有关高丽驸马王封王仪式中的错误，相关初步探讨参见张岱玉的《元史高丽驸马王封王史料考辨》。关于英文简要概述，参见赵乔治的 *Control Through Conciliation*（《怀柔》）。中国、日本和韩国学界有关高丽王室和元朝皇室之间的通婚，相关文献综述参见森平的"Korai oke to Mongoru kozoku no tsukon kankei ni kan suru oboegaki"（《关于高丽王家与蒙古皇族通婚关系的备忘录》）。森平强调，有必要对每一段婚姻的政治后果进行进一步考察。

12. 有关蒙古征服高丽和高丽抵抗蒙古的大讨论，参见 Henthorn（亨索恩），*Korea: The Mongol Invasions*（《高丽：蒙古入侵》）。

13. 森平，"Fuma Korai kokuo no seiritsu"（《驸马高丽国王的确立》）；李明美，《丽元王室通婚》，第 19 – 20 页。

14. 李明美，《丽元王室通婚》，第 47 – 50 页；金浩东，《蒙古帝国与高丽》，第 88 – 90 页。李明美试图把元朝和高丽之间的王室通婚置于更广阔的蒙古帝国背景下进行思考，这种做法有益地开阔了过去学界看待问题常常较为狭窄的视野。森平也提出类似见解，认为应该将丽元婚姻置于更广大的整个蒙古帝国的发展语境之中（《关于高丽王家与蒙古皇族通婚关系的备忘录》）。

15. 金浩东，《蒙古帝国与高丽》，第 83 – 120 页。

16. 关于军事统治，参见 Shultz（舒尔茨），*Generals and Scholars*（《将军和文人》）。

17. 邓肯，《朝鲜王朝的起源》，第 190 页。

18. 苗威，《高丽忠烈王在中国》，第 48 页。

19. 亨索恩，《高丽：蒙古入侵》，第 173 – 193 页；Hatada（旗田），*Nihon to Kōrai*（《日本与高丽》）。

20. 因此，金浩东也认为高丽是忽必烈在东亚的"战略基石"，他从蒙古帝国变化的政治动力学来审视婚姻纽带（《蒙古帝国与高丽》，第 9 页）。金浩东指出，势力强大的东方王家支持忽必烈后来与阿里不哥的斗争的事实，可能导致高丽王室决定与忽必烈结盟（《蒙古帝国与高丽》，第 88 页）。

21. 《元史》卷 107，第 2728 页，宗室世系表，魏王阿木哥位；韩百诗译，《元史》，第 133 页。

22. 参见《元史》蒙古诸公主家谱表，卷 109，第 2761 页，表四，诸公主表；《高丽史》卷 35，第 542 页，忠肃王十一年八月戊午；韩百诗，《韩国史》，第 197 – 198 页。

23. 李明美，《丽元王室通婚》，第 58 – 60 页。不过森平明确指出，高丽王族没有与忽必烈世系以外的蒙古贵族通婚（《关于高丽王家与蒙古皇族通婚关系的备忘录》）。

24. 邓肯指出蒙古配偶的重要性，后者授予家臣、宦官和其他非两班出身的人以莫大的权力，并把他们提拔到宫廷和官僚机构的重要官职（《朝鲜王朝的起源》，第 164 页）。关于蒙古公主对高丽朝廷的影响，参见 George Zhao and Richard Guisso（赵乔治、理查德·盖索），"Female Anxiety and Female Power"（《女性的欲望和权力》）。

25. 关于近期在内蒙古挖掘事例的讨论，参见苏东，《一件元代姑姑冠》。

26. 《高丽史节要》卷 23，27b，第 600 页，忠宣王三年二月；卷 23，29b，第 601 页，忠宣王三年十二月。

27. 《高丽史》，世家忠烈王二十二年十二月；引自金庠基的《新编高丽时代史》，第 561、581 页。

28. 金庠基，《新编高丽时代史》，第 585、606 – 614 页。

29. 拉施特，《史集》卷 2，第 445、448 页。

30. 罗沙比指出，"八思巴的弟弟娶了一位蒙古公主，他的外甥，以及甥孙也都娶了蒙古公主（《忽必烈》，第 143 页）。关于畏兀儿人和高丽人作为帝国姻亲的简要比较，参见李明美的《丽元王室通婚》，第 77 – 79 页。关于蒙古帝国的畏兀儿人，参见爱尔森的"The Yuan Dynasty and the Uyghurs of Turfan"（《元朝和吐鲁番的畏兀儿人》），第 247 – 248 页。

31. Manz（曼兹），*Rise and Rule of Tamerlane*（《帖木儿的崛起和统治》），第 14 页。

32. 森平，《在高丽的元驿站》。同见朴玉杰，《高丽末北方流民与推刷》，第 142 – 43 页。金惠元在他的论文《高丽后期沈王》中也提到满洲南部共同体的情况（第 43 页）。高丽朝廷积极参与建立和支持这些共同体。1279 年，朝廷下令从各省挑出富裕的高丽家族迁到辽阳、沈阳、鸭绿江地区。这些共同体有收入，有正式轮值的首领，包括熟练掌握汉语和蒙古语的人。他们的义务包括负责驿站维护（《高丽史》卷 82，第657－658 页，兵志二，站驿）。在《高丽史》1370 年条的段落中，高丽国王指出蒙古公主下嫁高丽国王后，元朝皇室就“把辽沈土地拨给高丽，以负担蒙古公主的费用支出” ［Peter Lee（彼得李）ed.，*Sources of Korean Civilization*（《朝鲜文明的起源》），1：363］。在蒙古帝国治下，类似的共同体（如伊里干）也被提供土地，免除赋税和劳役，负责捕捉和照看猎鹰。参见金顺子，《元干涉期民户的动向》（第 372 页，特别是注释 17）。金顺子强调指出，这些民户从国家的税收名单中划掉，使得其余的人承担了更沉重的负担。

33. 森平，《关于高丽王家与蒙古皇族通婚关系的备忘录》，第 26－28 页。他们是所谓的“出镇王家”。

34. 关于 13 世纪初和中叶怯薛与蒙古行政之间的密切关系，参见爱尔森的“Guard and Government”（《护卫和治理》）。关于 13、14 世纪帝国的怯薛领导结构变迁，参见艾骛德的“Ulus Emirs，Keshig Elders，Signatures，and Marriage Partners”。关于怯薛的整合能力，相关评论参见杉山的《大蒙古时代》（第 79－83 页）。

35. 关于怯薛的政治和财政特权，参见萧启庆的《元代的军事制度》（第 34－44 页）。萧启庆指出，由于怯薛规模庞大，其身份和特权之间存在巨大的落差。关于警告不要透过传统中原的类别和行政命名来解读元朝政治史（往往倾向于聚焦怯薛），参见屈文军的《元代怯薛新论》。Charles Melville（查尔斯·梅尔维尔）指出，现代和当代描述中都存在类似倾向，忽视伊尔汗国王室，后者被他视为“帝国政府的核心”［“The Keshig in Iran”（《伊朗的怯薛》），第 135 页］。

36. 莫里斯·罗沙比指出，八思巴的弟弟恰那多吉喇嘛在蒙古宫廷长大，而八思巴的外甥答耳麻八琜琜吉塔从小住在蒙古宫廷，但这些事实并没有让西藏的僧职人员们喜欢他（《忽必烈汗》，第 143、221－222 页）。

37. 森平，“Gencho keshike seido to korai oke”（《元代怯薛制度与高丽王家》）。

38. 关于元代蒙古首都的发端，参见叶新民的《元上都研究》、史卫民的《都市中的游牧民》、陈高华的《元大都》。

39. 关于宴会、质孙及其重要性，参见史卫民的《都市中的游牧民》（第 110－123 页）、爱尔森的《蒙古帝国的商品和交换》（第 19－26 页）。

爱尔森认为，质孙源自西亚（《蒙古帝国的商品和交换》，第 77 - 82 页）。关于“百色宴”这一术语，相关讨论参见韩儒林的《元代诈马宴新探》。关于宴会消费的大量酒肉，参见 John Smith（约翰·史密斯），“Dietary Decadence and Dynastic Decline in the Mongol Empire”（《蒙古帝国的饮食颓废和王朝衰落》）。

40. 杉山，《蒙古帝国的兴亡》卷 2，第 199 - 200 页；爱尔森，“Robing in the Mongolian Empire”（《穿在蒙古帝国》）。

41. Mote（牟复礼），“Yuan and Ming”（《元朝与明朝》），第 209 页。

42. 关于周伯琦这类宴会诗歌的“序”，参见柯立夫的《柯九思十五首宫词》（第 447 - 448、491 页）。在柯九思等人编著的《辽金元宫词》中，可以轻易地看到这类诗歌

43. 《高丽史》卷 31，第 492 页，忠烈王二十六年六月壬子；《高丽史节要》卷 22，17b，第 573 页，忠烈王二十六年六月壬子。有关中文对上都盛大的百色宴的描述，参见叶新民的《元上都研究》（第 47 - 48 页）。

44. 《高丽史》卷 109，第 302 页，李兆年传；《高丽史节要》卷 25，15b，第 641 页，忠肃后八年五月辛酉。

45. 《高丽史》卷 36，第 552 页，忠惠王元年正月已酉；忠惠王元年四月癸卯。关于大元兀鲁思宫廷季节性迁移及其与早期游牧传统的关系，相关详细考察参见金浩东的“Mong’gol che’guk kunjudul”（《蒙古帝国的君主》）。马权指出，忠宣王和燕帖木儿之间的友谊延伸到政治领域（《元代钦察人燕帖木儿史记考论》，第 103 - 104 页）。燕帖木儿提议让忠宣王替代忠肃王，而忠宣王也向燕帖木儿呼吁阻止设立高丽行中书省。关于蒙古时期钦察汗国横跨欧亚大陆的惊人范围，参见 Halperin（哈尔珀林），“The Qipchaq Connection”（《钦察纽带》）。

46. 许惠利，《北京智化寺发现元代藏经》。

47. 关于王璋在大元兀鲁思和高丽对佛教的庇护，参见北村高井的《高丽王王璋的崇佛》。

48. 这一段落大部分引自李成翰的《高丽忠宣王的沈阳王被封》、金塘泽的《元干涉下的高丽政治史》（第 72 - 83 页）。与此相反，苗威认为忠宣王对政治权力漠不关心，这一观点并没有说服力，在她看来忠宣王在大元兀鲁思三十多年的生活经历应该归结为他的“中国情结”（《高丽忠

宣王与中国》)。

49. 由于现存史料叙述模糊，忠宣王被放逐的确切原因很不清楚，从而引发纷争。根据《高丽史》中的几处段落，直接原因是元朝宫廷里高丽宦官的嫉恨诋毁。北村高井以及其他人都认可这一观点（《高丽时代沈王一考》，第 122 - 123 页）。桂栖鹏坚持，硕德八剌流放忠宣王是因为忠宣王与皇太后答己关系亲密，而后者是其主要的政治威胁（《元英宗谪高丽忠宣王于吐蕃原因探析》)。换言之，忠宣王在元朝宫廷中是举足轻重的人物。由于他的特权身份（忽必烈的外孙、帝国的女婿）以及他在海山即位中发挥的作用，他被认为是危险人物，必须予以放逐。还有一个观点认为（虽然不那么具有说服力)，忠宣王之所以被流放，是因为他坚持高丽独立，反对将高丽变成大元兀鲁思境内的行省，如同其他地区一样（王珽、倪尚明，《高丽忠宣王谪吐蕃事件再析》)。

50. 闵贤九，“Chŏngch'ika rosŏ ŭi Kongminwang”（《政治家恭愍王》)，第 274 - 275 页。1349 年，脱脱设“端本堂”，这是他振兴学术的努力之一（邱树森，《妥懽帖睦尔传》，第 78 - 79 页)。

51. 权近，《司宰少监朴强传》，《阳村集》卷 21，17a，收录于《韩国文集丛刊》，卷 7：216。恭愍王的随从朴天富坚决拥护恭愍王，当时许多人把筹码压在恭愍王的外甥。起初，蒙古方面希望让恭愍王的外甥即位高丽国王，而不是恭愍王。

52.《高丽史》卷 112，357，偰逊传。关于偰氏的简要评论，参见傅路特和房兆楹《明代名人传》，第 559 页。

53. 例如，宦官申小凤随恭愍王入元宿卫 11 年，至恭愍王即位，申小凤被册封为一等上护军。后来恭愍王王后去世，他在守丧期间守陵（《高丽史》卷 122，第 525 - 526 页，申小凤传)。

54. 下面有关偰逊的段落大量引自金塘泽的《元干涉下的高丽政治史》，第 101 - 124 页。

55.《高丽史》卷 36，第 553 页，忠惠王元年闰月戊子。忠惠王并不是唯一崇尚蒙古审美的人。著名藏僧八思巴曾穿蒙古服饰，并招致同伴怨恨（罗沙比，《忽必烈汗》，第 143 页)。

56. 参见萧启庆的《元代中期政治》（《剑桥中国史》卷 6，第 500 页)。

57. 关于蒙古复苏，参见韩百诗的《韩国史》(第 201 页)。

58. 关于脱脱制造阴谋的真实描述，参见邱树森的《妥懽帖睦尔传》（第 70 – 74 页）。

59. 金塘泽，《元干涉下的高丽政治史》，第 109 页。

60. Hwang Un-yong（黄恩英），“Koryŏ Kongminwangdae ŭi taeWŏn Myŏng Kwan'gye”（《高丽恭愍王时期的对元明关系》），p. 5. 邓肯指出，14 世纪的改革在规模、持续性和有效性方面存在严重不足（《朝鲜王朝的起源》，第 173 – 75、187 – 89 页）。也许是通过最为全面的分析恭愍王改革，金基德（Kim Ki-tŏk）也得出了类似结论，认为恭愍王的改革并没有带来根本的改变，其改革政策充其量是改良，而不是真正改革社会经济问题［“14 segi huban kaehyŏk chŏngch'i ŭi”（《14 世纪后半期改革政治》）］。另一简要评论，参见 Pak Chong-gi（朴正基），“14 segi ŭi Koryŏ sahoe”（《14 世纪的高丽社会》），第 24 页。

61. 有关苏联学者的评论，参见 Halperin（霍尔珀林），*Russia and the Golden Horde*（《俄罗斯与金帐汗国》），第 45 页。

62. 金塘泽，《元干涉下的高丽政治史》，第 113 页。资深韩国学者闵贤九对恭愍王也持同样的观点，认为有洞察力的人自然会反蒙，因为他们感知到蒙古加诸国家和民族的耻辱和苦难（《政治家恭愍王》）。

63. 关于 1351 年以前“反元”改革这一概念，相关有益批评参见朴正基《14 世纪的高丽社会》（第 20 – 24 页）。朴正基指出，我们对 14 世纪各项改革政策的理解离不开对于高丽统治精英的构成的理解，而后者在近二三十年来发生了显著变化。

64. 参见金塘泽，《元干涉下的高丽政治史》，第 126 – 151 页。金塘泽认为，大多数高丽官僚对国王的被捕和死于流放地表示深恶痛绝。他指出这样一个事实，即许多元老大臣上奏元朝宽恕忠宣王。金塘泽坚持，正是这一事件加深了高丽官僚对元朝的不满。几个未经证实的假设可以影响金塘泽的分析。首先，没有证据表明那些上奏元朝的人代表高丽官僚大多数；其次，那些怨恨权力根植于元朝关系的国内政敌，并不必然怨恨元朝本身；再次，金塘泽没有探讨这样的可能性，即憎恶“反元势力”与其说是因为他们和元朝有关系，还不如说是因为他们是政治和社会暴发户。

65. 关于驸马这一身份给高丽国王带来的特权，参见萧启庆的《元丽关系中的王室婚姻》（第 118 – 121 页）。

66. 《高丽史节要》卷 26，9a，第 668 页，恭愍王元年正月。

67. 关于天文学之于蒙古的意义，参见爱尔森的《蒙古帝国治下的欧亚文化与征服》，第 175、205 - 207 页。

68. 关于中国、波斯和蒙古治下内亚地区的天文学交流，参见爱尔森的《蒙古帝国治下的欧亚文化与征服》，第 161 - 175 页。

69. 《高丽史节要》卷 26，14a，第 670 页，恭愍王元年四月癸卯。

70. 《高丽史节要》卷 26，22a，第 674 页，恭愍王二年九月乙丑。

71. 关于这场阴谋的简要概述，参见金庠基的《新编高丽时代史》，第 553 - 554 页。另见《高丽史节要》卷 25，17b - 18b，第 642 - 643 页，忠肃后八年八月。

72. 当崔濡冒犯一位新寡的高丽大臣妻子的时候，这位妻子的兄长（一位元朝宦官）就把此事奏报蒙古当局，蒙古当局派一名怯薛审问在高丽的崔濡（《高丽史节要》卷 25，28a，第 647 页，忠惠后四年四月丙申）。这一事件正是对高丽和大元兀鲁思之间千丝万缕关系以及个体如何与蒙古社会协商谈判的反映。

73. 《高丽史》卷 131，第 669 页，崔濡传。

74. 《高丽史节要》卷 26，11a，第 669 页，恭愍元年三月。

75. 《高丽史》卷 38，第 582 - 583 页，恭愍王三年六月辛卯。

76. 《高丽史》卷 111，第 334 页，柳濯传；卷 111，第 330 页，廉悌臣传。很多评论家认为，他的行动是为了讨好蒙古提高自己在高丽朝廷中的地位。

77. 《高丽史》卷 111，第 334 页，柳濯传。

78. 《元史》卷 43，第 915 页，顺帝本纪六，至正十四年五月是月。

79. 《高丽史》卷 38，第 583 页，恭愍王三年六月癸卯。使节包括伯颜帖木儿，他是土生土长的高丽人，高丽名康舜龙，他的叔叔康允忠是恭愍王朝廷有影响力的政治家，与元朝有密切关系。关于他的简要生平，参见闵贤九的“Koryŏ Kongminwang ŭi panWŏnjŏk kaehyŏk chŏngch'ie taehan ŭi chŏn'gae kwasŏng”（《高丽恭愍王的反元改革政治的展开过程》），第 251 页。

80. Kang Sŏng-mun（姜成文），“Koryŏmal Hongt'ujok ch'imgo e kwan han yŏn'gu”（《高丽末期红金贼入侵相关研究》），第 212 - 213 页。

81. 《高丽史》卷 38，第 580 - 581 页，恭愍王二年七月乙亥。

82. 《高丽史》卷 38，第 576 页，恭愍王元年二月戊戌。

83. 森平，《关于高丽王家与蒙古皇族通婚关系的备忘录》，第 16 页。

如上所述，她的父亲是魏王孛罗帖木儿。

84.《高丽史》卷 38，第 583 页，恭愍王三年六月丙午。

85. Chong Tu-hŭi（郑都惠），“Koryŏmal sinhŭng muin seryŏk”（《高丽末期新兴武人势力》）。

86.《高丽史》卷 38，23b－23a，恭愍王三年六月辛亥（延世版，1：765；明治版，583）。

87.《高丽史》卷 38，24a，恭愍王三年七月癸亥（延世版，1：765；明治版，583）。《高丽史》编者指出，由于元朝皇帝在高丽招募精兵，所以高丽国王的私人护卫力量非常薄弱。也许是感到很容易被攻击，高丽国王下令招募西海道的“弓手”。

88. 金塘泽，《高丽恭愍王初期的武装势力》，第 28－37 页。

89.《高丽史》卷 38，24a－b，恭愍王三年七月乙丑（延世版，1：765；明治版，583）。根据崔濡的元朝官位，我们很难得出他位高权重的结论。他被委派监管高丽军前往大都集结事宜时，官职是中书监丞，这与高丽朝廷册封的官爵形成鲜明对比（如下）11 月初，廉悌臣从大元兀鲁思返回，原因不详［《高丽史》卷 38，25b，恭愍王三年十月庚戌（延世版，1：766；明治版，584）］。

90.《高丽史》卷 110，330，廉悌臣传；《高丽史节要》卷 26，25b－26a，第 676 页，恭愍王三年七月。

91.《高丽史》卷 38，583－584，恭愍王三年七月癸酉，三年七月辛巳。

92.《高丽史》卷 38，583，恭愍王三年七月癸酉。

93.《高丽史》卷 38，584，恭愍王三年十一月丁亥。

94. 关于此次事件，汉人作家叶子奇描述道，一队毛葫芦军登上城墙，不料竟遭“嫉恨他们抢头功”者的攻击，说他们未经脱脱授权擅自攻城。当元军重整旗鼓攻打高邮的时候，时机已失，高邮没有攻下。在这两个版本中，攻打高邮似乎受制于军团内部缺乏明确的指挥和因妒造成的致命破坏（《克谨篇》，《草木子》卷 3 上，第 53 页）。

95.《高丽史》卷 38，26a－b，恭愍王三年十一月丁亥（延世版，1：766；明治版，584）。

96.《高丽史》卷 38，27a－b，恭愍王四年正月庚午（延世版，1：767；明治版，584－585）。恭愍王在宣义门外借鉴了元史。

97.《元史》卷 42，第 891 页，顺帝本纪五，至正十一年五月辛亥。

98.《高丽史》卷 38，585，恭愍王四年五月是月。这份奏报可能反映了脱脱被撤职之前的情况。

99. 1356 年农历五月，个别官员仍在返回高丽的途中（《高丽史》卷 39，387，恭愍王五年五月丙戌）。

100. 如第一章所述，对于沈王的名字，韩国学界很多情况下使用“gao”发音。

101.《元史》卷 43，第 916 页，顺帝本纪六，至正十四年九月甲子。

102. 金惠元，《高丽后期沈王》，第 34 – 36 页。

103.《元史》卷 44，第 928 页，顺帝本纪七，至正十五年十一月辛亥；《高丽史》卷 39，586，恭愍王五年二月辛亥；《高丽史节要》卷 26，30b，678，恭愍王五年二月。

104. 关于恭愍王“反元”行动的解释似乎源自日本著名学者池内宏，参见他的文章“Kōrai Kyōmin'ō”（《高丽恭愍王的反元运动》）。关于最近的相关解释，参见 Ch'ae Su-hwan（蔡洙焕）的“Koryŏ Kongmin wangdae”（《高丽恭愍王代》）。No Kye-hyŏn（卢桂铉）称其为“反蒙政策”［*Yŏ Mong oeg yosa*（《丽蒙外交史》），第 334 页］。尽管这种命名有更清晰的族群意味，但并不常指大元兀鲁思为蒙古或蒙古利亚。

105. 关于这一时代的研究，最权威的学者闵贤九通常使用“反元”这一术语来归纳恭愍王的行为［“Koryŏ Kongminwang ŭi panWŏnjŏk kaehyŏk chŏngch'i e taehan il koch'al”（《关于高丽恭愍王反元改革政治的考察》），第 49 – 50 页）。关于那些在清洗中发挥作用的人被册封为功臣的详细分析，参见闵贤九的“Koryŏ Kongminwangdae ŭi ‘Chu Ki Ch'ŏl kongsin' e taehan kŏmt'o”（《关于高丽恭愍王诛奇辙功臣的检讨》）。在这篇文章的结论部分，闵贤九承认这次肃清行动与其说带有“反元”情绪，倒不如说消除了对王权的明确挑战，不过他坚持这场清洗恰好迎合了当时高丽国内反元情绪的热潮。朴正基反对恭愍王即位前就开展反元改革的观点（《14 世纪的高丽社会》，第 23 – 24 页），但他也指出没有哪个学者否认恭愍王改革的反元性质。金基德同意反元举措是高丽国内完成最艰巨的改革任务的必要前提（“14 segi huban kaehyŏk chŏngch'i”（《14 世纪后半期改革政治》），第 498 – 499 页）。他承认，具有反元要素的举措在执行后不久就被取缔（第 500 页），而且国内的改革几乎是彻底失败（第 504 页）。尹彼得明确反对民族主义的解释，强调恭愍王已经意识到与蒙古作对带来的危险，指出试图通过建立高丽行省以及几次废黜高丽国王将高丽纳入帝国的努力都以失败而告终［“Rethinking the Tribute System”（《朝贡制度再思》），第155－156页］。

106. Ikeuchi（池内）可能是第一个注意到恭愍王指控奇氏和其他人是被迫的［“Kōrai Kyōmin'ō”（《高丽恭愍王的反元行动》），第121－126页］。池内认为，恭愍王的真实动机是从元朝获得更大自治，长期以来这一观点在日本和韩国学界被视为定说。

107. 关于这些死者的姓名、职位及其关系的列表，参见闵贤九的《关于高丽恭愍王反元改革政治的考察》，第74－75页。

108. 邓肯把 Haengju Ki（幸州奇氏）描述为典型的高丽“权门势族”，这一小撮人积极与蒙古培植各种关系（《朝鲜王朝的起源》，第165－166页）。关于解释“权门势族”这一术语的变迁，简要回顾参见朴正基的《14世纪的高丽社会》（第20－22页）。

109. 邱树森，《妥懽帖睦尔传》，第58页。

110. 这段大量引自 Yi Yong-bŏm（李龙范），“Ki Hwanghu”（《奇皇后》），第465－473页。另见赫伯特·弗兰克（傅海波）关于妥懽帖睦尔的简历、傅路特和房兆楹的《明代名人传》（第1291－1292页）。答纳失里曾打算让她的兄弟——密谋反对伯颜和妥懽帖睦尔——躲到自己的寝宫。不过，她的兄弟被发现，并当着她的面被处死，鲜血溅到她的衣袍。赵乔治、理查德·盖索的《女性的欲望和权力》（第35－39页）非常有助于对奇皇后的了解。

111. 陶宗仪，《后德》，《南村辍耕录》卷26，327；《元史》卷114，第2879页，后妃一。

112. 李龙范称其为13世纪以来忠烈王主动采取的最机智的外交回应（《奇皇后》，第473页）。

113. 《元史》卷41，第883页，顺帝本纪四，至正八年十二月。明初皇族朱有燉也表达了对奇皇后的类似情感，他在一篇关于元朝宫廷生活的诗篇中写道：“杏脸桃腮弱柳腰，那知福是祸根苗。高丽妃子初封册，六月阴寒大雪飘。”朱有燉，《元宫词一百首》，柯九思等著，《辽金元宫词》，第21页。

114. 参见李龙范的《奇皇后》，第487－491页。另见法夸尔的简要说明（第 324 页）。

115. 《元史》卷 45，948，顺帝本纪八，至正十九年七月庚子。

116. 关于元朝治下的察罕脑儿，相关讨论参见周清澍的《元蒙史札》（第 271 – 289 页）。14 世纪初，合赞汗（1271 – 1304）在伊儿汗国推行类似做法。作为支付公主必需品费用的交换，一些特别指定的村庄豁免缴纳赋税和提供其他劳役。参见 Khwandamir（宏达米尔） （1475 – 1535），"Story Eighteen：On Making Arrangements for the Imperial Shilān and those of the Princesses"，*Habibu's—siyar*，Vol. 3，pt. I，第 105 页。

117. 由于 1347 年的集庆战斗形势严峻，朝廷委派镇南王孛罗不花前去镇压"盗贼"（《元史》卷 41，第 878 页，顺帝本纪四，至正七年九月甲子）。

118. 据《元史》1334 年条记载，中书省大臣为了替皇后攫取利益，请派两艘船出海（《元史》卷 38，第 824 页，顺帝本纪，元统二年十一月戊子）。关于帝国背景下蒙古公主与其商业代理人（通常是斡脱成员）之间的联系，相关评论参见爱尔森，"Mongolian Princes and Their Merchant Partners"（《蒙古王子和他们的商人伙伴》），第 110 – 111 页。14 世纪初，辽阳行省的金银都归皇后统管的中政院（《元史》卷 27，第 605 页，英宗本纪，至治元年七月辛丑；卷 27，第 615 页，英宗本纪，至治元年十一月甲午）。1327 年，"以中政院金银铁冶归中书"（《元史》卷 30，第 676 页，晋宗本纪，泰定四年正月壬子）。

119. 早在 1342，"大多数的宫廷宦官都是高丽人"。一些人抱怨宫廷宦官的影响力过于强大（权衡，《庚申外史》上，5b，见《元代笔记小说》卷 3，第 522 页；任崇岳在《庚申外史笺证》，第 40 页中没有把这些话写进去）。1340 年，元朝下令，"禁高丽及诸处民以亲子为宦者，因避赋役"（《元史》卷 40，第 861 页，顺帝本纪三，至正元年六月戊午）。1338 年，元朝颁布禁令，"申取高丽女子及阉人之禁"（《元史》卷 39，第 845 页，顺帝本纪二，至元四年八月己巳）。

120. 《元史》卷 204，第 4551 – 4452 页，朴不花传。关于元末宦官势力壮大背景下的有关朴不花的讨论，参见傅乐淑的《元代宦祸考》（第 163 – 166 页）。

121. 权衡，《庚申外史》下，1b，见《元代笔记小说》卷 3，522）；任崇岳，《庚申外史笺证》，第 96 页。

122. 朱有燉，《元宫词一百首》，柯九思等著，《辽金元宫词》，第 26 页。

123. 喜蕾，《元朝宫廷中的高丽女性》，第 212 页。

124. 陶宗仪，《后德》，《南村辍耕录》卷 2，21。

125. 孙承泽，《元朝典故编年考》卷 8，35b – 36b。

126. 参见 Edward Dreyer（爱德华・德雷尔）和陈学霖的传记注释，见傅路特和房兆楹的《明代名人传》，第 15 – 17 页。

127. 据权衡的说法，奇皇后在 1347 年脱脱复职的过程中发挥了关键作用（参见权衡的《庚申外史》上，6b – 7a；《元代笔记小说》卷 3，第 524 – 525 页）；任崇岳，《庚申外史笺证》，第 50 – 51 页。关于太子和皇帝之间的紧张关系，相关讨论参见韩志远的《爱猷识理达腊与元末政治》。韩志远低估了奇皇后的影响力。同一时期的汉人官员非常赞赏爱猷识理达腊在儒教和汉人文化传统方面的热忱。众多皇太子将其八字书法作品作为礼物赠送给其宠信官员便是一例，参见（元）贡师泰，《皇太子赐书跋》，《玩斋集》卷 8，31a – b，第 659 页；另见李修生，《全元文》卷 45，第 197 页。正如赫伯特・弗兰克（傅海波）指出的那样，14 世纪的几位蒙古皇帝包括妥懽帖睦尔都曾将其书法作品赐给官员［“Could the Mongol Emperors Read and Write Chinese”（《蒙古皇帝能够读写汉文吗?》）］。关于妥懽帖睦尔和爱猷识理达腊在汉人文化传统方面的成就，参见罗贤佑的《元朝诸帝汉化述议》，第 73 – 74 页。罗贤佑对这个问题的认识之所以大为减色，是因为他完全疏忽了超越“汉人文化传统”的元朝宫廷生活面向，甚至疏忽了诸如藏传佛教这种在汉文文献资料中非常重要的部分。

128. 叶子奇，《克谨篇》，《草木子》，卷 3，上，第 49 页。在叶子奇阴郁沉闷的评价中，过分宠爱奇皇后加速了元朝的灭亡。

129. 《元史》卷 114，第 2880 – 2881 页，后妃一。另见赫伯特・弗兰克（傅海波）有关妥懽帖睦尔的传记条目，傅路特、房兆楹的《明代名人传》（第 1292 页）。

130. 关于 14 世纪另外一位皇后卜答失里对佛教艺术的关注，参见景安宁的“Financial and Material Aspects of Tibetan Art”（《元代西藏艺术的材料与资金问题》，第 231 – 232 页）。关于蒙古公主祥哥剌吉的捐助活动，参见魏盟夏《关于蒙古宫廷绘画和资助的几个面向》，第 48 页。

131. Kim Hyŏng-u（金炯佑），“Hosŭng Chigong yŏn’gu”（《胡僧指空研究》），第 10 页。

132. 金刚山定期接受来自元朝皇帝敬奉的香火（《高丽史》卷 111，第 330 页，廉悌臣传）。

133. 关于蒙古重建，参考韩百诗的《韩国史》，第 203 页。

134. 李榖，《高丽演福寺钟铭》；刘喜海，《海东金石苑》8，9a，23：17661。该文本也出现于李榖的《稼亭集》7，13a－14a；《韩国文集丛刊》卷 3，第 147 页。然而，在列入李榖文集中的文本中，并没有列入捐助人及其头衔名单。高丽国王及其王后最先列在捐助人名单中，紧随其后是征东行省的许多成员和高丽贵族。在刘喜海的《海东金石苑》的碑刻中有几个不一样的汉字。碑文并没有特别指出金刚山钟在哪一座寺庙制作的。

135. 关于这座钟的简要述评，参见 Suematsu（末松），“Kōrai Empukuji shōmei”（《高丽演福寺钟铭》）。关于梵语和藏语的日语译文，参见 Yuyama Akira（汤山明）的“Empukuji Dōshō no Bongo meibun oboegaki”（《演福寺铜钟的梵语铭文觉书》）。关于“皇帝万岁”“佛日增辉”的拓片，参见 *Daitō kinsekisho/Taedong kŭmsŏ*（《大东金石书》）的《高丽史》，第 102 页。

136. 相关事例参见 1348 年敬天寺石塔（景福宫），转自 Yi Nan-yŏng（李兰暎）的“Han’guk kŭmsŏkbun ch’ubo”（《韩国金石文追補》），第 58 页；1344 年，重兴寺青铜缕银香炉（奉恩寺），第 58 页；1346 年，兜率山饭子（藏于日本对马岛县县郡豆酘村观音堂），第 69 页；1305 年，大德九年铭判子（藏于庆州国立大学附属），第 70 页。

137. 王璋（即沈王、高丽王）也积极捐助大都、江南（禅宗和净土宗寺庙）和高丽的佛教；参见北村的《高丽王王璋的崇佛》，第 126－135 页。他在江南寺院以御香使的身份献祭。

138. 李榖，《高丽演福寺钟铭》，收录于刘喜海的《海东金石苑》卷 8，9a，23：17661。这个文本也出现在李榖的《稼亭集》卷 7，13a－14a，以及《韩国文集丛刊》卷 3，第 147 页。

139. 这种大规模的丧葬令人想起几乎同一时期发生的西亚黑死病。关于安纳托利亚的情况，相关讨论参见 Schamiloglu（谢米洛格鲁）“The Rise of the Ottoman Empire”（《奥斯曼帝国的崛起》），第 262－273 页。

140. 《元史》卷 204，第 4552 页，朴不花传。《元史》编者诋毁这些救灾事业，认为这是“不花希望为奇皇后打造一时的好名声”。救灾工作无疑是为了突出皇后的形象，但她的施恩庇护确实也满足了绝境中的需求。《元史》中也提到救灾工作（卷 114，第 2880 页，后妃一）。这座寺庙位于大都南部（参见于敏中的《（钦定）日下旧闻考》，卷 155，4：2497－2498）。张翥（1287－1368）在为寺庙所写的碑铭中详细介绍了救灾工作，这座碑称为“善惠之碑”。碑铭没有收录进于敏中的《（钦定）日下旧闻考》或李修生的《全元文》。1358 年，张翥在其一首诗中提到路边的饿殍、被母亲丢弃的小孩、疾病、饥馑、到处是官府派人挖掘的埋尸坑，以及首都城墙上堆积的鸟兽腐肉（《蜕庵诗集》1，13a）。1361 年末，他在大都城外又写了一首诗描述当时的惨状：“白骨中原万鬼新，义士精灵虹贯日。”（陶宗仪，《张翰林诗》，《南村辍耕录》14，第 176 页）。彩虹，特别是白色的彩虹，是战争的象征，而太阳则代表皇帝。

141. 1356 年，皇帝命令朝廷翰林为奇皇后家属拟定适当的谥号和爵位（《元史》卷 44，第 930 页，顺帝本纪七，至正十六年二月丙寅）。

142. 朱有燉，《元宫词一百首》，柯九思等著，《辽金元宫词》，第 22 页。另引自朱有燉，《元宫词》，引自金庠基的《新编高丽时代史》（第 575 页注 118）。金庠基也犯了常见的错误，认为朱有燉就是作者。

143. 参见如《高丽史》卷 37，第 566 页，忠惠（复位）五年十月癸未。

144. 《高丽史》卷 38，第 580 页，恭愍王二年正月丙子。

145. 关于蒙古术语的翻译和重构，基于罗意果的《蒙古秘史》（第 86 页）。至于术语词源，参见上书，第 607－609 页。伯希和将其称为“订婚宴”［“Les Mots Mongols dans le Korye sa”（高丽的蒙古语），第 257 页］。池内认为，这是“一种蒙古的既定仪式，借由这一仪式，族人聚集在一起，祈祷后世昌盛”（《高丽恭愍王的反元运动》，第 118 页）。

146. 《高丽史》卷 37，第 581 页，恭愍王二年八月庚子、乙巳条。

147. 《高丽史》卷 131，第 666 页，奇辙传；引自池内的《高丽恭愍王的反元运动》（第 118 页），采用池内的断句。

148. 《高丽史》卷 38，第 580 页，恭愍王二年七月乙亥。卢桂铉，（《丽蒙外交史》，第 337 页）指出了元太子册封和举办宴会时间的关系，但并没有将恭愍王的行为置于上述背景中。

149. 需要指出的是，在肃清奇氏和攻打鸭绿江北岸的军事行动前，恭愍王资助了一系列祭祀佛家三宝的活动，祈祷元朝皇帝和元皇太子健康长寿。Yu Yŏng-suk（俞英淑）认为，这种非常明显的顺从态度是为了迷惑元朝，使其有虚假的安全感［“Wongjung kuksa Pou wa Kongminwang ŭi kaehyŏk chŏngch'i”（《普愚与恭愍王的改革政治》），第 168 - 169］。在俞英淑提供的部分证据中，供奉更多是给了恭愍王和他的王后、王母及其官员。另外还有一种可能是，恭愍王和他的前任一样作为蒙古帝国一员履行宗教义务。

150.《高丽史》卷 131，第 666 页，《奇辙传》。

151.《高丽史》卷 38，第 581 页，恭愍王二年九月壬申。

152.《元史》卷 44，第 921 页，至正十五年正月戊午。

153.《元史》卷 44，第 931 页，至正十六年四月丙寅。

154.《高丽史》卷 131，第 666 页，《奇辙传》。

155.《高丽史》卷 37，第 566 页，忠惠（复位）五年八月丙戌。金塘泽强有力地指出，这一警告旨在事先阻止对奇皇后的攻击，显然，奇皇后深知那些在高丽的族人已经成了她的政治包袱。金塘泽进一步指出（底气并不足），元朝设立整治都监是为了将高丽官员对元朝的不满转嫁给和蒙古有关的高丽居民（《元干涉下的高丽政治史》，第 126 - 139 页）。

156. 这位大臣是赵日新（参见《高丽史》卷 38，第 579 页，恭愍王元年九月己亥；《高丽史节要》卷 26，17b，第 672 页，恭愍王元年九月己亥）。对这一鲜为人知的事件的相关分析，参见闵贤九的《关于高丽恭愍王的反元改革政治的考察》（第 58 - 63 页）、金塘泽的《元干涉下的高丽政治史》（第 155 - 161 页）。金塘泽指出，这一阴谋表明赵日新试图通过打击奇辙等代表元朝影响力的标志性人物，提高自己在不满元朝统治的高丽官员中的形象，不过他争取后者支持的努力没有成功。恭愍王和心怀不满的官员们决定让赵日新做替死鬼（另见闵贤九的《作为政治家的恭愍王》，第 280 - 281 页）。也有学者认为赵日新曾策划剥夺恭愍王的权力，参见 Yi Sang-sŏn（李相瑄），“Kongminwang kwa Pou”（《恭愍王和普愚》），第 268 - 269 页。

157. 据《高丽史》记载，这一实践活动始于他即位第二年；见《高丽史》卷 38，第 580 页，恭愍王二年五月乙酉。

158. 张东翼，《高丽后期外交史研究》，第 107 - 108 页。例如，李齐贤虽然不满自己的新姻亲身份，但他还是利用奇皇后的高丽出身这一有利条件图谋忠宣王复位（《高丽史》卷110，第325页，李齐贤传）。相反，奇辙则利用自己与元朝的关系指摘忠宣王，主张把高丽变成元朝的一个行省（《高丽史》卷108，第298页，《曹益清传》）。

159.《高丽史》卷37，第566页，忠惠（复位）五年十二月戊午。

160. 恭愍王也在朝堂宴请过其他蒙古贵族成员。《高丽史》卷38，第580页，恭愍王二年二月丁卯。

161. 闵贤九，"Koryo Kongminwang ui chugwi paegyong"（《高丽恭愍王的初期背景》），第803－804页。然而，这种纽带并不能保证奇氏家族拥有完全的豁免权。王煦在处决奇氏族人奇三万的过程中扮演了重要角色。不过即使奇氏族人倒台，其家族成员显然仍拥有一些特权。据《高丽史》1376年条记载，一位高丽官员强迫重贵的遗孀奇氏嫁给他，试图夺取奇氏家产（《高丽史》卷110，第319页，王煦传附重贵）。另据《高丽史》李齐贤传，李齐贤非常嫌恶自己由于和奇氏的姻亲关系带来的新身份（《高丽史》卷110，第328页，李齐贤传）。

162. 闵贤九，《高丽恭愍王的初期背景》，第804页。

163. 参见《高丽史》卷110，第327页，李齐贤传。李齐贤谢绝了高丽朝廷的赏赐，称自己没有在肃清行动中立下卓越功勋。清洗运动中被杀者的土地、财产（和奴隶），部分转送到那些支持清洗运动的军官手中（《高丽史》卷81，第643页，兵一）。

164.《高丽史》卷39，587，恭愍五年五月丁酉。

165. 闵贤九，《高丽恭愍王的反元改革政治的展开过程》，第240页。闵贤九指出，14世纪50年代中期，恭愍王之所以敢于挑战元朝，是凭借地方李氏家族的支持。

166. 闵贤九，《关于对高丽恭愍王反元改革政策的考察》，第69－72页。

167. 邓肯，《朝鲜王朝建立的社会背景》，第57页。

168.《高丽史》卷39，588，恭愍王五年五月壬寅。

169. Kim Tae-jung（金大中），"Koryŏ Kongminwangdae Kyŏnggun ŭi chaegŏn sido"（《高丽恭愍王代京军的再建试图》），第72－75页。关于敕令，参见《高丽史》卷81，第643页，兵一，恭愍王五年六月。金基德指出，改革成效有限，因为改革需要在土地所有权、人事、物资控制等方面进行根本改变，而高丽朝廷对此显然是无计可施［"14 segi huban

kaehyŏk chŏngch'i”（《14 世纪后半期改革政治》），第 485 – 495、500 页］。

170.《高丽史》卷 39，5b，恭愍王五年六月乙亥（延世版，1：771；明治版，第 588 页）。

171. 金惠元，《高丽后期沈王》，第 36 页。这位新王子表示拒绝后，奇皇后则把目光转向高丽王族塔思帖木儿（以封号“德兴君”著称）。参见第七章塔思帖木儿取代恭愍王担任高丽国王的讨论。

172.《高丽史》卷 39，第 589 页，恭愍王五年七月戊申。

173.《高丽史》卷 39，第 589 – 592 页，恭愍王五年七月丁酉；五年十月甲寅；五年十月戊午。

174. 金塘泽，“Koryo Kongmin wang ch'o ui muchang seryok”（《高丽恭愍王初期的武装势力》），第 32 页。

175.《高丽史》卷 112，第 353 页，李仁复传。

176. 1340 年，已故的臭名昭著的皇帝图帖睦尔的小儿子被流放到高丽。汉人御史崔敬列举了很多理由反对这位太子流放，理由包括年纪尚幼、保护皇室成员的重要性以及彰显皇帝仁慈。最后，他总结道，如果流放这位太子到高丽，将导致高丽干预元朝政治的后果，“放之高丽，……适足贻笑边邦，取辱外国。况蛮夷之心，不可测度，倘生他变，关系非轻。与言至此，甚为寒心。”（《元史》卷 184，第 4242 页，崔敬传）。尽管没有明确指出，但在这一段落的倒数第二句，暗指高丽政府可能会利用蒙古统治家族的内部争斗达到自己的目的。结果是，在崔敬抵达高丽之前，元宗的这个小儿子就被高丽暗杀（《元史》卷 36，第 806 页，文宗本纪五，至顺三年）。14 世纪 30 年代初，关于妥懽帖睦尔的类似流言也传到了元朝皇室。1331 年农历七月（《元史》中是否有准确年代尚不清楚），年仅十岁的妥懽帖睦尔被流放到高丽沿海的大青岛，在那里他被关押隔离（《高丽史》卷 36，第 552 页，忠惠王元年七月丁巳；《元史》卷 38，第 815 页，顺帝本纪一）。不久，朱帖木儿、赵高伊就对刚复位的图帖睦尔说，辽阳行省的一些人（没有具体指明）正在和高丽人图谋拥立妥懽帖睦尔即位皇帝。据《高丽史》记载，这些指控自然是无中生有，“已而来奔（高丽）”。于是辽阳行省派人拘押谋反者。据同一条目的记载，后来“盗杀二人于街”（《高丽史》卷 36，第 555 页，忠肃后元年正月庚辰；《高丽史节要》卷 25，3a，第 635 页，忠肃后元年正月庚辰）。关于这一事件，大部分内容模糊不清，只是暗示而不是明确指出在元朝官员问讯前谋逆者就被杀掉了。有人怀疑，这些谣言可能是元朝皇帝决定于 1331 年农历十二月将妥懽帖睦尔从高丽发配到中原南部的影响因素之一（《高丽史》卷 36，第 555 页，忠惠王元年十二月甲寅）。1332 年农历三月，辽阳行省官员拘押了两名高丽大臣，罪名是涉嫌阴谋支持妥懽帖睦尔即位，并将二人带到辽阳。另外，中书省还派监察史搜寻武器（《高丽史节要》卷 25，4b，第 635 页，忠肃王后元年三月）。通常，元朝皇室把蒙古贵族流放到高丽（参见《高丽史》卷 33，第 523 页，忠宣王二年九月已卯；《高丽史》卷 36，第 557 页，忠肃王后元年二月丙戌）。

第四章

1. 《高丽史》卷 39，第 593 页，恭愍王六年八月丁巳。在《高丽史节要》（卷 26，45a，第 686 页，愍王六年八月）中也发现了金得培的任命，不过没有提到这一任命与红巾军有关。

2. 红巾军入侵高丽的时候，金得培兼任其他与军事有关的文职。1361 年，林朴出任开京参军。1359 年，他通过科举考试，作为军事幕僚入仕。后来，他协助高丽朝廷南迁（《高丽史》卷 111，第 346 页，林朴传）。有关官职的译文，出自《参考文献指南》的附录，第 566 页。

3. 《高丽史》卷 113，第 366 页，安祐传。这一官职是“右副代言”，邓肯将其译为“right assistant transmitter”。在贺凯、法夸尔的词典或《参考文献指南》附录中，这一官职并没有列进去。据《高丽史》百官志兵部条，在忠宣王时期，这一官职称为“承旨”（《高丽史》卷 76，第549 - 550 页，百官）。

4. 译名暂定。在法夸尔、贺凯、邓肯或二十五史中没有列入这一官职名。1389 年，称为“都节制使”。

5. 《高丽史》卷 39，第 593 - 594 页，恭愍王六年十一月庚申。

6. 《高丽史》卷 39，19b - 20a，恭愍王七年三月甲子（延世版，1：778 - 779；明治版，第 594 页）；《高丽史节要》卷 27，2a，第 687 页，恭愍王七年三月。

7. 《高丽史节要》卷 27，1a - b，第 687 页，恭愍王七年正月。修复工作开始的旨令是在农历三月颁布的（《高丽史节要》卷 27，2a，第 687 页，恭愍王七年三月）。

8. 参见 Hazard（哈泽德），“Japanese Marauding in Medieval Korea.”

（《中世纪朝鲜的倭寇劫掠》）。

9. 金基德，《14 世纪后半期改革政治》，第 485 页。

10. 金基德，《14 世纪后半期改革政治》，第 485 – 486 页。

11. 《高丽史》卷 39，第 20b 页，恭愍王七年四月甲子（延世版，1：779；明治版，第 594 页）；《高丽史节要》卷 27，2b，第 687 页，恭愍王七年四月。

12. 《高丽史》卷 39，第 21 页，愍王七年四月丙子（延世版 1：779；明治版，第 594 页）。

13. 《高丽史》卷 39，第 21a 页，恭愍王七年四月戊寅（延世版，1：779；明治版，第 594 页）。关于福宁寺的简单介绍，参见李政，《韩国佛教词典》，第 255 页。

14. 《高丽史》卷 39，21a，恭愍王七年四月己卯（延世版，1：779；明治版，第 594 页）。

15. 农历四月，朝廷下令“赈东北”［《高丽史》卷 39，第 21b 页，恭愍王七年四月丁酉（延世版，1：779；明治版，第 594 页）］。在 1358 年夏天的一份备忘录中，几位高阶文臣武将在高丽北部指出，“战火、苦难和饥馑”让百姓处于水深火热之中，所以国王应该停止营造工程（《高丽史节要》卷 27，3b – 4a，第 688 页，恭愍王七年七月）。

16. 《高丽史》卷 39，22b，1：779；《高丽史》卷 39，24b – 25a，1：780 – 781；《高丽史节要》卷 27，3a – b，第 688 页，恭愍王七年六月。

17. 李荇，《新增东国舆地胜览》，卷 41，“昌城”，“建置沿革”，4：26 – 27。

18. 曹树基（《中国人口史》，4：253）认为，在元末，大都以北地区包括辽东和蒙古南部，人口锐减。

19. Ejima（江岛），“Minsho jochoku chōkō”（《关于明初女真朝贡的二三问题》），第 120 页。

20. 关于元朝统治范围扩大到南西伯利亚以及面临的军事挑战特别是来自萨哈林岛人的挑战，参见程妮娜《元朝对黑龙江下游女真》；Enomori（榎森进），“Jūsan- jūroku seiki no Higashi Ajia to Ainu minzoku”（《13 ~ 16 世纪东亚和阿依努人》）。

21. 《元史》卷 41，第 867 页，顺帝本纪，至正三年二月丁未。

22. 《元史》卷 41，第 874 页，至正六年四月壬子。

23.《元史》卷41，第874页，至正六年四月丁卯；卷41，第875页，顺帝本纪，至正六年五月丁亥、七月丙戌；卷41，第877页，顺帝本纪，至正七年四月辛巳。另见罗沙比，《元明时期的女真》，第9页。

24.《元史》卷42，第881页，顺帝本纪，至正八年三月辛酉、丁酉。Ejima Hisao（江岛寿雄）认为，这一叛乱是处于蒙古经济剥削和政治压迫的女真人"要求族群独立的运动"（《关于明初女真朝贡的二三问题》，第119页）。丛佩远认为，《元史》条中提到的吾者真人叛乱具有持续性和扩散性，他的观点虽然很有说服力，但没有证据表明这一个别群体事件是整个起义的一部分（《中国东北史》，3：427–28）。

25. 丛佩远，《中国东北史》卷3，第248–253页。

26.《元史》卷43，第910页，顺帝本纪，至正十三年六月癸卯。

27.《高丽史》卷113，第357页，偰逊传。偰逊的父亲是元末政治名人偰哲笃（卒于1315年）。偰逊又称偰伯辽逊。司律思认为，偰逊逃到高丽的时间1369年并不准确（*The Mongols in China During the Hung-um Period*，《洪武时期在中国的蒙古人》，第290、372页）。

28. Brose（布罗泽），"Uyghur Technologists of Writing and Literacy in Mongol China"（《畏兀儿的文字书写技术专家和元代的识字率》），第419–420页。

29. 闵贤九，《高丽恭愍王初期的社会背景》，第804–852页。授予封号的时间是依据《高丽史》卷39，第600页，恭愍王九年八月己丑。

30.《高丽史》卷113，第357页，偰逊传。通常，高丽国王一向重用非朝鲜半岛的中亚人来巩固自身地位，应对朝鲜半岛的贵族利益（尹彼得，《高丽统治层中的外国人》）。有关偰氏的更多情况以及畏兀儿在元代中原的整体情况，参见布罗泽的《畏兀儿的文字书写技术专家和元代的识字率》。

31.《高丽史》，恭愍王十八年四月丁卯；吴晗，《朝鲜李朝实录中的中国史料》卷1，第13–14页。

32. Chŏn Sun-dong（全淳东），"Sipsa segi huban Myŏng"（《十四世纪后半期明朝对高丽朝鲜政策》），第4–10页。另见李新峰的《明前期赴朝鲜使臣》。李新峰没有提到与畏兀儿的联系。

33. 据《元史》记载（卷201，第4506–4507页，列女传二，也先忽都传），红巾军沦陷大宁的时间是1358年。不过，《元史·顺帝本纪》中并无相应记录。另据顺帝本纪，第一次进攻大宁的时间是至正十八年最后一个月（1359 年初），而且只提到辽阳。不过据《高丽史·偰逊传》，偰逊在恭愍王七年（至正十八年，1358 年）逃离大宁，而当时红巾军正兵临大宁城下（《高丽史》卷 113，第 357 页，偰逊传）。

34. 《元史》卷 201，第 4506－4507 页，列女传二。

35. 《元史》卷 201，第 4508 页，列女传二；邵远平，《元史类编》卷 38，12a。在《辽东志》《全辽志》《辽阳州志》《辽阳县志》的庙宇部分，我们没有找到资善寺。

36. 《元史》卷 201，第 4508 页，列女传二；邵远平，《元史类编》卷 38，12b，她使用了动词“醢”（即将鱼或肉剁成肉酱）。寺院和尚眼睁睁看着许氏被害却无能为力，他们在叛军撤离后将许氏和她的丈夫合葬。而在我所接触到的地方志中，没有找到许氏或她的丈夫。

37. 法夸尔指出，1320 年后，在中原地区屯田的官员已经不多（《元朝的治理：文献导读》，第 288 页）。

38. 《元史》卷 194，第 4397 页，忠义传二。在《北镇县志》（3，4a）发现了几乎一模一样的传记。

39. 园田，《满洲金石志稿》卷 1，第 212－213 页；罗福颐，《满洲金石志》卷 5，31b－33a，第 17350－17351 页。

40. 《元史》卷 194，第 4397 页，忠义传二；《北镇县志》3，4a。

41. 《元史》卷 45，第 945 页，顺帝本纪八，至正十八年十二月癸酉。

42. 《元史》卷 194，第 4397 页，忠义传二。

43. 《元史》卷 194，第 4397 页，忠义传二。

44. 《元史》卷 45，第 945 页，顺帝本纪八，至正十八年十二月庚辰。

45. 《元史》卷 45，第 946 页，顺帝本纪八，至正十九年正月丙午。

46. 钱谦益，《国初群雄事略》卷 1，第 25 页，龙凤五年（至正十九年）正月丙午。

47. 《元史》卷 45，第 947 页，顺帝本纪八，至正十九年四月癸亥。

48. 邱树森，《元末红巾军的政权建设》，第 98 页。关于红巾军建立的行省机构，参见邱树森的《元末农民政权几方铜印的初步研究》，第 80 页。

49. 陈高华，《说元末红巾军》，第 24 - 25 页。

50. 钱谦益，《国初群雄事略》卷 1，第 27 页，龙凤五年（至正十九年）七月丙辰。

51. 例如，14 世纪 40 年代，与帝国皇室关系密切的弘吉剌族人太（泰）不花出任辽阳平章政事（《元史》卷 142，第 3381 页，太不花传）。1364 年，汉人高官李士瞻出任辽阳省左丞。后来，李士瞻的儿子也在辽阳行省任职。参见陈祖仁，《翰林承旨楚国李公行状》，李士瞻的《经济文集》卷 6，36a，37a。

52. 《元史》卷 45，第 948 页，顺帝本纪，八至正十九年七月壬辰。

53. 其藏名为 Chösgem。

54. 《元史》卷 205，第 4585 - 4587 页，搠思监传。1365 年，他的儿子死于孛罗帖木儿之手，至此搠思监在妥懽帖睦尔朝的影响力逐渐丧失。见第七章。

55. 《元史》卷 45，第 948 页，顺帝本纪八，至正十九年七月戊申。自四月以来，佛家奴卷入辽东军事，当时他任知枢密院事。

56. 船田善之指出，蒙古皇帝妥懽帖睦尔视贺惟一为蒙古人，赐名“太平”。船田推测，汉语“太平”这一名字可能是蒙古语“tayibung”的音译，后又反过来从汉语转入蒙古语（《蒙古时代的民族交往与自我认知的几个方面》，第 23 页）。

57. 《元史》卷 140，第 3369 页，太平传。

58. 《元史》卷 140，第 3371 - 3372 页，太平传；《元史》卷 45，第 950 页，顺帝本纪八，至正二十年二月戊午。

59. 任崇岳，《庚申外史笺证》，第 98 页；钱谦益，《国初群雄事略》1，第 27 页。后来，也先忽都因宫廷阴谋和地方政治斗争被处死（《元史》卷 140，第 3372 页，太平传）。

60. 《元史》卷 45，第 950 页，顺帝本纪八，至正二十年正月癸卯。

61. 《明太祖实录》卷 181，1a - b，洪武二十年三月癸酉；《高丽史》卷 136，12b，辛禑王十二年十二月（延世版，3：936；明治版，卷 3，第 739 页）。

62. 《高丽史》136，第 739 页，辛禑王十三年二月。明代方志的编者也用类似语言形容辽东地区的情况。“他们（关先生、破头潘等）所到之处，烧杀劫掠，到处是荒芜，人们四散逃离”（参见《杂志 三辽长编》，

《辽东志》卷 8，7a；《外志史考》，《全辽志》卷 6，第 41 页。）

63. 《明太祖实录》卷 181，1a－b，洪武二十年三月癸酉；《高丽史》卷 136，第 739 页，辛禑王十三年二月。

64. 在文中，“樵采”“砍柴/樵”或“砍柴/樵之人”（《汉语大词典》，4：1316）。考虑到上下文语境，“樵采”似乎是“樵米”的误记。

65. 《元史》卷 142，第 3401 页，也速传。

66. 《元史》卷 142，第 3401－3402 页，也速传。

67. 《元史》卷 145，第 3450 页，月鲁不花传。

68. 《元史》卷 142，第 3402 页，也速传。

69. 《元史》卷 142，第 3402 页，也速传。

70. 《高门五节妇》，《辽东志》卷 6，42a；《明太祖实录》卷 144，5b，洪武十五年四月丙午。实录中没有提到他曾经从军。

71. 关于堡垒的详细情况取自《明太祖实录》（卷 144，5b，洪武十五年四月丙午）。

72. 《明实录》指出，“其妻郭氏朝鲜人，居浑滩，在马枥自缢而死”（《明太祖实录》卷 144，5a－6a）。

73. 《辽东志》卷 6，42b。关于更全面详细的叙述，参见《明太祖实录》卷 144，5a－6a。在前元大臣名祖奏报皇帝这一家族在王朝交替的动荡混乱时期遭遇种种困境后，高氏于 1382 年 6 月得到明朝正式认可。

74. Matsuda（松田），“Kokin no ran”（《红巾军叛乱初期陕西元军概括》）。

75. 《高丽史》卷 39，26a。恭愍王八年二月乙酉（延世版，1：781；明治版，第 596 页）；安祐传（延世版，113，2a－b，3：468；明治版，第 367 页）；《高丽史节要》卷 27，4b，第 688 页，恭愍王八年二月。约翰·达德思早在四十多年前指出这份通牒似乎是仅存的白莲教早期公告[“The Transformations of Messianic Revolt”（《弥赛亚叛乱的转型》），第 543 页]。

76. 吴晗在半个多世纪以前指出，朱元璋直到作为叛乱者崛起并掌握大权，才基于“蛮夷之分”开始质疑蒙古统治，在他当上皇帝后越来越频繁出现修辞变化。见吴晗《朱元璋传》，第 94－99 页；吴晗，《明史简述》，第 22－24 页。至 1364 年末，朱元璋仍保留与元修好的余地。参见陈高华的《论朱元璋和元朝的关系》。

77. 陈高华，《说元末红巾军》，第 25 页。

78. Pak Ok-gul（朴玉杰），“Koryomal pukbang yumin kwa ch'uswae”（《高丽末期北方游民与推刷》）；金渭显，《高丽时代对外关系史研究》，第 368 - 375 页。

79. 《高丽史》卷 39，29b，恭愍王八年十一月甲辰（延世版，1：783；明治版，第 597 页）；《高丽史节要》卷 27，5b，第 689 页，恭愍王八年十一月。

80. 《高丽史》卷 39，29b，恭愍王八年十一月戊午（延世版，1：783；明治版，第 597 页）；《高丽史节要》卷 25，5b，第 689 页，恭愍王八年十一月。

81. 李成德，《红巾军进高丽浅析》，第 79 页。

82. 李成德，《红巾军进高丽浅析》，第 78 - 79 页；韩儒林，《元朝史》，第 119 页。韩儒林强调高丽统治上层“极其仇视”红巾军运动。

83. 卢南乔，《元末红巾军起义》，第 46 页。

84. 屈文军，《红巾军活动对高丽政局和元丽关系的影响》，第 36 页。

85. Kang Sŏng-mun（姜成文），“Kŏryomal Hongt'ujok ch'imgo e kwan han yon'gu”（《关于高丽末期红头贼侵略研究》），第 216、228 页。姜成文认为，红巾军入侵高丽是为了复仇。他坚称红巾军试图争取辽东地区高丽人，但没有成功。除了这种侮辱之外，高丽政府还为逃到这一地区的高丽难民提供土地和经济援助。姜成文的解释并没有说服力，原因有二：首先他无法提供红巾军入侵动机是出于报复的证据；其次我们也不清楚当时的汉人是否将辽东高丽人视为高丽臣民的一部分。

86. 《高丽史》卷 39，29b，恭愍王八年十一月己未（延世版，1：783；明治版，第 597 页）；《高丽史节要》卷 27，5b，第 689 页，恭愍王八年十一月。

87. 《高丽史》卷 113，第 367 页，安祐传。

88. 金塘泽，《高丽恭愍王初期的武装势力》，第 32 页。

89. 《高丽史》卷 39，30a，恭愍王八年十二月丁丑（延世版，1：783；明治版，第 597 页）。

90. 李荇，《新增东国舆地胜览》卷 53，“昌城”，“城郭”，4：28。石墙于 1414 年垒砌。

91. 《高丽史》卷 39，30a，恭愍王八年十二月戊辰（延世版，1：

783；明治版，第 597 – 98 页）；卷 113，2b，安祐传（明治版，第 367 页）；《高丽史节要》卷 27，6a，第 689 页，恭愍王八年十二月丁卯。

92. 《高丽史》卷 39，30a，恭愍王八年十二月庚午（延世版，1：783；明治版，第 598 页）。

93. 同前。

94. 这里的达鲁花赤就是鲁连祥，其根据地在宣城（今交河，京畿道）；参见《高丽史》卷 113，第 366 页，安祐传。在《高丽史》恭愍王年表中没有提到鲁连祥或宣城的叛乱。《元史》中也没有出现这个名字。安祐率领的军队来自龙州（今龙川，平安北道）。

95. 《高丽史》卷 39，30a – b，恭愍王八年十二月乙亥（延世版，1：783；明治版，第 367 页）。

96. 这里的恐惧可能被夸大。1359 年农历四月，毛贵被弑于山东。

97. 《高丽史》卷 113，第 367 页，安祐传。

98. 《高丽史》卷 39，30a – b，1：783；卷 113，2b – 3a，安佑传（延世版，3：468 – 469；明治版，第 367 页）。

99. 高丽朝廷赐安祐将军金腰带一个，以嘉奖他在静江战斗中取得的胜利（《高丽史节要》卷 27，6a – b，第 689 页，恭愍王八年十二月乙亥）。

100. 同前；《高丽史》卷 111，第 336 页，庆千兴传。后来，恭愍王授予庆千兴一等功爵位，以嘉奖他把红巾军赶出高丽，以及他在高丽国王南迁期间忠心随侍。

101. 《高丽史》卷 113，3a，安祐传（延世版，3：469；明治版，第 367 页）。

102. 《高丽史节要》卷 27，6b – 7a，689 – 690，恭愍王八年十二月乙亥。

103. 李穑，《李文贞墓志铭》，《牧隐先生文稿》卷 17，7a；《韩国文集丛刊》卷 5，第 148 页；金龙善，《高丽墓志铭集成》，第 567 页。

104. 《高丽史》卷 39，30b，恭愍王八年十二月己卯（延世版，1：783；明治版，第 598 页）；《高丽史节要》卷 27，6b – 7a，第 689 – 690 页，恭愍王八年十二月乙亥。

105. 传统上认为，孔奇是《至正直记》的作者。关于孔克奇是作者的有力例证，参见顾成的《至正直记的作者是孔克奇》。

106. 孔奇，《首饰用翠》，《至正直记》卷 3，第 15 页。

107. 《高丽史》卷 39，30a，恭愍王八年十二月庚午（延世版，1：783；明治版，第 598 页）。关于行政官职的译名，参考贺凯的《词典》（第 329、431 页）、邓肯的《朝鲜王朝的起源》（第 22 页）。

108. 李穑，《西京风月楼记》，《牧隐先生文稿》卷 1，12a；《韩国文集丛刊》卷 5，第 8 页。

109. 《平壤志》卷 1，3a。

110. 同前，2，17a。

111. 《高丽史节要》卷 27，6a，第 689 页，恭愍王八年十二月丁卯。三个单位分别是忽赤、忠、勇。正如伯希和等人所言，"忽赤"是蒙古语"qorchi"的音译，意为"佩弓箭者"，而"忠""勇"，有"忠诚""勇敢"之意（《元史》，第 261 页）。

112. 《高丽史》卷 39，31a，恭愍王八年十二月辛巳（延世版，1：784；明治版，第 598 页）。

113. 《高丽史节要》卷 27，7a，第 690 页，恭愍王八年十二月乙亥。

114. 《高丽史》卷 39，30b，恭愍王八年十二月丁亥（延世版，1：783；明治版，第 598 页）；卷 113，3a，3：469；《高丽史节要》卷 27，7a，第 690 页，恭愍王八年十二月丁亥。

115. 《高丽史》卷 39，30b，恭愍王八年十二月戊子（延世版，1：783；明治版，第 598 页）；《高丽史节要》卷 27，7a，第 690 页，恭愍王八年十二月丁亥。

116. 《高丽史》卷 39，30b－31a，恭愍王八年十二月戊子（延世版，1：783－784；明治版，第 598 页）；《高丽史节要》卷 27，7a，第 690 页，恭愍王八年十二月丁亥。

117. 《高丽史》卷 39，31a，恭愍王九年正月己丑（延世版，1：784；明治版，第 598 页）。贺凯和邓肯没有列官职全称。贺凯提供的官职名是"巡察使"，指出唐代巡察使通常负责监管几个郡县（《辞典》，第 254 页）。

118. 《高丽史》卷 113，第 371 页，郑世云传。

119. 同前。

120. 《高丽史》卷 39，30b－31a，恭愍王九年正月己亥（延世版，1：783－784；明治版，第 598 页）。

121. 见下。李成德认为，“至少有十万高丽农民投降了红巾军”（《红巾军入高丽前夕》，第 80 页），这种说法未免有些夸张。

122. 《高丽史》卷 113，39，31a（延世版，1：784）。

123. 《高丽史》卷 39，31a－b，恭愍王九年正月癸卯（延世版，1：784；明治版，第 598 页）；《高丽史节要》卷 27，7b，第 690 页，恭愍王九年正月癸卯。

124. 《高丽史》卷 39，31b，恭愍王九年正月甲辰（延世版，1：784；明治版，第 598 页）；卷 113，3a，3：469；《高丽史节要》卷 27，8a，第 690 页，恭愍王九年正月甲辰。

125. 《高丽史》卷 39，31b，恭愍王九年正月癸卯（延世版，1：784；明治版，第 598 页）；《高丽史节要》卷 27，7a，第 690 页，恭愍王九年正月癸卯。考虑到恭愍王南迁时骑马是他最喜欢的休闲活动之一，恭愍王“怕骑马”的评论值得关注。《高丽史》和《高丽史节要》批评恭愍王不擅骑术、不通武艺，这可能反映了 15 世纪（两个史料的编撰年代）的特征，即高丽末期仍推崇尚武精神。

126. 《高丽史》卷 39，第 598 页，恭愍王九年正月丙午。有关生阳驿的位置，取自李荇的《新增东国舆地胜览》卷 52，“中和郡”，“驿院”，4：2。

127. 《高丽史》卷 39，第 598 页，恭愍王九年正月丙午；卷 113，第 367 页，安祐传。

128. 《高丽史》卷 39，31b－32a，恭愍王九年正月丙午（延世版，1：784；明治版，第 598 页）；卷 113，第 367 页，安祐传；《高丽史节要》卷 27，8a，第 690 页，恭愍王九年正月甲辰。

129. 《高丽史》卷 39，32a，恭愍王九年正月丁未（延世版，1：784；明治版，第 598 页）；卷 113，3a－b，3：469；《高丽史节要》卷 27，8a，第 690 页，恭愍王九年正月甲辰。《高丽史》和《高丽史节要》对于被踩死的描述有所不同。《高丽史节要》认为责任在于百姓，而《高丽史》则认为责任在于军队。有关龙冈的更多信息，参见李荇的《新增东国舆地胜览》卷 52，“龙冈”，4：4－6。龙冈号称在治所以北两里的乌石山有一石砌要塞。根据地方传说，唐太宗在入侵朝鲜半岛时都没攻下这一要塞。我们不清楚是否有百姓在红巾军入侵时在此避难。

130. 1360 年 2 月 14 日，高丽朝廷提拔安祐将军为安州军民万户府都万户、李芳实为上万户［参见《高丽史》卷 39，32a，恭愍王九年正月乙卯（延世版，1：784；明治版，第 598 页）；卷 113，3b，安祐传，3：469；《高丽史节要》卷 27，8a，第 690 页，恭愍王九年正月甲辰］。

131.《高丽史》卷 113，36b，安祐传，3：469；《高丽史节要》卷 27，8b，第 690 页，恭愍王九年二月己未。

132.《高丽史》卷 39，第 598 页，恭愍王九年二月壬申；卷 113，4a，安祐传，3：469。

133.《高丽史》卷 39，第 598 页，恭愍王九年二月壬申。参见李荇，《新增东国舆地胜览》，卷 52，“龙冈”，4：12－13。

134. 这里的官职翻译参考了贺凯的《中国古代官名辞典》（第 301 页）。

135.《高丽史》卷 113，4b，安祐传，3：469；《高丽史节要》卷 27，8b－9a，第 690－691 页，恭愍王九年二月辛酉。

136.《高丽史》卷 39，32b，恭愍王九年二月癸酉；卷 113，4b，安祐传，3：469；《高丽史节要》卷 27，9a－b，第 691 页，恭愍王九年二月癸酉。

137.《高丽史》卷 113，4b，安祐传，3：469。

138.《高丽史》卷 39，32b，恭愍王九年二月癸酉（延世版，1：784；明治版，第 598－599 页）；卷 113，4b，安祐传，3：469；《高丽史节要》卷 27，9b，第 691 页，恭愍王九年二月癸酉。

139.《高丽史》卷 113，4b，安祐传，3：469；《高丽史节要》卷 27，9b，第 691 页，恭愍王九年二月癸酉。

140.《高丽史节要》卷 27，9b，第 691 页，恭愍王九年二月癸酉；《高丽史》卷 39，第 599 页，恭愍王九年二月壬午。

第五章

1.《高丽史》卷 39，32b，恭愍王九年三月戊子（延世版，1：784；明治版，第 599 页）；《高丽史节要》卷 27，9a，第 691 页，恭愍王九年三月。

2. Nishino（西野幸雄），“Kōraichō ni okeru Hokuhō Ryōkai chiiki ni tsuite”（《高丽朝北方两界》）。西野强调，早在蒙古时代之前这些地区就已经处于紧张状态。

3. 金九镇，“Yŏ-Wŏn ŭi yŏngt'o punjaeng”（《丽元领土纷争》）。

4. 《元史》中并无鲁连祥。《高丽史》既没有提到鲁连祥，也没有提到宣城叛乱。

5. 至于中原事例，参见罗沙比的《忽必烈汗》（第121、168页）。伊利汗国统治者合赞汗试图根除帝国信使的“勒索”［Khwandamir（华恩达米），*Habibu's-siyar*（《人物列传》），第100页］。

6. 在14世纪40年代叛乱后的河南，苏天爵曾提出实施几乎一模一样的政策（参见第二章）。

7. 《高丽史》卷113，5a－6b，安祐传（延世版，3：470；明治版，第369页）。

8. 《高丽史》，卷39，32b－33a，恭愍王九年三月己酉（延世版，1：784－785；明治版，第599页）；《高丽史节要》，27，9b－10a，第691页，恭愍王九年三月己酉。

9. 《高丽史》卷39，33a，恭愍王九年三月甲寅（延世版，1：785；明治版，第599页）。具体地点是城垣浦。

10. 《高丽史》卷39，33a，恭愍王九年三月乙卯（延世版，1：741；明治版，第599页）；《高丽史节要》卷27，10a，第691页，恭愍王九年三月己酉。

11. 《高丽史》卷39，33b，恭愍王九年四月己未（延世版，1：785；明治版，第599页）。

12. 《高丽史》卷39，33b，恭愍王九年四月癸酉（延世版，1：785；明治版，第599页）；《高丽史节要》卷27，10b，第691页，恭愍王九年四月。

13. 《高丽史》卷113，7a，3：471；《高丽史节要》，27，10a－b，第691页，恭愍王九年四月。

14. 《高丽史》卷39，33b，恭愍王九年四月癸未（延世版，1：785；明治版，第599页）；《高丽史节要》卷27，10a－b，第691页，恭愍王九年四月。

15. 《高丽史》卷39，33b，恭愍王九年四月丙戌（延世版，1：785；明治版，第599页）；《高丽史节要》卷27，10b，第691页，恭愍王九年四月。

16. 《高丽史》卷39，40a，恭愍王九年四月丙戌（延世版，1：785；

明治版，第 599 页）；《高丽史节要》卷 27，10b，第 691 页，恭愍王九年四月。

17. 《高丽史》卷 39，40a，恭愍王九年四月丙戌（延世版，1：785；明治版，第 599 页）。

18. 《高丽史节要》卷 27，11b，第 692 页，恭愍王九年四月。

19. 同前，卷 27，13b，第 693 页，恭愍王十年三月丁巳。

20. 《高丽史节要》卷 27，恭愍王十年，四月辛巳。

21. 《高丽史》卷 39，37b，十年五月丁卯（延世版，1：787；明治版，第 601 页）。

22. 明代汤站位于辽阳东南部朝鲜使节团前往明朝的路线。汤站和辽阳市的中点有“高丽屋”。汤站的名称可能取自流过辽阳东部的汤河（《全辽志》卷 1，第 498 页）。

23. 《高丽史》卷 39，5a，恭愍王九年七月辛未（延世版，1：786；明治版，第 599－600 页）；《高丽史节要》卷 27，12a，第 692 页，恭愍王九年七月。

24. 《高丽史》卷 39，4b，恭愍王九年七月乙卯（延世版，1：785；明治版，第 599 页）。肃宗时期（1096－1105），首尔是南方之都。

25. 根据普愚的墓志铭编写的英文生平简介。参见 Vermeersch（维美徐），*Power of the Buddhas*（《菩萨的力量》，第 412－413 页。

26. 李相瑄，《恭愍王和普愚》，第 274－278 页。李相瑄认为，普愚之所以主张迁都汉阳，是因为这里邻近他的家乡，有利于巩固他在朝廷的政治地位。

27. 《高丽史》卷 39，35a，恭愍王九年七月乙卯（延世版，1：786；明治版，第 599 页）。

28. 《高丽史》卷 39，35b，恭愍王九年十一月辛酉（延世版，1：786；明治版，第 600 页）。

29. 关于综述，参见亨索恩的《高丽：蒙古入侵》，第 14－30 页。

30. 《高丽史》卷 39，35b－36a，恭愍王十年二月辛卯（延世版，1：786；明治版，第 600 页）。如第四章所述，辽东高丽人返回高丽的第一波浪潮发生在 1359 年。

31. 顾名思义，“高氏之奴”。司律思认为这种命名在元代非常普遍（《蒙古人采纳的一些姓名种类》，第 353－355 页）。

32.《高丽史》卷 39，37a，恭愍王十年四月辛巳（延世版，1：787；明治版，第 600 页）；《高丽史节要》卷 27，13b，第 693 页，恭愍王十年四月。

33.《高丽史》卷 39，38a，恭愍王十年九月庚申（延世版，1：787；明治版，第 601 页）；《高丽史节要》卷 27，15b，第 694 页，恭愍王十年九月。

34.《高丽史》卷 39，38b，恭愍王十年九月癸酉（延世版，1：787；明治版，第 601 页）；《高丽史节要》卷 27，15b，第 694 页，恭愍王十年九月。

35. 张东翼指出，1287 年，在辽东地区发生乃颜叛乱。危机时刻，元朝为获得高丽的军事援助授予高丽更大的自治权，包括由高丽国王统领高丽行省（《高丽后期外交史研究》，第 37 页）。

36. 关于这些变化的相关讨论参见同前，第 78 – 79 页。

37. 同前，第 78 页。

38.《高丽史》卷 39，38b – 39a，恭愍王十年九月癸酉（延世版，1：787 – 788；明治版，第 601 页）；《高丽史节要》卷 27，15b，第 694 页，恭愍王十年九月。《高丽史节要》的条目中只提到大赦。

39. 据《元史》记载，1352 年 1 月，韩咬儿被俘（卷 42，第 893 页，顺帝本纪五，至正十一年十二月辛丑）。当时，也先帖木儿收复了上蔡，韩咬儿被押送大都处死。这一消息是否滞后，或是韩咬儿等人成为红巾军的代名词？据《高丽史》记载，高丽朝廷早在 1355 年就收到韩咬儿已死的消息（卷 38，第 584 页，恭愍王四年正月庚午）。

40.《高丽史》卷 113，第 369 页，安祐传。

41.《高丽史》卷 39，39a – b，恭愍王十年十月丁酉（延世版，1：788；明治版，第 601 页）；《高丽史节要》卷 27，16a，第 694 页，恭愍王十年十月丁酉。红巾军部队约有二十万人（《高丽史》卷 113，7a，安佑传（延世版，3：471；明治版，第 113、369 页）]。

42. 李荇，《新增东国舆地胜览》卷 53，“郭城”，4：32。

43. 同前，“烽燧”，4：32。

44.《高丽史》卷 39，第 601 页，恭愍王十年九月丙子。鸭绿江的支流秃鲁江流经开京南部。在开京设万户府的具体年代不详。据《高丽史》的一些条目记载，应该是在 1361 年，而其他则在此前设立。关于 14 世纪末秃鲁江和江界的历史地理和战略意义的简要讨论，参见 Ikeuchi（池内）的“Kōrai Shin-u chō ni okeru Tetsuryō mondai”（《高丽辛禑朝的铁岭问题》），第 239 - 243 页。

45. 《高丽史》卷 39，第 601 页，恭愍王十年十月乙未。

46. 《高丽史》卷 39，第 602 页，恭愍王十年十一月辛酉。

47. 同前，癸亥。

48. 尹斗寿，《平壤志》，卷 1，2a。

49. 李荇，《新增东国舆地胜览》卷 41，“瑞兴”、“山川”，3：22；“古迹”，27。

50. 《高丽史》卷 113，第 369 页，安祐传。

51. 同前。

52. 《高丽史》卷 39，第 602 页，恭愍王十年十一月癸亥；卷 113，第 369 页，安祐传。

53. 15 世纪一位著名官员和作家梁诚之（1415 - 1482）在谈到高丽军事政策的时候，多次提起高丽军在慈悲岭抗击红巾军的失败。《讷斋集》卷 4，25a，卷 4，44b；《韩国文集丛刊》卷 9，第 342、351 页。

54. 《高丽史》卷 39，40b，恭愍王十年十一月乙丑（延世版，1：788；明治版，第 602 页）。关于兴义驿站，参见李荇，《新增东国舆地胜览》卷 42，“驿院”，3：24。

55 权近，《驿楼记》，收自李荇，《新增东国舆地胜览》卷 43，“江阴”、“驿院”，3：43。

56. 《高丽史》卷 113，8a - b，3：471；《高丽史节要》卷 27，17b，第 695 页，恭愍王十年十一月癸亥。关于恭愍王致力于复兴京军，参见金大中的《高丽恭愍王时期京军的再建试图》。

57. Han Chae-yŏm（韩在濂）（1775 - 1818），《高丽古都徵》，卷 1，26b，第 57 页。韩的信息来自《高丽史》地理志。

58. 外墙周长为 29700 步（李荇，《新增东国舆地胜览》卷 4，开城府上，城郭，1：141）。根据这一叙述，至编撰本书的 15 世纪中叶以前，所有城门都没有修缮。

59. 邓肯，《朝鲜王朝的起源》，第 52 - 98 页。

60. Pak Yong-un（朴龙云），*Koryŏ sidae Kaegyŏng yŏn'gu*（《高丽时代开京研究》），第 156、164、167 页；同上，《高丽时代开京研究》，第

100 - 101 页。

61. 朴平植，“Koryŏ hugi ŭi Kaegyŏng sang'ŏp”（《高丽后期开京商业》。朴强调私人市场的成长及其对于精英和王室的日益重要性。然而高丽国家介入市场的情况比宋朝或大元兀鲁思更为普遍。

62. 《高丽史节要》卷 27，2a，第 687 页，恭愍王七年三月。

63. 有关开京地形环境和外墙情况，摘自 Mizutani Masayoshi（水谷昌义）的“Korai no shuto Kaijojo ni tsuite no kenkyu”（《关于高丽首都开京城研究》）。这是对韩国学者 Ch'in Yon-ch'ol 有关开京城墙调查的两篇文章的译注。

64. 《高丽史》卷 39，39b，恭愍王十年十月己亥（延世版，1：788；明治版，第 601 页）。

65. 《高丽史》卷 81，第 643 页，兵志一，五军；《高丽史节要》卷 27，16b，第 694 页，恭愍王十年十月壬寅。倭寇侵袭地方促使高丽官员提高警惕，戒严京城，“签坊里丁为兵”（《高丽史》卷 110，第 317 页，金伦传附希祖）。14 世纪后半期，军事压力的不断升级迫使高丽朝廷把奴隶和仆从也编入军队［闵贤九，“Koryŏ hugi kunje ŭi chŏng-ch'ijŏk kyŏngjejŏk kiban”（《高丽后期军制的政治经济基础》），第 337 页］。

66. 《高丽史》卷 39，40a，恭愍王十年十一月丁巳（延世版 1：788；明治版，第 601 - 602 页）；《高丽史节要》卷 27，17b，第 695 页。

67. 《高丽史节要》卷 27，17b，第 695 页，恭愍王十年十一月癸亥。1356 年，元朝和高丽的军队在北方边境发生冲突，高丽朝廷试图阻止恐慌的开京百姓逃离京城（《高丽史》卷 39，第 589 页，恭愍王五年七月壬午）。

68. 《高丽史》卷 113，8b - 9a，安祐传（延世版，3：471 - 472；明治版，第 369 页）；《高丽史节要》卷 27，18a，第 695 页。

69. 《高丽史》卷 111，第 332 - 333 页，洪彦博传；权近，《洪侍中讳彦博》，《阳村集》卷 35，19a；《韩国文集丛刊》卷 7，第 315 页；《高丽史节要》卷 27，17b，第 695 页，恭愍王十年十一月癸亥。恭愍王的母亲和洪彦博的母亲是姐妹。洪彦博因在清洗奇氏家族的时候立下大功而被封为一等功臣。

70. 旻天寺位于开京 Hajichŏn 水陆桥附近（李政，《韩国佛教寺刹事典》，第 187 - 188 页）。关于旻天寺和忠宣王、元朝的关系，参见韩国历

代文集研究会编的 *Koryo ui hwangdo Kaegyong*（《高丽王都开京》），第 103 页。驻跸福州之时，恭愍王和王后几次离宫到寺庙（《高丽史》卷 38，第 580 页，恭愍王二年四月戊戌）。1353 年，国王向寺庙捐助元朝纸币，当时寺庙正为“镇兵”举办仁王道场（《高丽史》卷 38，第 580 页，恭愍王二年三月甲午）。

71.《高丽史》卷 113，8b－9a，安祐传（延世版，3：471－472；明治版，第 369 页）；《高丽史节要》卷 27，18a，第 695 页，恭愍王十年十一月癸亥。

72. 李穑，《柳淑墓志铭》，见《牧隐先生文稿》卷 18，4a，载《韩国文集丛刊》卷 5，第 154 页。金龙善，《高丽墓志铭集成》，第 601 页。《高丽史》柳淑传（卷 112，第 351 页）指出是黄州而不是光州。

73.《高丽史》卷 111，第 331 页，廉悌臣传。

74. 参见李穑，《尹侅墓志铭》，《牧隐先生文稿》卷 18，14b－15a，载《韩国文集丛刊》卷 5，第 159－160 页；金龙善，《高丽墓志铭集成》，第606－607 页。开京收复后，尹侅以举止端庄有度而被封二等功。

75.《高丽史》卷 81，第 643 页，兵志一，五军。1362 年，监察司上奏：“国家寇盗连年，兵不团结，每至危急，征兵于农，非惟扰民，亦无救于仓卒……南幸之际，未有一人扈驾者，诚为虚设，徒费禄，请罢之，分属诸卫，收其俸禄以补国用。”

76.《高丽史》卷 39，40b－41a，恭愍王十年十一月丙寅（延世版，1：788－789；明治版，第 602 页）；《高丽史节要》卷 27，18a，第 695 页，恭愍王十年十一月癸亥。

77.《高丽史》卷 113，8b－9a，安祐传（延世版，3：471－472；明治版，第 369 页）；《高丽史节要》卷 27，18a，第 695 页，恭愍王十年十一月癸亥。

78.《高丽史》卷 39，第 602 页，恭愍王十年十一月丁卯。

79.《高丽史》卷 39，41b，恭愍王十年十一月壬申（延世版，1：789；明治版，第 602 页）；《高丽史节要》卷 27，19a，第 696 页，恭愍王十年十一月壬申。

80.《高丽史节要》卷 27，18b，第 695 页，恭愍王十年十一月癸亥；李荇，《韩国文集丛刊》卷 6，“广州”，“驿院”，1：12。

81.《高丽史节要》卷 27，18b，第 695 页，恭愍王十年十一月癸亥。

译文采用了邓肯的，《朝鲜王朝的起源》，第 27 页。

82. 李穑，《韩文敬公墓志铭》，《牧隐先生文稿》卷 15，26a，卷 5，第 135 页；金龙善，《高丽墓志铭集成》，第 612 – 613 页。“大师”和“大臣”取自贺凯的《辞典》（第 194、299 页）。典仪译为“仪式监督者”（同前，第 504 页）。贺凯或法夸尔的《辞典》没有列入典校。

83. 郑梦周，《朴允文妻金氏墓志铭》，《圃隐集》续录一；金龙善，《高丽墓志铭集成》，第 581 页。

84. 李荇，《新增东国舆地胜览》卷 14，“洪贵达记”，“忠州”，1：7。

85. 李穑，《李仁复墓志铭》，《牧隐先生文稿》卷 15，10b；《韩国文集丛刊》卷 5，第 127 页；金龙善，《高丽墓志铭集成》，第 585 – 586 页。《高丽史》（卷 112，第 352 – 53 页，李仁复传）略去了他的福州之旅。

86. 李穑，《李公墓志铭》，《牧隐先生文稿》卷 16，10a；《韩国文集丛刊》卷 5，第 157 页；金龙善，《高丽墓志铭集成》，第 571 页。

87. 关于曾在吏部任职的前朝大臣，相关个案参见权近的“有明朝鲜国谥文简公安墓碑铭并序”，《阳村集》卷 38，2a – b；《韩国文集丛刊》卷 7，第 332 页。

88. 《高丽史》卷 111，第 332 页，李嵒传。这位官员是李嵒之子李纲。

89. 徐居正（1422 – 1488），《送忠清监司李公诗序》，《四佳集·文集》卷 6，3b；《韩国文集丛刊》卷 11，第 271 页。

90. 《高丽史》卷 107，第 284 页，权近传。权近对恭愍王离宫时随扈不多、仪礼全失的场面进行了指责。

91. 《高丽史》卷 39，43a，恭愍王十年十一月辛未（延世版，1：789；明治版，第 602 页）；《高丽史节要》卷 27，18a，第 695 页。

92. 参见阴竹县情况［《高丽史》卷 39，42a – b，恭愍王十年十一月壬申（延世版，1：789；明治版，第 602 页）］。

93. 李穑，《崔公墓志铭》，《牧隐先生文稿》卷 15，24a；《韩国文集丛刊》卷 5，第 134 页；金龙善，《高丽墓志铭集成》，第 596 页。他当时虽然官位被剥夺，但后来出任御史，授予贵族爵位（《高丽史》卷 111，第 344 页，崔宰传）。

94. 白文宝，《映湖楼金榜记》，《淡庵逸集》卷 2，9a – b；《韩国文集丛刊》卷 3，第 313 页；《韩国历代文集丛书》卷 12，第 116－117 页；李荇，《新增东国舆地胜览》卷 24，“安东”、“楼亭”，2：7－8。

95. 白文宝，《映胡楼金榜记》，《淡庵逸集》卷 2，9a－b；《韩国文集丛刊》卷 3，第 313 页；《韩国历代文集丛书》卷 12，第 116－117 页；李荇，《新增东国舆地胜览》卷 24，2：8。

96. 关于福州和当地朝廷的人事情况，相关描述大部分摘自 Kim Ho-jong（金昊钟）的“Kongminwang ŭi Andongmongjin e kwanhan il yŏn'gu”（《关于恭愍王安东蒙尘的研究》。另见 Yi Kyŏng-hĭ（李庆喜），“Koryŏmal Honggŏnjok ŭi ch'im'ip”（《高丽末期红金贼的侵略》），第 54－64 页。

97. 《高丽史》卷 39，43a，恭愍王十年十一月辛未（延世版，1：789；明治版，第 602 页）；《高丽史节要》卷 27，18b－19b，第 695－696 页，恭愍王十年十一月辛未。Matthew Paris（马修·帕里斯）在其编年史 1245 年条中引用了类似暴行，这一暴行来自一位入仕蒙古朝廷的英国人（Yvo of Narbona）的记录：“年轻女子被强奸至死，她们的乳房被切下来成为餐桌上的珍馐，她们的身体点缀着这些野蛮人的快活宴。”［Ronay（罗内），*The Tartar Khan's Englishman*（《鞑靼汗的英国人》），第 231 页］。当时在欧洲也谣传蒙古人吃人［Jackson，*The Mongols and the West*（《蒙古和西方》），第 140 页］。不过正如对红巾军深表同情的卢南乔指出的那样，应该以怀疑的态度看待当时的吃人现象，因为这是毁谤和诬陷敌人的常用方法之一（《元末红巾军起义》，第 46 页）。另外，卢南乔指出红巾军是素食主义者。

98. 关于懒翁的英文自传是基于他的墓志铭，参见维美徐的《菩萨的力量》（第 411－412 页）。

99. 和尚的名字是“Dhyana badra”。关于他的传记研究，参见 Kim Hyŏng-u（金炯祐）的“Hosŏng Chigong yŏn'gu”（《胡僧指空研究》）；参见 SΦrensen（瑟伦森）的“Lamaism in Korea During the Late Koryŏ Dynasty”（《高丽末期朝鲜半岛上的藏传佛教》），第 75－76 页。

100. 这一译文引自 Waley（韦利），“New Light”（《新光》），第 372 页。感谢我的同事 Sen Tansen（沈丹森）让我注意到这篇文章。

101. 这位官员的名字是察罕帖木儿，与元末著名的蒙古将军同名，但不是同一人。

102. 韦利，《新光》，第 372 页。

103. 《高丽史》卷35，第546页，忠肃王十五年七月庚寅；引自陈高华，《元代来华》，第64页。

104. 韦利，《新光》，第373－374页。

105. 《高丽史》卷42，第632页，恭愍王十九年正月甲寅。此前，这些佛齿和头骨被安放在王轮寺，恭愍王曾到此参拜。另见陈高华，《元代来华印度僧人指空事辑》，第64页。

106. 陈高华指出，元代曾有印度和尚前往高丽（《元代来华印度僧人指空事辑》，第63页）。

107. 宋濂，《寂照圆明大禅师璧峰金公舍利塔碑》，《宋濂全集》，杭州：浙江古籍出版社，1999，2：661；陈高华在《元代来华印度僧人指空事辑》（第64页）中也引用了该文。

108. 韦利，《新光》，第360页。当时高丽朝廷对高级佛僧的态度与此类似。佛教僧侣（如辛吨）并不必严守社会等级制度，"昔为沙门，当置之度外，不必责其无礼。今为宰相，名位已定，而敢失礼，毁常若此?"（《高丽史》卷112，第355页，李存吾传）。

109. 金炯祐，"Hosŭng Chigong yŏn'gu"（《胡僧指空研究》），第10页。

110. 同前，第14－23页。

111. 觉宏，《懒翁和尚行状》，《懒翁集》，见《韩国历代文集丛书》卷25，第258页。李穑撰的懒翁传没有引用这个细节。

112. 李穑，《桧岩寺禅觉王师碑》，见朝鲜总督府，《朝鲜金石总览》，1：501。

113. 觉宏，《懒翁和尚行状》，《懒翁集》，见《韩国历代文集丛书》卷25，第258页。李穑的懒翁传不包括这个细节。

114. 懒翁声称，Sunyadisya（苏那的沙野）之前曾计划重新整修寺庙，所以他有责任实现其师的希望（李穑，《桧岩寺禅觉王师碑》，见朝鲜总督府，《朝鲜金石总览》1：499；金炯祐也谈到这一段（《胡僧指空研究》，第18页）。

115. 1356年，普愚出任广明寺住持。

116. 李相瑄认为普愚在重要的政治事件中经常发挥"决定性的作用"。例如，恭愍王在位初期的处死赵日新、清洗奇氏家族以及迁都汉阳（今首尔）的计划（《恭愍王和普愚》）。关于普愚和被肃清的奇氏家族的关系，相关资料不多。《普愚与恭愍王的改革政治》一文中有较多相关细节。俞英淑也持类似观点，认为普愚是恭愍王的重要精神导师和政治顾问，指出恭愍王每次策划重要的“反元”政治事件时都与普愚见面。

117. 维昌，《普愚行状》，见普愚，《太古和尚语录》，48a，25：595。

118. 《高丽史》卷 39，42b，恭愍王十年十二月壬辰（延世版，1：789；明治版，第 602 页）。

119. 关于这一趋势，参见 Matsuda（松田），“Kōkin no ran”（《红巾之乱》），第 8 – 11 页。扩廓帖木儿也接受这个职务［Matsumoto（松本），*Minsho no Sōheikan*（《明初总兵官》），第 40 – 41 页）。松本考察了明初前几十年这一封号的演变。

120. 此前，郑世云几次督促恭愍王下教（《高丽史》卷 118，第 372 页，郑世云传）。

121. 《高丽史》卷 113，第 372 页，郑世云传。

122. 李穑，《柳公墓志铭》，《牧隐先生文稿》卷 18，4a，《韩国文集丛刊》卷 5，第 154 页。金龙善，《高丽墓志铭集成》，第 602 页。

123. 《高丽史》卷 113，第 372 页，郑世云传。

124. 同前。

125. 同前。关于“susijung”的翻译，参见贺凯的《中国古代官名辞典》（第 423 页），“su”在这里有“行”之意。李穑的李嵒传中没有列入这段内容。

126. 李穑，《李文贞墓志铭》，《牧隐先生文稿》卷 17，7a；《韩国文集丛刊》卷 5，第 148 页。金龙善的《高丽墓志铭集成》，第 567 页。

127. 《高丽史》卷 39，43a，恭愍王十年十二月丙申（延世版，1：790；明治版，第 603 页）；《高丽史节要》卷 27，18a，第 631 页。这一官职没有列入 *Bibliographical Guide to Traditional Koran Sources*（《传统朝鲜官职来源参考指南》）。文中所译是基于元代用法的解释（贺凯，《中国古代官名辞典》，第 386 页）。

128. 《高丽史》卷 39，43a，恭愍王十年十二月丁酉（延世版，1：790；明治版，第 603 页）；《高丽史节要》卷 27，20a，第 696 页，恭愍王十年十二月壬辰。

129. 《高丽史节要》卷 27，20a – b，第 696 页，恭愍王十年十二月壬辰。另见权近，《克敌楼记》，《阳村集》卷 13，3b – 5a；《韩国文集丛刊》卷 7，第 143 - 144 页。为庆祝胜利还营造了一座大厅。

130.《高丽史》卷 39，第 603 页，恭愍王十年十二月丁酉；《高丽史节要》卷 27，20b，第 696 页，恭愍王十年十二月壬辰。有人怀疑这里宣称的所谓“贼不敢入境”的可信度。

131.《高丽史》卷 39，第 601 页，恭愍王十年十一月庚戌、丙辰。

132.《高丽史》卷 113，第 372 页，郑世云传。主持仪式的大臣是 Yi Sun。

133.《高丽史》卷 39，42b - 3a，恭愍王十年十二月乙未（延世版，1：789 - 790；明治版，第 602 - 603 页）。另见《高丽史节要》卷 27，20a，第 696 页，恭愍王十年十二月壬辰。早些时候，国王还在西塔之下习箭（《高丽史》卷 39，42b，恭愍王十年十二月甲午，延世版 1：789；明治版，第 602 页）。

134.《高丽史》卷 111，第 342 页，赵暾传。

135. 被杀官员名叫赵英赤。赵都赤等人被赐予“金牌”，授高丽双城地面管军千户（《高丽史》卷 39，第 588 页，恭愍王五年六月己未）。

136.《高丽史》卷 111，第 342 - 343，赵暾传。

137.《高丽史》卷 40，1a，恭愍王十一年正月戊申（延世版，1：791；明治版，第 603 页）；《高丽史节要》卷 27，20b，第 696 页，恭愍王十一年正月。

138. 具体日期不定。不过，相关内容出现在 1362 年 2 月 12 日条。根据这一条目的记载，战斗始于“乙未黎明前”。据这一条目之前的记载，高丽军已抵达京城，在各处做好战斗准备。在军队抵达战场不到 24 小时就开始发动进攻，有这种可能吗？当然，如果说如此迅速进攻可以解释红巾军警惕性极高，但如此一来战斗开始的时间应该是在乙丑，而下一次乙未是在农历二月即 1362 年 3 月 15 日。然而《高丽史》的许多条目出现在 1362 年 3 月 15 日之前。

139.《高丽史》卷 40，1a - b，恭愍王十一年正月甲子（延世版，1：791；明治版，第 603 页）。关于李成桂英勇事迹的更多细节，包括他右耳被长矛所刺）、他手下士兵的数目（7 至 8 人），以及他如何鼓舞人心的英勇事例，参见《高丽史》卷 113，9a，郑世云传（延世版，3：472；明治版：第 374 - 375 页）。

140.《高丽史》卷 113，9a - b，3：472。

141. 砍死红军巾十万，见《高丽史》卷40，1a－b，恭愍王十一年正月甲子（延世版1：791；明治版：第603页）。

142.《高丽史》卷40，1a－b，恭愍王十一年正月甲子（延世版，1：791；明治版，第603页）；113，9a，郑世云传（延世版，3：472；明治版，第374页）。

143.《高丽史》卷40，1b，恭愍王十年正月庚午（延世版，1：791；明治版，第603页）。

144. 任崇岳，《庚申外史笺证》，第108页。

145. 这是暗指太王（即文王祖父）将他位于陕西西北部的"邠"拱手让给来自大草原入侵（大约距离今天的西安西北80里）的獫狁。后来孟子盛赞他的这一决定，认为百姓由此免遭涂炭。参见孟子《梁惠王章句下二》，见杨伯峻编《孟子译注》，北京：中华书局，1960；第六版，1984，第30－31、50－55页）。关于这些段落的英译，参见D. C. Lau（刘殿爵）的*Mencius*（《孟子》），Hammersmith，Eng：Penguin，1976、1988，第62，71－72页。

146."猲够之侵"是指几乎给唐朝带来毁灭性打击的755年安禄山之乱。有关安史之乱及其影响，相关讨论参见Charles Peterson（查尔斯·彼得森）"Court and Politics in Mid-and Late T'ang"（《唐中晚期的朝廷和政治》），Michael Dalby（迈克尔·多尔比）"Court Politics in Late T'ang Times"（《唐朝末年宫廷政治》），《剑桥中国史》卷三，第一部，第468－497，561－571页。

147. 关于如何认识赤眉军和汉代复兴，参见Hans Bielenstein（汉斯·比伦斯泰因）"Wang Mang，the Restoration cf the Han Dynasty，and Later Han"（《王莽：汉代复兴、汉朝末年》），《剑桥中国史》第1卷，第243－251页。刘秀（公元前6年－公元57年；在位时间公元25－57年）是东汉的开国皇帝。

148. 关于黄巾军在灭亡汉朝中的作用，相关简要评述参见B. J. Mansvelt Beck的"The Fall of the Han"（《汉代的灭亡》），《剑桥中国史》第1卷，第366－369页。关于魏国的正统，相关简述参见同前书，第373－376页。

149. 春秋时期的孙武和战国时期的吴起都是著名军事战略家和作家。

150. 日本京都大学Nakasuna Akinori（中砂明德）教授认为，这句话应该译为“我，郑世云，在高丽拥有至高无上的权力”（私信，2006 年 10 月）。

151. 战国军事战略家田单以善谋略而闻名。关于他的生平，参见司马迁的《史记会注考证》（泷川龟太郎编，东京：东洋文库学院研究所，第 1932－1934 页；收录于台北：洪氏家族出版社，1982）卷 82，第997－999 页。英译参见 Sima Qian（司马迁），*Records of the Grand Historian of China*（《史记》），第 30－35 页。

152. 节度使李愬（？－821），有筹谋，善骑射，带兵仁慈，817 年雪夜攻袭蔡州，捉获吴元济，平定淮西，使其重回帝国治下（《旧唐书》卷 15，第 461 页）。

153. 关于韩信功绩，参见司马迁《史记》卷 1，第 214－217 页，淮阴侯。

154. 这段话选自《书经·大禹谟》。James Legge（理雅各）将这段翻译如下：“皇帝之德广布四海，他能文能武，圣哲神明。”［理雅各，*The Shoo king*《书经》，第二部，第三章，第 21 页，见 *Chinese Classics*《中国经典》3：第 66－67 页］。

155. 关于最后两句“致清明于会朝，戴伸鳌抃之诚，伫瞻望于行在”，笔者还不太明白。朝鲜学界的译文是意译：“借由我们的喜悦和忠诚，将会出现全新灿烂的朝廷，天下会更加明亮清明。臣恭祝国王万岁万岁万万岁。”（10：118）。“致清明于会朝”，可能是来自《诗经·大雅大明》的“肆伐大商，会朝清明”，对此，理雅各译为：“武王大肆讨伐大商，即将出现清明时代。”（理雅各，《中国经典》卷 4，第 436 页）。

156. 《高丽史》卷 113，第 372 页，郑世云传。

157. 同前。

158. 译文草稿。

159. 金九容，《惕若斋学吟集》上，7a。金九容在描述 1359 年的入侵时，以“豺虎”为始，以“奔走”为终，表现官军面对红巾军的束手无策。

160. 权近，《克敌楼记》，《阳村集》卷 13，4a，收录于《韩国文集丛刊》卷 7，第 143 页。

161. 译文尚未定稿，只是基于贺凯的《辞典》。“两相”可能是指两部（尚书省和中书省）最高首脑；参见邓肯，《朝鲜王朝的起源》，第

27 页。

162.《高丽史》卷 113，第 372 页，郑世云传。

163.《高丽史》卷 40，1b，恭愍十一年正月己巳（延世版，1：第 791 页；明治版，第 603 页）。

164. 李穑，《赠侍中郑公画像赞并序》，《牧隐先生文稿》，12，7a，收录于《韩国文集丛刊》，5：第 104 页；也收录于《韩国历代文集丛书》卷 20，第六部分，第 268 页。

165.《高丽史》卷 113，第 370 页，安祐传。

166.《高丽史》卷 40，恭愍王十二年正月己巳（延世版，1：791；明治版，第 603 页）；《高丽史节要》卷 27，22a，恭愍十二年正月甲子，第 697 页。

167.《高丽史》卷 40，1b，恭愍王十二年正月庚午（延世版，1：791；明治版，第 603 页）。

168.《高丽史》卷 40，第 603 - 604 页，恭愍王十二年正月辛未。

169.《高丽史》卷 40，第 604 页，恭愍王十二年正月壬申。

170.《高丽史节要》卷 27，22b - 23a，第 697 - 698 页，恭愍王十二年正月甲子。

171.《高丽史》卷 40，第 604 页，恭愍王十二年正月甲戌；《高丽史节要》卷 27，22b - 23a，第 697 - 698 页，恭愍王十一年正月甲子。

172.《高丽史》卷 40，第 604 页，恭愍王十二年正月乙亥

173.《高丽史》卷 113，第 370 页，安祐传。

174.《高丽史》卷 40，第 604 页，恭愍王十二年二月乙巳。据恭愍王传，随从听从金镛指令，没有让国王知道他们的行动。

175.《高丽史》卷 113，第 370 - 371 页，安祐传；《高丽史》卷 40，第 604 页，恭愍王十二年三月丁未。据本纪，金镛死于 1362 年 3 月 27 日。

176. 由于曾经和安祐共事过，许猷也成为清洗目标。如果没有金镛从中斡旋，许猷也许会被处死。许猷和他的儿子被流放到一座孤岛，在被召回京城之前，他们一直在岛上的瞭望塔充当普通士兵（《高丽史》卷 105，第 247 - 248 页，许珙传附猷）。

177. 许多学者采用《高丽史》版本。参见 Kang Chu-chin（姜周镇），“Kongminwang ŭi Koryŏ chegŏn undong kwa samwŏnsu”（《恭愍王与高丽再建

运动的三元帅》)。

178. 恭愍王的武将有免死特权。在红巾军战争期间，兵马使许猷“以旧怨”杀死一名军官。许猷曾经追随恭愍王入大都十年。恭愍王听闻此事后只是“恶之”，而没有处罚他或罢黜他的官职（《高丽史》卷105，第247页，许珙传附猷)。

179. 《高丽史》卷113，第372页，郑世云传。

180. 李穑，《罪三元帅教书》，《牧隐先生文稿》卷11，19b，收录于《韩国文集丛刊》卷5，第98页；也收录于《韩国历代文集丛书》卷6，第247页。

181. 李穑，《罪三元帅教书》，《牧隐先生文稿》卷11，19b，收录于《韩国文集丛刊》卷5，第98页；也收录于《韩国历代文集丛书》卷6，第247页。

182. 郑梦周，《祭金得培文》，《隐先生文集》，收录于《韩国文集丛刊》卷5，第599页；《高丽史》卷113，第371页，安祐传。

183. 《高丽史》卷113，第371页，安祐传。正文中没有具体指出这个小孩在何时何地乞讨。有人推测，如果他们在开京乞讨的话，考虑到这座城市曾经惨遭红巾军蹂躏，当地百姓一定会特别感激他们。

184. 《高丽史》卷113，第371页，安祐传。这个译文不是定稿。关于这段话，还有几种不同的译文。第一个问题是关于一个字，延世版和明治打字版认为此字应为“祼”或有“祭酒”之意，但朝鲜的译文是“赤脚立于路边”，认为此字为“裸”（《北译高丽史》卷10，第112页)。原文为：“其幼子祼/裸立道旁，哀之，召留禁中，问其所归，遣之，麾下士惊溃，王召，赐酒食劳之。”

185. 这句话也可以译为“（国王）将其流放”或“（国王）将其饶恕”。

186. 李穑，《柳公墓志铭》，《牧隐先生文稿》卷18，4a，收录于《韩国文集丛刊》卷5，第154页；《高丽史》卷112，第351页，柳淑传。平息红巾军叛乱后，高丽朝廷按功行赏与红巾军交战之人。有人向柳淑抱怨说，就连金镛的外甥金琳都获高官，实际上他们没有这样的资格。柳淑安慰道：“安知先之羡，不为后之羡。”这句话表明他比其他人更了解宫廷的黑幕和阴谋，相信天道轮回。

187. 李穑，《柳公墓志铭》，《牧隐先生文稿》卷18，4a，收录于

《韩国文集丛刊》卷5，第154页；《高丽史》卷112，第351页，柳淑传。

188.《高丽史》卷40，2b，恭愍王十一年二月辛丑（延世版，1：791；明治版，第604页）；《高丽史节要》卷27，23a－b，第698页，恭愍王十一年二月。有记载说，恭愍王是在其宰相洪彦博的不断催促下离开福州的（《高丽史》卷111，第333页，洪彦博传）。

189. Kim Su-on（金素安），《东安楼亭观风楼》，《东国舆地志》卷24，2：6。

190. 白文宝，《映湖楼金榜记》，《淡庵逸集》卷2，9b，收录于《韩国文集丛刊》卷3，第313页；《韩国历代文集丛书》卷12，第117页；另收录于李荇，《新增东国舆地胜览》卷24，“安东”，“楼亭”，2：8。

191. Hatada（旗田），“Korai-Icho jidai”（《高丽李朝时代》），第54页。

192.《高丽史》卷56，第251页，地理志一。据说，百姓需要支付一大笔钱向金镛行贿才能重新获得官职。

193.《高丽史》卷40，第608页，恭愍王十一年九月庚戌。

194.《高丽史》卷91，第45页，宗室二。

195. 和其他上层人士一样，高丽王族在面临国王严加控制精英特权的困境时，也迅速利用其在国内和元朝的关系推进自己的利益（《高丽史》卷91，第45页，宗室二）。

196. 李穑，《李穑赞序》，载李荇《新增东国舆地胜览》卷24，“安东”，“楼亭”，2：9。

197. 金宗直，载李荇《新增东国舆地胜览》卷24，“安东”，“楼亭”，2：10。

198.《高丽史》卷110，第327页，李齐贤传。他们相见的具体时间不详。这一段表明，在镇压红巾军之前他们曾在尚州见过面。不过至开京收复，他们才开始从福州返回开京，国王及其随行人员并没有路过尚州。

第六章

1.《三辽长编》，《辽东志》卷8，7a；《外志史考》，《全辽志》卷6，41a。

2.《高丽史》卷40，4a，恭愍王十一年三月丁巳（延世版，1：第792页；明治版，第604页）。

3. 李荇，《新增东国舆地胜览》卷 5，“开城府上”，“山川”，1：132。

4. 李荇，《新增东国舆地胜览》卷 5，“开城府上”，“古迹”，1：160。另见《高丽史》卷 38，第 582 页，恭愍王三年二月丙申；卷 38，第 583 页，三年六月己酉。

5. 李荇，《新增东国舆地胜览》卷 5，“开京”，“菩萨”，“古迹”，1：162。后来，李成桂在这座宫殿登上王位。

6. 维美徐，《菩萨的力量》，第 347 页 110 注。维美徐证明，在高丽境内许多地方散布着高丽创建者的肖像和雕像。朝鲜国王也曾下令制作高丽创建者的肖像和雕像（同前，第 347 – 348 页）。

7. 《高丽史》卷 112，第 354 页，白文宝传；《高丽史》卷 61，第 326 页，礼志三，诸陵。

8. 《高丽史》卷 61，第 326 页，礼志三，诸陵。

9. 《高丽史》卷 40，28b，恭愍王十二年五月丁亥（延世版，1：804；明治版，第 614 页）。

10. 《高丽史》卷 112，第 354 页，白文宝传。

11. 《高丽史》卷 40，4b，恭愍王十一年四月庚寅（延世版，1：792；明治版，第 605 页）；《高丽史节要》卷 27，25b，第 699 页，恭愍王十一年四月甲子。

12. 白文宝，《淡庵逸集》卷 2，5b，12：109。

13. 《高丽史》卷 79，第 615 页，食货志二，科敛。

14. 《高丽史》卷 77，第 574 页，百官志二，诸司都监各色。

15. 《高丽史》卷 40，17a，恭愍王十二年三月乙巳（延世版，1：799；明治版，第 609 页）。

16. 《高丽史》卷 84，第 693 页，刑法志一，职制。

17. 高启，朝鲜儿歌，《高太史大全集》卷 2；《四部丛刊》初编集部，81：21 – 22；引自张东翼，《元代丽史资料辑录》，第 364 页。张东翼对这首诗有不同的断句，这首诗意在训诫。在此，感谢耶鲁大学 Kang-I Sun Chang（张孙康怡）教授几次润色这段文字的翻译（2005 年 9 月 22 日的私信）。

18. 陈高华，《元朝与高丽的海上交通》，第 356 页；陈高华，《元史研究新论》，第 371 页。

19. 李达衷，《农妇叹》，《霁亭集》卷 1，9b；《韩国历代文集丛书》卷 34，第 40 页；《韩国文集丛刊》卷 3，第 277 页。

20. 《耘谷诗史》，1858 年木刻，卷 1，9b－10a；《韩国历代文集丛书》，2201：31－32。

21. 《高丽史》卷 112，第 354 页，白文宝传。

22. 关于董仲舒思想之“源”，相关解释参见萧公权的《中国政治思想史》，第 484－489 页，特别是第 488 页。

23. 白文宝，《斥佛疏》，《淡庵逸集》卷 2，1a－b；《韩国文集丛刊》卷 3，第 309 页；《高丽史》卷 112，第 354 页，白文宝传。

24. 《高丽史》卷 40，第 612 页，恭愍王十二年四月丙午。1362 年，这位御史抱怨诸道官员对百姓强行征收额外的赋税，如地方特产、酒和肉，并用这些“贡物”行贿京城的权臣。参见《高丽史》卷 84，第 623 页，刑法一，职制。

25. 《高丽史》卷 82，第 658－659 页，兵志二，站驿。

26. 《高丽史》卷 82，第 659 页，兵志二，站驿；引自金基德，《14 世纪后半期改革政治》，第 468、68。

27. 《高丽史》卷 40，4a，恭愍王十一年三月辛酉（延世版，1：792；明治版，第 604 页）。

28. 《高丽史》卷 81，第 644 页，兵志一，五军。

29. 《高丽史》卷 40，11a，恭愍王十一年八月丙申（延世版，1：796；明治版，第 607 页）。

30. 《高丽史》卷 40，14b，恭愍王十二年正月丁未（延世版，1：797；明治版，第 609 页）。

31. 《高丽史》卷 40，24a－b，恭愍王十二年四月丙午（延世版，1：802；明治版，第 612 页）。

32. 《高丽史》卷 40，28a－b，恭愍王十二年五月庚午（延世版，1：804，明治版，第 614 页）。

33. 《高丽史》卷 40，28b，恭愍王十二年五月丁丑（延世版，1：804；明治版，第 614 页）。国王因旱灾下令禁止酿酒。

34. 《高丽史节要》卷 27，31a，第 702 页，恭愍王十年八月乙酉；《高丽史》卷 111，第 333 页，洪彦博传。

35. 权近，《洪侍中讳彦博》，《阳村集》卷 35，19a－b，见《韩国文集丛刊》卷 7，第 315 页。

36. 《高丽史》卷 63，第 354 页，礼志五，杂祀；洪凤汉（1713 - 1778），《增补文献备稿》，卷 61，19b，1：809。

37. 《高丽史》卷 63，第 354 页，礼志五，杂祀。

38. 纛，是指军队或护卫的大三角旗或旗子。可能是军事战役前夕举行的一种特殊祭祀仪式。

39. 《高丽史》卷 63，第 354 页，礼志五，杂祀。

40. 《高丽史》卷 79，第 604 页，食货志二，户口。

41. 《高丽史》卷 85，第 716 页，刑法志二，诉讼。

42. 《高丽史》卷 85，第 716 页，刑法志二，诉讼。

43. Sudō（周藤），“Sensho ni okeru nuhi no bensei to suisatsu”，（《朝鲜初期奴婢辩证和推察》），第 9 - 11、20、43、50 页。1414 年，朝鲜王朝下令重新编纂户籍，同时烧毁高丽时期的“旧户籍”（同前，第 18 - 20 页）。

44. 同前，第 2、33 页。

45. 《高丽史》卷 111，第 346 页，林朴传。

46. “宰枢”应该是“宰臣”和“枢臣”的缩写；参见邓肯《朝鲜王朝的起源》，第 26 页。

47. 《高丽史》卷 40，13a，恭愍王十一年十月乙亥（延世版，1：797；明治版，第 608 页）。

48. 《高丽史》卷 40，11b，恭愍王十一年八月丙申（延世版，1：796；明治版，第 607 页）。

49. 《高丽史》卷 112，第 353 - 354 页，白文宝传。当时恭愍王在清州发布旨令移送史料典籍到海印寺。

50. 《高丽史》卷 111，第 346 页，林朴传。

51. 《高丽史》卷 110，第 331 页，李齐贤传。

52. 《高丽史》卷 89，第 27 页，鲁国大长公主传。

53. 《高丽史》卷 40，4b，恭愍王十一年四月丁亥（延世版，1：792；明治版，第 605 页）。

54. 《高丽史》卷 40，4b，恭愍王十一年四月乙未（延世版，1：792；明治版，第 605 页）。

55. 《高丽史》卷 111，第 333 页，洪彦博传。

56. 《高丽史》卷 40，13a，恭愍王十一年十月癸酉（延世版，1：797；明治版，第 608 页）。

57. 《高丽史》卷 40，10a，恭愍王十一年八月癸辰（延世版，1：795；明治版，第 607 页）。

58. 《高丽史》卷 77，第 574 页，百官志二，诸司都监各色，习射都监。

59. 《高丽史》卷 40，10b，恭愍王十一年八月戊子（延世版，1：795；明治版，第 607 页）。

60. 《高丽史》卷 40，10b，恭愍王十一年八月庚寅（延世版，1：795；明治版，第 607 页）。

61. 《高丽史》卷 40，10b，恭愍王十一年八月壬辰（延世版，1：795；明治版，第 607 页）。

62. 《高丽史》卷 40，5a－b，恭愍王十一年六月丙申（延世版，1：793；明治版，第 605 页）。

63. 《高丽史》卷 40，14b，恭愍王十二年正月丁未（延世版，1：797；明治版，第 609 页）。

64. 《高丽史》卷 77，第 574，百官志二，诸司都监各色兴王都监。

65. 《高丽史》卷 40，14b－15a（延世版，1：797－798；明治版，第 608－609 页）。

66. 《高丽史》卷 40，15a，恭愍王十二年二月癸未（延世版，1：798；明治版，第 609 页）。

67. 《高丽史》卷 40，15a，恭愍王十二年二月甲申（延世版，1：798；明治版，第 609 页）。

68. 《高丽史》卷 40，15a，恭愍王十二年二月乙酉（延世版，1：798；明治版，第 609 页）。

69. 《高丽史》卷 40，17a，恭愍王十二年三月庚申（延世版，1：799；明治版，第 610 页）。

70. 《高丽史》卷 40，17a，恭愍王十二年三月辛亥（延世版，1：798；明治版，第 610 页）。国王驻驾兴王寺以北的松岭。

71. 《高丽史》卷 40，17a－b，恭愍王十二年闰月辛未（延世版，1：799；明治版，第 610 页）。

72. 这一事件最终导致恭愍王加强王室护卫。关于恭愍王“子弟卫”

的讨论，参见 Yi Yong-ju（李用柱）的“Kongminwangdae ŭi Chajeui e kwanhan soyŏn'gu”（《关于恭愍王代子弟卫研究》）。

73. 《高丽史》卷 122，第 525 页，安都赤传。

74. 《高丽史》卷 89，第 26 页，鲁国大长公主传。

75. 这些人中包括柳濯和洪彦博（《高丽史》卷 112，第 351 页，柳淑传；《高丽史》卷 111，第 333 页，洪彦博传）。洪彦博传强调了他的勇敢和担当（如拒绝逃跑），尽管他事先已经获悉谋反者正在赶往他的府邸。同样值得注意的是，他似乎并不是特别担忧国王的安危，而是吃完早餐之后精心穿戴宰相朝服。显然，他（和《高丽史》编者）似乎更关心自己如何死去，而不是在危机时刻履行对君主的义务。

76. 《高丽史》卷 40，17a－b，恭愍王十二年闰月辛未（延世版，1：798；明治版，第 610 页）。

77. 《高丽史》卷 40，17b－23a，恭愍王十二年闰月辛未、乙酉（延世版，1：799－802；明治版，第 610－612 页）。

78. 《高丽史》卷 40，24a，恭愍王十二年闰月癸巳；《高丽史》卷 40，28a，恭愍王十二年四月己未（延世版，1：802、804；明治版，第 612、614 页）。

79. 贺凯没有将“行省”和“同知”放在一起，元代“行省”通常冠以“丞相”，有首脑之意（贺凯译为“大臣”，排在 1B 级，指出行省也指“高级省级官员，特别是指元朝的“监察官”——达鲁花赤”（贺凯，《辞典》，第 246 页）。

80. 《高丽史》卷 40，4b，恭愍王十一年四月丙子（延世版 1：792；明治版，第 604－605 页）；《高丽史节要》卷 27，25a，第 699 页，恭愍王十一年四月。

81. 《高丽史》卷 40，5a，恭愍王十一年五月乙丑（延世版，1：793；明治版，第 605 页）。

82. 《高丽史》卷 40，10b－11a，恭愍十一年八月乙未（延世版，1：795－796；明治版，第 607 页）；《高丽史节要》卷 27，28a，第 702 页，恭愍十一年八月乙酉。

83. 《高丽史》卷 40，10b，恭愍十一年八月甲午（延世版，1：795：明治版，第 607 页）。

84. 柳濯一直担任左政丞。关于恭愍王在位时期高丽行政机构名称的变迁（包括左政丞），参见 Hwang Un-yong（黄云龙）的 "Koryŏ Kongminwangdae ŭi taeWŏn Myŏng kwan'gye"（《高丽恭愍王代的对元明关系》）。他在第五页中指出左政丞之职重新恢复使用，而其他人则担任密直使。

85.《高丽史》卷 40，12a，恭愍十一年八月庚戌（延世版，1：796；明治版，第 608 页）。

86.《元史》卷 46，第 962 页，顺帝本纪，至正二十三年正月乙巳；钱谦益，《国初群雄事略》卷一，第 36 页。

87.《元史》卷 46，第 963 页，顺帝本纪，至正二十三年三月是春；钱谦益，《国初群雄事略》卷一，第 36 页。

88.《元史》卷 45，第 949 页，顺帝本纪，至正十九年是岁。1362 年要求停止修建宫殿的记载表明曾致力于修复皇帝的上都居所，但没等到修建完工元朝就灭亡了（《元史》卷 46，第 959 页，顺帝本纪，至正二十二年五月己未）。

89. 孔奇，《至正直记》卷 1，1b－2a。

90. 刘佶，《北巡私记》，1b。

91.《高丽史》卷 40，14a，恭愍十一年十二月癸巳（延世版，1：797；明治版，第 608 页）；《高丽史节要》卷 27，23b，第 703 页。

92.《高丽史》卷 41，12b，恭愍王十五年八月己卯（延世版，1：817；明治版，第 624 页）。国王将鸟放生，以示仁慈。

93.《高丽史》卷 41，13b，恭愍王十五年十二月癸酉（延世版，1：818；明治版，第 625 页）。高家奴的官职改为辽阳行省同知。

94. 关于高家奴的后来身份，参见鲁大维的 "Northeast Asian Borderlands：1350－1500（《东北亚边境：1350－1500》）（尚未出版）。

95.《三辽长编》，《辽东志》卷 8，7a；《外志史考》，《全辽志》卷 6，41a－b。

96.《明太祖实录》卷 56，7a－b，洪武三年九月是月；卷 66，4b－5a，洪武四年六月壬寅。

97.《高丽史》卷 40，第 646 页，恭愍王二十一年正月甲戌。

98.《明太祖实录》卷 76，1a－b，洪武五年九月丁巳。

99.《高丽史》卷 133，第 686 页，辛禑王二年六月。

100. 1379 年，禑王转变身份，因为"丞相与吾先君称兄弟"，所以自己将对纳哈出“以父事之”（《高丽史》卷 134，6b，辛禑王五年六月癸未；延世版，第 888 页；明治版，第 700 页）。

101. 《高丽史》卷 40，第 604 页，恭愍王十一年二月己卯。

102. 参见《明代名人传》，第 1083 - 1085 页。另见司律思，“Mongols Ennobled During the Early Ming”（《明初蒙古贵族》），第 211 - 213 页。

103. 《高丽史》卷 40，2b，恭愍王十一年二月甲辰（延世版，1：791；明治版，第 604 页）。

104. 《高丽史》卷 40，7b - 8a，恭愍王十一年七月（延世版，1：771；明治版，第 605 页）。

105. 《高丽史》卷 40，5b - 10a，恭愍王十一年七月（延世版，1：793 - 795；明治版，第 606 页）。

106. 《高丽史》卷 40，5b - 10a，恭愍王十一年七月（延世版，1：793 - 795；明治版，第 606 页）。

107. 《高丽史》卷 40，10a，恭愍王十一年七月庚戌（延世版，1：795；明治版，第 607 页）。

108. 《高丽史》卷 41，17a，恭愍王十六年十月己未（延世版，1：820；明治版，第 626 页）。

109. 1357 年 8 月末，高丽朝廷担忧赵小生利用为元朝“找金矿”的机会，指控辽阳行省官员每年向元朝献金［《高丽史》卷 39，18a - b，恭愍王六年八月戊午（延世版，1：777；明治版，第 593 页）］。1358 年 5 月中旬赵小生被赶出双城后，控制了距离女真地区东北大约 150 里的海阳，不过他的控制并不彻底。海阳女真首领完者不花率 1800 人到高丽求援——“投降”［《高丽史》卷 39，21b，恭愍王七年五月甲辰（延世版，1：779；明治版，第 594 页）］。海阳万户府首领不断向高丽国王进献海东青［《高丽史》卷 134，32a，辛禑王七年十一月癸未（延世版，1：901；明治版，第 710 - 711 页）；卷 134，34a，辛禑王八年闰月（延世版，1：902；明治版，第 711 页）］。1382 年，金同不花送他的儿子到高丽作质子，随后投降高丽，其手下和部民迁至端川（咸镜道）［参见《高丽史》卷 134，33b，辛禑王八年二月（延世版，第 902 页；明治版，第 711 页）；卷 134，34a 辛禑王八年闰月（延世版，第 902 页；明治版，第 711 页）］。

110. 《高丽史》卷 40，10a，恭愍王十一年七月庚戌（延世版，1：795；明治版，第 607 页）。

111.《高丽史》卷 40，4b，恭愍王十一年四月丙戌（延世版，1：792；明治版，第 605 页）。

112.《高丽史》卷 40，第 608 页，恭愍王十一年十二月癸未。

113. 关于明代辽东地区的高丽共同体，参见 Kawachi Yoshihiro（河内良弘）的“Mindai Ryōyō no Tōneiei ni tsuite”（《明代女真史研究》）；Piao Yan（朴彦），“Mindai ni okeru Chōsenjin no Ryōtō ijū”（《明代朝鲜人的辽东移住》）。

114.《高丽史》卷 41，第 623 页，恭愍王十五年四月庚申。

115.《高丽史》卷 41，第 627 页，恭愍王十七年十月癸酉。使节回到高丽后被杖打，随后又被派去大都。

116.《高丽史》卷 43，第 642 页，恭愍王二十年闰月己未（1371 年 4 月 27 日）。参见 *Puk'ŏk*，*Koryŏsa*（《朝鲜译高丽史》）卷 4：黄云龙将这段话翻译成韩国语：“因为辽阳本是高丽领土，如果我们向明投降，如果高丽朝廷在这件事儿上支持我们，我们就能够避免搬迁。”黄云龙认为，当时大多数人认为，辽东过去是高句丽领土，高丽可能会代替高句丽接管继续在那里居住的高丽人，这一地区就是高丽故土（《高丽恭愍王代的对元明关系》，第 11 页）。对于这一段的简要评述，参见王薇等编的《中朝关系史》（第 62 页）。

117.《高丽史》卷 43，第 642 页，恭愍王二十年五月癸丑（1371 年 6 月 14 日）。刘益投降时，向明朝献上了辽东南部沿海地区的金州、复州、盖州和海州（《高丽史》卷 43，第 642 页，恭愍王二十年四月戊戌，即 1371 年 5 月 30 日）。

118.《高丽史》卷 40，5a，恭愍王十一年五月丁巳（延世版，1：793；明治版，第 605 页）；《高丽史节要》卷 27，25b，第 699 页，恭愍王十一年五月。

119.《高丽史》卷 40，5a，恭愍王十一年六月戊寅（延世版，1：793；明治版，第 605 页）。

120.《高丽史》卷 40，5b 恭愍王十一年六月丙申（延世版，1：793；明治版，第 605 页）。

121. 同前。

122. 白文宝，《次拱北楼应制诗韵并序》，《淡庵逸集》卷 1，2a－3a，收录于《韩国文集丛刊》卷 3，第 305－336 页；《韩国历代文集丛书》卷 12，第 88 - 90 页。这一事件也被写进《高丽史》（卷 40，第 608 页，恭愍王十一年九月辛酉）。这本诗集汇编之时，白文宝在开京，不过他后来应邀写下序言。

123. 在 1362 年之初，恭愍王的确恢复了前蒙时期的行政名称，许多学者认为这是他推行民族主义的证据，参见《高丽史》卷 40，4a，恭愍王十一年三月甲子（延世版，1：792，明治版，第 604 页）。不过，这种行政名称恢复的时间很短。

第七章

1.《高丽史》卷 40，第 608 页，恭愍王十一年十二月癸酉。

2.《高丽史》卷 39，第 592 页，恭愍王五年十月戊午。1356 年末，高丽朝廷请求元朝将塔思帖木儿交还高丽当局。在大都，他“迷惑百姓”，俨然以高丽合法君主自居。[Peter Lee（李彼得）编，*Sourcebook of Korean Civilization*（《朝鲜文明资料读物》），第 362 - 363 页]。

3.《高丽史》卷 38，第 574 页，恭愍王庶文；《高丽史节要》卷 26，7b，第 667 页，忠定王三年十月。池内认为，塔思帖木儿并不是阴谋的背后策划者，可能只是王位的潜在候选人（《高丽恭愍王的反元行动》，第 124 页）。

4.《高丽史》卷 131，第 669 页，崔濡传；任崇岳，《庚申外史笺证》，第 116 页。按照司律思的表述，这里的“三宝奴”“是蒙古式名字”（第 354 页）。司律思认为，所谓“三宝”，是佛、佛法、佛僧。

5. 蒙元朝廷（和纳哈出）逃到大草原后仍然对高丽的王位继承人怀有浓厚兴趣。1375 年 2 月（恭愍王被杀后），元朝打算把当时的沈王（脱脱不花，王暠之子）推上高丽王位（《高丽史》卷 133，第 683 页，辛禑元年正月；《高丽史节要》卷 30，1b，第 749 页，辛禑世家元年正月）。边境驻军奏报沈王、沈王之母及在元高丽数人正前往高丽，引起朝廷惶惶不安（《高丽史》卷 133，第 686 页，辛禑王元年六月）。早在 1374 年 11 月，有关这一计划的谣言就已传到高丽朝廷（《高丽史》卷 45，第 664 - 665 页，恭愍王二十三年九月辛巳）。考虑到高丽百官对元朝抱有同情之心，所以在恭愍王被弑之后推举沈王担任高丽国王似乎也合乎逻辑（《高丽史》卷 133，第 686 页，辛禑王二年七月；卷 134，第 702 页，辛禑王五年十月己巳）。1376 年末，辛禑王准奏，奖励挫败阴谋的文武官员

（《高丽史》卷133，第689页，辛禑王二年十月壬申）。

6.《元史》卷114，第2881页，后妃一。在妥懽帖睦尔本纪之1362年条中，也出现了通报阴谋废黜恭愍王失败的引文（《元史》卷46，第962页，顺帝本纪九，至正二十二年是岁）。另见《高丽史》卷131，第669页，崔濡传；《高丽史节要》卷27，34a，第703页，恭愍王十二年三月壬寅。

7. 有关复仇的相同引用，也出现在权衡的《庚申外史》下，14a，收录于《元代笔记小说》卷3，第541页；任崇岳，《庚申外史笺证》，第116页。

8.《高丽史》卷91，47，宗室二。他的资格包括曾经担任元太子怯薛（《元史》卷42，889，顺帝本纪十年十一月丙辰）。

9. 刘佶，《北巡私记》，2a。

10. 在研究丽元关系的主要论著中，如金塘泽的《元干涉下的高丽政治史》、张东翼的《高丽后期外交史研究》、卢启铉的《丽蒙外交史》都没有提到这一事件。

11. 参见李龙范，《奇皇后》，第509页；王崇时，《元与高丽统治集团的联姻》，第41页；邱树森，《妥懽帖睦尔传》，第231页；金庠基，《新编高丽时代史》，第598－599页。乙坂智子虽然指出奇皇后有复仇的欲望，但将这一事件视为元朝皇帝试图干涉高丽王位继承的例子，尤其是元朝选择了不是恭愍王之子的人担任高丽国王（《元朝的对外政策》，第44页）。Han Woo-keun（韩佑根）虽然简述了这一事件，但混淆了时间，认为这一事件发生在1368年之后（*History of Korea*《朝鲜史》，第180－181页）。

12. 闵贤九，*Koryŏ chŏngch'isa non*（《高丽政治史论》），第346－347页。这种双重分析即高丽社会反元情绪暗潮汹涌和特殊个别政治事件也曾在闵贤九之前有关恭愍王的文章中使用过。我在写完本章内容以及其中的部分内容在别处发表之后，我才读到闵贤九的这篇文章。参见鲁大维的"Mongoru teikoku no hōkai to Kōrai Kyōmin'ō no taigai seisaku"（《蒙古帝国的崩溃与高丽恭愍王的对外政策》）。

13.《高丽史》卷40，第608页，恭愍王十一年十二月癸酉。

14.《高丽史》卷40，第608页，恭愍王十一年十二月癸巳。

15.《高丽史》卷40，第608页，恭愍王十二年正月癸卯。

16. 感谢京都大学中砂明德教授修正本段译文。

17. 李穑，《平红贼后陈情表》，《牧隐先生文稿》卷 11，1a－b，收录于《韩国文集丛刊》卷 5，第 89 页；《韩国历代文集丛书》卷 20，第 6 部分，第 210－211 页；《高丽史》卷 40，第 609 页，恭愍王十二年三月壬寅（1363 年 3 月 17 日）。

18. 归旸（1305－1367），《乃蛮公生祠记》，收录于《全元文》卷 51，第 110 页。

19. 《高丽史》卷 40，第 609 页，恭愍王十二年三月壬寅。

20. 感谢中砂明德教授翻译这两段文字。

21. 理雅各用"康宁"表达"身体健康，心灵平和"之意；参见"The Great Plan"（《伟大的计划》），《书经》第四部，《中文经典》卷 2：343。

22. 金庠基，《新编高丽时代史》，第 596－597 页；闵贤九，《高丽政治史论》，第 332 页；参见《高丽史节要》卷 27，34a，第 703 页，恭愍王十二年三月壬寅。

23. 有关他在元廷的地位，相关详细讨论参见韩志远的《爱猷识里达腊与元末政治》。有关元太子在元朝政体中的地位，相关更多讨论参见陈一鸣的《论元代太子参政问题》。

24. 《元史》卷 114，第 2880－2882 页，后妃一。

25. 《高丽史》卷 40，25b－26a，恭愍王十二年四月甲寅（延世版，1：803；明治版，第 612－13 页）。

26. 《高丽史》卷 40，26b，恭愍王十二年四月甲寅（延世版，1：803；明治版，第 612－13 页）。

27. 同前（延世版，1：803；明治版，第 613 页）。

28. 《高丽史》卷 30，469，忠烈王十四年三月壬寅。

29. 《高丽史》卷 40，28b，恭愍王十二年五月丁亥（延世版，1：804；明治版，第 614 页）。

30. 《高丽史》卷 40，29a，恭愍王十二年五月壬戌（延世版，1：805；明治版，第 614 页）。

31. 《高丽史》卷 40，29b，恭愍王十二年六月辛丑（延世版，1：805；明治版，第 615 页）。

32. 《高丽史》卷 40，31a，恭愍王十二年六月戊申（延世版，1：

806；明治版，第 615 页）。

33. 《高丽史》卷 40，30a－b，恭愍王十二年七月甲戌（延世版，1：806；明治版，第 615 页）。

34. 《高丽史》卷 40，29b，恭愍王十二年七月甲戌（延世版，1：805；明治版，第 615 页）。

35. 《高丽史》卷 40，第 615 页，恭愍王十二年七月戊寅。

36. 《高丽史》卷 40，第 616 页，恭愍王十二年十二月。

37. 《高丽史》卷 113，第 374 页，安遇庆传。

38. 《高丽史》卷 40，第 616 页，恭愍王十三年正月丙寅。

39. 《高丽史》卷 131，第 670 页，崔濡传。

40. 这位官员是黑驴（《高丽史》卷 113，第 375－376 页，崔莹传）。

41. 《高丽史》卷 40，第 616 页，恭愍王十三年正月丙寅；卷 113，第 374 页，安遇庆传。

42. 《高丽史》卷 113，第 617 页，恭愍王十三年正月壬午。

43. 《高丽史》卷 113，第 374 页，安遇庆传。

44. 《高丽史》卷 113，第 375－376 页，崔莹传。

45. 《高丽史》卷 113，第 374 页，安遇庆传。当恭愍王获悉高丽军队供需匮乏的时候，减少就餐次数，以示与前线将士同甘共苦（《高丽史节要》卷 27，41a，第 707 页，恭愍王十二年七月）。

46. 《高丽史节要》卷 27，41b，第 707 页，恭愍王十二年八月。

47. 有关战斗细节并不多见。元军进入义州后向南推进到宣州。我们不清楚主力军是否接着向东转移，到了定州或军队分路而进。后来，崔濡和李成桂和元军（也可能是女真军）在东北的 Suju 发生冲突。元军可能打算从西北和东北分路进攻开京，分化高丽防线。当然这并非 13 世纪蒙古与高丽交战时采取的战略。也可能是崔濡和塔思帖木儿希望获得当地前双城官员或女真族的支持。

48. 《高丽史》卷 113，第 374 页，安遇庆传。

49. 《高丽史》卷 113，第 375 页，安遇庆传。

50. 《高丽史》卷 40，第 617 页，恭愍王十三年正月癸未。

51. 《元史》卷 46，第 962 页。在权衡的《庚申外史》也出现了同一人物（下，14b，收录于《元代笔记小说》卷 3，第 542 页）；任崇岳，《庚申外史笺证》，第 116 页。

52. 闵贤九，《高丽政治史论》，第334、343页。

53. 据说这封信送到驿站长官手中（中文名“脱脱禾孙”，蒙古语“todqosun”）。法夸尔指出，除了甘肃外，到1332年，驿站基本上被废弃（《元朝的治理》第418页）。

54. 《高丽史》卷113，第373－374页，安遇庆传。

55. 《高丽史》卷39，第588页，恭愍王五年六月癸丑。

56. 《高丽史》卷40，第616－617页，恭愍王十三年正月庚辰。

57. 《高丽史》卷40，第617页，恭愍王十三年正月己丑（1364年2月27日），辛卯（1364年2月29日），二月乙未（1364年3月4日）；《高丽史》卷113，第375－376页，崔莹传。

58. 《高丽史》卷40，第617页，恭愍王十三年二月戊戌。

59. 同前，丙申、丁酉。

60. 同前，甲寅。

61. 同前，己亥。

62. 同前。“第三护军”之说来自《韩国传统参考文献指南》（第560页）。

63. 《高丽史节要》卷27，40b，第706页，恭愍王十二年五月。

64. 《高丽史》卷131，第669页，崔濡传。

65. 同前。一位通过高丽科举考试的官员在大都时因朝廷事务和塔思帖木儿发生关系，后来他在政变失败后返回高丽，开始用自己在中原弄到的种子种植棉花。显然，他没有受到严厉惩罚（《高丽史》卷111，第347－348页，文益渐传）。

66. 《高丽史》卷111，第346页，林朴传。

67. 两人到底是什么关系，相关叙述有点混乱。据《高丽史节要》记载，李公遂是奇皇后的“外从兄”。据《高丽史》的记载，李公遂是奇皇后的“内兄”。而李穑为其撰写的墓志铭中没有明确指明两人关系。金塘泽认为李公遂是奇皇后的表兄（《元干涉下的高丽政治史》，第163页）。

68. 《高丽史》卷112，第349页，李公遂传；李穑，《李公遂墓志铭》，《牧隐先生文稿》卷18，11a，收录于《韩国文集丛刊》卷5，第158页；也收录于金龙善，《高丽墓志铭集成》，第571－572页；《高丽史节要》卷27，34b，第703页。另参见权近，《李领佥讳公遂》，《阳村集》卷35，16b，收录于《韩国文集丛刊》卷7，第313页。

69. 这段话是“今王勤敌忾”，可能从“勤王御敌”演变而来，意思是说，“危难时刻，匡扶统治者，抵御敌人”。有关几乎是同一时期的用法，参见权衡，《庚申外史》下，8b（收录于《元代笔记小说》3，第550页）；任崇岳，《庚申外史笺证》，第147页。

70. 《高丽史》卷112，第349页，李公遂传；李穑，《李公遂墓志铭》，《牧隐先生文稿》卷18，11a－b，5：158；另收录于金龙善，《高丽墓志铭集成》，第572页；《高丽史节要》卷27，34b－35a，第703－704页。

71. 李穑，《李公遂墓志铭》，《牧隐先生文稿》卷18，11b，5：158；另收录于金龙善，《高丽墓志铭集成》，第572页。另参见权衡，《李领佥讳公遂》，《阳村集》卷35，6b，收录于《韩国文集丛刊》卷7，第313页。

72. 关于万寿山和广寒殿的相关描述，引自陈高华的《元大都》（第56－57页）。

73. 也许可以参考《论语》四：“子曰：智者乐水，仁者乐山。智者动，仁者静。智者乐，仁者寿。”（刘殿爵译，《论语》，纽约：企鹅书店，1988，第84页）。

74. 陈高华，《元大都》，第56页。

75. 《高丽史》卷112，第349页，李公遂传；李穑，《李公遂墓志铭》，《牧隐先生文稿》卷18，12a－b，5：158；另收录于金龙善，《高丽墓志铭集成》，第572页。

76. 《高丽史》卷112，第349页，李公遂传；李穑，《李公遂墓志铭》，《牧隐先生文稿》，18，12b，5：158；另收录于金龙善，《高丽墓志铭集成》，第573页。

77. 《高丽史》卷112，第349页，李公遂传；李穑，《李公遂墓志铭》，《牧隐先生文稿》卷18，12b，5：158；另收录于金龙善，《高丽墓志铭集成》，第573页；《高丽史节要》卷27，35a，第704页。

78. 《高丽史》卷112，第349页，李公遂传。

79. 《高丽史》卷112，第349－350页，李公遂传。当李公遂取道西京前往大都之时曾在高丽太祖庙驻留，他发誓，恭愍王一日不复位，就一日不回高丽。（《高丽史》卷112，第349页，李公遂传）。

80. 《高丽史》卷131，第670页，崔濡传。

81. 同前。我们不清楚这是不是流行的想法。早在 1270 年，日本禅僧 Tōgen Eian 就曾致信蒙古希望日本武士加入蒙古军队："如果日本和蒙古的力量合在一起的话，则没有哪一个国家能够抵挡。这也是为什么蒙古现在渴望征服日本的原因。" Conlan（康兰），*In Little Need of Divine Intervention*（《不需要神的干预》，第 201 页）。

82. 《高丽史》卷 40，第 617 - 618 页，恭愍王十三年四月甲辰、四月甲寅、六月乙卯、七月丁亥。

83. 《高丽史》卷 40，第 618 页，恭愍王十三年五月癸酉。

84. 同前，戊寅。元通报高丽朝廷，搠思监、朴不花已经垮台，孛罗帖木儿被任命为太尉。

85. 《高丽史》卷 40，第 618 页，恭愍王十三年九月己巳。为高丽陈情的其他成员从大都返回后都受到了各种奖赏（《高丽史》卷 40，第 618 页，恭愍王十三年九月乙酉）。实际上，这种表达感激之情的场合为高丽官员和蒙古朝廷百官彼此观察对方提供了很好的机会。据说，高丽使节李仁复以其在大都皇帝面前寡言庄重、镇定自若给孛罗帖木儿留下了深刻印象（《高丽史》卷 112，第 353 页，李仁复传）。

86. 《高丽史》卷 40，第 618 页，恭愍王十三年九月己巳。

87. 《高丽史》卷 40，第 619 页，十一月辛酉。

88. 权近，《李领佥讳公遂》，《阳村集》卷 35，16b，收录于《韩国文集丛刊》卷 7，第 313 页。

89. 《高丽史》卷 40，第 618 页，恭愍王十三年十月辛丑。

90. 当时，元朝御史纽磷提交了一份严厉批评崔濡的备忘录。他的措辞和观点非常类似于高丽朝廷向元朝政府各部门递交的陈情表。这样看来纽磷是高丽朝廷的盟友，为恭愍王的支持者提供论据（《高丽史》卷 131，第 670 页，崔濡传）。

91. 元天锡，《耘谷行录》卷 1，15a - b，2201：42 - 43。

92. 非标准字符："扠" 字无点，"旌" 字之 "生" 为 "正"。

93. 元天锡，《耘谷行录》卷 1，4a - b，2201：20 - 21。

94. 《高丽史》卷 40，第 612 页，恭愍王十二年四月壬子；《高丽史节要》卷 27，37b，第 705 页，恭愍王十二年四月壬子。

95. 《高丽史节要》卷 27，33b，第 703 页，恭愍王十一年十二月。

96. 《元史》卷 46，第 967 页，顺帝本纪至正二十四年七月戊子。

97. 达德思，《征服者与儒家学者》，第 118 – 156 页；牟复礼，“Rise of the Ming Dynasty”（《明王朝的崛起》），《剑桥中国史》卷 7，第一部分，第 19 – 23 页；周良霄、顾菊英，《元史》，第 659 – 667 页；陈德志等编，《中国通史》卷 13，第 543 – 547 页；卷 14，第 390 – 394 页。

98. 《高丽史》卷 112，第 350 页，李公遂传；李穑，《李公遂墓志铭》，《牧隐先生文稿》卷 18，13a，收录于《韩国文集丛刊》卷 5，第 159 页；另收录于金龙善，《高丽墓志铭集成》，第 573 页。

99. 《高丽史》卷 112，第 349 页，李公遂传；李穑，《李公遂墓志铭》，《牧隐先生文稿》卷 18，13a，收录于《韩国文集丛刊》卷 5，第 159 页；另收录于金龙善，《高丽墓志铭集成》，第 573 页。

100. 《元史》卷 204，第 4604 页，逆臣传（孛罗帖木儿传）；《元史》卷 46，第 968 页，顺帝本纪，至正二十四年八月是月；权衡，《庚申外史》下，5b，收录于《元代笔记小说》卷 3，第 544 页；任崇岳，《庚申外史笺证》，第 125 页。在文中，并没有出现高丽的王位问题。

101. 明初作家叶子奇认为，孛罗帖木儿打算除掉元皇太子爱猷识里达腊，然后让他的亲外孙——伯颜忽都的小儿子——成为妥懽帖睦尔的继承人（《草木子·克谨篇》卷 3，上，第 35、55 页）。

102. 《元史》卷 46，第 965 页，顺帝本纪，至正二十三年；卷 207，第 4602 页，逆臣铁失传，至正二十三年十月。这两位分别是老的沙和秃黑鲁帖木儿。老的沙是皇帝的舅舅，卡尔卢克土耳其人。皇帝曾多次劝说皇太子不要总是针对老的沙。尽管在《元史》的主要条目中这两人被描述为犯法的亡命之徒，但在扩廓帖木儿和孛罗帖木儿传中明确指出皇帝密令孛罗帖木儿保护他们（《元史》卷 141，第 3390 页，扩廓帖木儿传；卷 207，第 4602 页，逆臣，孛罗帖木儿传）。关于老的沙特别是他穆斯林身份的简要讨论，参见马娟的《元代哈剌鲁人老的沙述略》（第128 – 130 页）。马娟认为，波斯文的“沙”有“君主”的意思。类似述评另见杨志玖的《元代回族史稿》（第 231 – 232 页）。杨志玖指出，元末穆斯林担任政府高官的现象非常罕见。老的沙向孛罗帖木儿寻求庇护的决定，部分是因为当时对敢于公开批评当权人物如奇皇后和皇太子的御史进行肃清。那些敢于冒犯的御史被重新安置，剥夺官位，至少有一例是被流放到吐蕃。老的沙曾担任御史。参见赵永春和蓝婷的《元顺帝时期的党争及其危害》（第 27 页）。关于妥懽帖睦尔在位时御史台在党争中的作用，参见刘艳波的《略论顺帝时期统治阶级内部斗争的特点》（第 18 – 19 页）。

103.《元史》卷 46，第 966 页，顺帝本纪，至正二十四年三月辛卯，四月甲午；卷 207，第 4602 – 4603 页，逆臣铁失传。据扩廓帖木儿和搠思监传记载，搠思监和朴不花指控孛罗帖木儿和老的沙犯叛国罪，这种说法是错误的（《元史》卷 141，第 3390 页，扩廓帖木儿传；卷 205，第 4587 页，搠思监传）。

104.《元史》卷 46，第 966 页，顺帝本纪，至正二十四年四月丁未；卷 207，第 4603 页，逆臣铁失传；卷 205，第 4587 – 4588 页，搠思监传。这两位是搠思监和高丽籍宦官朴不花。皇帝准奏一位御史的请求，以搠思监犯下滔天大罪将他的尸体从坟墓中挖出来鞭挞，并没收其家族财产，流放其子。

105.《元史》卷 46，第 967 – 968 页，顺帝本纪，至正二十四年七月、八月、十月己未；卷 207，第 4603 页，逆臣铁失传。

106. 陈祖仁，《翰林承旨楚国李公行状》，见李士瞻《经济文集》卷 6，36a。文中写道："违积世之先勋，名曰逆子，犯无君之大恶，号为贼臣，仍拘执来使以释群疑，奖励诸军，以图大举。"李士瞻曾出任辽阳路行省左丞。

107.《元史》卷 207，第 4604 页，逆臣铁失传；卷 141，第 3390 页，扩廓帖木儿传；权衡，《庚申外史》下，5b，收录于《元代笔记小说》卷 3，第 544 页；任崇岳，《庚申外史笺证》，第 125 页。权衡也暗示，她的被黜部分原因是孛罗帖木儿致力于朝政复苏，这也包括上面提到的削减宫廷开销和营建等。权衡指出她被关在后载门外。后载门位于皇宫北墙，今位于景山公园的少年宫。汉字的"厚"也用来指门（陈高华，《元大都》，第 53 页）。据《元史·奇皇后传》，尽管孛罗帖木儿以"后外扰国政"奏请皇帝"宜迁后出于外"，但"帝不答"。传记明确指出，孛罗帖木儿是"矫制"幽禁奇皇后（卷 14，第 2881 页，后妃一）。

108.《元史》卷 46，第 969 页，顺帝本纪，至正二十五年四月庚寅；卷 114，第 2881 页，后妃一。

109.《元史》卷 46，第 969 页，顺帝本纪，至正二十五年六月乙巳。

110. 据《元史》奇皇后传，奇皇后"又数纳美女于孛罗帖木儿，至百日，始还宫"。（《元史》卷 114，第 2881 页，后妃一）

111. 权衡没有明确说明这些女人就是高丽女。奇皇后经常将高丽美女作为礼物送给朝廷重臣，以建立她的庇护网络（参见第三章）。这种做法完全符合早期蒙古的习俗，即大汗将女人和其他战利品分配给那些应该获得奖赏的军事将领和皇室成员。

112. 权衡，《庚申外史》下，6a，收录于《元代笔记小说》卷3，第545页；任崇岳，《庚申外史笺证》，第128页。权衡在报告中强调孛罗身边的女性只是他的性生活对象，这反映了汉人的社会政治态度，而非蒙古的政治文化现实，因为在蒙古的政治文化中女性常常扮演重要角色。

113. 关于孛罗帖木儿被暗杀的时间，取自《元史·孛罗传》的记载（卷207，第4604页）。达德斯在《明代名人传》（第724页）中推算出孛罗被暗杀的时间是8月16日。在孛罗帖木儿的众多罪名中，有一项是霸占皇帝的宠妃（权衡，《庚申外史》下，6a，收录于《元代笔记小说》卷3，第545页；任崇岳，《庚申外史笺证》，第129页）。

114. 《元史》卷207，第4605页；卷46，第970页，顺帝本纪，至正二十五年七月丙戌。

115. 关于老的沙之死，参见《元史》卷46，第970页，顺帝本纪，至正二十五年十月丁未。关于妥懽帖睦尔之死，参见《元史》卷46，第971页，顺帝本纪，至正二十五年十二月是月。

116. 《元史》卷46，第970页，顺帝本纪，至正二十五年九月；卷104，第2881页，后妃一；权衡，《庚申外史》下，7a（收录于《元代笔记小说》卷3，第547页）；任崇岳，《庚申外史笺证》，第132页。

117. 《元史》卷114，第2881页，后妃一。

118. 《高丽史》卷41，第620页，恭愍王十四年正月戊辰；《高丽史节要》卷28，9a，第713页，恭愍王十四年正月。

119. 不到两个月，高丽国王继续向黑驴进献礼物。高丽国王派李子松前往辽阳向黑驴进献"白金及鞍"（《高丽史》卷41，第620页，恭愍王十四年二月丙辰）。

120. 《高丽史》卷41，第620页，恭愍王十四年三月己巳。在不到三星期之后，恭愍王派洪师范到大都表达元朝赐予其尊贵封号的感激之情。另外，他还趁此提醒元朝皇帝，尽管他一心事大蒙古，但皇帝却被蒙蔽，轻信对他的诬构，以致他差点难逃大劫。他在这里所说的就是塔思帖木儿事件（《高丽史》卷41，第620－621页，恭愍王十四年三月戊子）。

121. 《高丽史》卷43，第646页，恭愍王二十一年三月庚戌。高丽朝廷的解释是，明朝应该和高丽朝廷保持一致的立场来对付奇辙（平章赛因帖木儿）。据高丽朝廷的说法，此人由于仇视高丽王朝，试图误导辽东的明朝官员，以煽动边界冲突。

122. 任崇岳，《庚申外史笺证》，第 116 页。太子将会是奇氏族人三宝奴。

123. 这一描述转引自拉施特的 *The Successors of Genghis Khan*（《成吉思汗的后裔》），第 199 页。

124. 赵乔治、理查德·盖索，《女性的欲望和权力》。

125. 有关妥懽帖睦尔在位时期主要派系斗争的简要讨论，包括对付皇帝的阴谋和皇帝先后肃清脱脱、扩廓帖木儿（1367 年），参见赵永春、兰婷的《元顺帝时期的党争及其危害》。

126. Wada Sei（和田清），“Minsho no Manshu keiryaku”（《明初满洲经略》），第 92 页。闵贤九也持有同样观点（《高丽政治史论》，第 329 页）。

第八章

1. Fletcher（弗莱彻），“The Mongols”（《蒙古》），第 26 页。

2. 弗莱彻，“Turco-Mongolian Monarchic Tradition”（《奥斯曼帝国的蒙古君主制传统》），第 240 – 241 页。

3. 陈高华，《元朝与高丽的海上交通》，第 355 – 356 页；另收录于陈高华，《元史研究新论》，第 370 – 372 页。

4. 金惠元，《高丽恭愍王时期的对外政策与汉人群雄》；Suematsu（末松），“Raimatsu Sensho ni okeru taiMin kankei”（《丽末鲜初的对明关系》），第 132 – 136 页。末松强调这些联系背后的经济动因，而金惠元则辩称军事和政治的因素也很重要。最近，末松主张高丽和中原地区的贸易往来自元朝崛起以来“基本中断”（第 136 页）（参见上引陈高华论著）。

5. Wada Hirotoku（和田博德），“Genmatsu no gun'yū to Betonamu”（《元末群雄与越南》，第 44，68 页。

6. 《高丽史》卷 112，第 354 页，田禄生传。

7. 田禄生，《野隐逸集》卷 6，9a，12：506。据田禄生的生平大事记，他曾被派往浙江，但也有一种解释性笔记补充说明当时方国珍控制浙江地区。《高丽史·田禄生传》删掉了他作为外交使节的所有记录（《高丽史》卷 112，第 354－355 页，田禄生传）。

8. 田禄生，《野隐逸集》卷 3，3a，12：434。见《高丽史》卷 40，第 618 页，恭愍十三年六月乙卯，即 1364 年 7 月 22 日。王应麟（1223－1296）编《玉海》；郑樵（1104－1162），《通志》。

9.《高丽史》卷 41，第 621 页，恭愍十四年四月辛丑，即 1365 年 5 月 4 日。当时，他的官职是监察大夫。高丽宦官方节陪同他出使元朝。次年农历五月，高丽国王另遣使一名拜见扩廓帖木儿（《高丽史节要》卷 28，21b，第 719 页，恭愍王十五年五月）。大约田禄生出发前往大都同时，张士诚使节抵达高丽朝廷（《高丽史》卷 41，第 621 页，恭愍十四年四月辛卯，即 1365 年 4 月 24 日）。令人好奇的是，田禄生似乎平安抵达大都，而当时一位高丽官员则以时局动荡不安为由拒绝赴任西北面都巡慰使（《高丽史》卷 41，第 621 页，恭愍十四年四月辛丑，即 1365 年 5 月 4 日）。据《高丽史》记载，田禄生出使元朝，向元太子、沈王和扩廓帖木儿进献了礼物。汉文文献明确指出元太子在 1364 年农历八月（至正二十四年八月乙巳）之前离开大都抵达冀宁。直至孛罗帖木儿被杀，元太子才返回大都。据《元史·顺帝本纪》，1365 年农历九月，皇太子在扩廓帖木儿和他的军队护送下返回大都（《元史》卷 5，第 970 页，至正二十五年九月；卷 141，第 3391 页，察罕帖木儿传）。

10.《高丽史》卷 41，第 623 页，恭愍王十五年三月庚子；田禄生，《野隐逸集》卷 3，b，12：435；卷 6，10ab，第 508 页。与此同时，恭愍王祝贺元太子平安返回大都（《高丽史》卷 41，第 623 页，恭愍王十五年三月庚子）。如第七章所述，孛罗帖木儿曾驱逐皇太子出京城。恭愍王则保持开放的态度。

11.《元史》卷 141，第 3391 页，察罕帖木儿传。

12.《高丽史》卷 104，第 230 页，金方庆传，附金齐颜传。据《高丽史节要》（卷 28，23a，第 720 页，恭愍王十五年六月），“皇太子不希望我们派使者去河南。”

13.《高丽史》卷 104，第 230 页，金齐颜传。另见田禄生，《野隐逸集》卷 3，4a，12：第 436 页；《高丽史》卷 41，第 624 页，恭愍王十五年六月壬戌。

14.《高丽史节要》卷 28，23a，第 720 页，恭愍王十五年六月。

15.《高丽史》卷 104，第 230 页，金方庆传。

16.《高丽史》卷41，第623页，恭愍王十五年五月乙酉，即1366年6月12日。

17.《高丽史》卷41，第624页，恭愍王十五年十一月辛丑，即1366年12月25日。

18. 同前，十二月戊申，即1367年1月1日。

19. 同前，辛亥，即1367年1月4日。

20.《高丽史》卷111，第346页，林朴传。

21.《高丽史》卷41，第625页，恭愍王十五年十二月己未，即1367年1月12日。

22. 同前，十六年五月戊寅，即1367年5月31日。一年多后，恭愍王派张子温觐见在南京的朱元璋（《高丽史》卷41，第627页，恭愍王十七年十一月丁未，即1368年12月20日）。《明太祖实录》《国榷》《明史》等汉文文献删除了张子温的出使记载，不过《高丽史》坚持称，张子温的来访让朱元璋大为感激。

23.《高丽史》卷133，第688页，辛禑王二年十月。

24. 钱谦益，《国初群雄史略》卷11，第244－252页。另见《明太祖实录》，吴王元年四月辛亥，卷3，3a；谈迁，《国榷》卷2，第333页。扩廓帖木儿至少一次扣留了朱元璋的使者。为此，朱元璋政权写了几封信谴责这种不公正待遇。在钱谦益撰写的有关扩廓帖木儿的文章中，这些书信占了很大比例。在钱谦益撰写的扩廓帖木儿传及《元史·扩廓帖木儿传》《元史·妥懽帖睦尔（皇帝）本纪》中，删掉了当时扩廓帖木儿和其他政权交往关系的记载，也许这是为了最大限度地削弱其统治的合法性。就国内统治的合法性而言，其他政权的认可也非常重要。

25. 普愚，《太古和尚语录》，48a，25：564－566。《高丽史·恭愍王本纪》没有提到这些关系（恭愍王十四年四月辛丑、恭愍王十五年四月庚子、恭愍王十五年六月壬）。1367年，来自“日本”的使者向高丽国王进献方物（《高丽史》卷41，第626－627页，恭愍王十七年正月戊子，十七年七月乙亥）。关于14世纪中叶日本和元朝的关系的讨论，见下。

26. 关于在中国东海这一背景下展开明州地位的讨论，参见Enomoto（榎本），“Meishū shihakushi to Higashi Shinakai bōekiken”（《明州市舶司与东海贸易圈》）。

27. 觉宏，《懒翁和尚行状》见慧勤，《懒翁集》卷25，第249页。

李穑的《懒翁传》没有包括这个细节。

28. 金惠元,《高丽恭愍王时期对外政策与汉人群雄》, 第 83 页。

29.《高丽史》卷 111, 第 338 页, 庆复兴传。

30. 金惠元,《高丽恭愍王时期的对外政策与汉人群雄》, 第 111 - 112 页。

31.《高丽史》卷 42, 第 640 页, 恭愍王十九年九月乙巳。

32.《高丽史》卷 41, 第 630 页, 恭愍王十八年九月己亥; 卷 41, 第 630 页, 恭愍王十八年十月乙酉; 卷 42, 第 632 页, 恭愍王十九年三月甲午; 卷 43, 第 644 页 , 恭愍王二十年九月癸丑; 卷 44, 第 652 页, 恭愍王二十二年二月乙亥; 卷 133, 第 688 - 689 页, 辛禑王二年十月。

33. 1368 年的最后数月, 妥懽帖睦尔多次请求高丽派军献粮支持大元兀鲁思 (刘佶,《北巡私记》, 2a - b, 3a)。

34. 例如, 1367 年春, "方国珍秘密派人联系扩廓帖木儿和陈友定。(朱元璋) 去信谴责" (张廷玉等编《明史》卷 1, 第 15 页, 至正二十七年四月)。

35.《高丽史》卷 44, 第 654 页, 恭愍王二十二年七月壬子。

36. 张威,《绥中三道岗元代沉船》, 第 82 - 127、134 - 138 页。

37. 杉山正明, 第 9 - 20 页; Verschuer (费许尔), *Across the Perilous Sea* (《危险的海洋: 七世纪到十六世纪日本与中国、韩国的贸易》), 第 95 - 97 页。

38. 榎本, "Junteichō zenpanki ni okeru Nichi-Gen kōtsū" (《顺帝前半期的日元交通》, 第 19 - 27 页。

39. 陈高华,《十四世纪来中国的日本僧人》。

40. 福州以南的港口也进行海上贸易。

41. 榎本, "Nihon ensei yikō ni okeru Genchō no wasen taisaku" (《日本远征后元朝对倭船政策》)。

42. 榎本, "Genmatsu nairanki no Nichi-Gen kōtsū" (《元末内乱时期的日元交通》), 第 2 - 3 页。

43. Murai Shōsuke (村井章介), "Wakō to Chōsen" (《倭冠与朝鲜》), 第 186 - 187 页; *Bunretsu suru Oken to shakai* (分裂的王权与社会》), 第 174 - 175 页。

44.《元史》卷 139, 第 3363 页, 纽的该传。

45. 榎本，《元末内乱时期的日元交通》，第 8 页。引文来自《证羊集》，东京大学史料编撰所编，*Dai Nippon shiryō*（《大日本史料》卷 7，27：614），引入榎本，第 7 页。

46. 榎本，《元末内乱时期的日元交通》，第 5 页。榎本认为，元朝最后十年左右时间是中日关系的关键转折期。日本僧侣对入华研修禅学的兴趣持续下降与动荡的环境、不稳定的贸易不无关系。15 世纪的入明日僧相比宗教训练对文学更感兴趣（同前，第 22 页）。

47. 榎本，"Jūyon seiki kōhan，Nihon ni torai shita hitobito"（《十四世纪后半期渡来日本人》）。

48. 权近，《平壤城大门楼记》，《阳村集》卷 12，b；收录于《韩国文集丛刊》卷 7，第 135 页；李荇，《新增东国舆地胜览》卷 51，"平壤"，"楼亭"，4：20。

49. 见李荇，《新增东国舆地胜览》卷 41，"黄州"，"古迹"，3：9。

50. 同前。

51 金安国，《文化县移治记》，《慕斋集》卷 11，16b－17a（微型胶卷，第 617 页）。

52. 金安国，《教黄海道观察使某书》，《慕斋集》卷 19，19b（微型胶卷，第 5－19 页）。

53. 邓肯，《朝鲜王朝的起源》，第 182－187 页；引文，见第 184 页。另见金顺子的《元干涉期民户的动向》，第 379－388 页。

54. 关于祠堂和恭愍王及其王后的彩色画像，参见 Yi Ki-tam（李基耽）的 *Kongminwang kwa ui taehwa*（《和恭愍王对话》），第 245 页。

55. 安东民俗博物馆，《安东洞祭》，第 6－7、14－15、114－16 页。在此感谢安东民俗博物馆的李熹承先生热心提供当地纪念恭愍王及其王后祠堂的资料。据说，每年 8 月的安东民俗节，都会表演民俗游戏——"大东"，这种展演活动可以追溯到恭愍王驻跸安东时期。传说，高丽王室一行来到福州城外时，有一条小溪挡住了他们的去路。当地妇女用自己的身体搭了一座"人桥"让鲁元王后渡过了小溪。参见 Institute of An-dong Culture at Andong National University（安东国立大学安东文化研究所）*A Cultural and Historic Journey into Andong*（《走进安东的文化和历史之旅》），第 35、151－152 页）。

56. 引自谈迁，《国榷》卷 1，第 300 页。

57. 艾鹜德，“How the Mongols Rejected the Secret History”（《蒙古史是如何拒绝秘史的?》，未公开发表）。在此感谢艾鹜德教授好心与我分享这篇论文。赵乔治也发现了这种差异（“Control Through Conciliation”，《怀柔》，第 9 页注 22）。

58. 关于红巾军第一次获得“主要胜利”的最早例子，参见《高丽史》卷 137，41a（延世版，3：967；明治版，第 763 页）。此时的李成桂早已大权在握。

59. 纳哈出也被编入有关李成桂的英勇传奇故事中，成书于 15 世纪的《高丽史》小心地把纳哈出写进来，记录了他在 1376 与李成桂的一次作战中几乎丧命的情况（《高丽史》卷 133，19a – b，第 874 页，辛禑王二年十月）。

60. 权近，《有明谥康献朝鲜国太祖至仁启运圣文神武大王健元陵神道碑铭并序》，《阳村集》卷 36，6b – 7a，收录于《韩国文集丛刊》卷 7，第 318 – 319 页；收录于李荇，《新增东国舆地胜览》卷 11，“扬州”，“陵墓健元陵”，2：11。权近文集中收录的石刻本悼词中没有提到进攻上都或辽东（同前，卷 36，14a – b；收录于《韩国文集丛刊》卷 7，第 322 页；同前，健元陵志石文，《阳村集》卷 39，4b，收录于《韩国文集丛刊》卷 7，第 339 页）。

61. 参见 McCann（麦肯），*Song of the Dragons Flying toHeaven.*（《飞龙御天歌》）。

62. 李彼得译，《飞龙御天歌》，第 186 页。

63. 1446 年，世宗大王命人制作一幅宋朝风景画，请著名大臣题诗庆贺。参见朴彭年（1417 – 1456）的《八骏图颂并序》，载《朴先生遗稿》卷 1，11b – 14b，收录于《韩国文集丛刊》9：59 – 60；徐居正（1420 – 1488），《八骏图行》，《四佳集·诗集》3，1a – 2b，收录于《韩国文集丛刊》卷 10，第 259 页；成三问（1418 – 1456），《八骏图铭并引》，《成谨甫集》卷 2，11b – 15a，收录于《韩国文集丛刊》卷 10，第 196 – 198 页；申叔舟（1417 – 1475），《八骏图赋并叙》，《保闲斋集》卷 1，5a – 11a，收录于《韩国文集丛刊》卷 10，第 10 – 13 页。

64. 白文宝，《判三司事一直孙公赐杖诗序》，《淡庵逸集》卷 2，8a – b；收录于《韩国文集丛刊》卷 3，第 312 页、《韩国历代文集丛书》卷 12，第 115 – 116 页。

65. 李达衷，《鸡林赴任后再辞表》，《霁亭集》卷 2，3b，34：61。

66. Hŏ Hŭng-sik（许兴植），*Koryŏ sahoesa yŏn'gu*（《高丽社会史研究》），第 452－453 页。

67. 高丽初期，朝廷不断向北方迁移人口。Nishino（西野），"Kōraichō ni okeru Hokuhō Ryōkai chiikinitsuite"（《高丽时期的北方两界》），第 107－108 页。

68. 14 世纪 50 年代，一位官员抱怨刚成立的全罗道抗倭驻军武官"辱骂郡下百姓以确立权威，让驻兵推进他们的私人利益"（《高丽史》卷 112，第 354 页，田禄生传）。

69. Chŏng Tu-hŭi（郑杜熙），"Koryŏmal sinhŭng muin seryŏk ŭi sŏngchang kwa ch'ŏmsŏrjik ŭi sŏrch'i"（《高丽末期新兴文人势力的成长和设置》）。

70. 许兴植，《高丽社会史研究》，第 191 页。

71. 《高丽史》卷 113，第 328 页，李齐贤。

72. 《高丽史》卷 111，第 333 页，洪彦博传。

73. Hong Yŏng-wi（洪荣义），"Kongminwang ŭi panWŏn chŏngch'aek"（《恭愍王的反元政策》）。虽然洪氏过分强调 1356 年"反元"政策的重要性，但他提供了非常有用的细节。

74. 《高丽史》卷 111，第 339 页，金续命传。

75. Yagi Takeshi（矢木毅），"Kōrai ni okeru gunreiken no kōzō to sono henshitsu"（《高丽军令权结构及其性质》）。

76. Yi Hyŏng-u（李亨雨），"Koryŏ Kongminwangdae ŭi chŏngch'ijŏk ch'uiwa musang syeryŏk"（《高丽恭愍王代的政治势力》）。

77. 14 世纪末的评论家陶宗仪指出，"兵，凶器也。战，逆德也。圣人不得已而用之。"陶宗仪并不热衷政治，他更关心战争对社会造成的破坏、对道德价值观的侵蚀。（《南村辍耕录》卷 10，"越民考"，第 125 页。）后来陶宗仪讲了一个故事：有一个叫王皮的人被地府狱卒拉到水池边，用水池内的淤泥涂抹他的胸口。王皮顿时感到寒气凛冽，洞腹透背，意识到自己前世是秦国的一名将军，参与屠杀赵国四万名俘虏。陶宗仪讲这个故事，旨在警示"为将嗜杀"（《南村辍耕录》卷 13，第 161－162 页）。

78. 丛佩元也提出类似看法："可以说，红巾军中路军为明军进入

东北和最后清算元兵残部开辟了道路。”（《中国东北史》卷3，第439页）

79. 闵贤九强调，1364年，恭愍王曾在京城亲自指挥抗击入侵元军的战役，不过这种提法缺乏支撑论据（《高丽政治史论》，第340、344页）。

80. 王世贞，《诸降虏重赏》，《弇山堂别集》卷14，第258页。

81. 帕莱，《追求朝鲜的独特性》。

82. 张东翼，《高丽外交史研究》，第2-3页。

83. 金塘泽，《元干涉下的高丽政治史》，第1页。

84. 闵贤九，《高丽政治史论》，第20页。

85. 金浩东，《蒙古帝国与高丽》，第99页。

86. Greene（格林），*Transatlantic Colonization and the Redefinition of Empire*（《横跨大西洋的殖民地和帝国的重新定义》），第268页。在此，感谢我的同事安东尼奥·巴雷拉（Antonio Barrera）让我关注到这本书。

87. 从长远发展来看，有必要了解14世纪高丽社会，特别是那些源自12世纪末的模式和趋势（参见朴正基，《14世纪高丽的政治和社会》）。

88. 闵贤九，《高丽政治史论》，第20页。

89. 张东翼甚至指出蒙古实际上对高丽有积极的影响。例如，致力于改革高丽奴隶制度。在《十四世纪高丽政治和社会》（1994年）一书中，也有许多文章挑战这种简单的二分法（参见朴正基的“绪言”）。朴指出这种普遍认可的历史观根本经不起检验。例如，新“文人”精英和旧“门阀家族”之间的鲜明对比。这也是邓肯在《朝鲜王朝的起源》一书中讨论的中心。

90. 张东翼批评以往学界一面倒地强调蒙古对高丽的压迫统治，很少考虑元朝对高丽的影响所带来的积极的后果，或者高丽方面的动机或反应的倾向（《高丽后期外交史研究》，第125页）。

91. 闵贤九把当时的许多弊病归咎于反对改革的亲蒙“豪门世家”（《高丽政治史论》，第20页）。

92. 在这一方面，金浩东（《蒙古帝国和高丽》）迈出了重要一步。

93. 长谷真逸，《农田私话》卷上，3a。

94. 李继本，《刘义士传》，《全元文》卷60，第1028页。

95. 叶子奇，《草木子克谨篇》，第 51 页。

96. 陶宗仪，《南村辍耕录》卷 9，“想肉”，第 113 页。

97. 明初朝廷出资收复中原北方地区及其相关学术观点，相关概述参见鲁大维，*Bandits*，*Eunuchs*，*and the Son of Heaven*（《匪徒、宦官和天子》），第 31 – 33 页。

98. 陶宗仪，《忠烈》，《南村辍耕录》卷 14，第 169 页。

99. 李士瞻，《与元帅朱明叔书》，《全元文》卷 50，第 162 页。

100. 在讨论元末山东局势时，明朝一位观察者说：“莒州百姓十之有九，放下耕犁，拿起武器。地方豪强的野心日益增长，而穷人则日益束缚于更多的桎梏。”（《知州赵麟记》，《庆州志》卷 8，17b）。

101. 在讨论 14 世纪西亚卡丁王国的发展情况时，Lawrence Potter（劳伦斯·波特）说：“保王党似乎主要从事大主义的角度出发来思考问题，但在紧要关头政治忠诚的需要超越了对本族群的忠诚。”［“Herat Under the Karts”（《卡尔特人治下的赫拉特》），第 198 页］

102. 高丽末期对明朝开国皇帝的认识，参见 Seung B. Kye 的“The Posthumous Image and Role of Ming Taizu in Korean Politics”（《明太祖在朝鲜政治中的形象和角色》）。

103. 年轻的江南精英如何在元明交替时期与朱元璋政权达成协议，相关叙述参见 Mote（莫特）的 *The Poet Kao Ch'i*（《诗人高启》）。

104. 《高丽史》卷 44，第 655 页，恭愍王二十二年七月壬子。

105. 《高丽史》卷 44，第 655 页，恭愍王二十二年七月壬子。在此感谢我的同事吴越，是她的润色让译文更加完善。

106. 村井，《倭寇与朝鲜》，第 192 页。

107. 《高丽史》卷 136，第 741 页，辛禑王十三年五月。

108. Pak Wŏnho（朴元熇），“The Liaotung Peninsula Invasion Controversy”（《辽东半岛的侵略战争》）。

109. 有关明初头几十年的辽东局势，相关讨论参见 Woodruff（伍德拉夫），“Foreign Policy and Frontier Affairs”（《对外政策和边界事务》，第 26 – 119 页）。

110. 民族统一主义者没有提出新要求。11 世纪初，高丽朝廷曾打算利用辽东东部地区的一次叛乱收复鸭绿江东岸。此地早在与契丹交战之际就割让给契丹人。不过，此次战役以失败告终（Wittfogel and Feng, *A*

History of Chinese Society《中国社会史》，第 420 页注 101）。14 世纪七八十年代，明朝、辽东和高丽王朝的野心彼此冲突，从而使他们之间的关系更加扑朔迷离。

111. 笔者计划撰写另一本书来探讨这一问题，书名暂定为："Northeast Asian Borderlands：1350 – 1500"（《东北亚边境：1350 – 1500》）。

参考文献

Adshead, S. A. M. *Central Asia in World History*. New York: St. Martin's Press, 1993.

Allsen, Thomas. "Apportioned Lands Under the Mongols." In Anatoly Khazanov and André Wink, eds., *Nomads in the Sedentary Worlds*. Richmond, Surrey: Curzon Press, 2001, pp. 172–90.

———. "The Circulation of Military Technology in the Mongolian Empire." In Nicola Di Cosmo, ed., *Warfare in Inner Asian History*. Leiden: Brill, 2002, pp. 265–92.

———. *Commodity and Exchange in the Mongol Empire*. Cambridge: Cambridge University Press, 1997.

———. *Culture and Conquest in Mongol Eurasia*. Cambridge: Cambridge University Press, 2001.

———. "Guard and Government in the Reign of the Grand Qan Möngke, 1251–59." *Harvard Journal of Asiatic Studies* 46, no. 2 (1986): 495–521.

———. "Mongolian Princes and Their Merchant Partners, 1200–1260." *Asia Major* 2, no. 2 (1989): 83–126.

———. *Mongol Imperialism: The Policies of the Grand Qan Möngke in China, Russia, and the Islamic Lands, 1251–1259*. Berkeley: University of California Press, 1987.

———. "Rise of the Mongolian Empire and Mongol Rule in North China." In Herbert Franke and Denis Twitchett, eds., *Cambridge History of China*, vol. 6, *Alien Regimes and Border States*. Cambridge: Cambridge University Press, 1994, pp. 321–413.

———. "Robing in the Mongolian Empire." In Stewart Gordon, ed., *Robes and Honor: The Medieval World of Investiture*. New York: Palgrave, 2001, pp. 305–13.

———. *The Royal Hunt in Eurasian History*. Philadelphia: University of Pennsylvania Press, 2006.

———. "Technologies of Governance in the Mongolian Empire: A Geographic Overview." In David Sneath, ed., *Imperial Statecraft: Political Forms and Techniques of Governance in Inner Asia, Sixth–Twentieth Centuries*. Bellingham: Center for East Asian Studies, Western Washington University, 2006, 117–40.

———. "The Yüan Dynasty and the Uighurs of Turfan in the 13th Century." In Morris Rossabi, ed., *China Among Equals*. Berkeley: University of California Press, 1983, 243–80.

Andong minsok pangmulgwan 安東民俗博物館. *Andong ŭi tongje* 安東의 洞祭. Andong-si: Andong minsok pangmulgwan, 1994.

Atwood, Christopher. *Encyclopedia of Mongolia and the Mongol Empire*. New York: Facts on File, 2004.

———. "Titles, Appanages, Marriages, and Officials: A Comparison of Political Forms in the Zünghar and Thirteenth-Century Mongol Empires." In David Sneath, ed., *Imperial Statecraft: Political Forms and Techniques of Governance in Inner Asia, Sixth–Twentieth Centuries*. Bellingham: Center for East Asian Studies, Western Washington University, 2006, pp. 207–43.

———. "Ulus Emirs, Keshig Elders, Signatures, and Marriage Partners: The Evolution of a Classic Mongol Institution." In David Sneath, ed., *Imperial Statecraft: Political Forms and Techniques of Governance in Inner Asia, Sixth–Twentieth Centuries*. Bellingham: Center for East Asian Studies, Western Washington University, 2006, 141–73.

———. "Validation by Holiness or Sovereignty: Religious Toleration as Political Theology in the Mongol World Empire of the Thirteenth Century." *International History Review* 26, no. 2 (2004): 237–56.

Aubin, Françoise. "The Rebirth of Chinese Rule in Times of Trouble." In S. R. Schram, ed., *Foundations and Limits of State Power in China*. London: School of Oriental and African Studies, University of London; Hong Kong: Chinese University Press, 1987, pp. 113–46.

Bao Xiang 包祥. "Hancheng faxian de Basibazi wenxian" 漢城發現的八思巴字文獻. *Neimenggu daxue xuebao (Zhexue shehuixue ban)* 内蒙古大學學報 (哲學社會學版) 1994, no. 2: 36–39.

Beijing tushuguan cang Zhongguo lidai shike taben huibian 北京圖書館藏中國歷代石刻拓本匯編. 1989– . (Vols. 48–50 cover the Yuan.)

Berger, Patricia. "Preserving the Nation: The Political Uses of Tantric Art in China." In Marsha Weidner, ed., *Latter Days of the Law*. Lawrence: Spencer Museum of Art and University of Kansas in association with University of Hawai'i Press, 1994, pp. 89–123.

Bi Aonan 畢奥南. "Yuan Renzong cishu Gaoli zakao" 元仁宗賜書高麗雜考. *Wenxian* 文獻 1998, no. 4: 193–99.

Bi Gong 畢恭 et al. *Liaodong zhi* 遼東志. Comp. 1443. Rev. 1488 and 1529. Reprinted in Jin Yufu 金毓黻, ed., *Liaohai congshu* 遼海叢書. Dalian: Liaohai shushe, 1932.

Biran, Michal. "The Mongol Transformation: From the Steppe to Eurasian Empire." *Medieval Encounters* 10, nos. 1–3 (2004): 339–61.

———. *Qaidu and the Rise of the Independent Mongol State in Central Asia.* Richmond, Surrey: Curzon, 1997.

Birge, Bettine. "Levirate Marriage and the Revival of Widow Chastity in Yüan China." *Asia Major*, 3d ser., 8, no. 2 (1995): 107–46.

———. "Women and Confucianism from Song to Ming: The Institutionalization of Patrilineality." In Paul Smith and Richard von Glahn, eds., *The Song-Yuan-Ming Transition in Chinese History.* Cambridge: Harvard University Asia Center, 2003, pp. 212–40, 429–37.

Boyle, John. "The Dynastic and Political History of the Il-khans." In idem, ed., *Cambridge History of Iran*, vol. 5, *The Saljuq and Mongol Periods.* Cambridge: Cambridge University Press, 1968, 413–17.

Brose, Michael. "Uyghur Technologists of Writing and Literacy in Mongol China." *T'oung Pao* 91 (2005): 396–435.

Buell, Paul. "Pleasing the Palate of the Qan: Changing Foodways of the Imperial Mongols." *Mongolian Studies* 13 (1990): 57–81.

———. "The Role of the Sino-Mongolian Frontier Zone in the Rise of Cinggisqan." In Henry Schwarz, ed., *Studies on Mongolia: Proceedings of the First North American Conference on Mongolian Studies.* Bellingham: Center for East Asian Studies, Western Washington Press, 1979, pp. 63–76.

Cao Shuji 曹樹基. *Zhongguo renkou shi* 中國人口史, vol. 4, *Ming shiqi* 明時期. Shanghai: Fudan daxue chubanshe, 2000.

Ch'ae Su-hwan 蔡守煥. "Koryŏ Kongminwangdae ŭi kaehyŏk kwa chŏngch'ijŏk chibae seryŏk" 高麗 恭愍王代의 改革과 政治的 支配勢力. *Sahak yŏn'gu* 史學研究 55–56 (Sept. 1998): 133–62.

Chan, Hok-lam 陳學霖. "The 'Song' Dynasty Legacy: Symbolism and Legitimation from Han Liner to Zhu Yuanzhang of the Ming Dynasty." *Harvard Journal of Asiatic Studies* 68, no. 1 (2008): 91–133.

——. "The White Lotus-Maitreya Doctrine and Popular Uprisings in Ming and Ch'ing China." *Sinologica* 10, no. 4 (1969): 211–33.

Chang Tong-ik 張東翼. *Koryŏ hugi oegyosa yŏn'gu* 高麗後期外交史研究. Seoul: Iljogak, 1994.

———. *Wŏndae Yŏsa charyo chipnok* 元代麗史資料集錄. Seoul: Sŏul taehakkyo ch'ulp'anbu, 1997.

Changguzhenyi 長古眞逸. *Nong tian si hua* 農田私話. Baoyantang biji 寶顏堂秘笈 ed. [late sixteenth, early seventeenth century], Guangji series 廣集, pt. 4 第四.

Chen Dezhi 陳得芝, Ding Guofan 丁國範, et al., eds. *Zhongguo tongshi* 中國通史, vol. 13, *Yuan shiqi* 元時期. Shanghai: Shanghai renmin chubanshe, 1997.

Chen Gaohua 陳高華. "Cong *Lao Qida, Piao tongshi* kan Yuan yu Gaoli de jingji wenhua jiaoliu" 從《老乞大》《朴通事》看元與高麗的經濟文化交流. *Lishi yanjiu* 歷史研究 1995, no. 5: 45–60.

———. "Du 'Boyan Zongdao zhuan.'" 讀伯顏宗道傳. *Yuanshi ji beifang minzushi yanjiu jikan* 元史及北方民族史研究集刊 10 (1986). Reprinted in idem, *Yuanshi yanjiu lungao* 元史研究論稿. Beijing: Zhonghua shuju, 1991, pp. 450–53.

———. "*Gengshen waishi* zuozhe Quan Heng xiaokao" 《庚申外史》作者權衡小考. *Yuanshi luncong* 元史論叢 4 (1992). Originally published under pseudonym, Wen Ling 溫嶺. Reprinted in idem, *Chen Gaohua wenji* 陳高華文集. Shanghai: Shanghai cishu chubanshe, 2005, pp. 548–49.

———. "Jiuben *Lao Qida* shu hou" 舊本《老乞大》書後. *Zhongguoshi yanjiu* 中國史研究 2002, no. 1. Reprinted in idem, *Chen Gaohua wenji* 陳高華文集. Shanghai: Shanghai cishu chubanshe, 2005, pp. 407–18.

———. "*Kajŏng chip, Mok'ŭn ko* yu Yuanshi yanjiu" 《稼亭集》，《牧隱稿》與元史研究. In Hao Shiyuan 郝時遠 and Luo Xianyou 羅賢佑, eds., *Meng Yuan shi ji minzushi lunji: Jinian Weng Dujian xiansheng danchen yibai zhounian* 蒙元史暨民族史論集—記念翁獨健先生誕辰一百周年. Beijing: Shehui kexue wenxian chubanshe, 2006, pp. 321–35.

———. "Lun Yuandai de junhu" 論元代的軍户. *Yuanshi luncong* 元史論叢 1 (1982): 72–90. Reprinted in idem, *Yuanshi yanjiu lungao* 元史研究論稿. Beijing: Zhonghua shuju, 1991, pp. 127–55.

———. "Lun Zhu Yuanzhang he Yuanchao de guanxi" 論朱元璋和元朝的關係. *Xueshu yuekan* 學術月刊 1980, no. 5. Reprinted in idem, *Yuanshi yanjiu lungao* 元史研究論稿. Beijing: Zhonghua shuju, 1991, pp. 316–27.

———. "Shisi shiji lai Zhongguo de Riben sengren" 十四世紀來中國的日本僧人. *Wenshi* 文史 18 (1983): 131–49.

———. "Shuo Yuanmo Hongjinjun de sanlu beifa" 說元末紅巾軍的三路北伐. *Lishi jiaoxue* 歷史教學 1981, no. 5: 21–25.

———. "Yuanchao yu Gaoli de haishang jiaotong" 元朝與高麗的海上交通. *Chindan hakpo* 震檀學報 71–72 (1991): 348–58.

———. *Yuan Dadu* 元大都. Beijing: Beijing chubanshe, 1982.

———. "Yuandai Dadu de huangjia fojiao" 元代大都的皇家佛教. *Shijie zongjiao yanjiu* 世界宗教研究 1992, no. 2: 2–6.

Changguzhenyi 長古眞逸. *Nong tian si hua* 農田私話. Baoyantang biji 寶顏堂秘笈 ed. [late sixteenth, early seventeenth century], Guangji series 廣集, pt. 4 第四.

Chen Dezhi 陳得芝, Ding Guofan 丁國範, et al., eds. *Zhongguo tongshi* 中國通史, vol. 13, *Yuan shiqi* 元時期. Shanghai: Shanghai renmin chubanshe, 1997.

Chen Gaohua 陳高華. "Cong *Lao Qida, Piao tongshi* kan Yuan yu Gaoli de jingji wenhua jiaoliu" 從《老乞大》《朴通事》看元與高麗的經濟文化交流. *Lishi yanjiu* 歷史研究 1995, no. 5: 45–60.

———. "Du 'Boyan Zongdao zhuan.'" 讀伯顏宗道傳. *Yuanshi ji beifang minzushi yanjiu jikan* 元史及北方民族史研究集刊 10 (1986). Reprinted in idem, *Yuanshi yanjiu lungao* 元史研究論稿. Beijing: Zhonghua shuju, 1991, pp. 450–53.

———. "*Gengshen waishi* zuozhe Quan Heng xiaokao" 《庚申外史》作者權衡小考. *Yuanshi luncong* 元史論叢 4 (1992). Originally published under pseudonym, Wen Ling 溫嶺. Reprinted in idem, *Chen Gaohua wenji* 陳高華文集. Shanghai: Shanghai cishu chubanshe, 2005, pp. 548–49.

———. "Jiuben *Lao Qida* shu hou" 舊本《老乞大》書後. *Zhongguoshi yanjiu* 中國史研究 2002, no. 1. Reprinted in idem, *Chen Gaohua wenji* 陳高華文集. Shanghai: Shanghai cishu chubanshe, 2005, pp. 407–18.

———. "*Kajŏng chip*, *Mok'ŭn ko* yu Yuanshi yanjiu" 《稼亭集》，《牧隱稿》與元史研究. In Hao Shiyuan 郝時遠 and Luo Xianyou 羅賢佑, eds., *Meng Yuan shi ji minzushi lunji: Jinian Weng Dujian xiansheng danchen yibai zhounian* 蒙元史暨民族史論集—記念翁獨健先生誕辰一百周年. Beijing: Shehui kexue wenxian chubanshe, 2006, pp. 321–35.

———. "Lun Yuandai de junhu" 論元代的軍户. *Yuanshi luncong* 元史論叢 1 (1982): 72–90. Reprinted in idem, *Yuanshi yanjiu lungao* 元史研究論稿. Beijing: Zhonghua shuju, 1991, pp. 127–55.

———. "Lun Zhu Yuanzhang he Yuanchao de guanxi" 論朱元璋和元朝的關係. *Xueshu yuekan* 學術月刊 1980, no. 5. Reprinted in idem, *Yuanshi yanjiu lungao* 元史研究論稿. Beijing: Zhonghua shuju, 1991, pp. 316–27.

———. "Shisi shiji lai Zhongguo de Riben sengren" 十四世紀來中國的日本僧人. *Wenshi* 文史 18 (1983): 131–49.

———. "Shuo Yuanmo Hongjinjun de sanlu beifa" 說元末紅巾軍的三路北伐. *Lishi jiaoxue* 歷史教學 1981, no. 5: 21–25.

———. "Yuanchao yu Gaoli de haishang jiaotong" 元朝與高麗的海上交通. *Chindan hakpo* 震檀學報 71–72 (1991): 348–58.

———. *Yuan Dadu* 元大都. Beijing: Beijing chubanshe, 1982.

———. "Yuandai Dadu de huangjia fojiao" 元代大都的皇家佛教. *Shijie zongjiao yanjiu* 世界宗教研究 1992, no. 2: 2–6.

———. "Yuandai de liumin wenti" 元代的流民問題. *Yuanshi luncong* 元史論叢 4 (1992): 132–47.

———. "Yuandai laihua Yindu sengren Zhikong shiji" 元代來華印度僧人指空事輯. *Nanya yanjiu* 南亞研究 1979, no. 1: 63–68.

———. "Yuandai nongmin qiyijun minghao xiaoding" 元代農民起義軍名號小訂. *Nankai daxue xuebao* 南開大學學報 1979, no. 2: 95–96.

———. "Yuandai shiren Naixian shengping shiji kao" 元代詩人迺賢生平事蹟考. *Wenshi* 文史 32 (1990): 247–62.

———. *Yuanshi yanjiu xinlun* 元史研究新論. Shanghai: Shanghai shehui kexueyuan chubanshe, 2005.

Chen Gaohua 陳高華 and Shi Weimin 史衛民. *Zhongguo jingji tongshi: Yuandai jingji juan* 中國經濟通史: 元代經濟卷. Beijing: Jingji ribao chubanshe, 2000.

Chen Yiming 陳一鳴. "Lun Yuandai taizi canzheng wenti" 論元代太子參政問題. *Neimenggu shehui kexue* 內蒙古社會科學 1992, no. 1: 81–88.

Ch'en Yuan (Chen Yuan 陳垣). *Western and Central Asians in China Under the Mongols*. Trans. from the Chinese by Ch'ien Hsing-hai and L. Carrington Goodrich. Los Angeles: Monumenta Serica, 1966.

———. *Yuan Xiyuren huahuakao* 元西域人華化考. 1923. Reprinted—Shanghai: Shanghai guji chubanshe, 2000.

Cheng Nina 程尼娜. "Yuanchao dui Heilongjiang xiayou Nüzhen Shuidada diqu tongxia yanjiu" 元朝對黑龍江下游女眞水達達地區統轄研究. *Zhongguo bianjiang shidi yanjiu* 中國邊疆史地研究 15, no. 2 (2005): 69–77.

———. "Yuandai Chaoxian bandao Zhengdong xingsheng yanjiu" 元代朝鮮半島征東行省研究. *Shehui kexue zhanxian* 社會科學戰線 2006, no. 6: 157–62.

———. "Yuandai dui Menggu dongdao zhuwang tongxia yanjiu" 元代對蒙古東道諸王統轄研究. *Liaoning shifan daxue xuebao (shehui kexueban)* 遼寧師範大學學報 (社會科學版) 27, no. 5 (2004): 115–18.

Chikusa Masaaki 竺沙雅章. *Seifuku ōchō no jidai* 征服王朝の時代. Tokyo: Kōdansha, 1992 [1977].

Ch'in Yon-ch'ol. "Kōrai no shuto Kaijōjō ni tsuite no kenkyū" 高麗の首都開城城についての研究. Trans. from the Korean by Mizutani Masayoshi 水谷昌義. *Chōsen gakuhō* 朝鮮学報 117 (1985): 1–42.

Chŏn Chong-sŏk 全宗釋. "Kōrai bukkyō to Gendai Ramakyō to no kankei—Ramakyō no eikyō o chūshin ni" 高麗仏教と元代喇嘛教との関係—喇嘛教の影響を中心に. *Indogaku bukkyōgaku kenkyū* 印度学仏教学研究 35, no. 2 (1987): 677–79.

Ch'ŏn Hae-jong 全海宗. "Yŏ-Wŏn muyŏk ŭi sŏng'gyŏk" 麗元貿易의性格, *Tongyang sahak yŏn'gu* 東洋史學研究 12–13 (1978): 43–53.

Chŏn Nok-seng 田祿生. *Ya'ŭn irjip* 埜隱逸集. 1738 ed. Reprinted in *Han'guk munjip ch'onggan*, vol. 3.

Chŏn Sun-dong 全淳東. "Shipsa segi huban Myŏng ŭi tae Koryŏ-Chosŏn chŏngch'aek" 14 世紀 後半 明의 對高麗 朝鮮政策. *Myŏng Ch'ŏngsa yŏn'gu* 明清史研究 5 (1996): 1–20.

———. "Wŏnmal ŭi nongch'on sahoe wa pallan: Hwapuk chibang ŭl chungsim ŭro" 元末의 農村社會와 反亂— 華 北 地 方 을 중심으로—. *Ch'ungbuk taehakpo mun'in hakchi* 忠北大學報文人學志 6 (1991): 91–121.

Chŏng In-ji 鄭麟趾. *Koryŏsa* 高麗史. 1454. Reprinted—Tokyo: Kokusho kankōkai, 1908; and ed. Yŏnse taehakkyo, Tongbanghak Yŏn'guso 延世大學校東方學研究所. Seoul: Kyŏng'in munhwasa, 1972.

Chŏng Tu-hŭi 鄭杜熙. "Koryŏmal sinhŭng muin seryŏk ŭi sŏngchang kwa ch'ŏmsŏljik ŭi sŏlch'i" 高麗末新興武人勢力의 成長과 添設職의 設置. In Han'guk sahak nonch'ong, Yi Chae-yong paksa hwallyŏk ki'nyŏm kanhaeng wiwŏnhoe 韓國史學論叢, 李載 X 博士還曆紀念刊行委員會, ed., *Han'guk sahak nonch'ong: Yi Chae-yong paksa hwallyŏk ki'nyŏm* 韓國史學論叢: 李載 X 博士還曆紀念. Seoul: Hanul, 1990, pp. 280–98.

Chŏng Ŭn-u 鄭恩雨. "Koryŏ hugi pulgyo misul ŭi huwŏnja" 高麗後期佛教美術의 후원자. *Misul yŏn'gu* 16 (2002): 81–103.

Chōsen sōtokufu 朝鮮総督府, comp. *Chōsen kinseki sōran* 朝鮮金石総覧. Seoul, 1919.

———. Chōsen koseki zufu 朝鮮古蹟図譜. Seoul: Chōsen sōtokufu, 1915–35. Reprinted in *Chōsen kōko shiryō shūsei* 朝鮮考古資料集成. Tokyo: Shupan kagaku sōgō kenkyūjo; Osaka: Hatsubaimoto sōgakusha, 1982.

Clark, Donald. "Autonomy, Legitimacy, and Tributary Politics: Sino-Korean Relations in the Fall of the Koryŏ and the Founding of the Yi." Ph.D. diss., Harvard University, 1978.

Cleaves, Francis. "The 'Fifteen Palace Poems' by K'o Chiu-ssu." *Harvard Journal of Asiatic Studies* 20, no. 3/4 (1957): 391–479.

Cong Peiyuan 叢佩遠. *Zhongguo dongbeishi* 中國東北史, vol. 3. Changchun: Jilin wenshi chubanshe, 1998.

Conlan, Thomas. *In Little Need of Divine Intervention: Takezaki Suenaga's Scrolls of the Mongol Invasions of Japan*. Ithaca: Cornell East Asia Series, 2001.

Daitō kinsekisho / Taedong kŭmsŏksŏ 大東金石書. Keijō: Keijō teikoku daigaku, Hōbungakubu 京城帝国大学法文学部, 1932.

Dang Baohai 党寶海. "The Plait-line Robe: A Costume of Ancient Mongolia." *Central Asiatic Journal* 47, no. 2 (2003): 198–216.

Dardess, John. *Conquerors and Confucians: Aspects of Political Change in Late Yüan China*. New York: Columbia University Press, 1973.

———. "Did the Mongols Matter?" In Paul Smith and Richard von Glahn, eds., *The Sung-Yuan-Ming Transition in Chinese History*. Cambridge: Harvard University Asia Center, 2003, pp. 111–34.

———. "From Mongol Empire to Yüan Dynasty: Changing Forms of Imperial Rule in Mongolia and Central Asia." *Monumenta Serica* 30 (1972–73): 117–65.

———. "Shun-ti and the End of Yüan Rule." In Herbert Franke and Denis Twitchett, eds., *The Cambridge History of China*, vol. 6, *Alien Regimes and Border States, 907–1368*. Cambridge: Cambridge University Press, 1994, pp. 561–86.

———. "The Transformations of Messianic Revolt and the Founding of the Ming Dynasty." *Journal of Asian Studies* 29, no. 3 (1970): 539–58.

Di Cosmo, Nicola. "Mongols and Merchants on the Black Sea Frontier in the Thirteenth and Fourteenth Centuries: Convergences and Conflicts." In Reuven Amitai and Michal Biran, eds., *Mongols, Turks, and Others*. Leiden: Brill, 2005, pp. 391–424.

Ding Kunjian 丁崑健. "Cong shihuan tujing kan Yuandai de youshi zhi feng" 從仕宦途徑看元代的游士之風. In Xiao Qiqing (Hsiao Ch'i-ch'ing) 蕭啓慶, ed., *Meng Yuan de lishi yu wenhua* 蒙元歷史與文化. Taibei: Taiwan xuesheng shuju, 2001, pp. 635–50.

Duncan, John. *The Origins of the Chosŏn Dynasty*. Seattle: University of Washington Press, 2000.

———. "The Social Background to the Founding of the Chosŏn Dynasty: Change or Continuity?" *Journal of Korean Studies* 6 (1988–89): 39–79.

Ebisawa Tetsuo 海老沢哲雄. "Mongoru teikoku no Tōhō san'ōke ni kansuru shomondai" モンゴル帝国と東方三王家に関する諸問題. *Saitama daigaku kiyō kyōiku gakubu (jimbun-shakaikagaku)* 埼玉大学紀要教育学部 (人文・社会科学) 21 (1972): 31–46.

Ejima Hisao 江島寿雄. "Mindai jochoku no uma" 明代女直の馬. *Shien* 史淵 63 (1954). Reprinted in idem, *Mindai Shinsho no jochokushi kenkyū* 明代清初の女直史研究. Fukuoka: Chūgoku shoten, 1999.

———. "Minsho jochoku chōkō ni kansuru nisan no mondai" 明初女直朝貢に関する二三の問題. *Shien* 史淵 58 (1953). Reprinted in idem, *Mindai Shinsho no jochokushi kenkyū* 明代清初の女直史研究. Fukuoka: Chūgoku shoten, 1999.

Elman, Benjamin. *A Cultural History of Civil Examinations in Late Imperial China*. Berkeley: University of California Press, 2000.

Elverskog, Johan. *Our Great Qing: The Mongols, Buddhism, and the State in Late Imperial China*. Honolulu: University of Hawai'i Press, 2006.

Endicott-West, Elizabeth. "Imperial Governance in Yüan Times." *Harvard Journal of Asiatic Studies* 46, no. 2 (1986): 523–49.

———. "Merchant Associations in Yüan China: The Ortoy." *Asia Major* 2, no. 2 (1989): 127–54.

———. *Mongolian Rule in China: Local Administration Under the Yuan*. Cambridge: Harvard Council on East Asian Studies, 1989.

Enomori Susumu 榎森進. "Jūsan–jūroku seiki no Higashi Ajia to Ainu minzoku—Gen-Min to Sahalin to Ainu no kankei o chūshin ni" 十三–十六世紀の東アジアとアイヌ民族—元・明とサハリンとアイヌの関係を中心に. In Haga Norihiko 羽下徳彦, ed., *Kita Nihon chūseishi no kenkyū* 北日本中世史の研究. Tokyo: Yoshikawa kōbunkan, 1990, pp. 223–68.

Enomoto Wataru 榎本涉. "Genmatsu nairanki no Nichi-Gen kōtsū" 元末内乱期の日元交通. *Tōyō gakuhō* 東洋学報 84, no. 1 (2002): 1–31.

———. "Junteichō zenpanki ni okeru Nichi-Gen kōtsū" 順帝朝前半期における日元交通. *Nihon rekishi* 日本歴史, no. 640 (2001): 18–34.

———. "Jūyon seiki kōhan, Nihon ni torai shita hitobito" 十四世紀後半、日本に渡来した人々. *Harukanaru chūsei* 遥かなる中世 20 (2003): 25–54.

———. "Meishū shihakushi to Higashi Shinakai bōekiken" 明州市舶司と東シナ海貿易圏. *Rekishigaku kenkyū* 歴史学研究, no. 756 (2001): 12–22.

———. "Nihon ensei yikō ni okeru Genchō no wasen taisaku" 日本遠征以後における元朝の倭船対策. *Nihonshi kenkyū* 日本史研究, no. 470 (2001): 58–82.

Farquhar, David. "Emperor as Bodhisattva in the Governance of the Ch'ing Empire." *Harvard Journal of Asiatic Studies* 38, no. 1 (1978): 5–34.

———. *The Government of China Under Mongolian Rule*. Stuttgart: F. Steiner, 1990.

———. "Structure and Function in the Yüan Imperial Government." In John Langlois, ed., *China Under Mongol Rule*. Princeton: Princeton University, 1981, pp. 25–55.

Fletcher, Joseph. "The Mongols: Ecological and Social Perspectives." *Harvard Journal of Asiatic Studies* 46 (1986): 11–50.

———. "Turco-Mongolian Monarchic Tradition in the Ottoman Empire." *Harvard Ukrainian Studies* 3–4 (1979–80): 236–51.

Franke, Herbert. "The Chin Dynasty." In idem and Denis Twitchett, eds., *The Cambridge History of China*, vol. 6, *Alien Regimes and Border States, 907–1368*. Cambridge: Cambridge University Press, 1994, pp. 215–320.

———. "Could the Mongol Emperors Read and Write Chinese." In idem, *China Under Mongol Rule*. Aldershot, Eng.: Ashgate Publishing; Brookfield, VT: Variorum, 1994, pt. V, pp. 28–41.

———. "From Tribal Chieftain to Universal Emperor and God: Legitimation of the Yuan Dynasty." In idem, *China Under Mongol Rule*. Brookfield: Variorum Press, 1994, 296–328.

———. "The Role of the State as a Structural Element in Polyethnic Societies." In S. R. Schram, ed., *Foundations and Limits of State Power in China*. London: School of Oriental and African Studies, University of London; Hong Kong: Chinese University Press, 1987, pp. 87–112.

———. "Some Remarks on Yang Yü 楊瑀 and His *Shan-chü hsin-hua* 山居新話." In idem, *China Under Mongol Rule*. Aldershot, Eng.: Ashgate Publishing; Brookfield, VT: Variorum, pt. II, pp. 302–8.

———. "Tibetans in Yuan China." In John Langlois, ed., *China Under Mongol Rule*. Princeton: Princeton University Press, 1981, pp. 296–328.

Franke, Herbert, and Denis Twitchett, eds. *The Cambridge History of China*, vol. 6, *Alien Regimes and Border States, 907–1368*. Cambridge: Cambridge University Press, 1994.

Fu Leshu 傅樂淑. "Yuandai huanhuo kao" 元得官禍考. *Yuanshi luncong* 3 (1983): 157–66.

Fujishima Tateki 藤島建樹. "Gen no Juntei to sono jidai" 元の順帝とその時代. *Ōtani gakuhō* 大谷学報 49, no. 4 (1970): 50–65.

Funada Yoshiyuki 舩田善之. "Genchō jika no shokumokujin ni tsuite" 元朝治下の色目人について. *Shigaku zasshi* 史学雑誌 108, no. 9 (1999): 43–68.

———. "Mongoru jidai ni okeru minzoku sesshoku to Aidenteitei no shosō" モンゴル時代における民族接触とアイデンテイテイの諸相. In Imanishi Yūichirō 今西裕一郎, ed., *Kyūshū daigaku 21 seiki COE puroguramu Higashi Ajia to Nihon: kōryū to hen'yō* 九州大学 21 世紀 COE プログラム「東アジアと日本: 交流と変容」. Fukuokashi: Kyūshū daigaku, 2007, pp. 19–29.

———. "Semuren yu Yuandai zhidu, shehui" 色目人與元代制度，社會. *Mengguxue xinxi* 蒙古學信息 2 (2003): 7–16.

Golden, Peter. "'I will giveth the people unto thee': The Cinggisid Conquests and Their Aftermath in the Turkic World." *Journal of the Royal Asiatic Society* 10, no. 1 (2000): 21–41.

Gong Shitai 貢師泰 (1298–1362). *Wanzhaiji* 玩齋集. *Wenyuange Siku quanshu*, vol. 1215. Reprinted—Taibei: Shangwu yinshuguan, 1983.

Goodrich, L. Carrington, and Chaoying Fang, eds. *Dictionary of Ming Biography, 1368–1644*. New York: Columbia University Press, 1976.

Greene, Jack. "Transatlantic Colonization and the Redefinition of Empire in the Early Modern Era." In Christine Daniels and Michael Kennedy, eds., *Negotiated Empires: Centers and Peripheries in the Americas, 1500–1820*. New York and London: Routledge, 2002, pp. 267–82.

Gu Cheng 顧誠. "*Zhizheng zhiji* de zuozhe wei Kong Keqi" 《至正直記》的作者爲孔克齊. *Yuanshi luncong* 6 (1997): 227–31.

Gui Xipeng 桂栖鹏. *Yuandai jinshi yanjiu* 元代進士研究. Lanzhou: Lanzhou daxue chubanshe, 2001.

———. "Yuan Yingzong zhe Gaoli Zhongxuanwang yu Tufan yuanyin tanxi" 元英宗謫高麗忠宣王於吐蕃原因探析. *Zhongguo bianjiang shidi yanjiu* 中國邊疆史地研究 10, no. 2 (2001): 43–48.

Guojia tushuguan shanben jinshi zu 國家圖書館善本金石組, ed. *Liao Song Yuan shike wenxian quanbian* 遼金元石刻文獻全編. Beijing: Beijing tushuguan chubanshe, 2003.

Haar, B. J. ter. *White Lotus Teachings*. Leiden: E. J. Brill, 1992.

Halperin, Charles. "The Kipchak Connection: The Ilkhans, the Mamluks, and Ayn Jalut." *Bulletin of the School of Oriental and African Studies, University of London* 63, no. 2 (2000): 229–45.

———. *Russia and the Golden Horde: The Mongol Impact on Medieval Russian History*. Bloomington: University of Indiana, 1985.

———. "Russia in the Mongol Empire in Comparative Perspective." *Harvard Journal of Asiatic Studies* 43, no. 1 (1983): 239–61.

Hambis, Louis. *Le chapitre cvii du* Yuan che*: les généologies imperials mongoles dans l'historie chinoise officielle de la dynastie mongole. Avec les notes supplémentaires par Paul Pelliot. T'oung Pao* suppl. no. 38. Leiden: Brill, 1945.

———. "Notes sur l'histoire de Corée à l'époque mongole." *T'oung Pao* 45 (1957): 151–218.

Han Chae-yŏm 韓在濂 (1775–1818). *Koryŏ kodo chŏng* 高麗古都徵. Reprinted in Yi T'aejin 李泰鎮, ed. *Chosŏn sidae sajŏn yŏkji* 朝鮮時代私撰邑誌. Seoul: Han'guk inmunkwa hakwŏn, 1989, vol. 6.

Han Rulin 韓儒林. "Yuandai zhamayan xintan" 元代詐馬宴新探. In idem, *Qiongluji* 穹廬集. Shanghai: Shanghai renmin chubanshe, 1982, pp. 247–54.

Han Rulin 韓儒林, comp. *Yuanchao shi* 元朝史. Beijing: Renmin chubanshe, 1986.

Han Woo-keun. *History of Korea*. Seoul: Eul-Yoo Publishing, 1970.

Han Zhiyuan 韓志遠. "Aiyoushilidala yu Yuanmo zhengzhi" 愛猷識理達臘與元末政治. *Yuanshi luncong* 元史論叢 4 (1992): 183–95.

Han'guk munjip ch'onggan 韓國文集叢刊, *see* Minjok munhwa ch'ujinhoe.

Han'guk pulgyo inmyŏng sajŏn 韓國佛教人名辭典. Ed. Yi Chŏng 李政. Seoul: Pulgyo sidaesa, 1993.

Han'guk yŏktae munjip ch'ongsŏ 韓國歷代文集叢書, *see* Munjip p'yŏnch'an wiwŏnhoe.

Han'guksa yŏn'guhoe 한국사연구회. *Koryŏ ŭi hwangdo Kaegyŏng* 고려의 황도 개경. Seoul: Ch'angjak kwa Pip'yŏngsa, 2002.

Harada Rie 原田理恵. "Genchō no Mokkari ichizoku" 元朝の木華黎一族. In *Tsuitō kinen ronsō* henshū iinkai 追悼記念論叢編集員會, ed. *Mindai*

Chūgoku no rekishiteki isō: Yamane Yukio kyōju tsuitō kinen ronsō 明代中国の歴史的位相: 山根幸夫教授追悼記念論叢. Tokyo: Kyūko shoin, 2007, 2: 65–90.

Hatada Takashi 旗田巍. "Kōrai-Ichō jidai ni okeru gunkensei no ichi keitai" 高麗李朝時代における郡県制の一形態. In idem, *Chōsen chūsei shakaishi no kenkyū* 朝鮮中世社会史の研究. Tokyo: Hōsei daigaku, 1992. Originally published in *Wada hakase koki kinen Tōyōshi ronsō* 和田博士古稀記念東洋史論叢. 1962.

———. "Nihon to Kōrai: Mōko shūrai o chūshin ni shite 日本と高麗—蒙古襲来を中心にして. *Kankoku bunka* 韓国文化 4, no. 10 (1982).

Hazard, Benjamin. "Japanese Marauding in Medieval Korea: The Wako Impact on Late Koryo." Ph.D. diss., University of California, Berkeley, 1967.

Henthorn, William. *Korea: The Mongol Invasions*. Leiden: E. J. Brill, 1963.

Hŏ Hŭng-sik 許興植. *Koryŏ sahoesa yŏn'gu* 高麗社會史研究. Seoul: Asea munhwasa, 1981.

Hong Pong-han 洪鳳漢 (1713–78). *Chŏngbo munhŏn pigo* 增補文獻備考. 1770. Reprinted—Seoul: Kojŏn kanhaenghoe, 1957.

Hong Yŏng-wi 洪榮義. "Kongminwang ŭi panWŏn chŏngch'aek kwa Yŏm Che-sin ŭi kunsa hwaldong" 恭愍王의 反元政策과 廉悌臣의 軍事活動. *Kunsa* 軍事 23 (1991): 91–122.

Horie Masaaki 堀江雅明. "Mongoru = Genchō jidai no Tōhō san *urusu* kenkyū josetsu" モンゴル=元朝時代の東方三ウルス研究序説. In Ono Katsutoshi hakushi shōjū kinenkai 小野勝年博士頌壽記念會 ed., *Ono Katsutoshi hakushi shōjū kinen Tōhōgaku ronshū* 小野勝年博士頌壽記念東方学論集. Kyoto: Hōyū shoten, 1982, pp. 377–411.

———. "Nayan no hanran ni tsuite" ナヤンの反乱について (part 1). *Tōyōshien* 東洋史苑 34–35 (1990): 73–91.

———. "Temuge-Occhigin to sono shison" テムゲーオッチギンとその子孫. *Tōyōshien* 東洋史苑 24–25 (1985): 225–70.

Hsiao, Ch'i-ch'ing (*see also* Xiao Qiqing). "Mid-Yuan Politics." In *CHC*, 6: 490–560.

———. *The Military Establishment of the Yuan Dynasty*. Cambridge: Council on East Asian Studies, Harvard University, 1978.

Hsiao, Kung-chuan. *A History of Chinese Political Thought*. Translated from the Chinese by Frederick Mote. Princeton: Princeton University Press, 1979.

Hu Cuizhong 胡粹中. *Yuanshi xubian* 元史續編. *Siku quanshu zhenben*, series 6, vols. 62–63. Reproduced from Wenyuange 文淵閣 copy. Taibei: Taiwan shangwu yinshuguan, 1976.

Huang Shijian 黄時鑒. "Muhuali guowang huixia zhujun kao" 木華黎國王麾下諸軍考. *Yuanshi luncong* 元史論叢 1 (1982): 57–71.

Hucker, Charles O. *A Dictionary of Official Titles in Imperial China*. Stanford: Stanford University Press, 1985.

———. *The Ming Dynasty: Its Origins and Evolving Institutions*. Ann Arbor: Center for Chinese Studies, University of Michigan, 1978.

Hwang Un-yong 黄雲龍. "Koryŏ Kongminwangdae ŭi taeWŏn Myŏng kwan'gye" 高麗 恭愍王代의 對元明關係. *Tong'guk sahak* 東國史學 14 (1980): 1–14.

Hye Kŭn 惠勤 (Naong 懶翁). *Naong chip* 懶翁集. Reprinted in *Han'guk yŏktae munjip ch'ongsŏ*, vol. 25.

Ikeuchi Hiroshi 池内宏. "Kōrai Kyōmin'ō no Gen ni taisuru hankō no undō" 高麗恭愍王の元に對する反抗の運動. *Tōyō gakuhō* 東洋学報 7, no. 1 (1917): 117–36.

———. "Kōrai Shin-u chō ni okeru Tetsuryō mondai" 高麗辛禑朝における鐵嶺問題. In idem, *ManSenshi kenkyū* 滿鮮史研究, *chūsei* 中世. Tokyo: Yoshikawa kōbunkan, 3: 235–64.

In Tu-su 尹斗壽, comp. *P'yŏngyangji* 平壤志. Preface dated 1590. Reprinted with annotations—Tokyo, 1897.

Institute of Andong Culture at Andong National University. *A Cultural and Historic Journey into Andong*. Seoul: Korean Studies Advancement Center, 2002.

Ishihara Yumiko 石原裕美子. *Chibetto bukkyō sekai no rekishiteki kenkyū* チベット仏教世界の歷史的研究. Tokyo: Tōhō shoten, 2001.

Jackson, Peter. "Dissolution of the Mongol Empire." *Central Asiatic Journal* 22 (1978): 186–244.

———. "From *Ulus* to Khanate." In Reuven Amitai-Preiss and David Morgan, eds., *The Mongol Empire and Its Legacy*. Leiden: Brill, 1999, pp. 12–37.

———. "The Mongols and the Faith of the Conquered." In Reuven Amitai and Michal Biran, eds., *Mongols, Turks, and Others: Eurasian Nomads and the Sedentary World*. Leiden and Boston: Brill, 2005, pp. 245–90.

———. *The Mongols and the West*. Harlow, Eng.: Pearson Education, 2005.

Janhunen, Juha. *Manchuria: An Ethnic History*. Helsinki: Finno-Ugrian Society, 1996.

Jie Qisi 揭傒斯. *Jie Wenan gong quanji* 揭文安文集. Reprinted in *Sibu congkan* 四部叢刊, vol. 242; and *Siku quanshu bieji* 四庫全書别集 4, vol. 1208.

Jing, Anning. "Financial and Material Aspects of Tibetan Art Under the Yuan Dynasty." *Artibus Asiae* 64, no. 2 (2004): 213–40.

———. "The Portraits of Khubilai Khan and Chabi by Anige (1245–1306), a Nepali Artist at the Yuan Court." *Artibus Asiae* 54, no. 1/2 (1994): 40–86.

Kang Chu-chin 姜周鎭. "Kongminwang ŭi Koryŏ chegŏn undong kwa samwŏnsu" 恭愍王의 高麗再建運動과 三元帥. In *Han'gukhak munhŏn yŏn'gu ŭi hyŏnhwang kwa chŏnmang: Asea munhwasa ch'angnip shipjunyŏn ki'nyŏm nonmunjip* 韓國學文獻硏究의 現況과展望: 亞細亞文化社創立十周年紀念論文集. Seoul: Tongsa, 1983, pp. 521–544.

Kang Sŏng-mun 姜性文. "Koryŏmal Hongt'ujok ch'imgo e kwan han yŏn'gu" 高麗末 紅頭賊 侵寇에 關한 硏究. *Yuksa nonmunjip* 陸士論文集 31 (1986): 207–30.

Kawachi Yoshihiro 河内良弘. "Mindai Ryōyō no Tōneiei ni tsuite" 明代遼陽の東寧衛について. *Tōyōshi kenkyū* 東洋史研究 44, no. 4 (1986): 89–127.

Ke Jiusi 柯九思 et al. *Liao Jin Yuan gongci* 遼金元宮詞. Beijing: Beijing guji chubanshe, 1988.

Khwandamir (1475–1535). *Habibu's-siyar*, vol. 3, *The Reign of the Mongol and the Turk*. 1524. Trans. W. M. Thackston. Cambridge: Harvard University, Department of Near Eastern Languages and Civilizations, 1994.

Kim An-guk 金安國. *Mojae chip* 慕齋集. 1574. Reprinted, 1687. Microfilm held in Yenching Library, Harvard University.

Kim Ch'ang-su 金昌洙. "Sŏngjung aemago" 成衆愛馬考. *Tongguk sahak* 東國史學 9–10 (1966): 17–36.

Kim Ho-dong 金浩東. "Mong'gol che'guk kunjudŭl ŭi yangdo sunhaeng kwa yumokjŏk sŭpsok" 몽골帝國 君主들의 兩都巡幸과 遊牧的 習俗. *Chung'ang Asia yŏn'gu* 中央 아시아 硏究 7 (Dec. 2002): 1–25.

———. "Mong'gol che'guk kwa Koryŏ" 몽골제국과 고려. Presented at Seoul University Korean Studies Symposium 2004 서울대학교 한국학 심포지엄, *Han'gukin ŭi sal kwa chŏnt'ong* 한국인의 삶과 전통. Seoul University, May 2004.

———. *Mong'gol che'guk kwa Koryŏ K'ubillai chŏnggwŏn ŭi t'ansaeng kwa Koryŏ ŭi chŏngch'ijok wisang* 몽골제국과 고려 쿠빌라이 정권의 탄생과 고려의 정치의 정치적 위상. Seoul: Sŏul taehakkyo ch'ulpanbu, 2007.

———. "Mong'gol che'guk kwa Tae Wŏn" 몽골帝國과 大元. *Yŏksa hakpo* 歷史學報, no. 192 (2006): 221–53.

———. "Mong'gol cheguk ŭi yŏksasang: kŭ waegok kwa silsang" 몽골帝國의 歷史像—그 歪曲과 實相. In *Che 46 hoe chŏn'guk yŏksahak taehoe* 제 46 회 전국역 사학대회. Seoul: Chŏn'guk yŏksahak taehoe chojik wiwŏnhoe, 2003, pp. 36–44.

———. "Mong'gol che'guksa yŏn'gu wa *Chipsa*" 몽골帝國史 硏究와『集史』. *Kyŏngbuk sahak* 慶北史學 25 (Aug. 2002): 337–52.

Kim Ho-jong 金昊鍾. "Kongminwang ŭi Andongmongjin e kwanhan il yŏn'gu" 恭愍王의 安東蒙塵에 관한 一硏究. *Andong munhwa* 安東文化 1 (1980): 29–50.

Kim Hye-wŏn 金惠苑. "Koryŏ hugi Sim (yang) wang ŭi chŏngch'i kyŏngjejok kiban" 高麗後期瀋 (陽) 王의 政治・經濟的 基盤. *Kuksagwan nonch'ong* 國史館論叢 49 (1993): 27–56.

———. "Koryŏ Kongminwangdae taeoe chŏngch'aek kwa Han'in kun'ung" 高麗 恭愍王代 對外政策과 漢人群雄. *Paeksan hakpo* 白山學報 51 (1998): 61–101.

Kim Hyŏng-su 金炯秀. "Wŏn kansŏp ŭi kuksokron kwa t'ongjeron" 원간섭의 國俗論과 通制論. In Han'guk chungsesa hakhoe, ed., *Han'guk chungse sahoe ŭi che munje* 韓國中世社會의 諸問題. Taegu-si: Han'guk chungsesa hakhoe, 2001, pp. 289–318.

Kim Hyŏng-u 金炯祐. "Hosŭng Chigong yŏn'gu" 胡僧 指空研究. *Tongguk sahak* 東國史學 18 (1984): 1–23.

Kim Ki-tŏk 김기덕. "14 segi huban kaehyŏk chŏngch'i ŭi naeyong kwa kŭ sŏnggyŏk" 14 세기 후반 개혁정치의 내용과 그 성격. In Han'guk yŏksa yŏn'guhoe: 14-segi Koryŏ sahoe sŏnggyŏk yŏn'guban, ed., *14 segi Koryŏ ŭi chŏngch'i wa sahoe* 14 세기고려의 정치와 사회. Seoul: Minŭmsa, 1994, pp. 446–506.

Kim Ku-chin 金九鎮. "Wŏndae Yodong chibang ŭi Koryŏ kunmin" 元代遼東地方의 高麗軍民. In Yi Wŏn-sun 李元淳, ed., *Yi Wŏn-sun kyosu hwagap ki'nyŏm sahak nonch'ong* 李元淳教授華甲記念史學論叢. Seoul: Kyohaksa, 1986, pp. 496–86.

———. "Yŏ-Wŏn ŭi yŏngt'o punjaeng kwa kŭ kwisokmunje: Wŏndae e issŏ sŏ Koryŏ pont'o wa Tungnyŏng ch'onggwanbu, Ssangsŏng ch'onggwanbu, T'amla ch'onggwanbu ŭi punni chŏngch'aek ŭl chungsim ŭro" 麗・元의 領土紛争과 歸屬問題—元代에 있어서 高麗本土와 東寧府・雙城總館府・耽羅總館府의 分離政策을 중심으로—. *Kuksa nonch'ong* 國史論叢 7 (1989): 61–92.

Kim Ku-yong 金九容. *Ch'ŏk'yakjae hak'ŭm chip* 惕若齋學吟集. Reprinted in *Han'guk munjip ch'onggan*, vol. 6.

Kim Kyŏng-nae 金庚來. "Simyangwang e taehan ilkoch'al" 瀋陽王에 對한 一考察. *Sŏngsin sahak* 信誠史學 6 (1988): 71–96.

Kim Sang-gi 金庠基. *Sinp'yŏn Koryŏ sidaesa* 新編高麗時代史. Seoul: Sŏul taehakkyo ch'ulp'anbu, 1985; 3d printing, 1999.

Kim Sun-ja 김순자. "Wŏn kansŏpgi min ŭi tonghyang" 원간섭기 민의 동향. In Han'guk yŏksa yŏn'guhoe: 14-segi Koryŏ sahoe sŏnggyŏk yŏn'guban, ed., *14 segi Koryŏ ŭi chŏngch'i wa sahoe* 14 세기고려의 정치와 사회. Seoul: Minŭmsa, 1994, pp. 365–408.

Kim Tae-jung 金大中. "Koryŏ Kongminwangdae Kyŏnggun ŭi chaegŏn sido" 高麗 恭愍王代 京軍의 再建 試圖. *Kunsa* 軍史 21 (1990): 64–85.

Kim Tang-t'aek 金塘澤. "Koryŏ Kongminwangch'o ŭi mujang seryŏk" 高麗恭愍王初의 武將勢力. *Han'guksa yŏn'gu* 韓國史研究 93 (1996): 27–53.

———. *Wŏn kansŏpha ŭi Koryŏ chŏngch'isa* 元干涉下의 高麗政治史. Seoul: Il-chogak, 1998.

Kim Wi-hyŏn 金渭顯. *Koryŏ sidae taeoe kwan'gyesa yŏn'gu* 高麗時代對外關係史研究. Seoul: Kyŏngin munhwasa, 2004.

Kim Yong-sŏn 金龍善. *Koryŏ myojimyŏng chipsŏng* 高麗墓誌銘集成. 2d ed. Ch'unch'ŏn: Hallim taehakkyo ch'ulp'anbu, 1997.

Kin Bunkyō 金文京, ed. *Rō Kitsudai* 老乞大. Tokyo: Heibonsha, 2002.

Kitamura Hideo 北村秀人. "Kōrai jidai no Shin'ō ni tsuite no ichi kōsatsu" 高麗時代の瀋王についての一考察. *Jinbunkenkyū* 人文研究 (Ōsaka shiritsu daigaku bungakubu) 24, no. 10 (Dec. 1972): 93–144.

———. "Kōrai ni okeru seitōgyōsei ni tsuite" 高麗における征東行省について. *Chōsen gakuhō* 朝鮮学報 32 (1962): 1–73.

Kitamura Takai 北村高. "Kōraiō Ō Shō no sūButsu" 高麗王王璋の崇佛. *Tōyōshien* 東洋史苑 24–25 (1985): 117–41.

Komaroff, Linda, and Stefano Carboni, eds. *The Legacy of Genghis Khan: Courtly Art and Culture in Western Asia, 1256–1353*. New York: Metropolitan Museum of Art; and New Haven: Yale University Press, 2002.

Kong Keqi 孔克齊. *Zhizheng zhiji* 至正直記. Ca. 1365. Baibu congshu jicheng 百部叢書集成 edition, a photolithic reproduction of 1853 edition by 伍崇曜. Reprinted—Taibei: Yiwen chubanshe, 1965.

Kong Qi, *see* Kong Keqi.

Koryŏsa, *see* Chŏng In-ji.

Koryŏsa chŏryo, *see* Nam Su-mun.

Kwŏn Kŭn 權近. *Yangch'on chip* 陽村集; reprinted in *Han'guk munjip ch'onggan*, 7.

Kwŏn Yŏng-guk 權寧國. "Wŏn kansŏpgi Koryŏ kunje ŭi pyŏnhwa" 원간섭기 고려군제의 변화. In Han'guk yŏksa yŏn'guhoe: 14-segi Koryŏ sahoe sŏnggyŏk yŏn'guban, ed., *14 segi Koryŏ ŭi chŏngch'i wa sahoe* 14 세기 고려의 정치 와 사회. Seoul: Minŭmsa, 1994, pp. 131–58.

Kye, Seung B. "The Posthumous Image and Role of Ming Taizu in Korean Politics." *Ming Studies* 50 (2004): 107–30.

Lan Wu 藍武. "Yuan Shundi Tuohuan Tiemuer de wenhua suyang jiqi xintai yanjiu" 元順帝妥歡貼睦爾的文化素養及其心態研究. *Guangxi shifan daxue xuebao* (zhexue shehui kexue ban) 廣西師範大學學報 (哲學社會科學版) 41, no. 1 (2005): 156–60.

Lane, George. *Early Mongol Rule in Thirteenth Century Iran: A Persian Renaissance*. New York: RoutledgeCurzon, 2003.

Langlois, John. "Song Lian and Liu Jin on the Eve of Joining Zhu Yuanzhang." Paper presented at the conference Ming Taizu and His Times. Chinese University of Hong Kong, Mar. 29, 2006.

Langlois, John, ed. *China Under Mongol Rule*. Princeton: Princeton University Press, 1981.

Lei Qing 雷慶. "Yuan Shundi xinlun" 元順帝新論. *Dongbei shida xuebao* (zhexue shehui kexue ban) 東北師大學報 (哲學社會科學版) 1999, no. 3: 20–25.

Lee, Peter. *Songs of Flying Dragons: A Critical Reading*. Cambridge: Harvard University Press, 1975.

Lee, Peter, ed. *Sourcebook of Korean Civilization*, vol. 1., *From Early Times to the Sixteenth Century*. New York: Columbia University Press, 1993.

Legge, James. *The Chinese Classics*, vol. 3.

Li Chengde 李成德. "Hongjinjun jin Gaoli qianxi" 紅巾軍進高麗淺析. *Henan daxue xuebao* (*shehui kexue ban*) 河南大學學報 (社會科學版) 33, no. 4 (1993): 78–83.

Li Fu 李輔. *Quan Liao zhi* 全遼志. 1566. Reprinted—Dalian: Liao hai shu she, 1934; and in *Liao hai cong shu* 遼海叢書, edited by Jin Yufu 金毓紱. Shenyang: Liaoningsheng Xinhua shudian, 1985, vol. 1.

Li Jiben 李繼本. *Yishan wenji* 一山文集. *Siku quanshu zhenben*, series 11, vol. 173. Reproduced from Wenyuange 文淵閣 copy. Taibei: Taiwan shangwu yinshuguan, 1981.

Li Shizhan 李士瞻. *Jingji wenji* 經濟文集. Ming edition (preface dated 1444). Microfilm held at the East Asian Library and the Gest Collection, Princeton University.

Li Xiaofeng 李曉峰 and Yang Dongmei 楊東梅. "Ji'nanshi bowuguan cang gudai tongyin xuanshi" 濟南市博物館藏古代銅印選釋. *Wenwu chunqiu* 文物春秋 2001, no. 2: 47–52.

Li Xinfeng 李新峰. "Ming qianqi fu Chaoxian shichen congkao" 明前期赴朝鮮使臣叢考. In *Ming Qing luncong* 明清論叢. Beijing: Zijincheng chubanshe, 2003, 4: 91–104.

Li Xiusheng 李修生, comp. *Quan Yuan wen* 全元文. Nanjing: Fenghuang chubanshe (formerly Jiangsu guji chubanshe), 2000–2004.

Li Zefen 李則芬. "Yuandai moqi cunwang guanjian renwu Tuotuo" 元代末期存亡關鍵人物脫脫. In idem, *Song Liao Jin Yuan lishi lunwenji* 宋遼金元歷史論文集. Taibei: Liming wenhua shiye, 1991, pp. 748–53.

Li Zhian 李治安. "Make Boluo suoji Naiyan zhi luan kaoshi" 馬可波羅所記乃顏之亂考釋. *Yuanshi luncong* 元史論叢 8 (2001): 33–45.

Liu Ji 劉佶. *Beixun siji* 北巡私記. Late fourteenth century; 1859 edition held in the Kawabata Collection, Faculty of Letters Library, Kyoto University.

Liu Mengcong 劉孟琮, comp. *Nantai beiyao* 南臺備要. Mid-fourteenth century. Reprinted in *Xiantai tongji (wai sanzhong)* 憲臺通紀 (外三種). Hangzhou: Zhejiang guji chubanshe, 2002.

Liu Xiao 劉曉. *Yuanshi yanjiu* 元史研究. Fuzhou: Fujian renmin chubanshe, 2006.

Liu Xihai 劉喜海. *Haidong jinshi yuan* 海東金石苑. 1831. Reprinted in *Shike shiliao xinbian* 石刻史料新編. Taibei: Xinwenfeng, 1977, vol. 23

Liu Xu 劉昫. *Jiu Tangshu* 舊唐書. Beijing: Xinhua shudian, 1975.

Liu Yanbo 劉艷波. "Lüelun Shundi shiqi tongzhi jieji neibu douzheng de tedian" 略論順帝時期統治階級內部鬥爭的特點. *Songliao xuekan (shehui zhexue ban)* 松遼學刊 (社會哲學版) 4 (1997): 16–21.

Liu Yingli 劉應李 et al., eds. *Da Yuan hunyi fangyu shenglan* 大元混一方輿勝覽. Reprinted—Chengdu: Sichuan daxue chubanshe, 2003.

Lu Maocun 慮茂村. "Jieshao Han Liner Song zhengquan de yizu wenwu" 介紹韓林兒宋政權的一組文物. *Wenwu* 1982, no. 9: 91–92.

Lu Nanqiao 盧南喬. "Yuanmo Hongjinjun qiyi ji jinjun Gaoli de yiyi" 元末紅巾軍起義及進軍高麗的意義. 2 pts. *Wen shi zhe* 文史哲 1954, no. 6: 32–38; no. 7: 45–49.

Luo Xianyou 羅賢佑. "Yuanchao zhudi Hanhua shuyi" 元朝諸帝漢化述議. *Minzu yanjiu* 民族研究 1987, no. 5: 67–74.

Luo Xiyi 羅喜頤, comp. *Manzhou jinshizhi* 滿洲金石志. Reprinted in *Shike shiliao xinbian* 石刻史料新編. Taibei: Xinwenfeng chubanshe, 1977, vol. 23.

Ma Juan 馬娟. "Yuandai Halaluren Laodisha shulüe" 元代哈剌魯人老的沙述略. *Huizu yanjiu* 回族研究 2005, no. 2: 128–30.

———. "Yuandai Qincharen Yan Tiemuer shiji kaolun" 元代欽察人燕鐵木兒事迹考論. *Yuanshi luncong* 元史論叢 9 (2005): 98–106.

———. "Yuandai semu Gaoli tonghun juli" 元代色目高麗通婚舉例. *Ningxia shehui kexue* 寧夏社會科學 2002, no. 5: 94–97.

Maier, Charles. *Among Empires: American Ascendancy and Its Predecessors*. Cambridge: Harvard University Press, 2006.

Manz, Beatrice Forbes. *The Rise and Rule of Tamerlane*. Cambridge: Cambridge University Press, 1989.

Marugame Kinsaku 丸亀金作. "Gen-Kōrai kankei no ichikusari: Shin'ō ni tsuite" 元・高麗関係の一齣—瀋王に就いて. *Seikyū gakusō* 青丘学叢 no. 18 (1936): 1–57.

Matsuda Kōichi 松田孝一. "Kōkin no ran shoki Sensai Genchōgun no zenyō" 紅巾の乱初期陝西元朝軍の全容. *Tōyō gakuhō* 東洋学報 75, no. 1 (1993): 1–30.

Matsumoto Takaharu 松本隆晴. "Minsho no Sōheikan" 明初の総兵官. In Mindaishi kenkyūkai 明代史研究会, ed., *Mindaishi kenkyūkai sōritsu san-*

jūgonen kinen ronshū 明代史研究会創立三十五年記念論集. Tokyo: Kyūko shoin, 2003, pp. 37–58.

McCann, David. "Song of the Dragons Flying to Heaven: Negotiating History." In idem, *Early Korean Literature: Selections and Introductions*. New York: Columbia University Press, 2000, pp. 41–45.

Melville, Charles. "The Keshig in Iran: The Survival of the Royal Mongol Household." In Linda Komaroff, ed., *Beyond the Legacy of Genghis Khan*. Leiden: E. J. Brill, 2006, pp. 135–64.

Meng Fanqing 孟繁清. "Yuanchao monian haiyun yu chouliang" 元朝末年海運與籌糧. In Hao Shiyuan 郝時遠 and Luo Xianyou 羅賢佑, eds., *Meng Yuan shi ji minzushi lunji: Jinian Weng Dujian xiansheng danchen yibai zhounian* 蒙元史暨民族史論集—記念翁獨健先生誕辰一百周年. Beijing: Shehui kexue wenxian chubanshe, 2006, pp. 228–41.

Miao Wei 苗威. "Gaoli Zhongliewang zai Zhongguo" 高麗忠烈王在中國. *Dongjiang xuekan* 東疆學刊 17, no. 2 (2000): 47–51.

———. "Gaoli Zhongxuanwang yu Zhongguo" 高麗忠宣王與中國. *Dongjiang xuekan* 東疆學刊 17, no. 3 (2000): 39–45.

Min Hyŏn-gu 閔賢九. "Chŏngch'ika rosŏ ŭi Kongminwang" 政治家로서의 恭愍王. *Asea yŏn'gu* 亞細亞研究, no. 100 (Dec. 1998): 271–96.

———. *Koryŏ chŏngch'isa non* 高麗政治史論. Seoul: Koryŏ taehakkyo ch'ulp'anbu, 2004.

———. "Koryŏ hugi kunje ŭi chŏngch'ijŏk kyŏngjejŏk kiban" 高麗後期軍制의 政治的 經濟的 基盤. In Yukgun ponbu, Kunsa yŏn'gusil 陸軍本部軍事研究室, ed., *Koryŏ kunjesa* 高麗軍制史. N.p., 1983, pp. 323–46.

———. "Koryŏ Kongminwangdae ŭi 'Chu Ki Ch'ŏl kongsin' e taehan kŏmt'o" 高麗 恭愍王代의「誅奇轍功臣」에 대한 檢討. In Yi Ki-baek sŏnsaeng kohŭi ki'nyŏm Han'guk sahak nonch'ong kan wiwŏnhoe 李基白先生古稀紀念韓國史學論叢刊行委員會, ed., *Yi Kibaek sŏnsaeng kohŭi ki'nyŏm Han'guk sahak nonch'ong* 李基白先生古稀紀念韓國史學論叢. Seoul: Iljogak, 1994, 1: 900–29.

———. "Koryŏ Kongminwang ŭi chŭkwi paegyŏng" 高麗 恭愍王의 即位背景. In *Han U-kŭn paksa chŏngnyŏn ki'nyŏm sahak nonch'ong* 韓㳙博士停年紀念史學論叢. Seoul: n.p, 1981, pp. 791–808.

———. "Koryŏ Kongminwang ŭi panWŏnjŏk kaehyŏk chŏngch'i e taehan il koch'al" 高麗 恭愍王의 反元的 改革政治에 대한 一考察. *Chindan hakpo* 震檀學報 68 (1989): 49–77.

———. "Koryŏ Kongminwang ŭi panWŏnjŏk kaehyŏk chŏngch'i e taehan ŭi chŏn'gae kwasŏng" 高麗 恭愍王의 反元的 改革政治에 대한의 展開過程. In T'aegwa Hŏ Sŏn-do sŏnsaeng chŏngnyŏn ki'nyŏm Han'guk sahak nonch'ong kanhaeng wiwŏnhoe, ed., *Han'guk sahak nonch'ong* 韓國史學論叢. Seoul: Iljogak, 1992, pp. 236–57.

Minjok munhwa ch'ujinhoe 民族文化推進會, ed. *Han'guk munjip ch'onggan* 韓國文集叢刊. Seoul: Minjok munhwa ch'ujinhoe, 1990–2005.

Ming shi, *see* Zhang Tingyu et al.

Ming Taizu shilu 明太祖實錄. 1418 to mid-17th c. Fascimile reproduction of Guoli Beiping tushuguan cang Hongge chaoben 國立北平圖書館藏紅格抄本. Taibei: Zhongyang yanjiuyuan, Lishi yuyan yanjiusuo, 1961–66.

Miya Noriko 宮紀子. *Mongoru jidai no shuppan bunka* モンゴル時代の出版文化. Nagoya: Nagoya daigaku shuppankai, 2006.

———. *Mongoru teikoku ga unda sekaizu* モンゴル帝国が生んだ世界図. Tokyo: Nihon keizai shinbun shuppansha, 2007.

Miyazawa Tomoyuki 宮沢知之. "Gendai kōhanki no heisei to sono hōkai" 元代後半期の幣制とその崩壊. *Oryō shigaku* 鷹陵史学 27 (2001): 53–92.

Mizutani Masayoshi 水谷昌義. "Kōrai no shuto Kaijōjō ni tsuite no kenkyū" 高麗の首都開城場についての研究. *Chōsen gakuhō* 朝鮮学報, no. 117 (1985): 1–42.

Mo Shumin 默書民. "Yuandai Daidu de liangshi yu xiaofei" 元代大都的糧食與消費. *Yuanshi luncong* 9 (2004): 65–78.

Momoki Jirō 桃木至郎. *Kaiiki Ajiashi kenkyū nyūmon* 海域アジア史研究入門. Tokyo: Iwanami shoten, 2008.

Morgan, David. *Medieval Persia, 1040–1797*. London and New York: Longman, 1988.

———. *The Mongols*. Cambridge: Blackwell, 1986.

Morihira Masahiko 森平雅彦. "Dai Gen urusu to Kōrai bukkyō: Shōkōji hōshi shutsugen no igi ni yosete" 大元ウルスと高麗仏教—松広寺法旨出現の意義に寄せて. *Nairiku Ajiashi kenkyū* 内陸アジア史研究 17 (Mar. 2003): 23–40.

———. "Fuma Kōrai kokuō no seiritsu: Genchō in okeru Kōraiō no chi'i ni tsuite no yobiteki kōsatsu" 駙馬高麗国王の成立—元朝における高麗王の地位についての予備的考察. *Tōyō gakuhō* 東洋学報 79, no. 4 (Mar. 1998): 1–30.

———. "Genchō keshike seido to Kōrai ōke: Kōrai-Genchō kankei ni okeru turghagh no igi ni kanren shite" 元朝ケシケ制度と高麗王家—高麗元朝関係における禿魯花の意義に関連して. *Shigaku zasshi* 史学雑誌 110, no. 2 (Feb. 2001): 60–89.

———. "Kōrai ni okeru Gen no tanseki—rūto no hitei o chūshin ni" 高麗における元の站赤——ルートの比定を中心に. *Shien* 史淵 141 (Mar. 2004): 79–116.

———. "Kōrai ōika no kisoteki kōsatsu: Dai Gen urusu no ichibun kensei-ryoku toshite no Kōrai ōke" 高麗王位下の基礎的考察—大元ウルスの一分権勢力としての高麗王家. *Chōsenshi kenkyūkai ronbunshū* 朝鮮史研究会論文集 36 (1998): 55–87.

———. "Kōrai ōke to Mongoru kōzoku no tsūkon kankei ni kansuru oboe-gaki" 高麗王家とモンゴル皇族の通婚関係に関する覚書. *Tōyōshi ken-kyū* 東洋史研究 67, no. 3 (2008): 1–39.

Mote, Frederick. *The Poet Kao Ch'i*. Princeton: Princeton University Press, 1962.

———. "Rise of the Ming Dynasty," in *CHC*, vol. 7, pt. I, pp. 11–57.

———. "Yuan and Ming." In K. C. Chang, ed., *Food In Chinese Culture: Anthropological and Historical Perspectives*. New Haven: Yale University Press, 1977, pp. 195–257.

Munjip p'yŏnch'an wiwŏnhoe 文集編纂委員會, ed. *Han'guk yŏktae munjip ch'ongsŏ* 韓國歷代文集叢書. Seoul: Kyŏngin munhwasa, 1987– .

Murai Shōsuke 村井章介. *Bunretsu suru ōken to shakai* 分裂する王権と社会. Tokyo: Chūō kōron shinsha, 2003.

———. "Wakō to Chōsen" 倭冦と朝鮮. In Teng Weizao 藤維藻 et al., eds., *Higashi Ajia sekaishi tankyū* 東アジア世界史探求. Tokyo: Kyūko shoin, 1986, 182–96.

Murata Jirō 村田治郎 et al. *Kyoyōkan* 居庸関. Kyoto: Zauhō kankōkai, 1955, 1957.

Nakamura Jun 中村淳. "Gendai Daito no chokukenjiin o megutte" 元代大都の敕建寺院をめぐって. *Tōyōshi kenkyū* 東洋史研究 58, no. 1 (1999): 63–83.

Nakamura Kazuyuki 中村和之. "Mongoru jidai no Tōsei gensuibu to Mindai no Nurugan toshi" モンゴル時代の東征元帥府と明代の奴児干都司. In Kikuchi Toshihiko 菊池俊彦 and Nakamura Kazuyuki, eds., *Chūsei no Hokutō Ajia to Ainu* 中世の北東アジアとアイヌ. Tokyo: Kōchi shoin, 2008, pp. 43–64.

Nam Su-mun 南秀文. *Koryŏsa chŏryo* 高麗史節要. 1452. Reprinted—Seoul: Asea munhwasa, 1974.

Namujila 那木吉拉. "Yuandai Hanren Menggu xingming kao" 元代漢人蒙古姓名考. *Zhongyang minzu xueyuan xuebao* 中央民族學院學報 1992, no. 2: 10–13.

Naong 懶翁, *see* Hye Kŭn.

Nasen. *Jin tai ji* 金臺集. *Wenyuange Siku quanshu zhenben* 文淵閣四庫全書珍本, series 11, vol. 173. Reprinted—Taibei: Shangwu, 1981.

National Museum of Chinese History. *A Journey into China's Antiquity*. Beijing: Morning Glory Publishers, 1997.

Nishino Yukio 西野幸雄. "Kōraichō ni okeru Hokuhō Ryōkai chiiki ni tsuite" 高麗朝における北方両界地域について. *Senshū shigaku* 專修史学 20 (Mar. 1988): 101–19.

No Ki-sik 盧基植. "Wŏn-Myŏng kyoch'eki ŭi Yodong kwa Yojin" 元・明 교체기의 遼東과 女眞. *Asia munhwa* 아시아문화 19 (2003): 9–26.

No Kye-hyŏn 盧啓鉉. *Yŏ Mong oegyosa* 麗蒙外交史. Seoul: Kap'in ch'ulp'ansa, 1993.

O Kŭmsŏng 吳金成. "Yuanmo dongluanqi de wuzhuang qiyi jituan he xiangcun zhibeiceng" 元末動亂期的武裝起義集團和鄉村支配層. Paper presented at the conference "Ming Taizu and His Times" 明太祖及其時代. Chinese University of Hong Kong, March 2006.

Ōhara Yoshitoyo 大原嘉豊. "Kōrai kokuō *Taizōkyō* kara mita Genchō no shūkyō seisaku" 高麗国王大蔵経からみた元朝の宗教政策. In Iwai Shigeki 岩井茂樹, ed., *Chūgoku kinsei shakai no chitsujō keisei* 中国近世社会の秩序形成. Kyoto: Kyōto daigaku jinbun kagaku kenkyūjo, 2004, pp. 23–59.

Okada Hidehiro 岡田英弘. "Gen no Shin'ō to Ryōyō gyōshō" 元の瀋王と遼陽行省. *Chōsen gakuhō* 朝鮮学報 14 (1959): 533–42.

Ostrowski, Donald. *Muscovy and the Mongols: Cross-Cultural Influences on the Steppe Frontier, 1304–1589.* Cambridge: Harvard University Press, 1998.

Otosaka Tomoko 乙坂智子. "Genchō Chibetto seisaku no shidō to hensen" 元朝チベット政策の始動と変遷. *Shikyō* 史鏡 20 (1990): 49–65.

———. "Genchō no taigai seisaku: Kōrai-Chibetto kunchō e no shogū ni miru 'naifu' taisei" 元朝の対外政策—高麗・チベット君長への処遇に見る「内附」体制. *Shikyō* 史鏡 38–39 (1999): 30–53.

———. "Make Boluo zhuzuozhong suo miaoshu de Zangchuan fojiao" 馬可波羅著作中所描述的藏傳佛教. *Yuanshi luncong* 元史論叢 8 (2001): 62–69.

Paek In-ho 백인호/白仁鎬. "Koryŏ hugi puWŏn seryŏk ŭi hyŏngsŏng kwa seryŏkhwa" 고려후기 附元勢力의 형성과 세력화. In Han'guk chungsesa hakhoe 韓國中世史學會, ed., *Han'guk chungse sahoe ŭi che munje* 韓國中世社會의諸問題. Taegu: Han'guk chungse sahakhoe, 2001, pp. 319–43.

———. *Koryŏ hugi puWŏn seryŏk yŏn'gu* 고려후기부원세력연구. Seoul: Sejong ch'ulp'ansa, 2003.

Paek Mun-bo 白文寶. *Tam'am munjip iljip* 淡庵文集逸文. 1900 ed. Reprinted in *Han'guk yŏktae munjip ch'ongsŏ*, vol. 12; *Han'guk munjip ch'onggan*, vol. 3.

Pak Chong-gi 박종기. "14 segi ŭi Koryŏ sahoe: Wŏn kansŏpgi ŭi yihae munje" 14 세기의 고려—원 간섭기의 이해문제. In Han'guk yŏksa yŏn'guhoe: 14-segi Koryŏ sahoe sŏnggyŏk yŏn'guban, ed., *14 segi Koryŏ ŭi chŏngch'i wa sahoe* 14 세기고려의 정치 와 사회. Seoul: Minŭmsa, 1994, pp. 13–35.

Pak Ok-gŏl 朴玉杰. "Koryŏmal pukpang yumin kwa ch'uswae" 高麗末 北方流民 과 推刷. *Paeksan hakpo* 白山學報 60 (2001): 109–49.

Pak P'yŏng-sik 朴平植. "Koryŏ hugi ŭi Kaegyŏng sang'ŏp" 高麗後期의 開京商業. *Kuksagwan nonch'ong* 國史館論叢 98 (2002): 215–37.

Pak Sŏng-ju 朴成柱. "Koryŏmal Han-Chunggan ŭi yumin" 高麗末 韓·中간의 流民. *Kyŏngju sahak* 慶州史學 20 (2001): 171–96.

Pak Wŏnho. "The Liaotung Peninsula Invasion Controversy During the Early Years of the Yi Dynasty." *Social Science Journal* 6 (1979): 148–81.

Pak Yong-un 朴龍雲. "Kaegyŏng in the Age of Koryŏ." *Seoul Journal of Korean Studies* 11 (1998): 79–106.

———. *Koryŏ sidae Kaegyŏng yŏn'gu* 高麗時代開城研究. Seoul: Iljisa, 1996.

———. *Koryŏ sidaesa* 高麗時代史. 6th ed. Seoul: Iljisa, 2002.

Palais, James. "A Search for Korean Uniqueness." *Harvard Journal of Asiatic Studies* 55, no. 2 (1995): 409–25.

Pang Tong-in 方東仁. "Tongnyŏngbu ch'ip'e soko" 東寧府置廢小考. *Kwandong sahak* 關東史學 2 (1982): 71–83.

Pelliot, Paul. "Les Mots Mongols dans le *Korye sa.*" *Journal asiatique*, no. 217 (1930): 253–66.

Perdue, Peter. *China Marches West: The Qing Conquest of Central Eurasia.* Cambridge: Harvard University Press, 2005.

Petech, Luciano. *Central Tibet and the Mongols.* Rome: Instituto italiano per il Medio ed Estremo Oriente, 1990.

Piao Yan 朴彦. "Mindai ni okeru Chōsenjin no Ryōtō ijū" 明代における朝鮮人の遼東移住. *Tōyōshi kenkyū* 東洋史研究 67, no. 1 (June 2008): 1–34.

Potter, Lawrence. "Herat Under the Karts: Social and Political Forces." In Neguin Yavara et al., eds., *Views from the Edge: Essays in Honor of Richard W. Bulliet.* New York: Columbia University Press, 2004, pp. 184–207.

Pou 普愚. *T'aego hwasang ŏrok* 太古和尚語錄. Reprinted in *Han'guk yŏktae munjip ch'ongsŏ* 韓國歷代文集叢書, vol. 25.

Qian Qianyi 錢謙益. *Guochu qunxiong shilüe* 國初群雄事略. Ca. 1630. Reprinted—Beijing: Zhonghua shuju, 1982.

Qiu Shusen 邱樹森. "Mao Gui shiji kaolüe" 毛貴事迹考略. *Wen shi zhe* 文史哲 1980, no. 3: 33–35.

———. *Tuohuan Tiemuer zhuan* 妥懽貼睦爾傳. Changchun: Jilin jiaoyu chubanshe, 1991.

———. "Youguan Mao Gui de yixie shishi" 有關毛貴的一些史實. *Yuanshi ji beifang minzushi yanjiu jikan* 元史及北方民族史研究集刊 3 (1978): 21–22.

———. *Yuanchao jianshi* 元朝簡史. Fuzhou: Fujian renmin chubanshe, 1989; 2d ed. 1999.

———. "Yuandai de Nüzhenren" 元代的女眞人. *Shehui kexue zhanxian* 社會科學戰線 2003, no. 4: 161–64.

———. "Yuanmo Hongjinjun de zhengquan jianshe" 元末紅巾軍的政權建設. *Yuanshi luncong* 元史論叢 1 (1982): 91–108.

———. "Yuanmo nongmin zhengquan jifang tongyin de chubu yanjiu" 元末農民政權幾方銅印的初步研究. *Wenwu* 文物 1975, no. 9: 76–87.

Qu Wenjun 屈文軍. "Hongjinjun huodong dui Gaoli zhengju he Yuan-Li guanxi de yingxiang" 紅巾軍活動對高麗政局和元麗關係的影嚮. *Zhejiang shidaxue xuebao (shehui kexue ban)* 浙江師大學學報 (社會科學版) 25, no. 5 (2000): 34–37.

———. "Yuandai quexue xinlun" 元代怯薛新論. *Nanjing daxue xuebao (zhexue, renwen kexue, shehui kexue)* 南京大學學報 (哲學, 人文科學, 社會科學) 40, no. 2 (2003): 145–51.

Quan Heng 權衡. *Gengshen waishi* 庚申外史. In Zhou Guangpei 周光培, ed., *Yuandai biji xiaoshuo* 元代筆記小説. Shijiazhuang: Hebei jiaoyu chuban, 1994, vol. 3.

Quan Heng 權衡 and Ren Chongyue 任崇岳. *Gengshen waishi jianzheng* 庚申外史箋證. Zhengzhou: Zhongzhou guji chubanshe, 1991.

Rachewiltz, Igor de. *The Secret History of the Mongols: A Mongolian Epic Chronicle of the Thirteenth Century*. Leiden: Brill, 2006.

——. "Turks in China Under the Mongols: A Preliminary Investigation of Turco-Mongol Relations in the 13th and 14th Centuries." In Morris Rossabi, ed., *China Among Equals: The Middle Kingdom and Its Neighbors, 10th–14th Centuries*. Berkeley: University of California Press, 1983, pp. 281–310.

Rachewiltz, Igor de; Hok-lam Chan; et al, eds. *In the Service of the Khan: Eminent Personalities of the Early Mongol-Yuan Period*. Wiesbaden: Harrassowitz Verlag, 1993.

Rashiduddin Fazlullah (Rashīd al-Dīn). *Jami'u't-Tawarikh, Compendium of Chronicles*. Trans: W. M. Thackston. 3 vols. Cambridge: Department of Near Eastern Languages and Civilizations, Harvard University, 1999.

———. *The Successors of Genghis Khan*. Trans. John Boyle. New York: Columbia University Press, 1971.

Robinson, David. *Bandits, Eunuchs, and the Son of Heaven*. Honolulu: University of Hawaiʻi Press, 2001.

———. "The Ming Court and the Legacy of the Yuan Mongols." In David Robinson, ed., *Culture, Courtiers, and Competition: The Ming Court (1368–1644)*. Cambridge: Harvard University Asia Center, 2008, pp. 365–421.

———. "Mongoru teikoku no hōkai to Kōrai Kyōmin'ō no taigai seisaku" モンゴル帝国の崩壊と高麗恭愍王の対外政策. In Fuma Susumu 夫馬進, ed., *Chūgoku Higashi Ajia gaikō kōryūshi no kenkyū* 中国東アジア外

交交流史の研究. Kyoto: Kyōto daigaku gakujutsu shuppankai, 2007, pp. 145–84.

Ronay, Gabriel. *The Tartar Khan's Englishman*. London: Phoenix Press, 1978.

Rossabi, Morris. "Foreigners in China." In John Langlois, ed., *China Under Mongol Rule*. Princeton: Princeton University Press, 1981, pp. 258–95.

———. *The Jurchens in the Yüan and Ming*. Ithaca: China-Japan Program, Cornell University, 1982.

———. *Khubilai Khan*. Berkeley: University of California Press, 1989.

Rubruck, William. "Report to King Loius IX of France." In Peter Jackson, trans., and David Morgan, ed., *The Mission of Friar William Rubruck*. London: Hakluyt Society, 1990.

Sada Kōjirō 佐田弘治朗, ed. *Manshū kyūsekishi* 滿州舊蹟志. Dairen: Minami Manshū tetsudō kabushiki kaisha, 1924–26.

Satō Hisashi 佐藤長. "Minchō ni okeru Ramakyō sūhai ni tsuite" 明朝におけるラマ教崇拝について. Reprinted in idem, *Chūsei Chibettoshi kenkyū* 中世チベット史研究. Kyoto: Dōhōsha, 1986, pp. 287–320.

Schamiloglu, Uli. "The Rise of the Ottoman Empire: The Black Death in Medieval Anatolia and Its Impact on Turkish Civilization." In Neguin Yavara et al., eds., *Views from the Edge: Essays in Honor of Richard W. Bulliet*. New York: Columbia University Press, 2004, pp. 255–79.

Sen, Tansen. "The Yuan Khanate and India: Cross-Cultural Diplomacy in the Thirteenth and Fourteenth Centuries." *Asia Major* 19, no. 1/2 (2006): 299–326.

Serruys, Henry. "Mongols Ennobled During the Early Ming." *Harvard Journal of Asiatic Studies* 22 (1959): 209–60.

———. *The Mongols in China During the Hung-wu Period*. Mélanges chinois et bouddhiques, vol. 11. Bruxelles: L'Institut belge des hautes études chinoises, 1959.

———. "Remains of Mongol Customs in China During the Early Ming Period." *Monumenta Serica* 16 (1957): 137–90.

———. "Some Types of Names Adopted by the Mongols During the Yuan and the Early Ming Periods." *Monumenta Serica* 17 (1958): 353–60.

Shao Yuanping 邵遠平. *Yuan shi lei bian* 元史類編. 1699. Reprinted in vols. 49–58 of *Shiliao congbian xubian* 史料叢編續編. Taibei: Guangwen shuju, 1968.

Shek, Richard. "Ethics and Polity: The Heterodoxy of Buddhism, Maitreyanism, and the Early White Lotus." In Kwang-Ching Liu and Richard Shek, eds., *Heterodoxy in Late Imperial China*. Honolulu: University of Hawai'i Press, 2004, pp. 73–108.

Shi Shuqing 史樹青. "Yuanmo Xu Shouhui nongmin zhengquan de tongyin" 元末徐壽輝農民政權的銅印. *Wenwu* 文物 1972, no. 6: 9–13.

Shi Weimin 史衛民. *Dushizhong de youmumin* 都市中的遊牧民. Changsha: Hunan chubanshe, 1996.

Shultz, Edward J. *Generals and Scholars: Military Rule in Medieval Korea.* Honolulu: University of Hawai'i Press, 2000.

Silbergeld, Jerome. "In Praise of Government: Chao Yong's Painting, *Noble Steeds*, and Late Yüan Politics." *Artibus Asiae* 46, no. 3 (1985): 159–202.

Sima Qian. *Records of the Grand Historian of China.* Trans. Burton Watson. New York: Columbia University Press.

Smith, John. "Dietary Decadence and Dynastic Decline in the Mongol Empire." *Journal of Asian History* 34, no. 1 (2000): 35–52.

Smith, Paul Jakov. "Impressions of the Song-Yuan-Ming Transition: The Evidence from *Biji* Memoirs." In idem and Richard von Glahn, eds., *The Song-Yuan-Ming Transition in Chinese History.* Cambridge: Harvard University Asia Center, 2003, pp. 71–110.

———. "Problematizing the Song-Yuan-Ming Transition." In idem and Richard von Glahn, eds., *The Song-Yuan-Ming Transition in Chinese History.* Cambridge: Harvard University Asia Center, 2003, pp. 1–34.

Song Lian 宋濂 et al., eds. *Yuan shi* 元史. 1368–70. Reprinted—Beijing: Zhonghua shuju, 1976.

Sonoda Kazuki 園田一亀, comp. *Manshū kinsekishi kō* 滿洲金石志稿. Dairen: Minami Manshū tetsudō kabushiki kaisha, 1939.

Sørensen, Henrick. "Lamaism in Korea During the Late Koryo Dynasty," *Korea Journal* 33, no. 3 (Autumn 1993): 67–81.

Su Bai 宿白. *Zangchuan fojiao siyuan kaogu* 藏傳佛教寺院考古. Beijing: Wenwu chubanshe, 1996.

Su Dong 蘇東. "Yijian Yuandai guguguan" 一件元代姑姑冠. *Neimenggu wenwu kaogu* 内蒙古文物考古 *25, no. 2 (2001): 99–100.*

Su Tianjue 蘇天爵 (1294–1352). *Cixi wen'gao* 慈溪文稿. Reprinted—Beijing: Zhonghua shuju, 1997.

———. *Guochao wenlei* 國朝文類. *Sibu congkan, chubian jibu* 初編集部.

———. *Yuan wen lei* 元文類. 1334. *Siku quanshu.* Reprinted—Shanghai: Shanghai guji chubanshe, 1993.

Sudō Yoshiyuki 周藤吉之. "Sensho ni okeru nuhi no bensei to suisatsu to ni tsuite" 鮮初に於ける奴婢の辨正と推刷とについて. *Seikyū gakusō* 青丘學叢 22 (1935): 1–61.

Suematsu Yasukazu 末松保和. "Kōrai Empukuji shōmei" 高麗演福寺鐘銘. *Tōyō gakuhō* 東洋学報 66 (1985): 319–24.

———. "Raimatsu Sensho ni okeru taiMin kankei" 麗末鮮初における対明関係. Seoul: Keijō teikoku daigaku bungakkai, 1941. Republished in idem,

Kōraichōshi to Chōsenchōshi 高麗朝史と朝鮮朝史. Tokyo: Yoshikawa kōbunkan, 1996, pp. 124–291.

Sugiyama Masaaki 杉山正明. "Chūō Yūrasia no rekishi kōzu: sekaishi o tsunaida mono" 中央ユーラシアの歴史構図—世界史をつないだもの. In idem, ed., *Iwanami kōza sekaishi* 岩波講座世界史, 11, *Chūō Yūrashia no tōgō* 中央ユーラシアの統合. Tokyo: Iwanami shoten, 1997, pp. 3–89.

———. *Dai Mongoru no jidai* 大モンゴルの時代. *Sekai no rekishi* 世界の歴史, vol. 9. Tokyo: Chūō kōronsha, 1997.

———. *Dai Mongoru no sekai* 大モンゴルの世界. Tokyo: Kadogawa sensho, 1992.

———. *Gyakusetsu no Yūrasiashi* 逆説のユーラシア史. Tokyo: Nihon keizai shinbunsha, 2002.

———. "Kubirai seiken to Tōhō san'ōke" クビライ政権と東方三王家. *Tōyō gakuhō* 東洋学報 54 (1982): 257–315. Reprinted in idem, *Mongoru teikoko to DaiGen urusu* モンゴル帝国と大元ウルス. Kyoto: Kyōto daigaku gakujutsu shuppankai, 2004, pp. 62–126.

———. "Kubirai to Daito: Mongorugata 'Shūtoken' to sekai teito" クビライと大都—モンゴル型「首都圏」と世界帝都, in idem, *Mongoru teikoku to DaiGen urusu* モンゴル帝国と大元ウルス. Kyoto: Kyōto daigaku gakujutsu shuppankai, 2004, pp. 128–67.

———. *Mongoru teikoku no kōbō* モンゴル帝国の興亡. Tokyo: Kōdansha gendai shinsho, 1996.

———. *Yūbokumin kara mita sekaishi* 遊牧民から見た世界史. Tokyo: Nihon keizai shinbunsha, 1998.

Sun Chengze 孫承澤. *Yuanchao diangu biannniankao* 元朝典故編年考. *Siku quanshu zhenben*, series 2, vol. 140.

Tan Qian 談遷 (1594–1658). *Guo que* 國榷. Ca. 1653. Reprinted—Beijing: Zhonghua shuju, 1988 [1958].

Tao Zongyi 陶宗儀. *Nancun chuogeng lu* 南村輟耕錄. 1366. Reprinted Beijing: Zhonghua shuju, 1997 [1959].

Takahashi Takuji 高橋琢二. "Ushōshō Dattatsu" 右丞相脫脫. *Shigaku* 史学 40, no. 1–3 (1967): 89–98.

Teraji Jun 寺地遵. "Hō Kokuchin seiken no seikaku" 方国珍政権の性格. (Hiroshima daigaku) *Shigaku kenkyū* (広島大学)史学研究, no. 223 (1999): 22–41.

Tonami Mamoru 礪波護, Kishimoto Mio 岸本美緒, and Sugiyama Masaaki 杉山正明, eds. *Chūgoku rekishi kenkyū nyūmon* 中国歴史研究入門. Nagoya: Nagoya daigaku shuppankai, 2006.

Underdown, Michael. "European Knowledge of Korea During the Yuan Dynasty." *Études mongoles et sibériennes* 27 (1996): 385–404.

Vermeersch, Sem. *The Power of the Buddhas: The Politics of Buddhism During the Koryŏ Dynasty (918–1392)*. Cambridge: Harvard University Asia Center, 2008.

Verschuer, Charlotte von. *Across the Perilous Sea: Japanese Trade with China and Korea from the Seventh to the Sixteenth Centuries*. Trans. from the French by Kristen Lee Hunter. Ithaca: East Asia Program, Cornell University, 2006.

Wada Hirotoku 和田博德. "Genmatsu no gun'yū to Betonamu: Chin Yūryō, Shu Genshō ni kansuru *Daietsu shiki zensho* no kiji" 元末の群雄とベトナム—陳友諒・朱元璋に関する大越史記全書の記事. *Shigaku* 史学 49, no. 1 (1978): 44, 68.

Wada Sei 和田清. "Min no Taiso to kōkin no zoku" 明の太祖と紅巾の賊. *Tōyō gakuhō* 東洋学報 13, no. 2 (1924): 122–46.

———. "Minsho no Manshū keiryaku" 明初の滿州經略. 2 pts. *Man Sen chiri rekishi kenkyū hōkoku* 滿鮮地理歷史報告 14 (1934): 177–298; 15 (1937) 71–319.

Waley, Arthur. "New Light on Buddhism in Medieval India." *Mélanges chinois et bouddhiques* 1 (1931–32): 355–76.

Wang Chongshi 王崇時. "Yuandai ruju Zhongguo de Gaoliren" 元代入居中國的高麗人." *Dongbei shida xuebao* 東北師大學報 1991, no. 6: 46–49. Reprinted in Diao Shuren 刁書人 et al., eds., *Zhong-Chao guanxishi yanjiu lunwenji* 中朝關係史研究論文集. Jilin: Jilin wenshi chubanshe, 1995, pp. 150–58.

———. "Yuan yu Gaoli tongzhi jituan de lianyin" 元與高麗統治集團的聯姻. *Jilin shifan xueyuan xuebao* 吉林師範學院學報 1992, no. 4: 36–41.

Wang Jie 王結 (1275–1336). *Shan su yao yi* 善俗要義. Reprinted in *Li xue zhi nan (wai san zhong)* 吏學指南 (外三種). Hangzhou: Zhejiang guji chubanshe, 1988.

Wang Mingjun 王明軍, Yang Jun 楊軍, and Zheng Yuyan 鄭玉艷. "Shilun Yuanchao monian de 'Zhizheng genghua'" 試論元朝末年的"至正更化." *Songliao xuekan (shehui zhexue ban)* 松遼學刊 (社會哲學版) 1998, no. 4: 20–23, 34.

Wang Shizhen 王世貞. *Yanshantang bieji* 弇山堂别集. 1590. Reprinted—Beijing: Zhonghua shuju, 1985.

Wang Ting 王頲. "Xixiaren Mailigusi yu Yuanmo Liangzhe difang de shouhu" 西夏人邁里古思與元末兩浙地方的守護. In Hao Shiyuan 郝時遠 and Luo Xianyou 羅賢佑, eds., *Meng Yuan shi ji minzushi lunji: Jinian Weng Dujian xiansheng danchen yibai zhounian* 蒙元史暨民族史論集——記念翁獨健先生誕辰一百周年. Beijing: Shehui kexue wenxian chubanshe, 2006, 282–95.

Wang Ting 王頲 and Ni Shangming 倪尚明. “Gaoli Zhongxuanwang zhe Tufan shijian zaixi” 高麗忠宣王謫吐蕃事件再析. *Huazhong shifan daxue xuebao* (renwen shehui kexue ban) 華中師範大學學報 (人文社會科學版) 45, no. 2 (2006): 70–74.

Wang Wei 王薇 et al. *Zhong Chao guanxishi* 中朝關係史. Beijing: Shijie zhishi chubanshe, 2002.

Wang Zhenrong 王愼榮. *Yuanshi tanyuan* 元史探源. Changchun: Jilin wenshi chubanshe, 1991.

Watanabe Ken’ya 渡辺健哉. “Daito kenkyū no genjō to kadai” 大都研究の現状と課題. *Chūgoku: shakai to bunka* 中国—社会と文化 20 (2005): 520–28.

Watt, James. *When Silk Was Gold: Central Asian and Chinese Textiles.* New York: Metropolitan Museum of Art, 1997.

Weidner, Marsha. “Aspects of Painting and Patronage at the Mongol Court, 1260–1368.” In Li Chu-tsing, ed., *Artists and Patrons: Some Social and Economic Aspects of Chinese Painting.* Lawrence: University of Kansas, Kress Foundation Department of Art History and Nelson-Atkins Museum of Art; Seattle: University of Washington Press, 1989, pp. 39–59.

Weitz, Ankeney. “Art and Politics at the Mongol Court of China: Tugh Temür’s Collection of Chinese Paintings.” *Artibus Asiae* 64, no. 2 (2004): 243–80.

Wen Ling 溫嶺, *see* Chen Gaohua.

West, Stephen. “Chilly Seas and East-Flowing Rivers: Yuan Hao-wen’s Poems of Death and Disorder, 1233–35.” In Hoyt Cleveland Tillman and Stephen West, eds., *China Under Jurchen Rule.* Albany: State University of New York Press, 1995, pp. 281–304.

Wi Ŭn-suk 위은숙. “Wŏn kansŏpgi poch’o ŭi yŭt’ong kwa kŭ ŭimi” 원간섭기 寶鈔의 유통과 그의미. In Han’guk chungsesa hakhoe 韓國中世史學會, ed., *Han’guk chungse sahoe ŭi che munje* 韓國中世社會의諸問題. Taegu: Han’guk chungsesa hakhoe, 2001, pp. 583–99.

Wittfogel, Karl, and Feng Chia-sheng. *A History of Chinese Society: Liao, 907–1125.* Philadephia: American Philosophical Society, 1949.

Wŏn Ch’ŏn-sŏk 元天錫. *Un’gok sisa* 耘谷詩史. Reprinted in *Han’guk yŏktae munjip ch’ongsŏ*, vol. 2201.

Woodruff, Phillip. “Foreign Policy and Frontier Affairs Along the Northeast Frontier of the Ming Dynasty, 1350–1618: Tripartite Relations of the Ming Chinese, Korean Koryo, and Jurchen-Manchu Tribesmen.” Ph.D. diss., University of Chicago, 1995.

Wu Haitao 吳海濤. "Cong Yuandai Heshi jiazu de xingsheng kan liangzhong wenhua zhijian de zhongjie juese" 從元代賀氏家族的興盛看兩種文化之間的中介角色. *Yuanshi luncong* 7 (1999): 105–10.

Wu Han 吳晗. *Chaoxian Lichao shilu zhong de Zhongguo ziliao* 朝鮮李朝實錄中的中國資料. Beijing: Xinhua shudian, 1980, vol. 1.

———. "Mingjiao yu Da Ming diguo" 明教與大明帝國. In idem, *Dushi zhaji* 讀書劄記. Beijing: Sanlian shudian, 1961.

———. *Mingshi jianshu* 明史簡述. 1980. Reprinted—Beijing: Zhonghua shuju, 2005.

———. *Zhu Yuanzhang zhuan* 朱元璋傳. 1948. Reprinted—Hong Kong: Xianggang zhuanji wenxueshe, n.d.

Wu Songdi 吳松弟. *Zhongguo renkoushi: Liao Jin Yuan shiqi* 中國人口史遼金元時期. Shanghai: Fudan daxue chubanshe, 2000.

Xi Lei 喜蕾. "Cong Gaoli wenxian kan Yuandai de Huihuiren" 從高麗文獻看元代的回回人. *Neimenggu daxue xuebao (renwen shehui kexue ban)* 內蒙古大學學報 (人文社會科學 版) 38, no. 4 (2006): 18–22.

———. "Yuanchao gongtingzhong de Gaoli nüxing" 元朝宮廷中的高麗女性. *Yuanshi luncong* 元史論叢 8 (2001): 208–14.

———. *Yuandai Gaoli gongnü zhidu yanjiu* 元代高麗貢女制度研究. Beijing: Minzu chubanshe, 2003.

Xia Xie 夏燮. *(Xinjiao) Ming tongjian* (新校)明通鑑. Ca. 1870. Reprinted—Taibei: Shijie shuju, 1978.

Xiao Qiqing (Hsiao Ch'i-ch'ing) 蕭啓慶. "Yuandai de suwei zhidu" 元代的宿衛制度. *Guoli zhengzhi daxue bianzheng yanjiusuo nianbao* 國立政治大學邊政研究所年報 4 (1973): 43–95. Reprinted in idem, *Yuandaishi xintan* 元代史新探. Taibei: Xinwenfeng chubanshe, 1983.

———. "Yuandai de zhenrong zhidu" 元代的鎮戎制度. In *Yaoshi Congwu xiansheng jinian lunji* 姚師從吾先生紀念論集. Taibei: n.p., 1971, pp. 145–64. Reprinted in idem, *Yuandaishi xintan* 元代史新探. Taibei: Xinwenfeng chubanshe, 1983, pp. 113–39.

———. "Yuan-Li guanxizhong de wangshi huanghun yu qiangquan zhengzhi" 元麗關係中的王室皇婚與強權政治. In Zhonghua minguo Hanguo yanjiu xuehui 中華民國韓國研究學會, comp., *Zhong Han guanxishi guoji yantaohui lunwenji* 中韓關係史國際研討會論文集. Taibei: Zhonghua minguo Hanguo yanjiu xue, 1983, pp. 103–23. Reprinted in idem, *Yuandaishi xintan* 元代史新探. Taibei: Xinwenfeng chubanshe, 1983; and idem, *Nei Beiguo er wai Zhongguo: Meng Yuan shi yanjiu* 內北國而外中國: 蒙元史研究. Beijing: Zhonghua shuju, 2007, 2: 766–89.

Xu Huili 許惠利. "Beijing Zhihuasi faxian Yuandai cangjing" 北京智化寺發現元代藏經. *Wenwu* 文物 1987, no. 8: 1–7, 29.

Xue Lei 薛磊. *Yuandai gongting shi* 元代宮廷史. Tianjin: Baihua wenyi chubanshe, 2008.

Yagi Takeshi 矢木毅. "Kōrai ni okeru gunreiken no kōzō to sono henshitsu" 高麗における軍令権の構造とその変質. *Tōhō gakuhō* 東方学報 70 (1998): 291–327.

Yamamoto Meishi 山本明志. "Mongoru jidai ni okeru Chibetto-Kanchikan no kōtsū to tanseki" モンゴル時代におけるチベット•漢地間の交通と站赤. *Tōyōshi kenkyū* 東洋史研究 67, no. 2 (2008): 95–120.

Yamane Yukio 山根幸夫. "'Genmatsu no hanran' to Minchō shihai no kakuritsu" 「元末の反乱」と明朝支配の確立. In *Iwanami kōza, Sekai rekishi* 12, *Higashi Ajia sekai no tenkai*, II 岩波講座・世界歷史 12 東アジア世界の展開. Tokyo: Iwanami shoten, 1971, pp. 17–29.

Yang Ling 楊玲. "Yuandai de bianxian'ao" 元代的辮線襖. *Yuanshi luncong* 元史論叢 10 (2005): 213–24.

Yang Ne 楊訥. *Yuandai bailianjiao yanjiu* 元代白蓮教研究. Shanghai: Shanghai guiji chubanshe, 2004.

Yang Shiqi 楊士奇. *Dongli wenji* 東里文集. Reprinted—Beijing: Zhonghua shuju, 1998.

Yang Ŭi-suk 梁義淑. "Wŏn kansŏpgi Yosimjiyŏk Koryŏin ŭi tonghyang" 元 간섭기 遼瀋地域 高麗人의 동향. *Tongguk yŏksa kyoyuk* 東國歷史教育 1996: 1–39.

Yang Xiaochun 楊曉春. "Shenyang Yuan Zhizheng shiernian *Chenghuangmiao ji* beiyin guanyuan timing de chubu fenxi" 瀋陽元至正十二年『城隍廟記』碑陰官員題名的初步分析. *Yuanshi ji minzu yu bianjiang yanjiu jikan* 元史及民族與邊疆研究 18 (2006): 43–47.

———. "Shisan-shisi shiji Liaoyang, Shenyang diqu Gaoli yimin yanjiu" 十三十四世紀遼陽，瀋陽地區高麗移民研究. *Zhongguo bianjiang shidi yanjiu* 中國邊疆史地研究 17, no. 1 (2007): 36–45.

———. "Yuandai Shenyanglu de jigou shezhi jiqi bianqian" 元代瀋陽路的機構設置及其變遷. *Zhongguo lishi dili luncong* 中國歷史地理論叢 23, no. 1 (2008): 74–80.

Yang Yu 楊瑀 (1285–1361). *Shan ju xin yu* 山居新語. 1360. Reprinted in *Yu tang jia hua Shan ju xin yu* 玉堂嘉話山居新語. Beijing: Zhonghua shuju, 2006.

Yang Zhijiu 楊志玖. *Yuandai Huizu shigao* 元代回族史稿. Tianjin: Nankai daxue chubanshe, 2003.

Yao Dali 姚大力. "Naiyan zhi luan zakao" 乃顏之亂雜考. *Yuanshi ji beifang minzushi yanjiu jikan* 元史及北方民族史研究集刊 11 (1987): 74–82.

———. "Yuan Liaoyang xingsheng gezu de fenbu" 元遼陽行省各族的分部. *Yuanshi ji beifeng minzushi yanjiu jikan* 元史及北方民族史研究集刊 8 (1984): 45–56.

Ye Sheng 葉盛. *Shuidong riji* 水東日記. Between 1465 and 1472. Reprinted—Beijing: Zhonghua shuju, 1997 [1980].

Ye Xinmin 葉新民. *Yuan Shangdu yanjiu* 元上都研究. Hohhot: Neimenggu daxue chubanshe, 1998.

Ye Ziqi 葉子奇. *Cao mu zi* 草木子. Late 14th c. Reprinted—Beijing: Zhonghua shuju, 1997, 3d ed.

Yi Chŏng 李政, ed. *Han'guk pulgyo sach'al sachŏn* 韓國佛教寺刹事典. Seoul: Pulgyo shidaesa, 1996.

Yi Haeng 李荇 (1478–1534). *Sinjŭng Tongguk yŏji sŭngnam* 新增東國輿地勝覽. 1530. Reprinted.

Yi Hyŏng-u 李亨雨. "Koryŏ Kongminwangdae ŭi chŏngch'ijŏk ch'ui wa musang syeryŏk" 高麗恭愍王代의 政治的 推移와 武將力. *Kunsa* 軍事 39 (1999): 27–68.

Yi Ki-tam 이기담. *Kongminwang kwa ŭi taehwa* 공미왕과의 대화. Seoul: Kojŭwin, 2005.

Yi Kok 李穀 (1298–1351). *Kajŏng chip* 稼亭集. Reprinted in *Han'guk munjip ch'onggan* 韓國文集叢刊, vol. 3.

Yi Kyŏng-hĭ 李慶喜. "Koryŏmal Honggŏnjok ŭi ch'im'ip kwa Tong'an imshi sudo ŭi taeŭng" 고려말紅巾賊의 침입과 東安臨時首都의 대응. *Pusan sahak* 釜山史學 34 (1993): 45–73.

Yi Myŏng-mi 李命美. "Koryŏ-Wŏn wangsil t'onghon ŭi chŏngch'ijŏk ŭimi" 高麗・元王室通婚의 政治的 의미. *Han'guksa ron* 韓國史論 49 (June 2003): 7–81.

Yi Nan-yŏng 李蘭暎, comp. *Han'guk kŭmsŏkmun ch'ubo* 韓國金石文追補. Seoul: Asia munhwasa, 1976.

Yi Saek 李穡 (1328–96). *Mok'ŭn sŏnsaeng mungo* 牧隱先生文稿. Reprinted in *Han'guk yŏktae munjip ch'ongsŏ*, vol. 20; and in *Han'guk munjip ch'onggan* 韓國文集叢刊, vol. 5. See Minjok munhwa ch'ujinhoe 民族文化推進會.

Yi Sang-sŏn 李相瑄. "Kongminwang kwa Pou: Kongminwangch'o wangkwŏn anjŏng ŭi iljo rŭl chungsim ŭro" 恭愍王과 普愚—恭愍王初 王權安定 의 一助 를 中心으로. In Yi Chae-yong paksa hwanyŏk ki'nyŏm Han'guk sahak nonch'ong kanhaeng wiwŏnhoe 李載龒博士還曆紀念韓國史學論叢刊行委員會, ed., *Yi Chaeyong paksa hwanyŏk ki'nyŏm Han'guk sahak nonch'ong* 李載龒博士還曆紀念韓國史學論叢. Seoul: Hanul, 1990, pp. 260–79.

Yi Sŭng-han 李昇漢. "Koryŏ Ch'ungsŏnwang ŭi Simyangwang p'ibong kwa chaeWŏn chŏngch'i hwaldong" 高麗 忠宣王의 瀋陽王 被封과 在元政治活動. *Chŏnnam sahak* 全南史學 2 (1988): 23–73.

Yi Tal-ch'ung 李達衷. *Chejŏng sŏnsaeng munjip* 霽亭先生文集. Reprinted in *Han'guk yŏktae munjip ch'ongsŏ*, vol. 34 (*Han'guk munjip ch'onggan*, vol. 3).

Yi U 李俣 (1637–93). *Taedong kŭmsŏksŏ* 大東金石書. Reprinted—Keijō: Keijō teikoku daigaku hōbungakubu 京城帝国大学法文学部, 1932.

Yi Yong-bŏm 李龍範. "Ki Hwanghu ŭi ch'aeknip kwa Wŏndae ŭi Chajŏng-wŏn" 奇皇后의 册立과 元代의 資政院. *Yŏksa hakpo* 歷史學報 17–18 (1962): 495–513.

Yi Yong-ju 李用柱. "Kongminwangdae ŭi Chajeui e kwanhan soyŏn'gu" 恭愍王代의 子弟衛에 關한 小研究. In Sohŏn Nam To-yŏng paksa hwa-gap ki'nyŏm sahak nonch'ong kanhaeng wiwŏnhoe 素軒南都泳博士華甲紀念史學論叢刊行委員會, ed., *Sohŏn Nam To-yŏng paksa hwagap ki'nyŏm sahak nonch'ong* 素軒南都泳博士華甲紀念史學論叢. Seoul: T'ae-haksa, 1984, pp. 177–201.

Yokkaichi Yasuhiro 四日市康博. "*Jarugechi* kō: Mongoru teikoku no jūsōteki kokka kōzō oyobi bunpai shisutemu to no kakawari kara" ジャルゲチ考—モンゴル帝国の重層的国家構造および分配システムとの関わりから. *Shigaku zasshi* 史學雜誌 114, no. 4 (2005): 1–30.

———. "Mongoru teikoku to kaiiki Ajia" モンゴル帝国と海域アジア. In Momoki Jirō 桃木至郎, ed., *Kaiiki Ajiashi kenkyū nyūmon* 海域アジア史研究入門. Tokyo: Iwanami shoten, 2008, pp. 23–30.

———. "Mongoru teikoku no kokka kōzō ni okeru fu no shoyū to bunpai: yūboku shakai to teijū shakai, Chūka sekai to Isuramu sekai" モンゴル帝国の国家構造における富の所有と分配—遊牧社会と定住社会, 中華世界とイスラム世界—. In Imanishi Yūrichirō 今西裕一郎, ed., *Kyūshū daigaku 21 seiki COE puroguramu Higashi Ajia to Nihon: kōryū to hen'yō* 九州大学 21 世紀 COE プログラム「東アジアと日本: 交流と変容」. Fu-kuokashi: Kyūshū daigaku, 2007, pp. 165–81.

Yu Ae-ryŏng 유애령. "Monggo ka Koryŏ ŭi Yukryu sikyong e mich'in yŏng-hyang" 몽고가 고려의 육류 식용에 미친 영향. In *Kuksakwan nonch'ong* 國史館論叢, pp. 221–37.

Yu Minzhong 于敏中, ed. (*Qinding*) *rixia jiuwen kao* (欽定)日下舊聞考. 1785–87. Reprinted—Beijing: Beijing guji chubanshe, 2000 [1983].

Yu Yŏng-suk 俞塋淑. "Wŏnjŭng kuksa Pou wa Kongminwang ŭi kaehyŏk chŏngch'i" 圓證國師 普愚와 恭愍王의 改革政治. *Han'guksa non* 韓國史論 20 (1990): 139–80.

Yu Yuhe 于語和 and Huang Kun 黄昆. "Yuan Shundi jianlun" 元順帝簡論. *Lishi jiaoxue* 歷史教學 1996, no. 9: 46–48.

Yuan shi, *see* Song Lian et al.

Yun, Peter. "Foreigners in Korea During the Period of Mongol Interference." In *Han'guk munhwa sok ŭi oeguk munhwa* 한국문화속의 외국문화 (confer-ence preceedings). Seoul, 2002, pp. 1221–28.

———. "Foreigners in Koryŏ Ruling Stratum During the Period of Mongol Domination." M.A. thesis. University of California, Los Angeles, 1993.

———. "Mongols and Western Asians in the Late Koryŏ Ruling Stratum." *International Journal of Korean History* 3 (2002): 51–69.

———. "Rethinking the Tribute System: Korean States and Northeast Asian Interstate Relations, 600–1600." Ph.D. diss., University of California, Los Angeles, 1998.

Yun Ŭn-suk 尹銀淑. "K'ubillai k'an ŭi chung'ang chipkwŏnhwa e taehan Tongto chewang ŭi taeŏng: 'Nayan pallan' ŭr chungsim ŭro" 쿠빌라이 칸의 중앙집권화에 대한 東道諸王의 대응—'나얀 반란'을 중심으로—. *Chung'ang Asia yŏn'gu* 中央아시아研究 8 (2003): 29–50.

Yuyama Akira 湯山明. "Empukuji Dōshō no Bongo meibun oboegaki" 演福寺銅鐘の梵語銘文覚書. *Tōyō gakuhō* 東洋学報 66 (1985): 325–62.

Zhang Daiyu 張岱玉. "*Yuan shi* Gaoli fumawang fengwang shiliao kaobian" 《元史》高麗駙馬王封王史料考辨. *Neimenggu shehui kexue (Hanwen ban)* 内蒙古社會科學 (漢文版) 26, no. 5 (2005): 46–50.

Zhang Tingyu 張廷玉 et al., eds. *Ming shi* 明史. 1736. Reprinted—Beijing: Zhonghua shuju, 1974.

Zhang Wei 張威. *Suizhong Sandaogang Yuandai chenchuan* 綏中三道崗元代沉船. Beijing: Kexue chubanshe, 2001.

Zhang Xuehui 張雪慧. "Shilun Yuandai Zhongguo yu Gaoli de maoyi" 試論元代中國與高麗的貿易. *Zhongguo shehui jingjishi yanjiu* 中國社會經濟研究 2003, no. 3: 63–70.

Zhang Yingsheng 張迎勝. *Yuandai Huizu wenxuejia* 元代回族文學家. Beijing: Renmin chubanshe, 2004.

Zhang Zhu 張翥 (1287–1368). *Shui an shi ji* 蜕菴詩集. *Sibu congkan xubian*, vol. 44. Shanghai: Shangwu yinshuguan, 1934.

Zhao, George Qingzhi. "Control Through Conciliation: Royal Marriages Between the Mongol Yuan and Koryŏ (Korea) During the 13th and 14th Centuries." *Toronto Studies in Central and Inner Asia* 6 (2004): 3–26.

———. *Marriage as Political Strategy and Cultural Expression*. New York and Bern: Peter Lang, 2008.

Zhao, George, and Richard W. L. Guisso. "Female Anxiety and Female Power: Political Interventions by Mongol Empresses During the 13th and 14th Centuries." *Toronto Studies in Central and Inner Asia* 7 (2005): 17–46.

Zhao Yongchun 趙永春 and Lan Ting 蘭婷. "Yuan Shundi shiqi de dangzheng jiqi weihai" 元順帝時期的黨爭及其威害. *Songliao xuekan* 松遼學刊 2 (1994): 23–29.

Zhou Liangxia 周良霄 and Gu Juying 顧菊英. *Yuanshi* 元史. Shanghai: Shanghai chubanshe, 1993.

Zhou Qingtao 周清濤. *Yuan Meng shizha* 元蒙史札. Hohhot: Neimenggu daxue chubanshe, 2001.

索　引

（索引页码为原书页码，即本书边码）

图书在版编目（CIP）数据

帝国的暮光：蒙古帝国治下的东北亚 /（美）鲁大维（David M. Robinson）著；李梅花译. -- 北京：社会科学文献出版社，2019.12

书名原文：Empire's Twilight: Northeast Asia Under the Mongols

ISBN 978-7-5201-3960-1

Ⅰ.①帝… Ⅱ.①鲁… ②李… Ⅲ.①蒙古（古族名）-民族历史-研究-中国 Ⅳ.①K289

中国版本图书馆 CIP 数据核字（2018）第 265147 号

帝国的暮光：蒙古帝国治下的东北亚

著　　者 /［美］鲁大维（David M. Robinson）
译　　者 / 李梅花

出 版 人 / 谢寿光
组稿编辑 / 董风云
责任编辑 / 刘　娟
文稿编辑 / 黄　畅　冯立君

出　　版 / 社会科学文献出版社 · 甲骨文工作室（分社）（010）59366527
地址：北京市北三环中路甲 29 号院华龙大厦　邮编：100029
网址：www.ssap.com.cn
发　　行 / 市场营销中心（010）59367081　59367083
印　　装 / 北京盛通印刷股份有限公司

规　　格 / 开　本：889mm×1194mm　1/32
印　张：13.875　字　数：322 千字
版　　次 / 2019 年 12 月第 1 版　2019 年 12 月第 1 次印刷
书　　号 / ISBN 978-7-5201-3960-1
著作权合同登记号 / 图字 01-2015-3603 号
定　　价 / 72.00 元